Mark Mordue

JUGENDFEUER

Die frühen Jahre des Nick Cave

Mark Mordue

JUGEND FEUER

Die frühen Jahre des Nick Cave

Aus dem Englischen übersetzt von Sabine Thiele

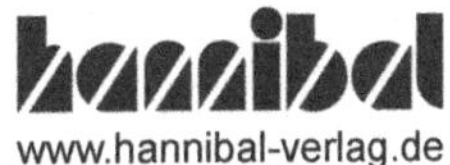

www.hannibal-verlag.de

Für meine Kinder
Atticus, Franny und Levon

Und für Bryan Wellington,
Anne Shannon und Eddie Baumgarten
sowie alle Boys and Girls Next Door

Impressum

Deutsche Erstausgabe 2022

Hannibal Verlag, ein Imprint der KOCH International GmbH, A-6604 Höfen
www.hannibal-verlag.de

ISBN 978-3-85445-733-6
Auch als E-Book erhältlich mit der ISBN 978-3-85445-734-3

Titel der Originalausgabe: BOY ON FIRE – The Young Nick Cave

Erstausgabe 2020 HarperCollinsPublishers Australia Pty Limited
Level 13, 201 Elizabeth Street, Sydney NSW 2000
ABN 36 009 913 517
harpercollins.com.au
ISBN 978 1 4607 5965 3

Grafischer Satz in deutscher Sprache und Covergestaltung: Thomas Auer
Coverillustration © Angie Réhe, adaptiert von einem Foto von © Detlev Schneider
Autorenfoto © Hugh Stewart
Übersetzung: Sabine Thiele
Deutsches Lektorat und Korrektorat: Hollow Skai

Printed in Germany

Inhalt

Der Autor und Musikjournalist Mark Mordue schreibt für den *Rolling Stone*, die *Vogue*, *GQ*, *Interview* und den *Sydney Morning Herald*. Nachdem er 1992 Australiens führendes Popkultur-Magazin *Australian Style* gegründet und herausgegeben hatte und 2010 zum australischen Kritiker des Jahres gewählt wurde, war er von 2016 bis 2018 Chefredakteur der in Sydney erscheinenden Kulturzeitung *Neighbourhood*. Neben belletristischen Arbeiten, Essays und biografischen Texten verfasst er auch Gedichte, die für den renommierten WB Yeats Poetry Prize nominiert wurden. Mordue lebt in Sydney und ist Vater zweier Kinder.

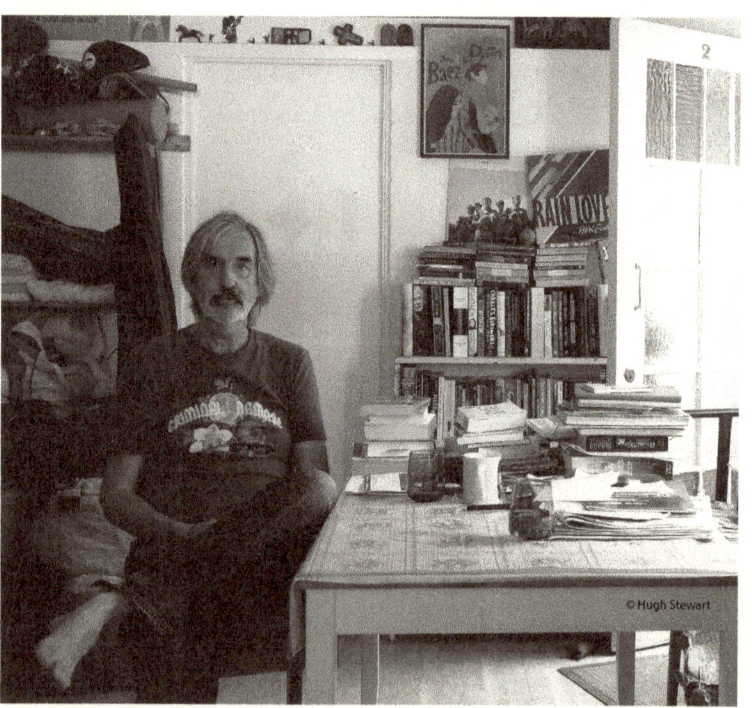

© Hugh Stewart

Letztlich ließ sich kaum sagen,
was romantischer, was aufregender war:
der tatsächliche Mann oder der Mythos,
zu dem er geworden war.

Colin F. Cave – *Ned Kelly, Man and myth*

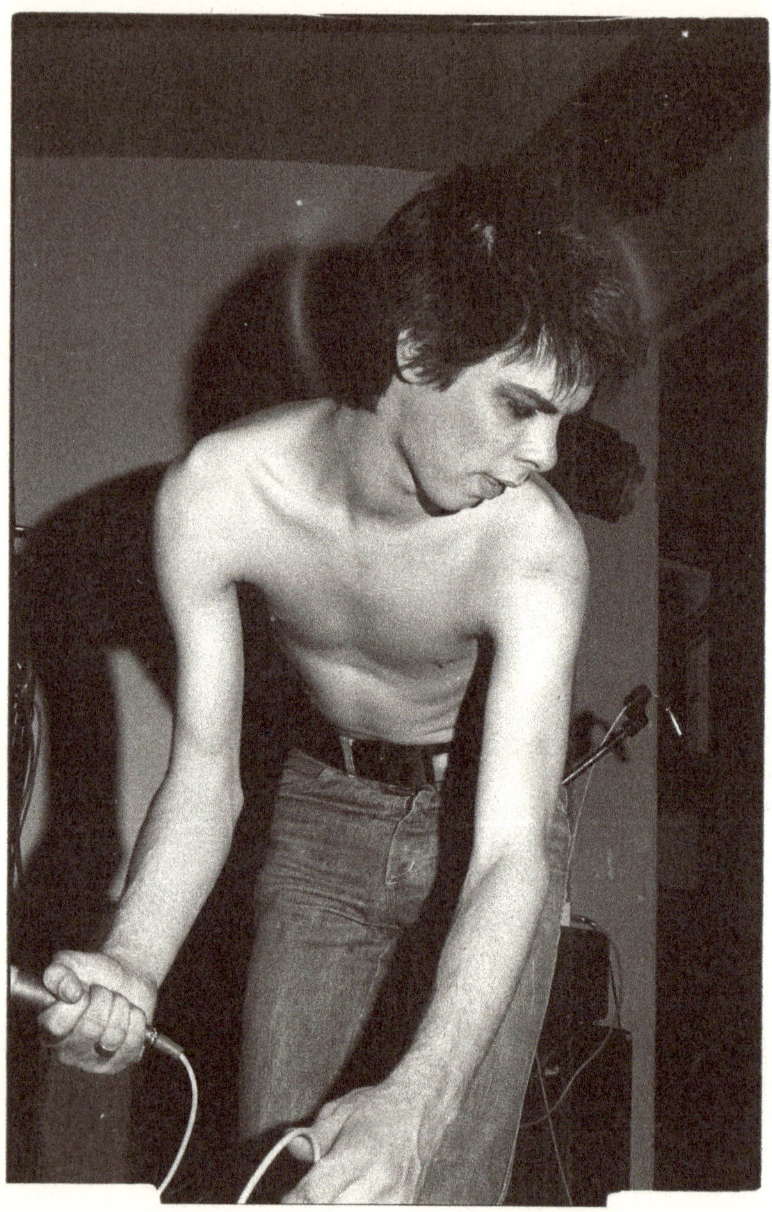

Nick Cave singt „I'm Eighteen", Boys Next Door,
Swinburne College, 1977 (Peter Milne)

Prolog

DER JOURNALIST UND DER SÄNGER

Mein erstes Gespräch mit Nick Cave war ein Telefoninterview anlässlich der Promotion seines zweiten Soloalbums, *The Firstborn Is Dead* (1985), einer unheilvollen, vom Blues beeinflussten Platte, die in fast schon biblischer, apokalyptischer Sprache die Geburt von Elvis Presley – und damit des Rock'n'Roll – feierte. Unsere Unterhaltung war so trocken wie Wüstengras, so zäh und unkonkret, dass sie zwischendurch versiegte. Cave schien nicht das geringste Interesse daran gehabt zu haben, was ich ihn fragte oder sagte. Damals war er für seinen notorischen Hass auf Journalisten berüchtigt. Nach diesem anstrengenden Gespräch legte ich den Hörer mit schweißnassen Händen und schwerem Herzen auf. Was für ein Reinfall.

Danach riss ich mich nicht mehr darum, mit Cave zu sprechen, geschweige denn ihn persönlich treffen. 1988 wollte ich ihn trotzdem für *On the Street* interviewen, eine Gratiszeitung, die in Sydney erschien. Aller guten Dinge sind zwei, dachte ich wohl. Im direkten Gespräch musste er doch aufgeschlossener sein als über eine hallende Telefonverbindung, bei der seine Stimme wie aus weiter Ferne geklungen hatte. Außerdem war er der bedeutendste australische Rockmusiker seiner Zeit. Man konnte ihn nicht ignorieren.

Cave war in der Stadt, um aus seinem lang erwarteten Roman zu lesen, der zu dem Zeitpunkt noch nicht abgeschlossen war und erst 1989 unter dem Titel *Und die Eselin sah den Engel* veröffentlicht wurde. Er nannte sich aber bereits „eher einen Schriftsteller"[1] und lehnte

Rockmusik wegen ihrer Niveaulosigkeit und des wie Pawlowsche Hunde konditionierten Publikums ab.[2]

Man hatte mir die Adresse eines Lagerhauses gegeben, das sich in einer Gasse direkt hinter der Oxford Street befand, Sydneys alternativem und bohemehaftem Schwulenviertel. Cave hatte sich darin offenbar mit einer Freundin oder einem Dealer oder einem kriminellen Bekannten vergraben – die Gerüchte waren vielfältig und hingen vom jeweiligen Gesprächspartner ab. Um Cave rankten sich immer Gerüchte, jede seiner Aktivitäten wurde begierig aufgesogen und ausführlich in Sydneys einschlägigen Kreisen diskutiert. Sonst sorgte nur Michael Hutchence so zuverlässig für Wirbel. Ihre Anwesenheit schien sich geradezu wellenförmig von dem Moment an durch die Stadt zu verbreiten, in dem das Flugzeug auf der Landebahn aufsetzte und sie halb im Verborgenen unsere abgeschirmte kleine Welt betraten.

Als ich an einem Sonntagnachmittag an die Tür einer alten Garage klopfte, wurde ein Schlüssel auf die Straße geworfen, begleitet von einem vage vertrauten Rufen, das irgendwo über mir ertönte. Während ich aufschloss, hörte ich Schritte auf dem Holzboden im Obergeschoss und das Knarzen einer Falltür. Eine Leiter wurde polternd zu mir heruntergelassen, und über mir stand Nick Cave im Gegenlicht. Wie eine gruselige Gestalt in einem B-Movie über einen Journalisten, der einen furchteinflößenden Rock-Vampir interviewen soll, bedeutete er mir, nach oben zu kommen. Ich schluckte und machte mich auf den Weg zu Nosferatu.

Sobald ich durch die Öffnung geklettert war, schlug die Atmosphäre sofort um. Cave war ein beflissener Gastgeber, während eine junge Frau, die ich für seine Freundin hielt, ihn herumscheuchte, als wäre ich gerade in eine Gothic-Version der britischen Sitcom *George and Mildred* geraten. „Hol Mark etwas zu essen, Nick", befahl sie knapp. Eine große Platte mit liebevoll angerichteten Weintrauben, Litschis, Melonen und Äpfeln wurde mit großer Geste vor mir abgestellt.

Als Cave sich gerade hinsetzen und sich etwas von dem Essen nehmen wollte, fragte seine Freundin: „Hast du Mark Kaffee angeboten,

Nick?“ Wieder stand er auf, steif und mit gespielt düsterer Miene. Er ging zu einem alten Metalltrichter, der an einer hölzernen Werkbank befestigt war, schüttete Kaffeebohnen hinein und drehte langsam die Kurbel: „Mahlen, mahlen, mahlen, das ist die Geschichte meines Lebens.“

Eine Auswahl teuren Gebäcks wurde mir ebenfalls serviert, und ich dankte dem Paar für seine überraschende Gastfreundschaft. Cave fragte mich, warum ich so überrascht sei. Eine ausweichende Antwort schien mir taktisch unklug, weshalb ich seine Fürst-der-Finsternis-Aura ansprach und seinen Ruf, Journalisten schlecht zu behandeln. „Wer sagt das?“, fragte er ein wenig angesäuert. „Nun, der *NME* …“, begann ich und bezog mich dabei auf das damals einflussreiche britische Musikmagazin, den *New Musical Express*. „Der *NME!*“, knurrte er und mahlte die Bohnen mit mehr Nachdruck. Seine Freundin sah zu mir und sagte: „Hör bloß damit auf.“ Ihm rief sie beruhigend zu: „Nick, schon gut …“ Cave mahlte weiter, ließ seinen Ärger an den Bohnen aus. „Der *NME!*“

Schließlich kam er mit einer großen silbernen Kanne voll dampfendem Kaffee zurück. Auf einem silbernen Tablett stand feines Porzellan bereit. Beim Einschenken schweiften seine Gedanken allerdings ab, der Kaffee floss langsam aus der Kanne um die Tassen, der Kreis wurde immer größer, das Tablett füllte sich mit der schwarzen Flüssigkeit wie ein Swimmingpool, bis Nick wieder in die Gegenwart zurückkehrte und letztlich auch die Tassen traf. Nach vollbrachter Tat fragte er mich mit so viel Würde, wie er aufbringen konnte: „Milch oder Zucker?“

Die nächsten zweieinhalb Stunden des Interviews verliefen ähnlich. Jede Frage schien Cave riesige Konzentration abzuverlangen, unterbrochen von regelmäßigen Pausen und nur Sekunden dauernden Schlafmomenten. Seine zuweilen dünne und brüchige, manchmal aber auch sonore und selbstbewusste Stimme wirkte hypnotisch. Ich fühlte mich haltlos, wusste nicht, was ich tun oder wie ich mich verabschieden sollte. Ich glaube, das Gespräch endete nicht, es verblasste. Irgendwann waren wir alle unendlich entspannt, und ich schlich mich durch die Bodenklappe nach unten.

Auch bei diesem Interview mit Nick Cave hatte ich das Gefühl, versagt zu haben, trotz seiner großen Bemühungen, mir entgegenzukommen. Vor allem lag es daran, dass ich nicht genau wusste, wie ich unser Treffen zusammenfassen sollte. Mir graute auch davor, die Tonbänder zu transkribieren, was mich noch viel mehr Zeit als das eigentliche Interview kosten würde.

Zwei Abende später stand Cave auf der Bühne des Mandolin Cinema im Stadtteil Surry Hills in Sydney und las aus seinem Buchmanuskript, begleitet von atmosphärischer Musik, die zusammen mit seiner Stimme immer lauter und leiser wurde und eine angemessen bedrohliche und traumartige Atmosphäre erzeugte.[3] Als perfektes Abbild des „Black Crow King" (einer von vielen typischen Songs, in denen er sich auf sich selbst bezieht und die zu dem ihn umgebenden Mythos beitragen, trotz der darin enthaltenen satirischen Seitenhiebe auf sein Image und dessen Anhänger) kam Cave nicht einfach auf die Bühne, sondern ging stolpernd und wankend, als hinge er an unsichtbaren Fäden. Irgendwann fiel er auch von der Bühne. Dennoch war das Kino bis zum letzten Platz mit seinen Fans gefüllt, zwei Abende hintereinander war die Vorstellung ausverkauft. Es gelang ihm, die Stimmung seines fast vollendeten Werks in den Raum zu übertragen, eines glaubwürdig wirkenden Romans voll schwarzem Humor in der Tradition von William Faulkner.

Als ich 1994, sechs Jahre nach diesen beiden Lesungen und unserem Treffen in dem Lagerhaus, das nächste Mal mit Cave sprach, hatte sich das Blatt gewendet. Wir telefonierten. Er lebte zu der Zeit in Brasilien, in São Paulo, und war – zumindest nach außen hin – völlig clean. Für mich war es früher Morgen. Sehr früh. Leider hatte ich mich am Abend zuvor von meiner Freundin getrennt, war die ganze Nacht unterwegs gewesen und gerade rechtzeitig zur Tür hereingestürzt, um Caves Anruf entgegenzunehmen. Zum Glück hatte ich mich am Tag zuvor auf das Interview vorbereitet. Als Cave mich fragte, wie es mir ginge, erzählte ich ihm alles: Dass ich die ganze Nacht herumgelaufen sei, viele Gedanken und Gefühle gewälzt hätte, ein langer, chaotischer, emotionaler Vortrag. Zum Schluss sagte ich,

ich wäre begeistert von seinem neuen Album, *Let Love In*, und fragte ihn, ob er in São Paulo eine Lieblingsspazierroute habe.

Cave schwieg lange, knurrte leise – und dann redeten wir. Es war ein großartiges Interview, und ich mochte ihn sehr. Er schien meinem „Zustand" gegenüber völlig unvoreingenommen zu sein; tatsächlich war er sehr höflich und auch ein wenig amüsiert. Meine erste Frage beantwortete er folgendermaßen: „Meine Lieblingsstrecke gehe ich jeden Tag, sie führt zu meiner Stammkneipe hier im Viertel. Aus der Tür, die Straße entlang, an dem Schrottplatz mit den Hühnern und dem alten Hund vorbei. Einen steilen Hügel hinauf zu meiner Lieblingsbar San Pedro's. Dort arbeitet ein riesiger Barkeeper, der fetteste Mann, den ich je gesehen habe. Die Einheimischen reden von ihm immer als dicke Frau, aber er ist ein Mann mit einem Schnurrbart. Für mich sieht er eher wie ein riesiges Baby aus. Dort sitze ich, lese, trinke und denke über den Sinn des Lebens nach. Dann gehe ich wieder hinunter zu meiner Wohnung."

Ein paar Jahre später, 1997, traf ich Cave erneut, in einem recht sterilen Raum mit Neonbeleuchtung beim Label Festival Mushroom in Sydney. Cave erinnerte sich an mich, doch er war seltsamer Stimmung und – das wird mir nachträglich klar – hochgradig verletzlich, nachdem *The Boatman's Call* kurz vor der Veröffentlichung stand, ein rohes und selbstentblößendes Album rund um die Trennung von ihm und seiner brasilianischen Freundin Viviane Carneiro sowie eine schmerzhafte Affäre mit PJ Harvey. Nichts von alldem war zu dem Zeitpunkt allgemein bekannt. Ich fragte ihn trotzdem, fast beiläufig, ob die Liebe einer anständigen Frau seiner Meinung nach einen Mann erlösen könne. Die Frage schien sich aus den Songtexten und Anspielungen auf dem Album zu ergeben. Cave sah mich an, als sei ich ein absoluter Vollidiot, dann blickte er zu der weißen Wand, als sei er selbst ein hoffnungsloser und gottverlassener Fall. „Wie zum Teufel soll ich das wissen?", sagte er. Dann sah er wieder mich an und wartete auf die nächste Frage.

Über zehn Jahre nach dieser Begegnung begann ich, an einer Biografie über ihn zu arbeiten. Biografien sind seltsame Geschöpfe, bei denen man etwas nicht vernachlässigen darf, was bereits die Künstler der italienischen Renaissance wussten: Dass der Maler bei einem Porträt nämlich auch immer ein Stück weit sich selbst malt.[5]

2010 trafen Nick und ich uns in seinem Büro in Brighton and Hove, um über das Projekt zu sprechen. Man hatte mir gesagt, er würde ein paar Stunden für mich erübrigen können. Wir verbrachten die nächsten drei Tage mit intensiven Gesprächen und trafen uns auch in den folgenden Jahren oft auf Tour, telefonierten und schrieben E-Mails. Unser erstes Treffen vor seinem Büro fand an einem sehr warmen Tag statt, das weiß ich noch. Der Strand war so nah, dass ich die Wellen auf die Steine schlagen hörte. Ich trug ein neues Paar Havaianas-Flipflops in „Brazilian Blue", die ich mir als Glücksbringer für diesen ersten Termin gekauft hatte. Nick bemerkte sie sofort. „Tolle Farbe! Meine sind pink. Ich werde sie morgen anziehen."

Er war guter Laune und sprühte vor Kreativität und der momentanen Begeisterung für das Werk der amerikanischen Lyriker John Berryman und Frederick Seidel. Später beschäftigte ich mich eingehender mit Berryman. Sein Spiel mit diversen Identitäten faszinierte mich und wie er sich selbst durch Schauspieler hinterfragte, die Variationen seiner eigenen Persönlichkeit repräsentierten. Seidel war völlig anders, bewegte sich fordernd und privilegiert, wild und liedartig durch die Welt. Es war leicht nachzuvollziehen, warum Nick sich von diesen literarischen Stimmen angesprochen fühlte. Er legte mir nahe, mich mit Jerome Rothenberg auseinanderzusetzen, dessen Gedichtsammlung *Technicians of the Sacred* ein Referenzwerk für ihn geworden war. Sie enthielt schamanistische Rituale und Gesänge aus aller Welt sowie deren zeitgenössische Äquivalente. Die radikalen Logiksprünge, die alles durchziehende Magie, die Konzentration auf Klang als Ausdruck von Sinn oder Empfindung (im Gegensatz zu Sprache) schwingt in allem mit, was auf *Push The Sky Away* folgte. Beim Schreiben sehe ich vor mir, wie Rothenbergs Werk Nicks Auffassung von Musik und Sprache geändert hat, wie es die spirituelle Reise beeinflusst hat, auf der zusammen mit Warren Ellis und den restlichen Bad Seeds *Ghosteen* entstanden ist.

Am zweiten Tag unserer gemeinsamen Zeit in Brighton gingen wir nach oben in die Wohnung der Familie – ein seltener Vertrauensbeweis. Während Nick Anrufe beantwortete, fragte mich seine Frau Susie Bick, ob ich Hunger habe. Sie machte mir ein Sandwich zum Mittagessen und bot mir dann Tee und Kekse an, nach denen sie im Kühlschrank suchte. Susie strahlte eine aristokratische, fast schon nervöse Energie aus, die mir exzentrisch, verletzlich und gleichzeitig wild vorkam, irgendwie nicht von dieser Welt. Dass sich Susie die Mühe machte, die Kekse für mich zu suchen, fand ich besonders nett und aufmerksam. Und auch wenn sie nicht für die Biografie interviewt werden wollte, mochte ich sie, weil sie mich bei sich zu Hause willkommen hieß. Andere wären an ihrer Stelle zurückhaltender oder misstrauischer gewesen.

Nick erzählte mir später, dass Susie die Angewohnheit hatte, regelmäßig die Möbel umzustellen. Wenn er aus London oder von einer Tour zurückkam, selbst nach einem Abend außer Haus, konnte es vorkommen, dass er das Wohnzimmer und den Fernseher nicht mehr fand. „Manchmal verlegt sie das ganze Schlafzimmer, und ich muss danach suchen." Er zuckte mit den Schultern und schien es hinzunehmen. „Ich habe es in einem Song verarbeitet. Die Leute glauben, ich hätte mir da irgendein poetisches Bild einfallen lassen. Dabei habe ich nur eine nüchterne Tatsache beschrieben."

Im Erdgeschoss wohnte ein Mann, dem Nick erst kürzlich beim Entrümpeln geholfen hatte. „Er war wie diese Menschen in den Fernsehsendungen, die Unmengen Sachen anhäufen. Messies." Man hatte die Wohnung kaum betreten können. Das Gerümpel hatte sich schon im Hausflur gestapelt. Nick konnte den Mann überreden, einige alte, rostige Fahrräder aufzugeben und noch einiges andere von dem gehorteten Krempel. Man musste den armen Typen nur bestärken und ermutigen. „Ich habe ihm gesagt, komm schon, du kannst das." Nick lachte. „Ich weiß, dass er die Wohnung wieder vollmüllen wird, und in einem Jahr werde ich ihm wieder beim Entrümpeln helfen."

Vielleicht machte der Ruhm auch in seinem Leben ein ebenso radikales Aufräumen notwendig. Ich sah, wie vehement manche Menschen sich an Nick hängen wollten, und wie verletzt und wütend sie sein konnten, wenn es ihnen nicht gelang. Ich definierte so gut wie möglich meine eigenen Regeln zu Nähe und Distanz, da es mir peinlich war, wie manche Menschen sich erniedrigten, ja sogar entmündigten, nur um in seiner Nähe zu sein.

Für mich als Biograf hatte ich unser schwer in Worte zu fassendes Verhältnis als eine Art Arbeitsfreundschaft eingeordnet. Mir war klar, dass die Freundschaft wahrscheinlich einschlafen würde, sobald die Arbeit getan war. Mit diesem Dilemma ließ Nick die Menschen zurück, nachdem ihre Lebensgeschichte in den Windschatten seines eigenen Lebens gesogen worden war und sich immer daran und an den dazugehörigen Songs messen lassen musste. Ich schwor mir, diese fatale Bindung zu vermeiden. Natürlich ist es aber nie so einfach, wenn man Menschen erst einmal besser kennt. Zurückhaltung zu üben kann verwirrend sein, vielleicht sogar heuchlerisch. Sich zu öffnen allerdings auch.

Am dritten Tag gingen Nick und ich nach der Schule mit seinen zehnjährigen Zwillingen Arthur und Earl Pizza essen. Wie viele Väter, die zu Hause arbeiten, schien Nick eine sehr enge Bindung zu seinen Kindern zu haben und aktiv in ihr Leben involviert zu sein. Earl war ruhiger und schüchterner und kam mit seiner zarten Art eher nach Susie. Arthur sah zwar zerbrechlich aus, ähnelte aber eher Nick und war sehr lebendig. Er interessierte sich fürs Zaubern und führte gern Dinge vor, zum Beispiel einen beeindruckenden Seiltrick. Selbst als er mir zeigte, wie das theatralische und schnelle Entwirren funktionierte, war mir nicht klar, wie er es geschafft hatte. Arthur erklärte es mir noch ein paarmal, doch auch dann verstand ich die Auflösung nicht. Schließlich brachte Nick ihn mit einer Handbewegung zum Schweigen und sagte: „Ich glaube, dein Geheimnis ist hier in England sicher, Arthur. Mark wird den Seiltrick nicht mit zurück nach Australien nehmen können."

Im Sommer 2013 steckte ich mitten in der Arbeit an der Biografie. Nick und ich trafen uns in Melbourne im Haus seiner Mutter Dawn. In der Abenddämmerung gingen wir mit seinen Söhnen in einen nahegelegenen Park. Die Jungen fuhren abwechselnd mit einem Skateboard.

Earl schien mir der geschicktere Skateboarder zu sein, doch Arthur rollte langsam um einen schwach beleuchteten Pavillon, während Earl immer wieder aufs Geländer kletterte und ihn mit einer professionell aussehenden Videokamera filmte. Nick rief den beiden zu, sie sollten vorsichtig sein. Sie erklärten ihm, sie wollten den Eindruck erwecken, Arthur schwebe wie ein Vogel oder wie in einem Traum, deshalb dürfe das Skateboard nicht auf der Aufnahme zu sehen sein.

Der Tod des fünfzehnjährigen Arthur, der am 14. Juli 2015 von einer Klippe stürzte, war eine furchtbare Tragödie für Nick und Susie und Earl und alle anderen Angehörigen. Mein Biografieprojekt war schon lange aus dem Ruder gelaufen, da mich die Menge, Qualität und Tiefe von Nick Caves Veröffentlichungen überwältigten. Ich schrieb an einem aufgebauschten und endlosen Monster von *Moby-Dick*-artigen Ausmaßen. Mein ursprüngliches Konzept hatte ein konventionelles chronologisches Vorgehen und die sieben Leben einer Katze umfasst, aber auch eine symbolische Grundstruktur auf der Basis von Miltons *Das verlorene Paradies*, auf das sich Nick wiederholt mit Anspielungen wie „die rote Hand" Gottes bezogen hatte.[6] Ich sah viele deutliche Parallelen: Gott verbannt den Rebellen Satan aus dem Himmel (Nick wurde von seinem Vater aus dem Haus in Wangaratta verbannt). Der gefallene Engel versammelt seine dämonischen Heerscharen und erschafft das Pandämonium (Nick lernt die Mitglieder von The Boys Next Door kennen, und der Crystal Ballroom in St. Kilda schweißt sie zusammen). Satan dringt in den Garten Eden ein und übt verheerende Rache (Nick geht nach England, in die Wiege der Kultur, um diese zu attackieren). Solche Verbindungen waren lose und zufällig, aber auch in Liedform dokumentiert, als hätte Nick die ganze Zeit seine eigene Mythologie erschaffen und manifestiert. Was er natürlich auch getan hatte.

Nach Arthurs Tod hatte Nick das Gefühl, sich grundlegend gewandelt zu haben. Es gab nur ein Davor und ein Danach. „Ich bin jetzt ein anderer Mensch", sagte er ein paarmal zu mir. Seiner Auffassung nach wurde dadurch alles, was er in unseren Gesprächen gesagt hatte, „völlig unerheblich".

Unsere Kommunikation versandete. Ich war mit meinem eigenen chaotischen Leben beschäftigt, da zu dem Zeitpunkt meine großen Milton-artigen Pläne für eine Megabiografie über Nick Cave kollabiert waren. Nick war während meines Absturzes die ganze Zeit nett und verständnisvoll, zeigte sich besorgt um mein Wohlergehen und bestärkte mich, wieder auf die Füße zu kommen. Außerdem bot er mir gut gelaunte Konversation sowie ein bisschen wohldosierten Pragmatismus. Unser gemeinsamer Weg sollte sich allerdings bald trennen, was mir von Anfang an bewusst gewesen war. Die Reise war zu Ende.

Ich jammerte, dass ich ja trotz allem eine fast fertige Biografie hatte, das Porträt des Künstlers als jungem Mann und seiner vielversprechenden Zukunft. Ein Buch, das – mit ein wenig zusätzlicher Arbeit – angesichts der Ereignisse sogar noch wichtiger wäre. Es beschäftigte sich mit Nick Caves Kindheit und Jugend, von Wangaratta bis zur Bühne des Crystal Ballroom in Melbourne, mit den Landschaften, Büchern, Künstlern, Beziehungen und Freundschaften, die ihn geformt hatten und auf die er sich regelmäßig in seinen Songs, Büchern, Gedichten und Filmen bezog. Ich glaube, diese Jugend in Australien, diese australische Identität ist tief in ihm verwurzelt. Meiner Meinung nach spielt auch das Paradoxe am „Australisch sein“ hinein: Wir unterschätzen und verbergen, ignorieren sogar, wer wir sind, während wir verzweifelt nach internationaler Bestätigung suchen und dabei unsere eigene Geschichte aus dem Blick verlieren und vergessen. Je älter wir allerdings werden, desto mehr erkennen wir, wie essenziell unsere Herkunft für den Menschen ist, zu dem wir geworden sind und zu dem wir noch werden können.

In dieser Biografie soll an diese Welt erinnert werden. Nicht nur Nick Caves Kindheit und Jugend sollen behandelt werden, sondern auch die damit verbundenen Erinnerungen und Geschichten der Menschen aus seinem Umfeld. Das Leben eines Jungen, der für alles brannte, was er in sich aufgesogen hatte, um einer unserer dunkelsten und schließlich einer der strahlendsten Rockstars zu werden. Strahlend genug, um für andere zu leuchten.

Teil I

The Rider

Such Is Life

MELBOURNE & SYDNEY 2007

Zu wenig, zu spät", sagt er. Nicholas Edward Cave ist gerade fünfzig geworden, und alter Groll spricht aus ihm.[1] Sein Wagen fährt an der Ampel an, weiter die Fitzroy Street in St. Kilda entlang, sein früheres Revier. Das silbrige Licht der aufziehenden Dämmerung legt sich über den Berufsverkehr von Melbourne, und er sieht zur Port Phillip Bay am Ende der Straße, als könne er in dieses Silber fahren und verschwinden.

Es ist der 28. Oktober 2007, und Nick Cave wird nach Sydney fliegen, um in die Hall of Fame der Australian Record Industry Association (ARIA) aufgenommen zu werden. Er selbst nennt es „den siebten Kreis der Hölle" sowie „eine schlechte Party, von der man nicht flüchten kann. Seien wir ehrlich, es ist eine Strafe."[2] Einen Moment überlegt er, den Wagen anzuhalten und über die Fitzroy Street davonzulaufen. Die ARIA Awards! Er lässt den Kopf mit einem dumpfen Geräusch gegen das Fenster fallen, als hätte er Kopfschmerzen. „Himmel, ich würde mir lieber irgendwo einen Kebab holen."[3]

Die Einzigen, mit denen er in diesem australischen Rockwalhalla, zu dem man ihn verurteilt hat, in Verbindung gebracht werden möchte, sind The Saints und AC/DC, schätzt er. Außerdem natürlich

Michael Hutchence, „ein wunderbarer Typ", doch Caves Freundschaft mit ihm hatte nichts mit Halls of Fame oder Musik generell zu tun, zumindest nichts mit INXS, darüber waren sie sich unausgesprochen einig. Sie verband etwas anderes. Etwas Brüderliches, das nur Menschen mit denselben Erfahrungen nachempfinden konnten. Zugedröhnt hatten sie ganze Nachmittage miteinander verbracht und versucht, ihr Leben in den Griff zu bekommen, aber auch Spaß zu haben. Morgens hatten sie oft ihre Kinder mit in den Park genommen, Nick seinen Sohn Luke, Michael seine Tochter Tiger Lily. In London kauften sie 1995 zusammen das Portobello Café, das nie Gewinn machte. Zwei Jahre später hinterließ Michael ihm Nachrichten, so verrückt, so lustig, in der Rückschau eine verzweifelte Suche nach Kontakt. Michaels Stimme auf dem Anrufbeantworter, die sagt: „Ich komme nach Sydney und schaue mir die Bad Seeds an, Nick. Ich werde in der ersten Reihe stehen und euch mit faulem Obst bewerfen." Nick hat noch immer das alte Tagebuch, in dem er sich die Hotelnummer notiert hatte, zusammen mit dem Vermerk, Michael in Sydney zurückzurufen.[5] „Frag nach Murray Rivers Zimmernummer", hatte Hutchence lachend gesagt.[6]

November 1997. Zehn Jahre zuvor. Es war ein schrecklicher Monat. Kevin „Epic Soundtracks" Godfrey, der frühere Schlagzeuger von Swell Maps, Crime And The City Solution und These Immortal Souls, schaltete die Lichter in seiner Wohnung in West Hampstead aus und wachte nicht mehr auf. Nick zuckt mit den Schultern, so gut hatte er Epic nicht gekannt. „Und um ehrlich zu sein, ich war nie ein großer Fan seiner Musik, aber von mir geschätzte Leute haben ihn sehr gemocht, das musste ich respektieren." Epic starb im Schlaf, mit Kokain und Heroin im Blut, die Autopsie ergab keine klare Todesursache. Nick erreichte die Nachricht über gemeinsame Freunde, darunter der Bad-Seeds-Kollege Mick Harvey und der Sänger Dave Graney, die Epics Tod beide sehr traf, zusammen mit der Ungewissheit, ob es seine Entscheidung oder einfach nur großes Pech gewesen war.

Ein paar Wochen später starb Michael Hutchence in einem Fünf-Sterne-Hotel in Double Bay, Sydney, unter ebenso mysteriösen Umständen. Nick schrieb einige Songtexte, nachdem er von Michaels Tod erfahren hatte: „Adieu, adieu, kind friends adieu, I can no longer stay with you …“ Die Worte stammten aus einem südwestenglischen Lied aus dem achtzehnten Jahrhundert namens „There Is A Tavern In The Town“, der Klage einer Frau, die sich wegen der Gefühllosigkeit ihres Liebhabers das Leben nehmen will. In Teilen findet sich der Text auch in „The Drunkard's Song“ wieder. In Nicks Tagebuchversion sind einige Zeilen umgeschrieben, sodass die Stimme des Erzählers unsicher zwischen dem Mitgefühl eines Method Actors für das Geschehen und der neutralen Betrachtungsweise eines Erzählers schwankt.[7]

Wer hätte gedacht, dass Nick der gute Einfluss in dieser Freundschaft gewesen war, derjenige, der zu schwimmen lernte, während Michael unterging? „Ich mochte Michael sehr. Er war so leidenschaftlich. Michael hatte etwas Wahrhaftiges an sich, das wirklich beeindruckend war. In der Zeit, in der ich ihn kannte, machte er eine sehr schwere Phase durch, wurde Tag und Nacht von der englischen Presse gejagt. Er konnte sich keinen Millimeter bewegen. Das wahre Ausmaß wurde mir erst klar, als wir gemeinsam in einen Club gingen. Der Einlass war kein Problem. Doch als wir gingen, waren überall Paparazzi. Jemand schubste mich, aufgebracht rempelte ich zurück. Michael zog mich weg. Dann gingen wir. Er sagte zu mir: ‚Tu das nicht, das ist Zeitverschwendung.‘ Was sie Michael angetan haben, war kriminell. Sie haben ihn in den Tod getrieben.“

Es waren weder die ersten noch die letzten Menschen in Nicks Leben, die unerwartet diese Welt verließen. Bei weitem nicht. Seit sein Vater Colin bei einem Verkehrsunfall ums Leben gekommen war, hatte Nick gelernt, mit den Toten zu leben. Der Unfall ereignete sich am ersten Sonntag des Jahres 1979, nur ein paar Monate nach Nicks einundzwanzigstem Geburtstag. Er brauchte lange, um zu akzeptieren, wie sehr ihn der Tod seines Vaters getroffen hatte, sagt Nick, „um mich damit auseinanderzusetzen oder ihn überhaupt zu begreifen“. Zwischen seiner trauernden Mutter und der Aufregung, ein Jahr später im Februar 1980 mit seiner Band The Boys Next Door nach London zu ziehen, hatte Nick seine eigenen Gefühle beiseitegeschoben. Er erkannte erst später, wie sehr der Verlust seines Vaters etwas verstärkt hatte, das bis in seine Kindheit in Wangaratta zurückreichte. Weniger die Stadt an sich, sondern die Art und Weise, wie er sie in Erinnerung behielt und schließlich mythologisierte. Eisenbahnschienen, den Schlachthof, den Fluss, in dem er geschwommen war, und die Weiden am Ufer hatte er in Songs wie „Red Right Hand" und „Sad Waters" verarbeitet, ein reales und doch in der Fantasie verändertes Land, William Faulkners Yoknapatawpha County nicht unähnlich.[8]

Als wolle er die ländliche Schaueratmosphäre aus einem Roman von Faulkner oder Flannery O'Connor heraufbeschwören, hatte Nick als Kind sogar eine Leiche gefunden. Ein Bewohner des Altenheims war in seinem Schlafanzug zum Flussufer spaziert und hatte sich dort für ein Schläfchen in den Schatten gelegt. Für den zwölfjährigen Nick und seine Freunde war es der Höhepunkt des Tages, als sie mit ihren Fahrrädern auf der Straße standen und zu der leblosen Gestalt herabblickten. Sie redeten aufgeregt durcheinander, bis einer der Jungen die anderen zum Schweigen brachte: „Habt ein bisschen Respekt vor einem Toten, sagte er. Daran erinnere ich mich gut." Nick konnte es gar nicht abwarten, seiner Mutter von der Entdeckung zu erzählen. „Sie war überhaupt nicht begeistert über die Art, wie die Polizei mit uns gesprochen hatte. Die Polizisten hatten zu uns gesagt, wir sollten uns verpissen, als sie am Fluss eintrafen."

Nick Caves alter Freund, der Fotograf und Journalist Bleddyn Butcher, fährt ihn heute zum Flughafen von Melbourne, damit Nick rechtzeitig zur ARIA-Gala kommt. Bleddyns schwarzer Anzug und seine Cowboykrawatte passen zu dem wachen Gesicht und den zerzausten weißen Haaren, seine gesamte Erscheinung erinnert entfernt an einen Richter aus einer Grenzstadt in Tennessee. Der außergewöhnlich lange Nagel seines rechten kleinen Fingers ist nicht nur praktisch für das Gitarrespielen, er hat auch einen fernöstlichen Anklang und vermittelt den Eindruck eines kultivierten Mannes, der keine körperliche Arbeit verrichten muss. Harvey Keitels Figur im Film *Taxi Driver*, den Nick als Teenager über alles geliebt hat, hat einen ähnlich langen Fingernagel, der rot lackiert ist und mit dem er unterwegs bequem Heroin schnupfen kann.

Butcher ist ein Mann von fast schon wütender Intelligenz und herzlicher, als solche Assoziationen vermuten lassen. „Ich glaube, ich kann Nick als Freund bezeichnen", sagt er später zu mir und berührt dabei seine Brust. „Ich denke schon. Ich fühle es in meinem Herzen."[9] Der in London geborene und in Perth aufgewachsene Butcher hat Nick seit 1980 für den *NME* fotografiert, seit dieser mit The Birthday Party nach London kam, und in den späten Neunzigerjahren ein offizielles Nick-Cave-Fanzine namens *The Witness* herausgegeben. Er kann mit Fug und Recht behaupten, Nicks Arbeit wirklich zu kennen. Im Gegensatz zu vielen anderen in Nicks Umfeld sagt er offen seine Meinung, was Nick trocken kommentiert: „Man geht nicht zu Bleddyn und möchte eine Antwort, wenn sich etwas gerade in einem sensiblen Stadium der Entstehung befindet."

Jetzt ist Bleddyn Butcher zurück in Melbourne und fährt den „Dunklen Lord" (wie er Nick gern nennt) wieder durch die Gegend. Er amüsiert sich darüber, dass sein Freund erst 2001 in Großbritannien den Führerschein gemacht hat, wo Cave bis heute noch lebt, in Brighton and Hove an der Südküste Englands. Den Führerschein könnte man als weiteres Symbol für Nicks cleanen Lebensstil interpretieren. Seien wir mal ehrlich, in den Achtzigerjahren hätte man den Dunklen Lord ganz sicher nicht gern hinter dem Steuer eines Wagens gesehen. Bleddyn zieht nur eine Augenbraue hoch und bemerkt: „Nick lässt sich beim Fahren immer noch leicht ablenken, wenn er sich mit einem unterhält."[10]

Bleddyn hatte Nick bei dessen Mutter abgeholt, wo er mit Dawn Cave bei Tee und selbstgebackenen Käsescones saß, während ihr Sohn seine Taschen packte. Der schlagfertige Wortwechsel zwischen Mutter und Sohn hatte etwas Komisches an sich: Nicks ergebenes „Ja, Mum", Dawns trockene Entgegnungen, die spürbare Zuneigung zwischen den beiden, die einen in ihren Bann zieht, wenn sie zusammen sind. Bleddyn war überrascht von etwas, mit dem Nicks Schaffen selten assoziiert wird, was sich aber durch seine Songs und die Art, wie er sie singt, zieht: *Zärtlichkeit.*

Dawn Cave ist erleichtert und glücklich, dass ihr Sohn nach all den aufreibenden Jahren „so schön zur Ruhe gekommen" ist mit seiner englischen Frau Susie, einem früheren Model und Vivienne-Westwood-Muse. „Und er ist den Zwillingen Arthur und Earl ein so guter Vater. Nicks Dad Colin wäre so stolz auf ihn", sagt sie später in einem Interview. „Und Nick nimmt keine Drogen mehr." Dawn legt ihre Hände wie bei einem unbewussten Gebet aneinander, als sie darüber nachdenkt. Die Beziehung zu Susie hatte letztlich den Ausschlag gegeben: „Ich glaube, sie haben sich gegenseitig gerettet. Ich hätte tanzen und springen können vor Erleichterung und Freude, als Nick mir damals zum ersten Mal erzählte, dass er einen Entzug machen wird. Da wusste ich noch nicht, wie hart und lang der Weg werden würde, aber ich werde mich immer an dieses erste Mal [1988] erinnern. Endlich, dachte ich, endlich."[11] Zehn Jahre und vier Entzugskliniken später kam schließlich Susie Bick ins Spiel. Endlich.

Dawn winkte Nick und Bleddyn zum Abschied zu und verriegelte die Haustür. Nick hatte ihr am Abend zuvor erzählt, dass ein paar alte Freunde ihn wegen einer Ausstellung über sein Leben und Werk aufzogen, die in einer Woche in Melbourne eröffnet werden sollte. Passenderweise – „und mit aller gebotenen Bescheidenheit", wie er sagt – hieß sie *Nick Cave: The Exhibition.*[12] Fahnen mit seinem Porträt flattern bereits vor dem Arts Centre im Zentrum der Stadt. Zusammen mit der Aufnahme in die ARIA Hall of Fame an diesem Abend trägt sie zu dem eher uncoolen Eindruck bei, dass der frühere Punk und wilde Mann der australischen Rockszene institutionalisiert und gezähmt wurde.

Es hagelt abfällige Kommentare, manche sind ziemlich bissig. Nicks Ex-Freundin und erste große Muse, Anita Lane, wird mit den anderen bei der Eröffnung sein, von Raum zu Raum gehen, ihn schief anreden und *Nick Cave: The Exhibition* mit Wimmelbildern vergleichen.

Anita Lane. Sie hatte Nick immer aufrütteln können. Alte Freunde nennen sie manchmal „seine erste Ehefrau". Die Narbe auf Nicks Wange, für die sie vor zwanzig Jahren verantwortlich war, ist fast nicht mehr zu sehen. Er berührt sie unbewusst, als sie im Stau stehen und Bleddyn den Wagen schrittweise vorwärtsbewegt. Die Fitzroy Street in St. Kilda erinnert ihn an sie, vor allem in Verbindung mit dem vor ihm liegenden Abend. Hier hatte ihr gemeinsamer Weg in den späten Siebzigerjahren seinen Anfang genommen, mit Kunst, Musik, aber auch Heroin, und sie durch die ganze Welt geführt, nach London, West-Berlin und in ein paar andere Städte. Auf dem Cover von *Tender Prey* (1988) sieht die Narbe so frisch aus wie ein Schmiss von einem Fechtduell. Der Verursacher war allerdings ganz prosaisch ein Obstmesser, ein häuslicher Zwischenfall am helllichten Tag in West-Berlin, als Anita auf ihn losging und dabei seine Wange erwischte. Nick hatte unklugerweise beschlossen, die Beziehung ein für alle Mal zu beenden, und ihr gesagt, er habe eine neue Freundin. Sie fanden dann aber wieder zueinander, und die Beziehung holperte noch ein weiteres Jahr vor sich hin.

Amphetamine konnten einen damals ganz schön aus dem Gleichgewicht bringen. Die Drogen, die aus dem Osten in die Stadt kamen, waren von höchster Qualität. Speed machte die halbe Stadt verrückt und richtete bei vielen Menschen enorme Schäden an, während um sie herum die Mauer fiel und Deutschland wiedervereinigt wurde. In der Nacht des 9. Novembers 1989 hörte Nick die Rufe der Menge auf der Straße, während er und die Bad Seeds in den Hansa Studios arbeiteten. Er verbot der Band, nach draußen zu gehen und dem Treiben zuzuschauen, erlaubte ihnen nur die Nachrichten im Fernsehen. Wobei die Band auch kein so fürchterlich großes Interesse hatte. Wie viele West-Berliner glaubten sie, dass die Leute aus dem Osten einen schlechten Einfluss auf die Stadt ausüben würden, als sie die Mauer durchbrachen und von Freiheit sangen – natürlich –, aber vor allem Jeans, Cola und Bananen kaufen wollten, wie Nick sagt. Für ihn war es Zeit, das Album fertigzustellen – und ein für alle Mal aus der Stadt zu verschwinden. Dass er diversen Dealern Geld schuldete, war ein zusätzlicher Antrieb, aus West-Berlin wegzugehen, während alles im Umbruch war.

Seit seinem Weggang aus Australien hatte Nick bewusst im Exil und wie auf der Flucht gelebt. Nachdem er Melbourne, London und West-Berlin verbraucht hatte, wählte er São Paulo in Brasilien als nächsten Hafen, nach einem gerichtlich angeordneten Abstecher, seinem ersten, in eine Entzugsklinik in England. Ende 1988 hatte er auf Tour in Brasilien seine neue Freundin kennengelernt, Viviane Carneiro, und war frisch von der dortigen Kultur inspiriert worden. Brasilien wurde schnell zu seiner neuen Heimat und gab seiner Musik eine andere Richtung. *The Good Son* war dort aufgenommen worden, und er hatte sich Ende 1989 nur nach West-Berlin zurückgeschlichen, um das Album in den Hansa Studios zu mixen. Wegen seiner Drogenschulden und der Versuchung, mit seinen dortigen Freunden einen Rückfall zu erleiden, war es eine kurze Rückkehr.

Die Flucht zurück nach Brasilien war etwas, das alte Hasen bei den Narcotics Anonymous und den Anonymen Alkoholikern als „geografische Flucht" bezeichneten – einen Ortswechsel, bei dem man seine Probleme trotzdem mitnahm. „The Ship Song" schrieb er, kurz nachdem er den Entzug abgeschlossen und sich von Anita verabschiedet hatte und sich nach den Verheißungen von Viviane und einer neuen Welt sehnte. Nach der euphorischen Begrüßung in Brasilien dachte Nick, ihm gefiele es, als „einfacher Gringo" in São Paulo zu leben. Doch selbst Außenstehende können irgendwann alles satt haben. Nick hatte noch nie ein besonderes Talent für Fremdsprachen gehabt. Viviane musste für ihn die Konversation übernehmen, und sie hatte das Gefühl, dass er mit dieser Abhängigkeit von ihr seinen Enthusiasmus für ihr Land verlor.[13] Außerdem soff er wie ein Loch, die klassische Selbstmedikation eines Ex-Junkies. Nick überlegte, nach New York umzuziehen, doch die Stadt war zu verrückt für eine Familie. São Paulo, New York, London, São Paulo, wieder London, zurück nach São Paulo … Man verlor leicht den Überblick, wo Nick gerade lebte. Er beschloss schließlich, nach England zurückzukehren, und Viviane – mittlerweile seine Frau –

begleitete ihn mit dem gemeinsamen kleinen Sohn Luke, um dort mit ihm heimisch zu werden.

1993 lebte er mehr oder weniger wieder in London und war ziemlich am Ende, weil er wieder trank und Drogen nahm, als er von MTV Europe in einer Bar interviewt wurde. Neben ihm saß Shane MacGowan, der Ex-Sänger der Pogues, den seine Band hinausgeworfen hatte, und der vermutlich der berühmteste Säufer der Rockwelt seit den Anfangstagen von Tom Waits war. Nick und Shane, beide mit lädiertem Ansehen, hatten im Jahr zuvor einen Weihnachtssong aufgenommen, eine aufrichtige Version von Louis Armstrongs „What A Wonderful World". Für viele Kritiker war der inbrünstige Idealismus hauptsächlich betrunkenes Karaoke. MacGowans zutiefst irische Musik hatte Nick einen großen Verlust in seinem eigenen Leben bewusst gemacht – und den aus den Augen verlorenen Horizont, der für ihn hinter ihrer Version von „What A Wonderful World" lauerte. „Je älter ich werde", sagte Nick in dem MTV-Interview, „desto mehr denke ich, dass man Wurzeln braucht und das Gefühl, irgendwohin zu gehören ... Diesen Teil von mir habe ich zerstört. Ich habe nicht mehr das Gefühl, irgendwohin zu gehören."[14] Ein trauriges Geständnis vor einer Kamera. Doch Nick redete sich da etwas ein. Früher oder später hatte er sich der Heimat zu stellen. Oder wenn nicht direkt der Heimat, dann der Anziehungskraft einer Vergangenheit, nach der er sich in seinen Songs sehnte und der er sich in seinem Leben widersetzte, als gäbe es da etwas, weswegen er sich schämen müsse.

Heimat. An manchen Tagen braute sich „diese schreckliche Melbourne-Atmosphäre" über ihm zusammen. Er hatte dann das Gefühl, als wollten ihn alle besitzen und als würde „jedes Anzeichen dafür, dass ich meinen Erfolg genieße, als beginnender Größenwahn ausgelegt". Deshalb ist ein Besuch in Australien für ihn schwierig, sogar ein wenig erdrückend. Das Gefühl ist nicht so weit entfernt von den Bildern, mit denen er in „Sonny's Burning", dem alten Song der Birthday Party, gespielt hatte. Verbrechen und Bestrafung waren damals in seinem Werk so mehrdeutig wie die sadomasochistische

Neigung seines Herzens. „Sonny's Burning", in dem es um ein ihn verschlingendes unterdrücktes Verlangen ging, verstärkte die dämonische sexuelle Ausstrahlung, die ihn 1982 umgab. Der Zuhörer wurde darin Zeuge eines Folterszenarios und genoss die Wärme und das Licht der Flammen, in denen Sonny bei lebendigem Leib verbrannt wurde. Bei Konzerten von The Birthday Party wurde das Lied von der rituellen Forderung eingeleitet: „Hände hoch, wer sterben will!"[15]

Auch wenn er den verführerischen Jäger in dem Song spielt, den Jahrmarktansager einer sinistren Peepshow, weihte sich Nick schlau zum Opfer eines Publikums, das in seinen selbstzerstörerischen Impulsen schwelgte. Fünfundzwanzig Jahre später zerstört er sich nicht mehr, wofür ihm einige Ablehnung entgegenschlägt. 2007 sind seine Verbrechen Gesundheit und Glück; Freunde, die ihn früher einmal unterstützt haben, bestrafen ihn dafür. Susie schimpft Nick, weil er sich ihre herablassenden Bemerkungen bei Veranstaltungen in Melbourne gefallen lässt: „Warum kümmerst du dich überhaupt um diese Menschen, wenn sie dich so behandeln?" Nick ist ungewöhnlich still und kann darauf nicht antworten. Doch er denkt definitiv darüber nach. Freunde aus einer Welt, die er zurückgelassen hatte.

Als Nick zur Aufnahme in die ARIA Hall of Fame aufbrach, spürte Dawn die gedrückte Stimmung ihres Sohnes. Sie umarmte ihn fest und gab ihm einem Klaps auf den Rücken: „Kopf hoch, Nick. Fuck them all!"

Im Wagen lacht Nick Cave über den „weisen Rat" seiner zu dem Zeitpunkt einundachtzigjährigen Mutter, einfach auf alle zu scheißen. Sie ist eine pensionierte Bibliothekarin und spricht normalerweise nicht so. Ein „Motto, das man im Kopf behalten sollte", was er auch tun wird. Später erzählte er Dawn zu ihrem Entsetzen, dass er den Satz ins Lateinische übersetzen und in England auf ein Familienwappen schreiben lassen wollte. Fuck them all! Er wünscht, er hätte es auf ein T-Shirt drucken lassen – *Fuck lemma totus?* Nein, das stimmt nicht. Wenn sein alter Freund Tracy Pew, der Bassist von The Boys Next Door und The Birthday Party, noch am Leben wäre, hätte er es im

Handumdrehen übersetzt – und wahrscheinlich wäre ihm auch noch ein angemessen unanständiges T-Shirt-Design eingefallen.

Tracy Pew war am 7. November 1986 an einem epileptischen Anfall gestorben. Nick glaubt, dass seine Abstinenz nach Jahren des Trinkens die Anfälle verursacht hatte, an denen er mit achtundzwanzig Jahren dann starb. „Ich weiß es natürlich nicht sicher, aber es ist möglich", sagt Nick und klingt, als ob er es doch wüsste. Ein weiterer düsterer Jahrestag im November. „Tracys Tod war wirklich traurig."

Wenn Tracy heute noch am Leben wäre, was würde er von *Nick Cave: The Exhibition* halten? Vermutlich würde er ihn für einen Wichser halten, vermutet Nick. *Fahnen, du Scheißkerl!* Er lacht bei der Vorstellung, fragt: „Wie kann man jemanden so sehr lieben und trotzdem so oft mit diesem Menschen aneinandergeraten? Wir haben uns die ganze Zeit geprügelt, und ich weiß nicht mal mehr, warum."

Trotz des auf ihn einprasselnden Spotts sagt Nick: „Ich bin sehr stolz auf die Ausstellung im Arts Centre. Wenn man sie von außen betrachtet, als eine Ausstellung über einen Typen namens Nick Cave, scheint sie ziemlich interessant zu sein." Mit der Aufnahme in die ARIA Hall of Fame tut er sich schwerer. Er sieht zu Bleddyn und merkt, dass sein Freund über T. S. Eliot und die Kunst des Stehlens redet, ein Motiv, auf das sie immer wieder zurückkommen; egal, ob sie über Blues oder griechische Mythologie sprechen oder, wie Nick es gern formuliert, „mein Lieblingsthema, mich".

Bleddyn lenkt das Gespräch auf Cormac McCarthys Roman *Die Straße* und fragt: „Was hältst du von der Vision des Fisches am Ende?" Dann kehrt er zu T. S. Eliot zurück und wie die Welt zugrunde gehen wird. „Nicht mit einem Knall, sondern mit einem Wimmern."[16]

Nick bekommt allmählich Kopfschmerzen, eine Begleiterscheinung der Schlaflosigkeit, die ihn nach einer schlechten Nacht plagt. „Ja, Bleddyn" sagt er, „munter mich nur auf, und ich möchte bitte nichts mehr von Weltuntergängen hören." Doch gleichzeitig macht sich Nick Notizen für seine Dankesrede. „Hör mal, weißt du ein paar schmutzige Witze, die ich einbauen kann? Ich möchte heute nicht so ernst rüberkommen." Er sitzt über sein Notizbuch gebeugt da und kritzelt drauflos. Bleddyn flucht auf Französisch, als der Verkehr nach einem halben Block schon wieder stockt. Nick stimmt leise „Sad Dark Eyes" von The Loved Ones an, das in einem peinlich berührten Krächzen endet, während das Auto langsam vorwärtsrollt.

Gerry Humphrys Worte verschmelzen in ihm mit seinen eigenen Improvisationen. Eine weitere Bastardehe in seinem Repertoire an Klassikerinterpretationen, zu dem das erbarmungslose „Stagger Lee" – eine radikale Neuerzählung auf Basis eines alten Bluessongs namens „Stack O'Lee" – und eine raue, besessene Version von Bob Dylans „Wanted Man" gehören. Nick Caves Art und Weise, bestehende Songs umzuarbeiten und sie zu seinen eigenen zu machen, ist fast genauso wichtig für ein tieferes Verständnis seines Werks wie von ihm selbst geschriebene Titel. Vielleicht sind die Neuinterpretationen sogar noch aufschlussreicher, wie Bleddyn andeutet, als er von T. S. Eliots Vorstellungen von Diebstahl und Transzendenz spricht. Wie definiert man überhaupt seine eigene Stimme? Sie setzt sich aus allem zusammen, was man sich geliehen hat.

„Sad Dark Eyes" klingt für Nick immer noch gut. Es erinnert ihn an seine Kindheit in Wangaratta, an seinen ältesten Bruder Tim, wie er nach einem weiteren Protestmarsch in Melbourne gegen die Beteiligung Australiens am Vietnamkrieg nach Hause zurückkehrte. Tim war der wahre Hitzkopf in der Familie. Als Junge hörte Nick andächtig den Erzählungen seines großen Bruders von der Großstadt zu, genauso wie den Schallplatten, die Tim mitbrachte: Alben von Cream, Jimi Hendrix und, genau, The Loved Ones.

Bilder von Wangaratta legen sich über St. Kilda. Die Sommerhitze, die über dem Asphalt flimmert, die Minusgrade im Winter, bei denen die Drahtzäune gefrieren. Die Kleinstadt auf dem Land scheint zu schweben, und er als Junge mit ihr. „Wir sind ständig zu Fuß durch die Stadt gegangen, einfach herumgelaufen", sagt Nick mit unverhohlener Zuneigung. Weitere zufällige Erinnerungen kommen zurück: Ein Lehrer hält einen Bic-Kugelschreiber hoch und erklärt der Klasse, dass ihre Füller überflüssig geworden seien. Der

Unterricht wird unterbrochen, damit die Schüler körnige Schwarz-Weiß-Satellitenaufnahmen vom ersten Menschen auf dem Mond verfolgen können. Sexualkunde gab es nur in Form eines Films im Biologieunterricht, in dem die Geburt eines Kängurus gezeigt wurde, erzählt Nick. Sich selbst überlassen, dachte er gern darüber nach, „wie heiß Elizabeth Montgomery in *Verliebt in eine Hexe* aussah, wenn sie ihre Nase kräuselte", um dann zu zaubern. O Mann. „Ich konnte mich nicht entscheiden, ob sie oder Carolyn Jones als Morticia in der *Addams Family* mein Interesse an Frauen geweckt hatte." Das Muster ist erkennbar, Sekretärinnen und Gothic Girls prägten seine Vorlieben – vielen Dank, Trash-TV der Sechziger! Nick sagt erschrocken: „O mein Gott, ich habe Morticia geheiratet!" Dann entspannt er sich wieder. „Bitte halt mich auf. Jetzt rede ich wirklich Unsinn."

Wenn ihn Journalisten zu dieser Zeit nach seiner Vergangenheit fragen, antwortet er nur: „Googelt einfach danach!"[17] Was sie normalerweise auch tun. Doch sie finden hauptsächlich Halbwahrheiten und Daten, wenig zu seinem Seelenleben oder dem ihn umgebenden Mysterium; alles wirkt unzureichend oder falsch. Nick hat lange gebraucht, um über seinen Abscheu sich selbst gegenüber, dass er in den Achtzigerjahren Interviews gegeben hat, hinwegzukommen, über die bittere Erkenntnis, dass sie zu den wenigen Malen gehörten, in denen er Nähe in seinem zunehmend von Drogen zerrütteten Leben zugelassen hatte. Kein Wunder, dass er dem Ganzen so ambivalent gegenüberstand. Und dann wurden Dinge, die er vor zehn, zwanzig, sogar dreißig Jahren gesagt hatte, ihm gegenüber zitiert, als ob er niemals seine Meinung ändern würde, geschweige denn, sich noch daran erinnern könnte? Ob er seine Worte damals überhaupt ernst gemeint hatte? Seine Mutter sagt zu ihm, es sei seine eigene Schuld. „Du übertreibst wirklich gern, wenn du diesen Leuten deine Geschichten erzählst, Nick."[18]

Dawn hatte recht. Nick gewöhnte sich an, seine Aussagen in lockeren Unterhaltungen so lange zu üben, bis sie genauso klangen, wie er sie in gedruckter Form haben wollte. Danach hielt er sich meistens an sein Skript – und bereute es oft, wenn er davon abwich. Wie alle widersprüchlichen Künstler möchte Nick Cave, dass seine Geschichte auf mehreren Ebenen erzählt wird: überlebensgroß und trotzdem auf den Punkt gebracht; den Tatsachen entsprechend, aber auch, wie er die Ereignisse jetzt sieht.

In seiner Zeit bei The Birthday Party hatte Nick sein Publikum fast schon verabscheut; heutzutage schätzt er die ihn umgebende Energie, die aus dem gemeinschaftlichen Erleben entsteht. Hin und wieder macht sich natürlich die alte Streitlust bemerkbar, und die Zuschauer bekommen einen Eindruck davon, wie es sich anfühlt, gleichermaßen attackiert wie unterhalten zu werden. Doch das wilde Tier in Nick ist gebändigt. Es fällt einem immer leichter zu vergessen, dass er anfangs alles andere als ein australischer Rockstar war; das findet man schnell bei Google heraus. Wenn überhaupt, dann stilisierte sich Nick Cave als Bösewicht, um Erfolg zu haben: der Prinz der Dunkelheit, der Junkie-Hamlet des Rock'n'Roll[19] … Bla, bla, bla … Himmel, was der Presse alles einfällt. Und nachdem er ein cleaner Familienvater geworden ist, mit Führerschein und allem, „bin ich plötzlich ‚ruhig und wunschlos glücklich in Hove'!" Sein Leben mit den Charakterisierungen anderer Menschen zu leben kann anstrengend sein, vor allem, wenn einige davon gut eingeübt sind und aus dem eigenen Mund stammen.

Nach einer Weile entwickeln die Berichte ein Eigenleben und scheinen gar nicht mehr von ihm zu handeln, sondern von jemand anderem. Nachdem er das jahrzehntelang erlebt hat, will er unbedingt die Kontrolle über seine eigene Geschichte behalten. Er gibt zu, dass er in der Öffentlichkeit kaum etwas sagen kann, ohne dass er es Schwarz auf Weiß vor sich sieht. „Man wird dadurch etwas selbstkritisch."

Dafür schlägt er sich jetzt, Ende 2007, gar nicht so schlecht, auf dem Weg zu Australiens Hall of Fame der Rockmusik. Ein internationaler Star mit Millionen verkaufter Platten, darunter „Where The Wild Roses Grow" (das Duett mit Kylie Minogue, die ebenfalls aus Australien stammt) und Klassiker wie „The Ship Song", „Red

Right Hand", „Into My Arms" und „The Mercy Seat". Sein Werk ist so umfangreich wie vielfältig: Er hat einige Filmsoundtracks komponiert and preisgekrönte Drehbücher geschrieben, unter anderem für *The Proposition – Tödliches Angebot* (2005); außerdem Soundtracks für Theater- und Tanzprojekte von London bis Reykjavík. Es gab Angebote, Kunstfestivals zu kuratieren und Vorträge zu halten, und im Lauf der Jahre hat er auch ein wenig geschauspielert („Ich glaube, ich habe bewiesen, dass es nicht meine starke Seite ist. Ich bin steif wie ein Brett."). In seinen durchgeknallten Zwanzigern hat er auch mit Lydia Lunch an einigen brutalen, eine Seite umfassenden White-Trash-Theaterstücken gearbeitet. Es war ein langer Weg von diesen chaotischen Anfängen bis hin zu Duettpartnern wie Johnny Cash[20] und Songs, die Menschen auf ihrer Hochzeit oder ihrer Beerdigung hören möchten. Und doch gehört alles zusammen.

„Das ist noch längst nicht alles", sagt Nick und deutet eine wahre Flut an Veröffentlichungen an: noch ein Drehbuch ist in Arbeit, über einen sexsüchtigen Vertreter[21]; weitere Soundtracks; außerdem eine Gedichtsammlung zur Geschichte der Gewalt in der Literatur, die er herausgeben möchte, wenn sich die Urheberrechtsfragen klären lassen. Darüber hinaus hat er 2006 noch ein Nebenprojekt namens Grinderman ins Leben gerufen. Die aufgemotzte Mischung aus Prog-Rock und Blues-Metal und die, wie Nick fand, ziemlich satirischen Texte brachten ihm von Kritikern neue Vorwürfe der Frauenfeindlichkeit ein, außerdem wurde ihm wiederholt eine Midlife-Crisis unterstellt. Sogar von seiner Mutter. Dawn sagte zu Susie: „Ich glaube, *Grinderman* ist Nicks Wechseljahrealbum." Nick verdreht die Augen. Der Pornoschnauzer, den er sich hat stehen lassen, verstärkt diesen Eindruck nur noch. Und trotzdem fragt Nick sich, wie irgendjemand einen Grinderman-Song wie „No Pussy Blues" anders als selbstironisch auffassen kann. Ein Freund aus Los Angeles hat ihm an diesem Tag eine Nachricht zur letzten Grinderman-Show in der Stadt geschickt und schreibt, dass er noch nie so viele Frauen in Miniröcken auf einem Fleck gesehen habe. Nick muss lachen und schreibt zurück: „Das ist ja schließlich auch sexy Musik, Mann! Die

Mädchen lieben sie! Ich sage dir, Grinderman ist die Chick lit des Rock'n'Roll!"[22]

Wie immer spürt Nick das alte Verlangen nach Extremen in sich, das Bedürfnis, es noch weiterzutreiben, jetzt, da die Menschen wütend oder aufgebracht sind. „Wenn die Leute das, was ich bei Grinderman sage, schlimm finden, dann sollten sie mal sehen, was ich als Nächstes tun werde." In dieser Hinsicht fühlt sich Nick schon lange mit einer bekannten Feministin und ebenfalls im Ausland lebenden Australierin verbunden. „Ich liebe Germaine Greer, und sei es nur, weil sie Dinge wieder aufwirbelt. Ich stimme ihr nicht in allem zu, aber bis zu einem gewissen Punkt verstehe ich ihre Motivation: Man muss nicht immer recht haben. Manchmal reicht es auch schon, zu provozieren."[23]

Neben dem gleichnamigen Grinderman-Album steht 2007 auch schon eine neue Veröffentlichung seiner Hauptband The Bad Seeds in den Startlöchern, *Dig!!! Lazarus Dig!!!* Wie in dem Stau, in dem Cave heute gefangen ist, befand sich auch seine Plattenfirma Mute, die das Album verschieben musste, bis die Leute Grinderman und Nicks diverse andere Projekte verkraftet hatten, die er auf die Welt losließ. Daniel Miller, der Label-Boss von Mute, macht sich Sorgen, wie er die manische Veröffentlichungswut von Nick Cave koordinieren soll.

Was befeuert seine Kreativität? Das Bedürfnis eines Ex-Junkies, sich zu beschäftigen? Diese Theorie war schon seit Jahren immer wieder diskutiert worden, und so eine „Verfassung" nach dem Entzug könnte seine Produktivität seit den späten Neunzigern beschleunigt haben. Bei genauerer Betrachtung war diese strikte Arbeitsmoral allerdings schon immer Teil seines Lebens. Für eine gewisse Zeit in den Achtzigerjahren hätte man Nick Cave als den am härtesten arbeitenden Heroinsüchtigen im Showbiz bezeichnen können. Während seines persönlichen Tiefpunktes, in den Jahren in West-Berlin, war seine Produktivität genauso überwältigend, wenn nicht sogar manisch.

Manche sagen, Nick sei ein getriebener Mann: die ganzen Platten, Bücher, Filme und Konzerte auf der ganzen Welt; all die Menschen, die um ihn herum untergegangen sind. Cave scheint in dieser Hinsicht dasselbe zähe Rock'n'Roll-Voodoo zu besitzen wie Keith Richards und dann noch aufrecht zu stehen, wenn andere schon wie die Fliegen umgefallen sind. Immer wieder bemerken Freunde, was Nick für ein unfassbares Glück hat. Der Mann landet einfach immer auf den Füßen. Sieben Leben hat er, wie eine Katze. Andere sagen hingegen, man sei seines Glückes Schmied, und er habe sich alles selbst zu verdanken. Doch Shane Middleton, ein Roadie der Boys Next Door, war vor langer Zeit zu einem anderen Schluss gekommen: „Ich glaube nicht, dass Nick ein getriebener Mann ist, sondern auf der Flucht. Er flieht vor der Angst, zu versagen."[24]

Es stimmt, dass er beweisen will, dass er es noch kann, dass er nicht stagniert. Vielleicht will er ja auch seinem seit vielen Jahren toten Vater etwas beweisen. Die Pop-Psychologen dieser Welt wären begeistert, wenn er so etwas zugäbe. „We Call Upon The Author To Explain", ein Song auf *Dig!!! Lazarus, Dig!!!*, trifft es genau: das Dasein als Rockstar, die Verehrung durch die Fans, das Trauma des toten Vaters, Streit mit Gott usw. Würg.[25]

„Alles okay." Das antworten Nicks ältere Söhne Jethro und Luke normalerweise auf seine Frage, wie es ihnen geht. Die Jungen haben zwei verschiedene Mütter – Beau Lazenby in Australien und Viviane Carneiro in Brasilien – und kamen 1991 im Abstand von zehn Tagen auf zwei verschiedenen Kontinenten auf die Welt.[26] So kann man ein neues Jahrzehnt auch einläuten. Die Entfernung verkomplizierte und belastete die Beziehung zwischen Jethro und ihm, als Nick später versuchte, dem Jungen ein Vater zu sein. An Lukes Leben in London hatte er sehr viel mehr Anteil, und dass er sich um sein Kind kümmern musste, rettete ihn auch in gewisser Weise vor seiner Sucht. Das Vatersein war das Wichtigste für Nick, auch wenn er vielleicht ein etwas unorthodoxer Vater war. Er änderte einiges und versuchte mit aller Kraft, ein paar Sachen richtig zu machen. Doch erst, als er Susie 1998 kennenlernte, wandte sich alles zum Guten. Vorher ging er noch durch die Hölle. PJ Harvey machte wegen seiner Heroinsucht am Telefon mit ihm Schluss, worauf er mit einem Weinkrampf und einem Zusammenbruch reagierte.[27] „Sag einfach, dass du mich nicht liebst", hatte er zu ihr gesagt, als sie ihm die schlechten Nachrichten eröffnete. „Sag einfach, dass du mich nicht liebst." Genau das tat sie. Und das war's. Er sagte halb im Scherz, dass er beinahe seine Spritze hätte fallen lassen, als sie die Beziehung beendete, doch mit dieser Unverblümtheit wollte er auch den Schmerz überspielen. Die Trennung war ein vernichtender Weckruf für ihn. Das und dass Susie Bick sich erst mit ihm treffen wollte, wenn er clean geworden war.

Jethro und Luke brauchten ihn, er hatte PJ Harvey verloren, er wusste, dass das Heroin mit den Jahren seine Kreativität beeinträchtigte, die schiere Eintönigkeit, eine Sucht befriedigen zu müssen, die aufwendige Drogenbeschaffung, dann lernte er Susie kennen und konnte die Beziehung zu ihr bewahren, die Geburt von Arthur und Earl – endlich, endlich wurde seine Welt Schritt für Schritt besser. Bis einem selbst so eine Veränderung im eigenen Leben bewusst wird, kann es dauern, wie das Licht der Sterne, das bis zur Erde einige Zeit unterwegs ist, bevor man es sieht. Man fragte ihn, ob seine Musik sich geändert hatte, weil sein Leben sich geändert hatte, doch diese Menschen verstanden nicht, dass es genau andersherum gewesen war – Musik kann einen dazu bringen, sich zu ändern. Deshalb ist Kunst so gefährlich wie inspirierend. Sie kann Dinge wahr werden lassen, schreckliche Dinge. Sie kann einen befreien. Doch sie kann auch ein Gefängniswärter sein, wenn man nicht aufpasst. Nick fühlte sich an den alten Film von Andrei Tarkowski erinnert, *Stalker*. Man musste ein Verständnis entwickeln für den Unterschied zwischen dem, was man sich am inständigsten wünscht, und was man am meisten begehrt, und wie sehr die eigene Arbeit das eine oder das andere bestärken konnte, wenn man den Weg überleben wollte, den man als Künstler eingeschlagen hatte.

Auf dem Beifahrersitz regt sich Nick Cave noch einmal über die Aufnahme in die ARIA Hall of Fame auf. Man habe ihm gesagt, dass The Bad Seeds ausgeschlossen seien, da in der Band „Ausländer" spielten. Auch Nick Caves erste große Band The Birthday Party würde nicht bedacht werden. Sie war aus Nicks Band The Boys Next Door hervorgegangen und hatte ihn als Untergrund-Ikone der Postpunk-Ära auf die englischen Bühnen katapultiert, als ein Nachfolger der Varietébösartigkeit Johnny Rottens von den Sex Pistols und der inneren Abgründe von Joy Divisions Ian Curtis.

Wie Rotten und Curtis wurde auch Cave in der britischen Kulturszene zu einem echten Vertreter der Romantik – verrückt, böse und eine gefährliche Bekanntschaft.[28] Das war nicht allein sein Verdienst. The Boys Next Door, The Birthday Party, The Bad Seeds – alle hatten ihm Flügel verliehen. Nick Cave hält den Ausschluss seiner Bandkollegen von der Ehrung für einen Affront, wie er „typisch" ist für die australische Musikindustrie, gegen die er immer angekämpft und die ihn nie richtig verstanden hat. „Wir haben damals auch immer gesagt, dass niemand, den die australische Musikindustrie mochte, etwas taugen konnte", gibt er zu. „Wir wollten nichts damit zu tun haben."

Und jetzt bekommt er ihn, den verspäteten Klaps auf den Rücken. So erscheint es ihm. Glückwunsch, Kumpel! „Ausländer!" Ist das zu glauben? Nick betrachtet seine Einstellung von allen Seiten, das Gute und das Schlechte, während er in Bleddyns Mercedes festsitzt, wenige Stunden vor der Zeremonie. Trotzdem ist klar, dass ihm der kommende Abend viel bedeutet, weil er die Bestätigung seiner Heimat darstellt, nach der er sich so lange gesehnt hat, dem einen Ort, der sein australisches Wesen versteht. „Wir sind eine australische Band, die australische Musik macht", wird er bei der Zeremonie über die Bad Seeds sagen. Nicks Gefühle konzentrieren sich auf diese simplen Worte, während er sie im Wagen niederschreibt.

Plötzlich bremst Bleddyn, fährt beinahe dem Truck vor ihm hinten auf, und wir alle werden nach vorn geschleudert. „Tut mir leid", sagt er. Eine Straßenbahn klingelt. Endlich bewegt sich der Verkehr wieder. Und Nick Cave wird endlich aus der Fitzroy Street in St. Kilda und aus seinen Grübeleien befreit.

Fuck them all.

An diesem Abend in Sydney fällt Nick die Pressemitteilung auf, die vor der Zeremonie herausgegeben worden war. Ed St John, der Vorsitzende des ARIA-Awards-Komitees, wird darin mit überschwänglichen Worten zitiert: „Nick Cave ist eine der außergewöhnlichsten Karrieren in den Annalen der Popmusik vergönnt – und sie dauert immer noch an. Sein Schaffen in den letzten dreißig Jahren war weder auf Landesgrenzen noch Nationalität beschränkt und lässt sich nicht mit Kategorien wie Hitalben, Chartpositionen oder Radio-Airplay beschreiben. Er ist ein australischer Künstler, ebenso wie Sidney Nolan ein australischer Künstler ist – unvergleichlich, unkategorisierbar, unbestritten. Als Industrie sollten wir ungeheuer stolz sein auf Nick Caves Leistungen und diesen demütig gegenüberstehen. Es ist mir eine große Freude – und damit spreche ich für den gesamten ARIA-Vorstand –, diesen Künstler in die Hall of Fame aufzunehmen."[29]

Der Vergleich mit Nolan berührt Nick, bevor er auf die Bühne tritt und die Auszeichnung unter stehendem Applaus entgegennimmt. Er ist überrascht, sogar überwältigt, was er nicht erwartet hätte, nachdem er den ganzen Tag in Melbourne noch über die Veranstaltung gegrübelt hatte. Ed St John musste gewusst haben, dass Nick mit dem Gedanken spielte, Maler zu werden. Als Teenager war Nicks größter Held Brett Whiteley gewesen, das Avantgarde-Wunderkind der australischen Kunstszene. Aber Sidney Nolan? Der Vergleich passt sogar viel besser. Whiteley ging an Heroin zugrunde, Nolan hatte eine lange und erfolgreiche Karriere. Cave ist fast beim Mikrofon angelangt, als Sidney Nolans beeindruckende Gemälde von Ned Kelly wie Phantome vor seinem inneren Auge aufsteigen.[30]

Hier bin ich also, denkt er. Mitten auf der Bühne. Der ARIA-Galgen! So ist das Leben.[31] Doch Nick klingt bei seiner Rede übermäßig theatralisch und gezwungen. „Ich kann diese Auszeichnung nicht annehmen, bevor wir nicht ein paar Sachen geklärt haben", sagt er.[32] Dann fragt er sich laut – wohl zu laut –, warum The Birthday Party und The Bad Seeds nicht in die Hall of Fame aufgenommen werden. Einen nach dem anderen stellt er die Bandmitglieder vor – außer dem wichtigen Originalschlagzeuger der Birthday Party, Phill Calvert. Trotz Nicks Bemühungen, seinen Bandkollegen die verdiente Anerkennung zukommen zu lassen, wirkt es schäbig auf manche, die beide Bands auf der Höhe ihrer Zeit live gesehen haben. Hatte Nick Phill einfach nur vergessen, wie er später behaupten würde, oder hatte er es dreißig Jahre nach dem Zerwürfnis wirklich nicht über sich bringen können, einem alten Kameraden zu danken?[33] O ja, sagen manche, Nick könne wirklich nachtragend sein. Man dürfe sich von seinem Charme nicht täuschen lassen. Irgendwann lässt er jeden fallen, lautet die Warnung, wartet nur ab.

Trotz der euphorischen Kritiken, die *Dig!!! Lazarus, Dig!!!* einheimsen wird, fallen Nick immer wieder die Kompromisse auf, die er mit Warren Ellis und Mick Harvey bei den Aufnahmen eingegangen ist. Mick drehte beim Mixing immer alles herunter, wollte Subtilität und Tiefe; wenn er weg war, drehten Nick und Warren die Regler wieder auf, wollten Wucht und Dynamik. Das Ganze wurde ein wenig kindisch. Die Spannungen mit Mick wurden immer größer.

Nick mag Daniel Miller und Mute sehr, doch er findet, die Plattenfirma habe Grinderman als Nebenprojekt unterschätzt und „eine Gelegenheit verschenkt". Seine Heimkehr nach Melbourne, die ARIA-Zeremonie in Sydney, die Ausstellung über sein Leben, sein fünfzigster Geburtstag ein paar Wochen zuvor – das alles verstärkt ein tiefsitzendes Unbehagen und vermittelt ihm nicht das Gefühl, etwas erreicht zu haben. Nick stellt die dreieckige Auszeichnung bei seiner Mutter auf den Kaminsims. „ARIA ICONS: HALL OF FAME" steht auf einer Plakette am unteren Rand, über seinem Namen und dem Datum 28. Oktober 2007. Als er ein paar Wochen später nach England reist, wird er darüber nachdenken, wie schwer es gewesen war, das Geschehen zu begreifen, als er mit der Trophäe ans Mikro trat und die Bühne unter ihm wegzukippen drohte. „Ich kam mir vor, als wäre ich irgendwie in den falschen Film gestolpert", sagt Nick, „und würde die falsche Rolle spielen."

King And Country

DOCKERS PLAINS 1979

Er fährt durch den Mount Buffalo National Park in das darunter liegende Tal. Nach der Kühle der höheren Lagen ist die Hitze fast nicht auszuhalten. Es hat fast vierzig Grad Celsius, ein höllisch heißer Tag, der Himmel ist gleißend hell. Seine müden Augen sind so grau und ausgedörrt wie die vor ihm liegende Straße; er blinzelt, um sie zu befeuchten. Es ist fast vier Uhr nachmittags am 7. Januar 1979, einem Sonntag, und er hat es eilig, nach Hause zu kommen. Sein weißer Ford Fairmont hat keine Klimaanlage. Er kurbelt das Fenster hoch und wieder runter, der backofenwarme Luftzug bringt kaum Erleichterung.

Als früherer Englischlehrer und Amateurregisseur am Malvern Theatre in Melbourne kann Colin Cave bei Bedarf ganze Abschnitte aus Shakespeare-Werken zitieren, ein wenig Dostojewski und auch Nabokov. An diesem Nachmittag geht ihm viel im Kopf herum. Die Triumphe des Wochenendes verblassen angesichts der Probleme, die Nick bereitet. Was könnte er wegen der Anklage tun, die voraussichtlich gegen seinen jüngsten Sohn erhoben wird? Ein Verband an seinem rechten Daumen irritiert ihn, als er das Lenkrad fest umklammert.[1]

Colin tröstet sich mit den Worten von Wladimir Nabokov und einem Gedanken aus *Lolita:* Das Leben ist wie ein Kunstwerk, seine

Augenblicke reihen sich rätselhaft aneinander und bilden etwas Größeres, das wir nicht richtig sehen können, weil das Kunstwerk noch nicht vollendet ist. Ja, es liegt noch viel vor ihm und Nicky und der gesamten Familie. Sein leidenschaftlich verfolgter Grundsatz der „ständigen Weiterbildung", im Leben und bei der Arbeit, verbindet diese Gedanken mit den leicht ironischen Worten des russischen Autors. Schicksal versus eigener Wille – eine interessante Frage.

Der Asphalt vor ihm flimmert, die normalerweise dreistündige Rückfahrt nach Melbourne verläuft wie in einem fiebrigen Traum. Die Böden sind ausgedörrt. Am Horizont sind ein paar zarte Regenwölkchen zu sehen.

Colin ist nicht weit von Wangaratta entfernt, wo die Familie Cave – er, seine Frau Dawn und die vier Kinder Tim, Peter, Nick und Julie – von Ende 1959 bis Ende 1971 gelebt haben. Ein Stück vor Wang biegt er auf die unbefestigte Dockers Road ab. Staub wirbelt hinter ihm auf, als er Gas gibt und davonbraust.

Sieben Jahre sind vergangen, seit er hier gelebt hat, doch die Gegend ist ihm immer noch vertraut. Dennoch wird man sich später fragen, was er auf dieser holprigen Straße gemacht hat. Wollte er zu dem zwölf Hektar großen Stück Land, das die Familie für ein Feriendomizil gekauft hatte, das erst noch gebaut werden musste? Wollte er spontan jemanden besuchen? Ein Blick auf die Landkarte legt nahe, dass Colin Cave vielleicht eine Abkürzung nehmen wollte, doch genau wird man es nie erfahren.

Der Sommer zu Jahresbeginn war immer schwierig gewesen, als er in den Sechzigerjahren in Wangaratta gearbeitet und versucht hatte, die Schüler in der ermüdenden Hitze bei der Stange zu halten. Als Englischlehrer hatte er gern mit Sprachwurzeln gespielt, war energisch in die ersten Klassen marschiert und hatte mit Kreide erst „CAVE", dann „COLIN" an die Tafel geschrieben, darunter „cave" und „canem", die lateinischen Wörter für „Vorsicht" und „Hund"![2]

Sein Freund Bill O'Callaghan, der frühere Bürgermeister, erzählt, dass „an ihm, wie an so vielen Lehrern, ein Schauspieler verloren gegangen war. Die Schüler … wussten nie, was sie erwartete."[3] Colin

Cave war ein extrovertierter Literaturliebhaber mit dröhnender Stimme und beeindruckend buschigen Augenbrauen – und „Nasenflügeln, die sich wie bei einem Vollblut blähten, wenn er aufgeregt war".[4] Er rezitierte nicht nur *Der Kaufmann von Venedig* für seine Schüler, sondern spielte die Handlung auch nach, weinte fast bei der Zeile „die Art der Gnade weiß von keinem Zwang". Dreißig Jahre später erinnerten sich seine Schüler noch lebhaft an seine Darbietungen und bezeichneten sie als lebensverändernd.

Colin Cave war ein inspirierender und manchmal auch übertrieben engagierter High-School-Lehrer sowie Gründer und Leiter des neuen Erwachsenenbildungszentrums der Stadt. Er hatte immer noch genug Energie, um als Regisseur und manchmal auch Star der Theatergruppe The Wangaratta Players zu fungieren. Er schrieb auch das Schullied und veröffentlichte satirische Gedichte in der Lokalzeitung. Dawn Cave erinnert sich, wie „Colin es liebte, überall für Wirbel zu sorgen", doch seine Kinder hatten oft das leise Gefühl, dass ihr Vater manchmal für alles genug Energie hatte außer für eine Familie.

Das Wangaratta Centre for Continuing Education war das Erste seiner Art außerhalb Melbournes und ein Test für den Ausbau des Erwachsenenbildungsprogramms im ganzen Bundesstaat. Colin Cave war sich dieser Bedeutung und der damit verbundenen Verpflichtung bewusst. Der Hausmeister, der gleich in der Nähe wohnte, weiß noch, wie er die Schultür oft erst um zehn Uhr abends zuschlagen gehört hat, wenn Colin Cave seinen Arbeitstag beendete. Seine Hände waren dann voller roter und blauer Tintenflecken von dem Matritzendrucker, mit dem er ringen musste, damit die Sekretärin dann Kopien von seinen Unmengen an Briefen und Berichten anfertigen konnte.[5]

Nick hat dieses obsessive Arbeitsethos geerbt und ist auch in anderer Hinsicht von seinem Vater beeinflusst. In der renovierten alten Schule, die man „The Centre" nannte, das Zentrum, veranstaltete Colin Cave Kurse, Vorträge, zeigte europäische Kinofilme und Ausstellungen zu so ungewöhnlichen Themen wie „Mexikanische

Populärkunst" und „Amerikanische psychodelische Plakate" [sic]. Als Kind war das Zentrum für Nick wie ein zweites Zuhause, und er kam und ging nach Belieben.

Im Zentrum veranstaltete Colin Cave auch einen Workshop für den Bau kleiner Mirror-Boote aus Glasfaserkunststoff. Die Einheimischen segelten gern am Wochenende mit so einem Boot auf dem nahe gelegenen künstlichen Lake Mulwala. Colin baute sogar eines für Nick, den Sohn, der die vielen Abwesenheiten und die mangelnde Aufmerksamkeit seines Vaters am meisten zu spüren schien. Nick betont stolz, dass Colin „es selbst gebaut hat. Er hat das Boot hellgelb gestrichen und es Caprice genannt."

Nick war zu jung, um es zu benutzen, und hatte auch wenig Interesse am Segeln. „Ich hing nur am Ufer des Sees herum", erzählt er. „Ich war in ein Mädchen verschossen, ein dünnes Ding namens Libby Meek – vor allem, weil sie ein Jimi-Hendrix-T-Shirt trug." Stundenlang sah er allein oder mit seiner Mutter, seinem Vater und den drei Geschwistern beim Segeln auf dem See zu. „Dad hat dieses Boot wirklich geliebt",[6] sagt er Jahre später.

Als Colin Cave 1971 seinen bevorstehenden Wegzug verkündete, weil er eine Stelle als Direktor des Council for Adult Education (CAE) in Melbourne antrat, waren viele Einwohner traurig. Er war gerade erst zum Bürger des Jahres 1970 von Wangaratta gekürt worden.

Colin schlug einen anderen Lehrer, Adrian Twitt, als Nachfolger für das Zentrum vor. Leider wollte der ultrakonservative Premierminister des Bundesstaates Victoria, Henry Bolte von der Liberal Party, diese Nominierung verhindern. Man hatte Twitt auf einem alten Zeitungsfoto erkannt, auf dem er einen Protestmarsch gegen den Vietnamkrieg in Melbourne angeführt hatte. Colin widersetzte sich dem Premierminister und kämpfte darum, dass sein Kollege die Stelle aufgrund seiner Fähigkeiten bekam. Wie immer war es schwer, sich gegen Colin Cave zur Wehr zu setzen. Zur Überraschung vieler setzte Colin seinen Willen durch, und Twitt wurde sein Nachfolger.

Der *1971 Report from the Wangaratta Centre for Continuing Education* enthielt ein ganzseitiges Foto von Colin Cave, unter dem die fettgedruckten Worte das Ende einer Ära verkündeten: „Der König ist tot – lang lebe der König!“

Caves Beförderung zum Direktor des CAE war eine Würdigung seiner Hingabe und seiner Fähigkeiten. Einen Großteil der Siebzigerjahre verbrachte er damit, ein blühendes Netz von Zentren im ganzen Bundesstaat aufzubauen, die alle auf dem sogenannten „Wangaratta-Modell“ basierten. Sie waren Teil einer Revolution der allgemeinen Erwachsenenbildung, die er mit angestoßen hatte.[7]

Am ersten Wochenende im Januar 1979 ist er wie immer schwer beschäftigt, das Jahr hat gerade erst angefangen. In Harrietville, einer Stadt in den Bergen, findet ein „Liedercamp“ für klassische Musik statt. Für einen so dynamischen Mann wie Cave ist die lange Fahrt von Melbourne, um die erste Ausgabe des Camps zu eröffnen, kein Hindernis. Dass Harrietville nicht weit von Wangaratta entfernt liegt, macht es für ihn nur noch interessanter.

In Touristenbroschüren wird die Gegend, die er auf der Heimfahrt durchquert, als „Kelly Country“ bezeichnet. Ein Schild am Hume Highway lockt Besucher mit dem Slogan „Legenden, Weine und High Country“. Colin Cave war schon lange von der Verschmelzung von Mythos und Wahrheit im Leben von Ned Kelly fasziniert gewesen, dem Rebellenheld, den diese Grenzgegend geformt hatte und der in die Geschichte einging als Sinnbild für alles, von Gefühlen australischer Republikaner bis hin zum Unabhängigkeitsstreben und der Ablehnung von Autorität im nationalen Bewusstsein. Ostern 1967 hatte Colin ein nationales Symposium in Wangaratta organisiert, das die Sicht auf den Gesetzlosen und seine Darstellung in der Geschichtsschreibung, in Kunst, Film und Literatur veränderte. Vergleiche zu Robin Hood, Wilhelm Tell und Jesse James wurden gezogen. Der große australische Historiker Manning Clark hielt den zentralen Vortrag.[8]

Als latent frustrierter Geschichtenerzähler schrieb Colin Cave eine blumige Einleitung zu dem Buch, das aus diesem Symposium heraus entstand und *Ned Kelly: Man and Myth* hieß. Sein Text ist einer der besten und unterhaltsamsten der ganzen Schrift. Colin hebt den Moment hervor, in dem Kelly in einer selbst angefertigten Rüstung gefangen genommen wurde, die er aus geschmolzenen Pflugscharen geschmiedet hatte. Kelly wurde ins Bein geschossen, während er auf dem Gipfel der Belagerung vor dem Glenrowan Inn nach seinem jüngeren Bruder suchte. Das Gebäude wurde in Brand gesteckt, Ned Kellys Bande in einem Kugelhagel aus fünfzehntausend Geschossen niedergemetzelt. Die fast bis zur Unkenntlichkeit verkohlten Leichen von Steve Hart und Dan Kelly wurden im Glenrowan Inn gefunden. Joe Byrne, Ned Kellys Stellvertreter, war in einem so guten Zustand, dass er für die Pressefotografen wie eine Marionette vor eine Hauswand drapiert werden konnte.

Colin Cave vergleicht die Ereignisse mit einem Western des amerikanischen Regisseurs John Ford.[9] Er beschwört den Geist von Präriedramen und Stolz bis in den Tod herauf. Colins ältester Sohn Tim warnte später davor, zu viel in die Einleitung hineinzulesen, die neben der Enthüllung geheimer Leidenschaften vor allem ein Beispiel sei für „Dads Leidenschaft, sich theatralisch auszudrücken"[10] – die feinsinnige Unterscheidung eines Sohnes zwischen öffentlichem Auftreten und Privatmann. Doch es ist nicht zu leugnen, dass aus der Einführung eine alles andere als wissenschaftlich nüchterne Stimme spricht, wenn Colin Cave mit vielen Ausrufezeichen und großer, fast schon unschicklicher Begeisterung für mörderische Fantasien von Ned Kellys Umtrieben schwärmt:

> Wir vergeben einem Mann nur zu gern seine Sünden, solange er sich dabei ritterlich verhält. Außerdem ritt Kelly auf einem Pferd. Eine drei Meter hohe Erscheinung, zu der man aufsehen konnte, die ebenso rasch auftauchte, wie sie wieder verschwand, die von einer mysteriösen und meisterhaften Aura umgeben war, die uns alle berührt …
>
> Doch vor allem trug Kelly eine Rüstung. Die undurchdringliche Tarnung, nach der sich die zivilisierte Seele sehnt … Wer

> an Kelly denkt, hat dieses gesichtslose, in Eisen gewandete Wesen vor Augen, wie Sidney Nolan Kelly auf seinem Gemälde *Iron with Eyes* darstellt. Was für waghalsige Dinge könnten wir unternehmen, was für romantische Heldentaten, was für kriminelle Eskapaden, wenn wir unkenntlich wären! Was würden wir nicht tun, wenn wir nur in eine Rüstung steigen könnten, die uns verbirgt und schützt?[11]

Diese Charakterisierung lässt sich wohl kaum „zurückhaltend" nennen. Wenn man diese Stimme *hört,* fällt einem sofort auf, wie sehr diese rhetorischen Fähigkeiten – und die Vorliebe für Masken sowie eine gewalttätige und ritterliche Freiheitsliebe – in den Songs seines Sohns widerhallen.[12] Nick vergaß nie die Rüstung, die auf dem Symposium seines Vaters ausgestellt war; er war damals neun Jahre alt. Der mächtige Brustpanzer, der Helm, der wie eine umgedrehte Blechbüchse oder das Visier eines Schweißers aussah, das Eisen, das Kelly für das letzte Gefecht mit der Polizei in Glenrowan in Form geklopft hatte. Eingedellt von Kugeln. „Sie hat großen Eindruck auf mich gemacht", sagt Nick. Ebenso das Foto des toten Joe Byrne, wie er, entstellt und von den Flammen versengt, vor einer Hauswand von Seilen aufrecht gehalten wird – ein grauenvoller Vorläufer von „Sonny's Burning" und anderen Songs.[13]

Als Kunststudent in Melbourne verstand Nick, warum Sidney Nolan Ned Kelly in seinen Gemälden zu so einer rätselhaften Ikone stilisiert hatte – der Gesetzlose als mittelalterlicher Ritter in einer kolonialen australischen Traumzeit. Die Verbindungen werden noch deutlicher, wenn Nick von seiner Jugend erzählt, in der er die Gegend um Wangaratta durchstreift hat: „Ich kann wohl sagen, dass der australische Busch wie kaum eine Natur, die ich sonst gesehen habe, auf mich immer wie heimgesucht gewirkt hat. Die Geister ihrer blutigen Vergangenheit sprachen immer noch zu uns und suchten nach Ruhe. Das Bild von Ned, wie er in seiner Rüstung aus dem Nebel aufsteigt, war ein starkes Symbol in unserer Familie, und mein Vater hat mir die Geschichte oft erzählt, als ich ein Kind war."

Folgerichtig nahmen Colin Caves Buch und die darin enthaltenen Geschichten einen ebenso geisterhaften Platz in Nicks Bibliothek ein. Fußnoten eines gewaltigen, schwer zu fassenden, unfertigen Meisterwerks, das Nick unter dem pseudo-heroischen Motto seiner ersten Australien-Tour als Solokünstler 1983-84 zusammenbringen wollte: „Nick Cave – Man or Myth“.

Colin Cave fährt auf der Dockers Road allein auf Glenrowan und den Hume Highway zu, der ihn zurück nach Melbourne bringen wird. Er ist schon immer gern schnell gefahren, erzählt man sich später. Staubwolken wirbeln hinter dem Wagen auf, Schafe grasen im spärlichen Schatten der Gummibäume. Colin hofft, dass die Anzeigen gegen seinen jüngsten Sohn wegen Trunkenheit, Vandalismus und Diebstahl fallen gelassen und seine Verfehlungen als jugendlicher Übermut abgetan werden, bevor sie vor Gericht kommen. Er ist als Vater erschüttert. Immer gibt es Ärger mit dem einundzwanzigjährigen Nick, so viel Ärger, schon seit seiner Jugend. Deshalb hatten sie ihn mit dreizehn auf ein Internat in Melbourne schicken müssen. Wenn doch jugendliche Streiche und Aufmüpfigkeit das Einzige wären, womit Colin und Dawn sich heute auseinandersetzen müssten. Er muss unbedingt schnell zurück nach Melbourne, wo die Polizei gegen Nick ermittelt.

Colin denkt an zwei Auftritte von Nick mit The Boys Next Door. Seine erste Erinnerung stammt vom Silvesterabend 1977, als er sich die Jungs heimlich angesehen hatte. Einige junge Bands spielten ohne Genehmigung auf der Faraday Street in Carlton. Als Colin eintraf, waren The Boys Next Door bereits auf der Bühne, doch er konnte seinen Sohn nicht sehen. Es stellte sich heraus, dass Nick auf der Straße herumrollte und stöhnte, dass ihn jemand beobachtete.[14] Überall waren betrunkene Teenager. Es war fürchterlich laut. „Punk Gunk“ hatten sie den Abend genannt, „Punkdreck“. Ein einziges Chaos. Colin fuhr unbeeindruckt wieder ab. Die Setlist von The Boys Next Door, die Nick auf dem Küchentisch liegen gelassen hatte, war auch keine Hilfe: „Sex Crimes“, „Masturbation Generation“ …

Trotzdem beschloss Colin, sich die Truppe noch einmal anzuschauen. Sie spielte als Hausband im Tiger Room, hatte einen Plattenvertrag ergattert. Das Ganze wurde ernsthafter. Als Nick erstaunt seinen Vater im Publikum entdeckte, lächelte ihm dieser ermutigend zu. In diesem Moment traf ein Scheinwerferstrahl Nick, der ein weißes T-Shirt trug. Colin sagte später zu seinem Sohn: „Du hast auf der Bühne wie ein Engel ausgesehen“[15], womit er ihn überraschte und an das Gute im Menschen erinnerte.

Er hat aufgehört zu zählen, wie oft er Nick schon versucht hatte zu sagen, dass Schönheit die Welt retten würde – „Bildung und Schönheit, Nicky“. Er hoffte, Nick würde sich die Botschaft zu Herzen nehmen. Sein Sohn war immer ein guter Zeichner gewesen, hatte die Kunsthochschule allerdings abgebrochen und beschäftigte sich nur noch mit der Band. Er dachte immer noch, dass sein Sohn mit seinem Interesse an Kunst eines Tages Autor und Illustrator von Kinderbüchern werden könnte.

Colin Cave befindet sich jetzt tief im Hinterland. Die Warby Ranges, wo die Kelly Gang sich vor langer Zeit versteckt hatte, verschwimmen in einiger Entfernung im Dunst. Der Wagen gerät auf dem Schotter wieder ins Rutschen. Colin steuert dagegen. Auf Höhe der Bobinawarrah Memorial Hall kommt ihm jemand aus dem Nichts entgegen. Die Staubwolke hüllt ihn ein, dann herrscht wieder Stille.

Einige tote Bäume ragen über die Straße. Unzählige kleine, bunt gefiederte Papageien sitzen in den Büschen am Straßenrand, Schwärme von Moschusloris flattern auf, als er sich mit dem Auto nähert. Die Straße verläuft geradeaus in die Ferne.

Ein Farmer repariert gerade seinen Zaun, als er sieht, wie eine seltsame Wolke aufsteigt. Michael Conroy befürchtet ein Buschfeuer und läuft darauf zu, doch es ist nur aufgewirbelter Staub. Dann entdeckt er einen zerbeulten Wagen, der offenbar von der Straße abgekommen ist und sich einmal überschlagen hat. Der Fahrer wirkt schwer verletzt. Conroy eilt nach Hause, um die Polizei anzurufen. „Mehr kann ich nicht sagen.“[16]

Senior Constable Brian Erskine nimmt den Anruf im nahen Whitfield entgegen. „Ich hatte den Eindruck, es handele sich um einen tödlichen Unfall."[17] Ein überraschender Wolkenbruch zwingt ihn auf der Dockers Road, seine Fahrt zu verlangsamen. Am Unfallort bemerkt Erskine einen Ast auf dem Schotter und Reifenspuren, die darauf hindeuten, dass der Fahrer die Gewalt über den Wagen verloren und von der Straße abgekommen sein muss.[18] Er sieht das Logo des CAE auf der eingedellten Tür, eine Eule mit angelegtem Flügel und einem Blätterzweig daneben. Das Autodach ist eingedrückt. Es ist klar, dass der Mann hinter dem Steuer nicht mehr lebt. Der Officer findet eine metallene Erkennungsmarke an einer Kette um den Hals des Fahrers. Da Senior Constable Erskine trotz diverser Versuche die Familie in Melbourne nicht erreicht, bestellt er Adrian Twitt ins Krankenhaus von Wangaratta. Twitt identifiziert den Toten offiziell als „Colin Francis Cave", seine Beziehung zu ihm: „Freund".

„Abgesehen von einem Verband um den Kopf sah er völlig unversehrt aus", erzählt Twitt. „Er hätte auch einfach nur schlafen können."[19]

Ein Gerichtsmediziner stellt fest, dass Colin Cave sofort tot war. Kollegen drücken ihre Bestürzung über seinen Tod mit Floskeln wie „in der Blüte seines Lebens" und „auf dem Höhepunkt seiner Karriere" aus. Man nennt ihn „penibel", „fleißig" und „einen Mann mit einer Vision". Klischees für einen Mann, der so lebendig gewesen war, dass Adrian Twitt überrascht ist, dass Colin bereits dreiundfünfzig war. Twitt hätte ihn zehn Jahre jünger geschätzt, wie die meisten Leute in der Stadt. „Ich hätte nie gedacht, dass er schon so alt war", sagt Twitt, „nicht einmal annähernd!"

1994, fünfzehn Jahre nach seinem Tod, wird ein Raum im Zentrum in Colin Cave Gallery umbenannt, um einen Mann zu ehren, dessen Einfluss auch heute noch in der Stadt zu spüren ist, auch wenn sein Name mit der Generation verblasst, die ihn als den Mann kannte, der ihre Welt und die Erwachsenenbildung im ganzen Bundesstaat verändert hat.

Dawn Cave weihte die Galerie ein, nachdem Tim sie extra dafür nach Wangaratta gefahren hatte. Peter und Julie mussten arbeiten und blieben in Melbourne. Nick war in Übersee und konnte ebenfalls nicht an der Zeremonie teilnehmen.

Heute ist in dem Raum nicht mehr zu sehen als ein zusammengeklappter Besprechungstisch, gestapelte Plastikstühle an einer Wand und ein großes, gerahmtes Schwarz-Weiß-Foto von Colin Cave, das unauffällig in einer Ecke hängt.

Teil II

The Good Son

Man In The Moon

WARRACKNABEAL 2008, 1957–59

Ich kletterte auf den Zaun zum Hühnerstall, weil ich die Hühner anschauen wollte", sagt Nick. „Das ist meine erste Erinnerung. Ich bin hinuntergefallen und habe mir den Kopf aufgeschlagen. Überall war Blut. Wenn mich jemand nach Warracknabeal fragt, kann ich mich nur daran erinnern. Ich muss etwa drei gewesen sein. Frag Mum, sie weiß es bestimmt."

2008 war Nick Cave scheinbar nur über seine Geburtsstadt Warracknabeal (ausgesprochen „Warrick-na-beal") weit im Nordwesten von Victoria gekommen, um sie zu quälen: Eine überlebensgroße Gestalt kehrte auf krummen Wegen nach Hause zurück, als wäre sie einem seiner verrückten märchenhaften Songs entstiegen. Wer sich weniger blumig ausdrückte, sagte: Er war einfach nur ein Arschloch, das sich über eine Stadt im Hinterland lustig machte, die unter einer Dürreperiode litt.

Die *Wimmera Mail-Times* – „seit 1873 die Stimme von Wimmera" – druckte jedenfalls in ihrer Wochenendausgabe vom Freitag, den 20. Juni 2008, eine Titelgeschichte von Michelle Dryburgh ab. Die Schlagzeile war wie eine Rechts-Links-Kombination ins Gesicht: „Ich meine es ernst." Fotos des Schauspielers Russell Crowe und des Hip-

Hop-Musikers Snoop Dogg mit seinem üblichen Bling-Bling um den Hals prangten über der Schlagzeile. Nick Cave hatte eine Statue von sich selbst in Auftrag gegeben und hoffte, sie in der Stadt offiziell enthüllen zu können. „Mein Kumpel Russell Crowe hat seine Teilnahme zugesagt", erklärte er. „Snoop Dogg will auch kommen, wenn man ihn einreisen lässt."

Mithilfe von Photoshop war ein lebensgroßes Bild von Cave in nichts als einem Lendentuch auf einem steigenden Pferd vor der Bibliothek von Warracknabeal zu sehen, inmitten einer Spinifexgraslandschaft. Vorlage für das Bild war eine Maquette des englischen Bildhauers Corin Johnson, der mit seiner Arbeit am Denkmal für Prinzessin Diana in London bekannt geworden war. Dass das Modell überhaupt existierte, deutete auf ein Körnchen Wahrheit in der Geschichte hin, mit der Cave mindestens seit 2001 in verschiedenen Interviews geliebäugelt hatte. Die Gerüchte hatten den Bürgermeister von Warracknabeal erreicht, auf dessen Auftrag hin die Lokalzeitung schließlich Nachforschungen anstellte.

Cave beantwortete die Fragen gern per E-Mail. Der *Wimmera Mail-Times* gegenüber bestätigte er das Gerücht und erklärte, dass der Plan schon weiter fortgeschritten war als allgemein angenommen. Die berühmten Freunde hätte er allerdings „vielleicht etwas voreilig" eingeladen. Es würde sechzigtausend Dollar kosten, eine „drei Meter hohe" Bronzestatue des Pferd-und-Reiter-Modells anzufertigen.[1] Nick würde dann Corin Johnsons Werk von England nach Melbourne verschiffen und von dort mit einem LKW nach Warracknabeal transportieren lassen müssen, was die Kosten untragbar machen würde. Er wäre „jetzt auf der Suche nach einem vermögenden Wohltäter, der in ein historisches Monument investieren wolle, das Frank Rusconis *Dog on the Tuckerbox* blass aussehen ließe". Die beiläufige Erwähnung von Frank Rusconi war beeindruckend: Cave präsentierte sich als Mann, der sich mit australischen Straßenrand-Ikonen und deren Erschaffern auskannte.[2]

Als ob er die Männer von Warracknabeal für das Projekt erwärmen wolle, erklärte Nick außerdem in dem Interview: „Kylie

Minogue hat gesagt, sie würde es um nichts in der Welt verpassen wollen; sie hat sogar versprochen, die Goldlamé-Hotpants zu tragen." Ein Foto aus ihrem Video zu „Spinning Around" auf der Titelseite, auf dem sie sich in High Heels aufreizend auf einem Bartresen zurücklehnt, machte zusätzlich Lust auf das Projekt. Dazu war ein Bild von Nick Cave selbst abgedruckt, auf dem er mit dünner werdendem, zurückgestrichenem Haar und breitem Schnurbart über einem schiefen Grinsen aussieht wie ein Schurke aus einem B-Movie, der die unschuldige Kylie an irgendwelche Bahngleise fesselt. Und dieser Typ hatte mit ihr ein Lied aufgenommen? Und gerüchteweise sogar etwas mit ihr gehabt? Auf gar keinen Fall.

Die allgemeine Meinung in der Stadt war, dass Nick selbst für die ganze Aktion aufkommen solle, doch er könne die Statue gern aufstellen – ein Konzert wäre dann übrigens ein angemessener Dank für das Entgegenkommen. Einige Einwohner sähen die Statue allerdings lieber „an einem ruhigeren Ort" als an der Stelle, die der Zeitungsartikel nannte. Jono Price gehörte zu den wenigen, die sich offen für die Statue aussprachen: „Er ist eine Legende und ein großartiger Songwriter." Jamie Sevenich sah es ebenfalls positiv: „Ich halte es für eine gute Idee, weil diese Stadt tot ist."[3]

The Age in Melbourne griff die Geschichte auf, ebenso der *Sydney Morning Herald* und einige internationale Medien. In Radio-Talkshows wurde in Melbourne eifrig über das Projekt diskutiert, die meisten Stimmen waren kritisch. Dieser Nick Cave mache sich doch nur lustig über eine Provinzstadt in Nöten. Für wen hielt er sich eigentlich? Dawn Cave rief ihren Sohn von Melbourne aus in England an: „Du musst dem ein Ende machen, Nick. Es gerät aus dem Ruder."[4] Nick versprach, er würde sich darum kümmern. Er hatte tatsächlich nichts von der Dürre gewusst, die die Wimmera-Region plagte, als er der Journalistin von seinen ausgefallenen Plänen und der illustren Gästeliste erzählt hatte. Am nächsten Tag nahm er Kontakt zu Michelle Dryburgh auf und stellte alles richtig.

Er sagte ihr, er hätte auf keinen Fall andeuten wollen, die Stadt solle für die Statue zahlen. Die Kosten lägen allein in seiner Verantwortung. Nachdem er noch einige andere Dinge zurechtgerückt hatte, eröffnete ihm Dryburgh, dass der Stadtrat ein Denkmal mit indigenem Hintergrund erwog, ein Dingoweibchen mit seinen Welpen, das in einem Kreisverkehr an der Scott Street aufgestellt werden sollte, womit die einzige freie Stelle, die sich für Nicks Statue eignete, belegt wäre. Cave nahm die Nachricht ungehalten auf. Von einem Dingo samt Welpen vertrieben! „Ich frage Sie", sagte er, „was soll denn eingeborener sein als ich? Ich bin verdammt noch mal in Warracknabeal auf die Welt gekommen."

Dann entschuldigte er sich für alle Missverständnisse, die er verursacht hatte. Kylie würde nicht wie erhofft in ihren goldenen Hotpants erscheinen, doch an der Enthüllung der Statue würde sie sicher wie von ihm versprochen teilnehmen. Snoop Dogg hätte allerdings tatsächlich Visa-Probleme und würde daher nicht nach Australien einreisen können. „Aber keine Angst, mein Freund Mike Tyson möchte gern ein paar Faustkämpfe im Lions Park organisieren …"

Und so ging es weiter. Cave lächelt, wenn er diese Geschichte später erzählt. Die Ausgaben der *Wimmera Mail-Times* in seiner Bibliothek sind kostbar. Selbstzufrieden legt er sie mit einem Grinsen beiseite und sagt: „Ich konnte mich einfach nicht beherrschen."

Heißt das denn nun, dass seine Pläne für eine Statue in Warracknabeal nur ein großer Witz oder eine verrückte Fantasie waren? Nein. Cave hofft immer noch, die Statue verwirklichen zu können, hält sich allerdings über die näheren Umstände bedeckt. Wie der sprichwörtliche Schimmelreiter war sein Traum, sich selbst auf dem Pferderücken unsterblich gemacht zu sehen, auch nach zehn Jahren noch nicht zur Ruhe gekommen, tauchte gelegentlich auf und verschwand dann wieder im Sonnenuntergang. Wie er *The Age* ursprünglich auf die Frage, was eigentlich wirklich vor sich ging, geantwortet hatte: „Ich bin Australier – selbst wir wissen nicht, wann wir einen Witz machen und wann nicht."[5] Im selben Artikel behauptete er, dass er, sollte Warracknabeal seine Statue nicht in der Stadt aufstellen wollen,

„hinaus in die Wüste fahren“ und sie irgendwo wie im Film *Der Planet der Affen* abladen würde.[6]

Nicks alter Held, der Maler Sidney Nolan, hätte diese Geste vermutlich befürwortet. Als junger Soldat war er in den Vierzigerjahren in einem anderen Teil der Wimmera-Region stationiert gewesen. Er litt unter der Isolation und begann eine Serie von Selbstporträts, inspiriert von Stammesmasken, Schmucknarben und indigener Kunst aus dem Pazifikraum. Nolan desertierte irgendwann und flüchtete aus der Gegend. Diese Erfahrung und die Selbstporträts bereiteten den Weg zu seiner ikonischen Ned-Kelly-Serie. Nolans Psychogeografie und seine künstlerischen Obsessionen waren ein Vorläufer von Colin Caves Umzug von Warracknabeal nach Wangaratta. Als Nick über seine triumphale Rückkehr in die Wimmera-Region nachdachte, überlappten sich die Geschichten von dem Gesetzlosen und dem Maler, von dem Lehrer und seinem Sohn, als wäre es vorherbestimmt. Corin Johnson weiß noch, dass Nick die Maquette für eine Statue wie ein Busch-Ranger aus dem Film aussehen lassen wollte, für den er gerade das Drehbuch schrieb: „Wie einen Aussie-Cowboy, aber ein bisschen traurig.“[7]

Es existieren viele Beschreibungen von Warracknabeal. „Ein großes Nichts“ und „platt wie ein Pfannkuchen“ sind sehr unverblümt. „Sehr flach“ auch.

Ein früherer Einwohner, der anonym bleiben möchte, formuliert es etwas diplomatischer. „Da draußen ändert sich alles langsam. Neunzig Prozent der Gegend besteht aus Landwirtschaft, alles geht hier sehr langsam. Um Stürme auszuhalten und ein paar schlechte Jahre ohne Regen, muss man zäh sein. Und alles in einem größeren zeitlichen Ablauf sehen … Es gibt diesen Spruch von einem Volk, das ein anderes einnimmt – was wir weißen Europäer vor langer Zeit mit den Ureinwohnern gemacht haben –, und dass dieses innerhalb von drei Generationen wie das ursprüngliche Volk wird. Wenn man sich die Menschen da draußen anschaut, glaube ich, dass da was dran ist.“[8]

Zu der Zeit, als Nick Cave mit dem Regisseur John Hillcoat einen im australischen Outback angesiedelten Western schrieb, den sie *The Proposition – Tödliches Angebot* (2005) nannten, wurde er in Interviews öfter gefragt, inwiefern sein Geburtsort Warracknabeal ihn inspiriert habe. Es wurde angedeutet, Cave entstamme selbst einem Grenzland. Diese Vorstellung wurde von Nick noch bestärkt, der Warracknabeal fantasievoll beschrieb als „eine Stadt, in der man frühere Strafgefangene angesiedelt hatte, die ehrbar werden wollten. Doch niemand wurde ehrbar, und daraus entwickelte sich dann dieser seltsame, gesetzlose Ort."[9]

Das „seltsame" und „gesetzlose" Warracknabeal liegt an den knochentrockenen Ufern des Yarriambiack Creek, etwa dreihundertdreißig Kilometer nordwestlich von Melbourne, und hat ungefähr dreitausenddreihundert relativ unbescholtene Einwohner. Es fungiert als Dienstleistungszentrum für ein weitläufiges Weizenanbaugebiet, das durch die Feuchtigkeit speichernde graue Erde überlebt, die sich in einem schmalen Streifen durch die trockene rote Mallee-Eukalyptus-Landschaft zieht.

Colin Cave kam 1957 als ehrgeiziger junger High-School-Lehrer mit dem Eifer eines Pioniers in die Stadt, zusammen mit seiner schwangeren Frau Dawn und den beiden Söhnen Tim und Peter, die damals fünf und drei Jahre alt waren. Nick wurde im Lauf dieses ersten Jahres in Warracknabeal geboren, seine Schwester Julie 1959.

Die Familie zog in die Jamouneau Street 72. Dawn war Hausfrau und kümmerte sich um Nick und Julie, Tim und Peter besuchten die Grundschule. „In dem Viertel standen viele Sozialbauten", erinnert sich Dawn bedrückt, „und alle Straßen hatten unglaubliche französische Namen – es passte überhaupt nicht zusammen." Schon bald kam sie sich gefangen vor. „Wir machten einen Ausflug", sagt sie, „und die Landschaft blieb immer gleich. Man saß im Auto und fragte sich, was man da gerade tat und wohin man unterwegs war."[10]

Im Sommer konnte es über vierzig Grad heiß werden, im Winter „sehr kalt", vor allem nachts, wenn die Umgebung so karg wie eine Mondlandschaft war. Colins Vater Frank Cave nannte die Stadt

„Warrackna-bloody-beal", was von der ganzen Familie übernommen wurde. „Poppa" war eine respekteinflößende Erscheinung. Nick sagt: „Mum musste seine geliebte Frau [Colins Mutter] immer ‚Mrs. Cave' nennen, auf keinen Fall Imogen. Unter anderem deswegen hat Mum sich in seiner Gegenwart immer sehr unwohl gefühlt."

Dawn Cave gesteht: „Ich habe mich immer so aufgeregt, wenn er und Imogen [aus Melbourne] kamen. Sie war sehr intelligent, eine der ersten Frauen, die auf das Victorian College of Pharmacy in Melbourne aufgenommen worden waren. Ich hatte wirklich Respekt vor ihr. Doch in seiner Gesellschaft konnte man sich kaum entspannen." Als ob sie Franks Missbilligung wegen ihrer hausfraulichen Fähigkeiten heute noch spüren würde, fährt sie fort: „Sie blieben nie über Nacht bei uns, nie. Sie hätten das Hotel sehen sollen, in dem sie lieber gewohnt haben; eine fürchterliche Absteige."[11]

Frank Cave war ein Veteran des Ersten Weltkrieges und wurde später Pressesprecher für den Ölkonzern Shell. Über diesen Posten war er in den Vierzigerjahren auch zu seiner eigenen Radioshow in Melbourne gekommen, *The Shell Show*, die Sonntagnacht ausgestrahlt wurde. Frank spielte beliebte Lieder und interviewte internationale Gäste – der berühmteste war, nach Familienüberlieferungen, der britische Schauspieler und Komiker George Formby. Frank amüsierte sich sehr über Formbys Witze und doppeldeutige Lieder auf der Banjolele. Er spielte als Erster in Australien Live-Musik im Radio und beendete die Sendung jede Woche mit einer Geistergeschichte, mit der er die Zuhörer unterhielt oder auch erschreckte.[12] Dawn Cave glaubt, dass Nick von Frank und Colin „dieses Entertainer-Ding" geerbt hat.

Trotz seiner Bekanntheit und ziemlich glamourösen Karriere hatte Frank Cave ein Geheimnis: Er war nicht der, der er vorgab zu sein. Seine Familie erfuhr von Imogen, geborene Chambers, dass „Cave" nicht der richtige Familienname war. Zu diesem Zeitpunkt war Poppa schon so herrisch und unleidlich geworden, dass ihn niemand nach der Wahrheit zu fragen wagte. Erst nach seinem Tod erforschte jemand den Familienstammbaum. Dieses Projekt wurde scherzhaft

„The Lost Caves" genannt. Vereinte Bemühungen förderten schließlich den ursprünglichen Familiennamen zutage: Landvoigt.

Auch wenn er im Ersten Weltkrieg unter seinem richtigen Namen und auf der Seite der Briten gekämpft hatte, überzeugten wachsende antideutsche Ressentiments während der Vorwehen des Zweiten Weltkriegs Frank Landvoigt von einer Namensänderung. „Landvoigt" ist nicht nur ein deutscher, sondern ein preußischer Name, in dem alle aristokratischen und militärischen Assoziationen zu dem Königreich anklangen. „Cave" war der Mädchenname von Franks englischer Mutter. Man spekuliert, dass Franks Entscheidung auch eine verzögerte Reaktion auf seinen Vater war, der die Familie verlassen hatte, als Frank noch ein kleiner Junge war. Er hatte den Mädchennamen seiner Mutter bereits in verschiedenen Zusammenhängen benutzt, bevor er ihn 1940 offiziell ändern ließ. Den Autohandel, den er zu dem Zeitpunkt in Melbourne eröffnete, zierte jedenfalls ein Schild mit dem Namen, und „Frank Cave" war offiziell geboren.[13]

Nick Cave erinnert sich, wie er bei Poppa „auf einem Grammophon seine alten Schellackplatten gehört hat. Er hatte eine Single, die ‚Can I Sleep In Your Barn Tonight, Mister?' hieß und von der Leidensgeschichte eines Typen handelte, dem ein gutaussehender Fremder, den er in seinem Haus aufgenommen hatte, Frau und Kinder ausspannte. Jetzt läuft er herum, sucht sie und erzählt allen Leuten seine traurige Geschichte." Nick singt eine Zeile mit brüchiger Stimme: „‚May I sleep in your barn tonight, Mister? It's cold lying out on the ground.'"

Eine traditionelle Country-Ballade, die von verschiedenen Sängern interpretiert wurde, von dem Amerikaner Hank Thompson ebenso wie von dem Australier Slim Dusty. Die genaue Herkunft ist wegen verschiedener Interpreten, die die Autorenschaft für sich in Anspruch nehmen, unklar. Der Text lässt sich so interpretieren, dass der Herumwandernde selbst derjenige sein könnte, der die Frau und das Kind entführt hat, die er angeblich verloren hat. „Es ist ein bisschen weit hergeholt", sagt Nick, „aber wenn ich darüber nachdenke, wie oft ich das Lied gehört habe, war es wahrscheinlich die Grundlage für ‚Song Of Joy' vom Album *Murder Ballads.*"

Frank Cave diente als Inspiration der „Großvater"-Figur am Ende von *Der Tod des Bunny Munro.* „Poppa hatte einen aufziehbaren Spielzeugvogel, wie ihn der Großvater im Buch besitzt. Ich war davon fasziniert", erzählt Nick. „Er hat immer gesagt, mach ihn nicht kaputt, wenn ich in seine Nähe gekommen bin. Er hat sich sogar wie die Figur in meinem Roman gekleidet, außer dass seine Fliege immer korrekt gebunden war. Das ist ein wichtiger Unterschied.

Ich weiß noch, wie Poppa immer mit einem Whisky in seinem Sessel saß; dank seiner Glatze sah sein Kopf aus wie ein großer Totenschädel. Ich weiß auch noch, wie ich auf der Caulfield Grammar School ein Bild von einem alten Mann mit einem schädelartigen Kopf gemalt habe. Es hieß *Die Stimme* und war ganz offensichtlich von Edvard Munch beeinflusst. Zufällig sah es Poppa ziemlich ähnlich, wie er in seinem Sessel saß. Vor jedem seiner Besuche mussten Mum und Dad das Bild von der Wohnzimmerwand abnehmen und verstecken."

Nick lacht. „Er war ein echter alter Mistkerl. Aber ich mochte ihn. Wenn ich an meine Kindheit denke, erinnere ich mich, dass er immer gelächelt hat. Wie ich gehört habe, hat er gern Streiche gespielt, als er jünger war, und ist zum Spaß mit dem Auto die Treppen des Parlamentsgebäudes in Melbourne hinaufgefahren. Ein anderes Mal hat ihm ein Freund sein Auto geliehen und ist in den Norden in Urlaub gefahren. Poppa hat es auseinandergebaut, Stück für Stück in das Schlafzimmer seines Freundes geschafft und dort wieder zusammengebaut. Solche Geschichten habe ich über ihn gehört … Erst nach dem Tod seiner Frau wurde er böse und gemein. Als sie noch gelebt hat, war er sehr nett.

Legendär ist auch die Geschichte, als Mum und Dad Poppa, die damals noch in Wangaratta lebten, ihn ein Jahr nach dem Tod seiner Frau [1966[14]] in Melbourne besucht haben. Sie hatten ihn seit einer Weile nicht mehr gesehen und dachten, es wäre nett, ihm einen Überraschungsbesuch abzustatten. Ihn etwas aufzumuntern. Sie fuhren also die ganze Strecke hinunter nach Melbourne, um nach ihm zu sehen, und als sie bei ihm klopften, riss er die Tür auf und brüllte: ‚Verschwindet!' Dann schlug er ihnen die Tür vor der Nase zu. Ja, Poppa war ein alter Mistkerl."

Dawn Caves Familiengeschichte wirft ihre eigenen Schatten auf das Leben von Nick Cave. Ihr Vater, Edward Cooper Treadwell, leitete eine Druckerei und brachte eine Rennzeitung heraus, *The Sporting Judge*. Außerdem saß er im Stadtrat von Melbourne. Ihre Mutter, Florence Kench, war als englische Immigrantin 1911 mit sechzehn Jahren nach Australien gekommen. Ohne richtige Ausbildung fand sie Arbeit in der York Street 30 in St. Kilda als Haushälterin für Treadwell, dessen todkranke Frau und die fünf Kinder.

Mary Jane Treadwell[15] starb 1917, der älteste Sohn Edward Junior im Jahr darauf mit zweiundzwanzig Jahren bei einem Unfall auf einer britischen Landebahn in den letzten Tagen des Ersten Weltkriegs. 1919 starb die älteste Tochter Maisie (May Jane) an einer Bauchfellentzündung. Aus einem seltsamen Zufall heraus starben alle im September, den Edward Treadwell seitdem immer „meinen schlimmen Monat" nannte. Ihm blieben zwei jüngere Töchter, Ruby und Alice, um die er sich kümmern musste, sowie der ältere Sohn Frank, der schon aus dem Haus war. Florence arbeitete zu diesem Zeitpunkt in einem anderen Haushalt, kehrte jedoch zu den Treadwells zurück, da sie dringend gebraucht wurde. Fast unausweichlich verliebte sich Treadwell in seine junge Haushälterin und hielt um ihre Hand an. Florence und Edward heirateten 1922 und bekamen zwei weitere Töchter. Gwendolyn kam 1923 auf die Welt, Dawn 1926.

Nach so vielen Verlusten hätte man erwarten können, dass Edward Treadwell ein eher distanzierter und melancholischer Mensch war, doch Dawn Cave beschreibt ihn als sehr zielstrebigen Mann, der immer über die Familienmitglieder, die er verloren hatte, reden konnte und trotzdem nie von Trauer überwältigt wurde. Nick hörte aus den Erzählungen seiner Mutter heraus, dass ihr Vater „bei den Stadtratssitzungen gern das eine oder andere Gläschen trank. Er packte das übriggebliebene Gebäck und andere Dinge ein und brachte es seinen Kindern mit. Zu Hause fielen ihm dann die zerdrückten Kuchen aus den Taschen." Dawn Cave sagt: „Mein Vater war ein sehr starker Mann. Ich glaube, deshalb blieb ich bei ihm und Mum in St. Kilda wohnen, bis Colin und ich heirateten."[16] Der Verlust dieses so warmherzigen und charmanten Menschen im Jahr 1950 hinterließ eine tiefe Wunde. Die Todesursache war eine Lungenentzündung, doch Edward Treadwell war schon eine Weile krank gewesen, erzählt Dawn, „seit einigen Jahren blind und letztlich auch bettlägerig".[17] Obwohl sie eine relativ junge Witwe war, blieb Florence in dem Haus wohnen und heiratete nicht wieder.

Julie Cave, Dawns jüngstes Kind, erinnert sich, wie sie und Nick in den Sechzigerjahren in den Schulferien zu Grandma Treadwell fuhren und was für ein Abenteuer das immer war. Das große alte Haus war da schon in Wohnungen aufgeteilt worden, und die wechselnden Mieter, alle europäische Einwanderer, boten den Kindern aufregende Abwechslung. „Wir haben es geliebt, sie zu besuchen", sagt Julie. „Grandma klimperte auf dem Klavier Lieder, die sie von einer Platte oder aus dem Radio aufgeschnappt hatte."[18]

An den Tasten ging die ansonsten winzige und zurückhaltende Florence völlig aus sich heraus und sang bis ins hohe Alter mit Inbrunst ihr Lieblingslied, „Hey Jude" von den Beatles. „So hat Nick Klavierspielen gelernt", beharrt Julie Cave. „Auf die Art, wie Grandma gespielt hat. Ich sehe es daran, wie er seine Hände bewegt, wie sein Spiel klingt und sich anfühlt. Er spielt auch heute noch wie Grandma. Sie hätte es geliebt."[19]

Nick ist überrascht, als er das hört. „Das hat Julie gesagt, nicht wahr? Furchtbar, was ich da immer mit meiner linken Hand gemacht habe", sagt er und schlägt einen Kneipenrhythmus auf einem unsichtbaren Klavier neben sich an. „So spiele ich nicht mehr", betont er. „Mums Schwester, Tante Gwen, die ich über alles liebe und verehre, hat mir einen Schaden fürs Leben verpasst mit etwas, das sie in diesem Zusammenhang gesagt hat." Er lacht. „Ich war gerade mal elf, habe Akkorde auf dem Klavier gespielt. Ich war nicht besonders gut. Wir standen alle um das Klavier herum, sangen Lieder und wechselten uns beim Spielen ab. Ich war dran. Und ich hatte kaum angefangen, als Gwen schon sagte: ‚Geh weg, du klimperst ja nur herum.' Jedes Mal, wenn ich das Wort in Zusammenhang mit meinem Klavierspiel höre, läuft es mir kalt den Rücken runter. Es bedeutet, dass man nicht weiß, was man tut, dass man nur vorgibt, spielen zu können. Klimpern!

Als ich ein Kind war, haben mir die Hände meiner Großmutter richtig Angst eingejagt. Ihre Finger waren fast rechtwinklig gekrümmt. Wirklich. Sie hat wunderschön gespielt, konnte fast alles nach Gehör spielen, aber ihre Finger …" Nick schüttelt den Kopf, als er daran zurückdenkt, und schnippt gegen jeden seiner Finger. „Ich habe Mum gesagt, dass ich nicht Klavier spielen wollte, weil ich Angst hatte, meine Finger würden dann so wie die von Grandma werden. Ich hatte wirklich Angst. ‚Ich will nicht solche Finger wie Grandma bekommen.' Da hat Mum zu mir gesagt: ‚Die hat sie vom Böden schrubben, Nicholas.'"[20]

Bevor Dawn Bibliothekarin wurde, hatte sie ein Jahr Geige am Musikkonservatorium von Melbourne studiert. „Ich war nicht besonders gut", meint sie wegwerfend. „Man hat mir gesagt, ich solle besser etwas mit Geisteswissenschaften machen."[21]

Dawn Treadwell machte 1949 ihren Bachelor, im selben Jahr, in dem Colin Cave seinen Bachelor in Pädagogik abschloss, und sie verlobten sich. Edward Treadwell starb nur wenige Monate nach ihrer Verlobungsparty im Dezember. Colin und Dawn heirateten 1951 und zogen dann nach Westen ins Innere des Bundesstaates. Sie lebten in einigen Provinzstädten, in denen Colin Cave an seiner Karriere arbeitete. Auch wenn er noch ein junger Lehrer war, hatte Colin eine Vision, die weiterreichte als die der meisten Männer seines Alters.

Ende der Fünfzigerjahre war Warracknabeal ein sehr einsamer Ort für eine schwangere junge Frau mit zwei Jungen im Grundschulalter. „Die Menschen waren sehr verschlossen und haben einen nicht mit offenen Armen willkommen geheißen", sagt Dawn. „Ich glaube, für die Leute in der Stadt waren wir Sonderlinge. Und es war klar, dass wir nicht für immer dort bleiben würden", gibt sie der Fairness halber zu, bevor sie hinzufügt: „Der Pfarrer von Warracknabeal hat uns später erzählt, dass man Menschen wie uns als ‚Zugvögel' bezeichnete. So haben uns die Einheimischen genannt: ‚Zugvögel.'"[22] Über fünfzig Jahre später spricht sie das an sich hübsche Wort mit nicht zu überhörender Schärfe aus.

Neben seiner Arbeit als Englisch- und Mathematiklehrer an der Highschool gründete Colin Cave sofort eine Theatergruppe in der Stadt. Nick sagt: „Ich glaube, sie hielten ihn für einen Spinner, weil er wie ein furchtbar gebildeter Schwuler Theaterstücke und so inszenierte." Bemerkenswerterweise gab es im September 1957 – weniger als ein Jahr nach seiner Ankunft – nicht nur die Warracknabeal Dramatic Society, sie führte sogar unter seiner Regie auch ein Stück auf, *Rope*.[23] Colin hatte die Inszenierung auch bei einem Theaterfestival in Ballarat angemeldet, das etwa zweihundertdreißig Kilometer entfernt lag, damals gute vier Stunden Fahrt auf einem Outback-Highway.

Dawn war zu diesem Zeitpunkt hochschwanger mit Nick. „Aber ich war vorher auch immer überfällig gewesen", sagt sie über die Geburt ihrer zwei anderen Söhne. „An dem Wochenende, an dem sie das Stück in Ballarat aufführen wollten, war der Geburtstermin. Wir hatten einen alten Peugeot-Kombi, das einzige Auto, in den die sargartige Kiste passte, in der die Leiche auf der Bühne liegen sollte. Colin fragte unseren Arzt: ‚Was soll ich tun?' Der antwortete: ‚Colin, was halten Sie für wichtiger?' Colin fuhr nach Ballarat.

Nick kam dann sehr früh am Sonntagmorgen auf die Welt. Die Fahrt von Ballarat nach Warracknabeal ist eine ganz schöne Strecke. Colin packte alles zusammen und kam so schnell wie möglich zurück. Er beeilte sich und war furchtbar nervös. Zum Glück kam er noch rechtzeitig an. Bei Nicks Geburt war er aber nicht dabei. Damals durften die Väter nicht mit in den Kreißsaal."

Dawn wird immer noch von astrologisch interessierten Menschen nach dem genauen Zeitpunkt von Nicks Geburt gefragt. „Ich kann mich nicht erinnern", sagt sie dazu und winkt ab. „Aber manche Menschen sind sehr beharrlich. Ich erfinde dann einfach einen Zeitpunkt, und sie sind glücklich."[24]

„Als kleiner Junge hat Nick ständig geredet. Er hat es geliebt, mit einem Gespräche zu führen. Er konnte gar nicht still sein", erzählt Dawn. „Alle liebten Nick und wie er mit seinen großen Augen zu einem aufsah. In Melbourne schlief er in Grandmas [Florence Treadwells] Zimmer, und sie erzählte immer, dass er morgens in seinem Bettchen stand und sie mit seinen großen Augen ansah, wenn sie aufwachte.

Als er etwas älter war, unterhielten sie sich abends lange, nachdem sie ins Bett gegangen waren. Was er haben wollte, bekam er. Zum Beispiel eine Holzkiste, die er nach ihrem Tod bekommen sollte, und eine große ledergebundene Bibel. Er muss etwa acht gewesen sein, als er zum ersten Mal Interesse für ihre Bibel zeigte. Sie gab sie ihm, und er schrieb mit seiner ungelenken Kinderhandschrift einen Familienstammbaum hinein und verschandelte sie damit völlig.

Ich habe ihn erst letztes Wochenende gefragt, ob er sich noch an die Zeit in Warracknabeal erinnern könne. Er sagte, er wisse noch, dass er sich den Kopf aufgeschlagen habe, als er mit drei Jahren den Zaun zum Hühnerstall hinaufgeklettert war, um sich die Hühner anzusehen. Mehr nicht. Doch er hatte eine gute Kindheit in Warracknabeal und später in Wangaratta. Manchmal spazierte er einfach aus dem Haus und die Straße entlang, aber irgendjemand brachte ihn immer zurück. So war das Leben in einer Kleinstadt, ein guter Ort zum Aufwachsen.

Er war ein unkompliziertes Kind und sehr liebevoll – Letzteres ist er heute noch. Wenn ich Julie als Baby gebadet habe, saß er immer geduldig daneben, statt irgendwo zu spielen, und wollte sich unterhalten. ‚Himmel, ich wünschte, er würde still sein, damit ich mal eine Minute in Ruhe nachdenken kann!', habe ich manchmal gedacht. So viel hat er geredet! Und Nick wollte immer eine Antwort. Als

Teenager musste er bei Diskussionen in der Familie immer das letzte Wort haben, selbst wenn man schon aus dem Raum ging. Und dann fing natürlich alles wieder von vorne an. Colin kam damit nur sehr schwer zurecht.“[25]

Down By The River

WANGARATTA 1959–70

Ich bereue es sehr, dass ich *Und die Eselin sah den Engel* nicht in Australien angesiedelt habe. Sie hätte genauso gut in Wangaratta spielen können statt in einem erfundenen Teil des amerikanischen Südens. Ich weiß nicht, warum ich es nicht so gemacht habe. Ich wünschte, ich hätte es. Grundlage für das Buch ist das Aufwachsen auf dem Land, das Leben auf dem australischen Land. Sicher nicht das Hören von Moritaten. Der Fluss war der heilige Ort meiner Kindheit, alles ist da unten passiert.

Am Flussufer wuchsen Weiden, genau wie in ‚Sad Waters'. Die Weidenruten wurden tatsächlich geflochten. Ein Song wie ‚Sad Waters' ist daher eine Erinnerung an diese Szene aus der Kindheit. Die Baumwurzeln waren alle aus dem Boden gerissen. Der Fluss war auch verdammt schlammig, kein glitzerndes, klares Band, das sich die Leute immer vorstellen. Man wusste nie, auf was für schreckliche Dinge man vielleicht zuschwamm. Wir sind immer von der Eisenbahnbrücke in den Fluss gesprungen – man konnte nur an einer Stelle sicher hinunterspringen, zwischen zwei Pfeilern, dort war das Wasser tief genug. Das war aufregend, man musste auf die fahrenden Züge aufpassen.

Für viele klingt das nach erfundenen Geschichten, als säße ich nur herum und würde Country- und Bluessongs hören. Als hätte ich nichts davon selbst erlebt. Und das stimmt einfach nicht. Ich bin mir allerdings nicht ganz sicher bei der Zeile in ‚Sad Waters', die von dem wild zuckenden Karpfen handelt. Ich dachte immer, Karpfen wären kleine Fische. Doch als man mir letztens einen gezeigt hat, wurde mir klar, dass das diese riesigen, hässlichen Scheißer sind", sagt Cave und zeigt erschrocken mit den Händen die Größe an. Dann zuckt er mit den Schultern und lacht. „Egal. Ich habe jedenfalls immer ein sehr deutliches Bild vor Augen, wo sich der Song, den ich gerade schreibe, abspielt. Und das ist immer eine kleine Stadt, und diese Stadt ist Wangaratta. Allerdings in einer mythischen Version, nicht der echten."

Als die Familie Cave Ende 1959 nach Wangaratta zog, hatte die Stadt beinahe vierzehntausend Einwohner.[1] Verglichen mit Warracknabeal, Nicks Geburtsort, war es eine Großstadt, fast fünfmal größer, und erlebte gerade eine „kulturelle Blüte", wie lokale Historiker die Zeit nennen, durch den Zustrom europäischer Immigranten, die auf den immer erfolgreicheren Weingütern und in der kurz zuvor eröffneten Bruck-Textiles-Fabrik arbeiteten.

Die Getreidemühle mit ihren bleichen Silos ragte über den Eisenbahngleisen auf, die „Wang", wie die Einheimischen die Stadt nannten, zu einem wichtigen ländlichen Knotenpunkt zwischen Melbourne und Sydney machten. Die Wollpreise waren gut, es gab viele Schaffarmen im Tal. Bis in die späten Sechzigerjahre wurden noch Rinder durch die Phillipson Street zu den Viehmärkten getrieben. Wangs Schlachthof war ein ökonomisches Standbein, dessen Gestank über die neuen Vororte und die Eisenbahnschienen in den Westen der Stadt trieb. Pünktlich zu Betriebsende quoll der Geruch nach Blut und Knochen heraus.

Dennoch war es eine hübsche Stadt, gelegen am Zusammenfluss der Flüsse Ovens und King, die aus den Australischen Alpen herunterflossen und von der mitgeschwemmten Erde immer dunkler wurden. Die Flüsse, die Eisenbahnschienen und die im Stil der französischen Gotik erbaute Holy Trinity Cathedral dominierten das

Herz der Stadt und beschworen ein wenig die Postkartenatmosphäre eines einladenden französischen Dorfs herauf, das man in das hemdsärmelige australische Hinterland versetzt hatte. Der Granit aus den nahe gelegenen Warby Ranges ließ die anglikanische Kathedrale in der Nachmittagssonne fast rosa leuchten.[2]

Der Name Wangaratta stammte angeblich von einem Wort der australischen AboriginesUreinwohner, das „Nistplatz für Kormorane" bedeutete. Wie passend, dass „Zugvögel", wie der Pfarrer von Warracknabeal die Caves so abfällig bezeichnet hatte, sich dort gern niederlassen wollten. Sie waren wegen Colin Caves Lehrerkarriere bereits von Melbourne in den Westen des Bundesstaates Victoria nach Hamilton und schließlich nach Warracknabeal gezogen, hatten sich in diesen eingeschworenen kleinen Gemeinden allerdings nie willkommen gefühlt. Wang war vom ersten Moment an anders.

In den fünfzehn Jahren seit Ende des Zweiten Weltkriegs hatte sich die Einwohnerzahl verdoppelt. Die aus allen Nähten platzende Wangaratta High School zog in ein neugebautes Gebäude um, worauf das Centre for Continuing Education am alten Standort bei der Main Street eingerichtet werden konnte. Colin war in seinem Element, sowohl als Englischlehrer an der vergrößerten Schule als auch als treibende Kraft hinter der Gründung des Zentrums.

Dawn Cave war auch glücklicher und sozial und kulturell viel weniger isoliert als in Warracknabeal. Als alle Kinder in die Schule gingen, konnte sie ab 1968 als Bibliothekarin an der Highschool arbeiten. Colin teilte seine Arbeitszeit zwischen dem Unterrichten und dem Zentrum auf, außerdem inszenierte er Theaterstücke mit den Wangaratta Players und führte Regie. In seiner Freizeit verfolgte Colin seine literarischen Interessen, schrieb Kurzgeschichten, die er erfolglos bei Publikationen wie *Reader's Digest* einreichte, und satirische Gedichte, von denen manche in der Lokalzeitung abgedruckt wurden. Erwähnenswert ist dabei ein anonym veröffentlichtes Gedicht mit dem Titel „Ode an die Abendluft", ein beißender Kommentar zu dem üblen Gestank aus dem Schlachthof: „Mein einziger Wunsch ist, dass die / die diese üble Pest verbrechen / jeden Abend um acht / abtauchen in die Kanalisation / in den Dreck, bis zum Hals."[3]

Die Familie Cave lebte auf der Westseite der Stadt in der Mepunga Avenue 31. „Während wir dort wohnten", erzählt Nick, „wurden ständig neue Häuser gebaut, auf deren Fundamente ich gern geklettert und von denen ich dann hinuntergesprungen bin. Das Schwimmbad, in dem wir viele Stunden auf dem heißen Beton lagen, war ganz in der Nähe. Ich war als Kind tiefbraun gebrannt, und wir trugen nie Schuhe. Neben dem Schwimmbad war ein Sportplatz, den wir überqueren mussten, auf dem uns die Krähen attackierten, und der Messerschleifer parkte seinen Lieferwagen dort, um sich um die Messer aus der Nachbarschaft zu kümmern."

Wenn man „einen kleinen Spaziergang zum Stadtrand" unternimmt und „die Eisenbahngleise überquert / wo das Viadukt wie ein Unheil verkündender Vogel aufragt" – wie es in „Red Right Hand" so schön heißt –, „am Platz vorbei, an der Brücke vorbei, an den Mühlen vorbei, an den Lagerhäusern vorbei"[4] – dann ist man im Westen der Stadt und läuft vielleicht sogar die Mepunga Avenue entlang. „Ja", gibt Cave zu, „‚Red Right Hand' spielt in einer rekonstruierten Version von Wangaratta." Nicht am echten Ort, wie er immer betont, aber noch echt genug, dass der Liedtext einem unheimlich vertraut vorkommt und er einen durch die Stadt lotsen kann.

Sein Kindheitsfreund Bryan Wellington bezeichnet sich selbst als „Nicks first Boy Next Door". „Ich habe in der Nummer 27 in der Mepunga Avenue gewohnt", erzählt er stolz. „Der Straßenname wird übrigens an den Enden unterschiedlich geschrieben: ‚Mepunga' und ‚Mupenga' steht auf den Schildern. Dabei ist sie nur hundert Meter lang! Als Kinder haben wir uns immer über die unterschiedliche Schreibweise amüsiert."

Die Gegend war damals und ist noch heute untere Mittelklasse, mit gemähten Rasenflächen und gepflegten Gärten, eine ruhige, sogar langweilige Oase, durch die alle zwei Stunden das Dröhnen der vorbeifahrenden Züge hallt. Am westlichen Ende der Mepunga Avenue, an der Kreuzung zur Phillipson Street, schließen sich Lagerhäuser, Fabriken, Viehmärkte sowie die Rennbahn an. In den Sechzigerjahren war das „der Stadtrand". Bryan Wellington erinnert sich an die Veranda des Hauses der Robinson-Brüder in der Straße, wo er und Nick lange Tischtennisturniere gegen die beiden bestritten; die „notwendigen Dauerkarten für das Freibad"; wie sie die riesigen Kiefern im Wareena Park hinaufgeklettert sind, in dem er, Nick und ihr gemeinsamer Freund Eddie Baumgarten eine Bande gegründet hatten: „Wir kletterten immer höher, um zu sehen, ob wir es konnten."

An Colin Cave denkt er dagegen weniger euphorisch zurück. „Ihn habe ich in keiner guten Erinnerung. Nicks Mutter war fantastisch. Nicks Vater war sicher ein bedeutender Mann, aber es musste immer alles nach ihm gehen. Für mich war er ein Diktator in seinem eigenen Haus. Ich weiß nicht, wie Nick darüber denkt, aber ich hatte oft das Gefühl, dass sein Song ‚Red Right Hand' von seinem Vater handelt, der ihn übers Knie legt und ihm eine Tracht Prügel verpasst. Nick hatte zweifellos Angst vor seinem Vater. Nicks ältere Brüder Tim und Pete ordneten sich unter, Nick nicht. Nick war wie … wie eine Verlängerung von Colins Wut; sie gerieten aneinander. Colin war rückblickend ein Rätsel für mich. Er konnte Theaterstücke produzieren, er konnte unterrichten und Menschen inspirieren, aber er konnte auch ein Tyrann sein."

„Mein eigener Vater war kein Pädagoge. Sagen wir mal so: Ich musste von zu Hause weggehen, um mit sechzehn die Highschool abschließen zu können. Mein Vater versuchte immer, mich von Nick fernzuhalten – weil Nicks Eltern Lehrer und Bibliothekarin waren und Universitätsabschlüsse hatten. Für meinen Dad war das eine Bedrohung, und er tat sich sehr schwer, mit ihnen zu kommunizieren. Alkohol spielte eine große Rolle in unserer Familie, und in Eddie Baumgartens auch. Mit seinem Dad konnte sich meiner gut unterhalten. Nicks Dad trank aber keinen Alkohol! Eddie wuchs jedoch nicht mit derselben Angst auf wie ich; oder der Angst, die auch Nick erlebt hatte. Dass man es jemandem recht machen will und nicht weiß, wie …" Wellington fehlen die Worte. „Es ist sehr schwer zu erklären."[5]

Eddie Baumgarten wohnte ein paar Blocks von den Jungs in der Mepunga Avenue entfernt und war laut Nick sein bester Kindheitsfreund. Die Familie Baumgarten nimmt in Nicks Geschichten aus seinen Jahren in Wang eine so große Rolle ein, dass sie wie eine Kindheitsreminiszenz aus einem Roman von Cormac McCarthy oder Harper Lee wirkt. Dawn Cave erinnert sich gut an die Familie: „Mrs. Baumgarten hatte einen Friseursalon. Sie war sehr religiös … Zu Hause sang sie immer ‚Popeye The Sailor Man'.[6] Mr. Baumgarten war nett, aber auch ein wenig seltsam."

„Eddies Dad war ein wunderbarer Mann, der etwas watschelte", sagt Nick liebevoll. Mr. Baumgarten nahm Nick und Eddie mit auf die Kaninchenjagd. „Er fuhr mit uns hinauf zu den Warby Ranges, gab jedem ein Gewehr, Munition und ein Sixpack Bier, dann ließ er uns allein und kam irgendwann später zurück, um uns abzuholen", erzählt Nick. „Ich war zwölf oder dreizehn. Eddie und ich saßen dann herum und redeten, liefen auf den großen heißen Felsen, erschossen die Myxo-Kaninchen[7], an die man ganz nah herangehen und sie wie bei einer Hinrichtung abknallen konnte, oder wir klatschten einfach in die Hände und sahen zu, wie sie blind herumhoppelten und gegen die Bäume prallten. Schrecklich, wirklich …" Nick klatscht scharf in die Hände, wie der Gewehrschuss aus seiner Erinnerung. „Wenn wir doch einmal ein gesundes Kaninchen schossen, häutete es Mrs. Baumgarten, eine zähe, freundliche und großzügige Frau, entfernte die Schrotkugeln und kochte es. Ich möchte hinzufügen, dass meine Mutter nichts von all dem wusste und es nicht gutgeheißen hätte.

Eddie hatte eine selbstgebaute Destillerie im Garten, in der er Zucker und Kartoffelschalen kochte. Sie hatte einen geringelten Plastikschlauch und alles … Ganz ehrlich, ich kann mich nicht erinnern, ob ich das Zeug je getrunken habe oder ob er überhaupt

Erfolg hatte. Der Gedanke zählt! Habe ich dir vom Triple A Club erzählt? Die Anonymen Antialkoholiker mit zwei Mitgliedern – Eddie und mir", sagt Nick stolz. „Wir haben Taxifahrer bezahlt, damit sie uns eine Flasche Stone's Green Ginger Wine oder Marsala oder irgendein anderes Gesöff kauften. Wir trafen uns in einem selbst zusammengezimmerten Schuppen irgendwo zwischen seinem und meinem Haus – ich weiß nicht mehr, wo das war, er fiel damals schon fast in sich zusammen – und hörten Musik und tranken, bis uns schlecht wurde. Ich weiß noch, wie ich einmal Green Grenadine auf Mrs. Bs Teppich gekotzt habe. Sie hat es gut weggesteckt."

Anne, Eddies ältere Schwester, blickt auf ihre Freundschaft mit Nick zurück und ist immer noch überrascht, wie fest die Verbindung war. „Meine Familie war nicht annähernd so angesehen wie seine. Aber Nick schien gern bei uns zu sein. Mein Bruder Eddie war wohl ein sehr charismatisches Kind; er konnte sich alles erlauben und jeden zum Lachen bringen. Er und Nick waren sich da sehr ähnlich.

Nick war wie ein kleiner Kobold, schoss dann aber später in die Höhe. Als Kind lispelte er auch und war dadurch noch niedlicher. Er war ein guter Freund. Alle anderen in der Stadt waren so langweilig. Nick war lebhaft, verrückt und sehr spontan. Er konnte sich für die irrsinnigsten Sachen begeistern. Wir spielten oft Karten, Strip Jack Naked, zogen uns dabei aber nicht aus. Wir waren ja erst Kinder.

Er ging immer sehr zärtlich mit meiner Mum um, legte den Arm um sie und nannte sie Mrs. B. Das hat sie geliebt. Sie war eine wirklich exzentrische Frau, die nicht viele verstanden. Sie war auf dem Mount Buffalo aufgewachsen und hatte bis zu ihrem zehnten Lebensjahr kein anderes Kind gesehen. Ihre Familie hatte berühmte Gäste beherbergt, die auf dem Berg Urlaub gemacht haben. Sie hatte die ganzen Künstler kennengelernt, die dort oben gemalt haben, wie Arthur Streeton und Tom Roberts. Ihre Mutter war Schriftstellerin, und ihre Tante und ihr Onkel waren Maler. Percy Grainger war dort. Wohlhabende Touristen aus Melbourne wurden von der Natur angezogen. Ich habe Fotos von Mum als Kind zusammen mit General Sir John Monash.

Dad hatte einen Zusammenbruch erlitten, nachdem seine Farm bei einem Buschfeuer Anfang der Fünfzigerjahre abgebrannt war. Das Feuer wurde von einem Funken entfacht, der von einem alten Traktor von der Nachbarfarm übergesprungen war. Er und Mum waren erst ein halbes Jahr verheiratet gewesen. Er hatte sich nie an das Leben in der Stadt gewöhnt und wurde Alkoholiker. Er war ein reizender, sanfter Mann. Nick verhielt sich ihm gegenüber immer sehr respektvoll."[8]

Anne beschreibt, wie sie, Eddie und Nick ein Musikzimmer eingerichtet haben, nachdem ihre Mutter beschlossen hatte, dass die Teenagertochter ein eigenes Zimmer brauchte. „Wir haben die Decke schwarz gestrichen und ein Netz daran befestigt. Dann haben wir die Wände mit Zeitungspapier und Mehl und Wasser tapeziert und alles blau gestrichen", erzählt Anne. „Wir hatten einen alten, gebrauchten Plattenspieler und Sofas und saßen im Kerzenschein und bei Räucherstäbchen herum und drehten die Musik auf. Meine Lieblingsalben waren *Bridge Over Troubled Water* und *Let It Be* von den Beatles und viel von Dylan; mir gefielen die Texte sehr gut. Nick und ich sprachen oft über Leonard Cohen und die vielen Facetten seiner Stimme. Ich hatte irgendwo gelesen, dass er sich selbst nicht für einen besonders guten Sänger hielt, aber für uns war er wie Dylan, er konnte so viel Gefühl in ein einzelnes Wort legen. Wenn ich Nick heute zuhöre, geht es mir genauso. Ich finde, er ist ein großartiger Sänger, genau wie sie."[9]

Nick sagt: „Ich habe viel Zeit im Hinterzimmer in Eddies wunderbar marodem Haus mit seiner Schwester Anne verbracht und Musik gehört. Dort habe ich zum ersten Mal Leonard Cohen gehört. Da muss ich zwölf oder dreizehn gewesen sein. *Songs Of Love And Hate,* meiner Meinung nach immer noch Leonard Cohens beste Platte. Ich starrte stundenlang auf dieses unglaublich kompromisslose Cover und hörte die düsteren, brutalen und wunderschönen Songs. Wer einem einreden will, dass Leonard Cohen nicht deprimierend ist, hat offensichtlich noch nie *Songs Of Love And Hate* gehört.[10] Anne Baumgarten war nur ein paar Jahre älter als Eddie und ich. Was für ein

Mädchen! Dass sie diese Platte in Wangaratta hatte! Das erste Stück, ‚Avalanche', hatte den außergewöhnlichsten Text, den ich je gehört hatte – bis heute. Dass es der erste Track auf *From Her To Eternity* [Nicks Debütalbum als Solokünstler] wurde, hat meine Kindheit in Wang wieder erweckt und war gleichzeitig ein Tribut an den meisterhaften Dichter und Songwriter.[11] Eddie ist vor ein paar Jahren an Krebs gestorben." Als Anne 2004 Dawn Cave in Melbourne anrief, um sie von Eds Tod zu informieren, besuchte Nick gerade seine Mutter über Weihnachten. Seither haben Anne und Nick nicht mehr miteinander gesprochen.

„O ja", sagt Dawn Cave, wenn das Gespräch auf die Baumgartens kommt, „Anne und Eddie hatten großen Einfluss auf Nick."

Unter der Eisenbahnbrücke, von der Nick und seine Freunde in den Ovens River gesprungen sind, hat jemand an die Mauer eines Bogens gesprüht: „You'll always live and rock in our hearts". Du wirst immer in unseren Herzen weiterleben und rocken. Nick Cave ist damit nicht gemeint, das Graffiti ist auch sicher nicht älter als zehn Jahre, doch ihm könnte der nostalgische, traurige Ton gefallen, der einem entgegenweht, auf dem Weg daran vorbei und hinunter zum Fluss seiner Kindheit. Die abgebrochenen Baumstämme ragen immer noch aus dem Wasser. Die Sonne glitzert immer noch auf der grünbraunen Oberfläche. Das Wasser und die Strömungen sind trügerisch. Das ständige Zirpen der Heuschrecken erfüllt die Luft, Vögel zwitschern und pfeifen. Die Verkehrsgeräusche in nur wenigen Blocks Entfernung, die der Wind herüberträgt, stören als Einziges diese geheime Welt – und vermitteln gleichzeitig das Gefühl, diese Welt wäre verborgen und ganz für sich.

Direkt darüber fährt ein Junge mit seinem Fahrrad über die Faithfull Street, die Arme träge hinter dem Kopf verschränkt.

Am Ende der Faithfull Street kann man zum Fluss abkürzen oder den Schotterweg zu den Bahngleisen und über die Brücke gehen. Auf ihr wird einem erst bewusst, wie hoch sie wirklich ist. Der Sprung in den Ovens River ist nicht nur gewaltig, er ist beängstigend, es geht bestimmt zwanzig Meter nach unten. Es ist schwer zu glauben, dass es jemand wagen würde. Von den Gleisen aus sieht man weit in die dunstige Ferne. Die Stelle zu finden, an der der Fluss tief genug für einen Sprung war, und dabei die Bäume nicht zu treffen, die sich wie grausame Mäuler auftun, war sicher ein Kunststück. Und die vorbeifahrenden Züge musste man auch im Auge behalten.

Chris Morris, ein Schulfreund von Nicks Bruder Tim, weiß noch, dass „man von der Brücke sprang, wenn man ‚tough' sein wollte. Allein schon das Rattern des Zuges, bevor er in Sichtweite kam, und das Vibrieren der Schienen unter den nackten Füßen." Er sagt: „Nick war damals ein kleiner Scheißer. Wir hörten von seinen Eskapaden immer erst von jemand anderem. Seine Eltern arbeiteten beide in der Schule, und sie wussten, dass Nick sehr schlau war. Wenn er eine Aufgabe in fünf Minuten erledigt hatte, langweilte er sich zu Tode und machte Ärger. Ich glaube, für die Kinder ist es härter, wenn die Eltern Lehrer an derselben Schule sind. Die Eltern sind auch strenger zu einem, damit es nicht so wirkt, als würden sie die eigenen Kinder bevorzugen. Tim und ich haben uns immer mal für ein paar Zigaretten weggeschlichen, sonst waren wir ziemlich brav. Peter, Nicks und Tims anderer Bruder, hat sich für Motorräder und sowas interessiert. Nick war immer aufmüpfiger und anders als seine Brüder. Er wurde mehrere Male von der Schule suspendiert. Er hatte den irrsinnig starken Willen seines Vaters geerbt. Als wir später hörten, dass Nick mit The Birthday Party herumspinnt und auf der Bühne umfällt, dachten alle in Wang: Was für ein Trottel. Doch nach und nach sprachen die Leute etwas ehrfürchtiger über ihn und das, was er so trieb."[12]

Der Lehrer Adrian Twitt stimmt Chris Morris zu. „Bei den vielen Schülerinnen und Schülern kann man sich oft nicht mehr genau erinnern, wen von welcher Familie man unterrichtet hat. Doch über Nick kann ich ganz eindeutig sagen, dass er so intelligent war, dass man ihn fast nicht unterrichten konnte."[13]

Nicks schlechten Ruf kann sich Adrian Twitt mit dem Familienhintergrund erklären. „Nick war wahrscheinlich seinem Vater zu ähnlich, und ich vermute, dass sie nicht besonders gut miteinander auskamen", sagt er. „Ich erinnere mich noch an die ständigen Lautsprecherdurchsagen in der Schule aus dem Büro des Direktors, die hohe, schrille Stimme. Manchmal gab es alle fünf Minuten eine Durchsage. Ich unterrichtete im Klassenzimmer neben Colin. Einmal war er gerade mitten in einem Shakespeare-Monolog, als schon wieder etwas über die Lautsprecher verkündet wurde. Wir sahen alle von unseren Klassenzimmern aus zu, wie Colin wütend ins Büro des Direktors stürmte und alle Leitungen herausriss. Ich glaube, die meisten Angestellten freuten sich sehr darüber. Doch Colin konnte auch arrogant sein und Leute vor den Kopf stoßen, ohne es zu wollen, vor allem Frauen. Wie er ins Lehrerzimmer marschierte und Dinge verkündete. Doch er konnte manchmal auch aufgeregt und enthusiastisch wie ein kleiner Junge sein. Ich persönlich fand Colin nie aufdringlich mit all seiner Energie, vielleicht weil wir viele gemeinsame Interessen hatten, wie Schach und Laientheater. Als ich als Junggeselle nach Wangaratta zog, empfingen er und Dawn mich sehr herzlich bei sich. Dawn machte auf mich einen sehr sensiblen Eindruck. Sie war der Mittelpunkt der Familie. Nur ein einfühlsamer Mensch schafft das, denke ich. Sie war immer ruhig, beherrscht, manche sagen auch, still. Colin und Nick waren die beiden Extrovertierten in der Familie."[14]

„Mein Vater hat fest an die Macht der Bildung geglaubt, um das Leben zu verbessern. Für ihn war es beinahe eine göttliche Berufung, Lehrer zu sein", sagt Nick. „Er hat einmal einem Freund einen Brief geschrieben – meine Mutter hat ihn noch –, in dem er von der Theaterproduktion spricht, an der er arbeitet. Drei Seiten lang schreibt er unglaublich enthusiastisch über die Schauspieler und die Inszenierung. Am Ende erfährt man, dass er eine Aufführung an der Highschool beschreibt. Die Liebe ist das Wichtigste. Egal, ob man einen Song schreibt oder sich für die Theaterbühne entscheidet, es ist dasselbe, wenn man es mit Liebe macht.

Mein Vater hat alles obsessiv betrieben. Abgesehen vielleicht von der Kindererziehung. Er hatte unglaublich viel Energie." Die

Erinnerungen an seinen Vater strömen aus ihm heraus, während Nick weniger auf die Ereignisse an sich, sondern auf etwas in sich selbst zurückblickt, das nur er sehen kann. „Er war Abstinenzler, der ‚den Eid' geschworen hatte, als er in der Armee war. Ich habe nie herausgefunden, warum. Manchmal gingen wir in ein Pub, und er trank ein Glas kalte Limonade an der Bar. In den Sechzigerjahren war das in einer australischen Provinzstadt nicht ohne. Er war mutig und ruhte völlig in sich selbst."

Trotz der diktatorischen Schatten, die auf solchen bewundernden Erinnerungen liegen, darf man nicht vergessen, dass Colin Cave von den Nachkriegsjahren in den Fünfzigern geprägt war. Der strenge Patriarch und leidenschaftliche Kulturliebhaber, der dominante und gleichzeitig inspirierende Lehrer, der anspruchsvolle Bürokrat und exzentrische Theaterliebhaber – das alles ist eher ein Paradox als ein Widerspruch. In einer überaus schwarz-weißen Gesellschaft deuten diese Charakterzüge auf einen Mann hin, der schwer zu kategorisieren und vielleicht auch schwer zugänglich war. Julie erinnert sich, wie ihr Vater ihr beim Segeln auf dem Lake Mulwala beigebracht hat, die Oberfläche des Wassers zu beobachten, um die Windrichtung zu bestimmen. Das Wort „Biskuit" hat sie gelernt, indem sie es mit dem Finger auf seinem Rücken geschrieben hat.

Sogar Bryan Wellington gesteht dem Mann eine poetische Seite zu, die dieser an seine Kinder weitergegeben hat. Wellington erzählt, wie Nick eines Nachmittags mit einer Handvoll Fotos der Milchstraße zu ihm kam. Colin hatte Nick die Kamera seines Vaters Frank „Poppa" Cave gegeben. Stundenlang hatte er seinem Sohn im Garten gezeigt, wie man mit langer Belichtung den Nachthimmel fotografiert.[15]

Nach einem Grinderman-Konzert lag Nick 2011 wie so oft schlaflos im Bett und dachte über die komplizierte Persönlichkeit seines Vaters nach. Schließlich war es leichter, einfach aufzustehen und zu arbeiten. Manche Fragen zu den Menschen, die wir lieben, werden vielleicht nie beantwortet. „Ich habe zwei Stunden geschlafen, bis fünf Uhr morgens", sagt er. „Großartig. Ich bin mit ‚Man In The Moon' von Grinderman im Kopf aufgewacht. Ich weiß nicht, wie du den Song siehst, aber mir bedeutet er etwas, und ich halte ihn für einen meiner besseren. Er vereint etwas in sich, über das ich viel geschrieben habe. Vor allem das Verhältnis, das ich als Künstler zu meinem Vater habe, und die Macht der Geister der Toten, einen gleichzeitig zu lähmen und zu beleben. Das ist eins meiner Themen, Mann! Ich meine damit auch die kollektive Wirkung der Toten auf unsere Welt, ihre Geister – ich denke mal wieder an Ned Kelly –, wenn man über Wang schreibt, nicht nur als literarischer Kunstgriff, sondern als etwas sehr Echtes, das in der Familie Cave weitergegeben wurde. Eine Präsenz. Eine Geschichte. Ich habe oft das Gefühl, als seien die Toten überall und würden mir den Weg weisen."

Nick fährt fort: „‚Ich sitze hier in diesem gemieteten Zimmer und kratze' verweist indirekt auf Heroinkonsum, meint aber auch das Durchstreichen von Songs, ‚ich kritzele und tippe' – das Schreiben auf Papier und der Schreibmaschine – ‚an den Mann im Mond'.[16] Grinderman spielen eine Mammutversion des Songs, auf der Orgel, gefolgt von einem großartigen, superlangen und superheavy Mandocaster-Solo von Warren [Ellis]. Auf punkige Prog-Art ist es wirklich episch! Nachts wache ich von Warrens Solo auf."

Nicks musikalische Erziehung begann im Alter von acht Jahren, als er dem Chor der Holy Trinity Cathedral beitrat. Anne Baumgarten sagt: „Man muss verstehen, was für ein wichtiger sozialer und intellektueller Knotenpunkt die Kathedrale für viele Menschen in Wang war. Wir reden hier vom Anglikanismus der Hochkirche und dem Leben in einer Kleinstadt auf dem Land. Heutzutage klingt es wahrscheinlich albern, vor allem, wenn man in der Großstadt lebt, aber wir gingen nur in die Kirche, um den Predigten zuzuhören und Dinge zu erfahren, über die wir reden konnten. Es ging nie nur um den Glauben. Der Kirchenbesuch war auch immer eine kulturelle Erfahrung. Ich glaube, dass diese Art Spiritualität für Nick und mich eine essenzielle Kraft in unserem Leben war."[17]

Der Chorleiter war Pater Paul James Harvey, einer von vielen nicht miteinander verwandten Harveys, die eine entscheidende Rolle in Nick Caves Leben spielen sollten. Jahre später, als *The Boatman's Call* 1997 veröffentlicht wurde, verlas der Bischof von Wangaratta einen Artikel, in dem der Einfluss von jemandem namens PJ Harvey auf das Album erwähnt wurde, und vor der wohlwollenden Gemeinde sprach er stolz von der immer noch anhaltenden Wirkung von Nicks altem Chorleiter.

Pater Harvey war allem Anschein nach ein scharfzüngiger Perfektionist, dessen Strenge die Grundfesten des damals – und auch heute noch – letzten Knabenchors in Australien außerhalb der großen Städte bewahrte. Das Repertoire umfasste Messen von Mozart und Haydn, mit Schwerpunkt auf den großen liturgischen Zeremonien an Weihnachten und Ostern. Lieder wie „Jerusalem", das auf William Blakes Gedicht „And Did Those Feet In Ancient Time" basiert, wurden mitreißend aufgeführt und beschworen eine anglikanische Vision von England herauf, die rechtschaffen und selig war.

Nick beschreibt Pater Harvey als „exzentrisch" und „ein wenig wie ein aufgebrachter Stephen Fry, auch wenn ich das vielleicht nicht sagen sollte". Er erinnert sich, dass er in der hintersten Reihe des Chores stehen musste, wo er drei Jahre lang in seinem einfachen schwarzen Talar „in die Höhe wuchs", während andere Jungen hinzukamen und nach vorne aufrückten, wo sie in einem lilafarbenen Gewand Solos singen durften – eine Ehre, die ihm nie zuteilwurde. Nick nennt diese Erfahrung „verheerend" für sein Selbstbewusstsein, die erste von vielen, die tief in ihm das Gefühl verwurzelten, er könne nicht richtig singen. Irgendwo gibt es allerdings eine Live-Aufnahme aus dem Jahr 1971 von „Silent Night" und „O Little Town Of Bethlehem" der Australian Broadcasting Commission (ABC), der erste Mitschnitt von Nick Cave als Sänger.

In gewissem Maß war der Aufenthalt in der Kathedrale selbst das Wichtigste während Nicks Zeit im Chor. Die Proben und dass er mindestens zweimal in der Woche bei einer Messe singen musste schufen eine tiefe Vertrautheit mit den kirchlichen Ritualen sowie der kunstvollen Architektur des ihn umgebenden anglikanischen Glaubens. Man kann sich leicht vorstellen, wie ein Junge von der hinteren Chorreihe aus den Blick schweifen ließ – und wenn auch nur aus Langeweile –, über die kunstvollen Buntglasfenster, die Bilder der frühen Besiedlung, vom Ackerbau und dem modernen Leben in Wangaratta zeigten.

Chorleiter hielten die Jungen über Jahrzehnte dazu an, in den Kirchenraum hinein zu singen, mit Blick auf das historische Diorama. Gekrönt wird es von dem Bild eines Priesters und seines Messdieners, die dem Altar den Rücken zudrehen und das Abendmahl abhalten. Darunter steht in Großbuchstaben geschrieben: „Und hier, o Herr, bieten wir dir unsere Seelen und Leiber zum Opfer dar.“ Die Bilder und die Botschaft sind unverkennbar theologisch und auf die Gemeinschaft bezogen: Das Leben der Stadt wird Gott als Opfer dargeboten, um sich weiter Seiner Gnade zu versichern. Nick verarbeitete dieses Motiv mit grimmiger Ironie in Liedern wie „God Is In The House“, der Geschichte einer fundamentalistischen Gemeinde, die von klaustrophobischen moralischen Gewissheiten besessen ist.

Auch die anderen Kunstwerke in der Kathedrale haben Nicks spätere Leidenschaft für religiöse Ikonen, Maler der Gotik und biblisch geprägte Songtexte beeinflusst. Die Buntglasfenster im Vorraum der Lady Chapel, die die vier Evangelisten Matthäus, Markus, Lukas und Johannes zeigen, sind besonders bemerkenswert. Neben dem Hauptaltar gelegen, ist die Kapelle ein schattiger Ort, an den sich Chorknaben flüsternd zurückzogen, weniger zum Gebet, als vielmehr in kindlicher Geheimniskrämerei. Hier herrscht eine Atmosphäre wie neben einer Bühne. Von den vier dargestellten Evangelisten trägt nur der heilige Markus eine leuchtend blaue Robe, die herrlich leuchtet, wenn das Sonnenlicht von außen hereinfällt. Nick schrieb Jahre später eine Einleitung für den Band *The Gospel According to Mark* aus der Pocket-Canon-Serie der Bücher der Bibel, in der er betont, wie „Jesus zu mir kam“ durch das Markus-Evangelium, „mit gedämpftem Licht, einem traurigen Licht, doch hell genug“.[18]

Über dem Hauptaltar hängt eine Figur, *Christus Rex,* der österreichisch-italienischen Holzschnitzerin Leopoldine Mimovich von Mitte des zwanzigsten Jahrhunderts. Direkt darunter stand der Chor, neben der mächtigen Orgel. Eher ungewöhnlich ist, dass die Skulptur Jesus in Priesterroben zeigt, nicht blutig und von der Kreuzigung gezeichnet. Die gewaltige Figur strahlt eine eindrucksvolle Würde aus. Sie ist das Bild eines Königs, den der Tod nicht besiegt hat: Seine Hände sind ausgebreitet wie bei einer Predigt, er führt seine väterliche Lehre fort.

Anne Baumgarten steuert noch eine weitere interessante Assoziation bei. Sie erinnert sich, „wie angesehen Colin in der Schule war. Deshalb hat er die oberen Klassen unterrichtet. Ich weiß noch, wie er bei einem Schultheaterstück auf einer Leiter stand und mit dröhnender Stimme Gott gespielt hat. Das war das erste Mal, dass ich solch eine Kreativität und solch ein Engagement bei einem Lehrer gesehen habe. Normalerweise gab es bei uns Aufführungen von Shakespeare- oder Noel-Coward-Stücken.“[19] Colin war wieder in seinem Element, ein Gott, der seine Schüler zu den himmlischen Möglichkeiten von Kunst, Theater und Literatur aufruft.

„Nick saß als Junge immer gern am Klavier“, sagt Dawn Cave. Nachdem sie ihn im Chor angemeldet hatte, bekam er mit circa neun Jahren auch Klavierunterricht. Nick erinnert sich noch gut an die Stunden, wenn auch nicht wegen der Musik. „Ich habe zwei Jahre Klavierunterricht bekommen, genau gegenüber vom Zentrum, wo Dad gearbeitet hat. Neben dem Gebäude wohnte der Stadtpädophile und versuchte, uns junge Burschen vom Weg abzubringen und in sein Haus zu locken, damit wir auf seiner ‚Orgel‘ spielen. Einmal bin ich mitgegangen und danach nie wieder!

Das war damals in der guten alten Zeit, als es einfach zum Erwachsenwerden dazugehörte, sexuell belästigt zu werden. Als es noch Zigarettenwerbung im Fernsehen gab und Sicherheitsgurte zwar eingebaut wurden, die Menschen aber zu misstrauisch waren, um sie anzulegen. War es damals nicht toll? Aber machen wir nicht zu viel Aufhebens um den Stadtpädophilen – er hat mich nie missbraucht, aber er hat nach den Klavierstunden immer auf mich gewartet und gefragt, ob ich mit zu ihm gehen möchte. Er hat mir einmal erklärt, dass Masturbation sehr gesund sei, genauso gut wie ein Fünf-Kilometer-Lauf, wenn man es richtig machte. Natürlich wollte er mir behilflich sein und es mir zeigen.

Eines Tages hat er mich dann überredet, mit ihm mitzugehen und Orgel zu spielen, und tatsächlich hatte er auch eine kleine Farfisa-Heimorgel. Er saß neben mir auf dem Hocker. Ich schlug die Noten an. Plötzlich wurde mir himmelangst, und ich bin abgehauen. Ich war etwa zehn Jahre alt. Das war, bevor die Medien eine große Sache aus so etwas gemacht haben und der Pädophile einfach dazugehörte, zusammen mit der Lollifrau und dem Polizisten und dem Fish-and-Chips-Verkäufer und wen es noch so alles in einer Stadt gibt. Ein schiefes kleines Rädchen im Motor der Gemeinschaft, aber trotzdem eins von Gottes Wesen. Also nein, man hat mich leider nicht betatscht und geschädigt."[20]

Zu Nicks vierzehntem Geburtstag ging Colin Cave mit Nick, Bryan und Eddie ins Kino, sie sahen sich den Film *Der Planet der Affen* (1968) an. Nick war vom ersten Moment an von dem Sci-Fi-Märchen gefesselt, in dem der Astronaut George Taylor (Charlton Heston) und seine beiden Kollegen auf einem fremden Planeten in einem See bruchlanden und auf primitive Humanoiden stoßen, die von Affen beherrscht werden. Rod Serling, bekannt für die Serie *The Twilight Zone*, hatte die Darwinschen Umkehrungen erfunden, auf der das finale Drehbuch basierte – eine Satire auf Rassismus und soziale Schichten sowie das Konzept, der Mensch wäre die überlegene Spezies. Serling hatte sich auch einige erschreckende Szenen ausgedacht, darunter das ikonische Schlussbild der Freiheitsstatue, deren abgeschlagener Oberkörper an einem verlassenen Strand auftaucht. Für Hestons Figur – und das Publikum – war es eine apokalyptische Erkenntnis, dass er sich nicht in einer fremden Welt befand, sondern auf unserer zukünftigen Erde. Der Astronaut George Taylor konnte nicht „zurück nach Hause" fliehen.

Der überraschend avantgardistische Soundtrack von *Der Planet der Affen* brachte dem Komponisten Jerry Goldsmith eine Oscar-Nominierung ein. Die atonale und perkussive Musik erzeugte mit aggressiv orchestrierten Streichern und stöhnenden Instrumenten eine primitive, Angst einflößende Atmosphäre. Colin Cave glaubte, Strawinsky aus der Musik herauszuhören, die die Jungen aufgeregt als „total verrückt" beschrieben. Und sahen die Schauspieler in den Affenkostümen nicht echt aus? Nach dem Film hatten er und die drei Jungen bei Hamburgern und Cola viel zu diskutieren. Sie stellten sich alle als die gestrandeten Astronauten vor, wobei jeder Junge sich vorstellte, er würde George Taylor spielen, die Hauptrolle. Doch nur einer konnte die Rolle spielen.

Im Januar 2012 dachte Nick Cave daran zurück, wie er zum ersten Mal *Der Planet der Affen* gesehen hatte und an „dieses Ende, ein krasser Schlag ins Gesicht". Lars von Triers *Melancholia* (2010) hatte ihn daran erinnert, als er den Film zu Hause mit Susie auf DVD angesehen hatte. „Wir waren begeistert. Ich habe mich schon immer damit beschäftigt, im Lauf des Lebens immer öfter, wie das alltägliche menschliche Trauma apokalyptisch nachhallt."

Während Leonard Cohens *Songs Of Love And Hate* das ultimative musikalische Bindeglied zu Anne und Eddie Baumgarten war, war für seine Freundschaft mit Bryan Wellington das Album *John Lennon/Plastic Ono Band* von ähnlich großer Bedeutung.

1970 waren die Wellingtons aus der Mepunga Avenue auf ein kleines Grundstück am östlichen Stadtrand gezogen. Nick und Bryan spielten im Schuppen und lernten, wie Jagdfallen funktionierten, ohne sie zu benutzen. Die Jagd stieß Bryan ab, und das Gewehr im Kaliber .22, das sein Vater ihm zu seinem zwölften Geburtstag geschenkt hatte, stand im Schuppen und wurde nur zum Zielschießen verwendet. Nick sagt: „Bryan hatte zwei alte Pferde, auf denen wir oft geritten sind, an dem ‚Einwohnerzahl 18000'-Schild vorbei, über die Brücke, die über den Ovens River führt, in dem wir immer geschwommen sind, in die Stadt. Ich weiß noch, wie wir John

Lennons *Plastic-Ono*-Album, das mit ‚Mother' und ‚Working Class Hero', immer wieder bei ihm gehört und uns über die Texte unterhalten haben. Der brutale Gesang und das hämmernde Klavier bei ‚Mother' hat mich umgehauen. Wir haben alle versucht, uns raus aus dieser Stadt an einen anderen Ort transportieren zu lassen, wo unserer Meinung nach das Leben tobte."

Bryan teilte diesen Traum. „Ich erinnere mich sehr, sehr gut an diesen einen Tag", sagt er. „Nick und ich waren da zwölf oder dreizehn Jahre alt. Ich war auf dem Rovers-Fußballplatz. Nicht, dass ich mir groß was aus Fußball gemacht hätte, es war nur ein weiterer Versuch meines Dads, mich von Nick fernzuhalten. Ich lungerte meistens am Eingangstor herum und wünschte, ich könnte abhauen. Nun, Nick hat mich an unseren üblichen Treffpunkten gesucht und fuhr schließlich mit dem Rad zum Fußballplatz, wo er mich am Eingangstor vermutete und auch tatsächlich fand. Er trug ein schwarzes Armband, und als er näher kam und ich es entdeckte, fragte ich: ‚Warum trägst du das?' Er sagte: ‚Hast du es noch nicht gehört? Jimi Hendrix ist heute gestorben.'"[21]

Tim Cave war zu diesem Zeitpunkt auch ein großer Einfluss für die Jungen. Alles von Hendrix bis zu englischem Progressive Rock von Yes und King Crimson hielt Einzug in das Haus der Caves, ebenso bahnbrechende australische Acts wie The Loved Ones und The Master's Apprentices. Der Vietnam-Krieg hatte Tim auch politisiert. Anne Baumgarten sagt: „Tim war quasi der Brad Pitt der Stadt. Er benutzte sein cooles Image, um einen Schülerprotest gegen Australiens Beteiligung am Vietnam-Krieg anzuführen. Er brachte Dutzende von Schülerinnen und Schülern dazu, den Unterricht zu schwänzen, mit ihm zu marschieren und ein Sit-in auf dem Fußballplatz der Schule zu veranstalten."

Zu Hause schauten Tim und Nick im Juni 1969 mit Begeisterung die erste Folge der *Johnny Cash Show* im Fernsehen. Ein selbstsicher und nüchtern wirkender Bob Dylan sang „I Threw It All Away" und machte großen Eindruck auf die Jungen. Tim kaufte sich das von Country beeinflusste Album *Nashville Skyline* von Bob Dylan, das zu einer der schönsten Platten in Nick Caves Erinnerung wurde, trotz der schlechten Kritiken, die es bekam. Als Solokünstler äußerte sich Nick höchst lobend über „I Threw It All Away“, vierzig Jahre, nachdem er es zum ersten Mal gehört hatte: „Dieser Song hatte immer etwas so Einfaches an sich“, sagt er. „Und diese Einfachheit war so kühn. Und gleichzeitig war er so kraftvoll – für mich zumindest. Ich war immer irrsinnig eifersüchtig darauf.“

Johnny Cashs Einfluss war sogar noch größer. „Bis dahin“, sagt Nick, „hatte ich nur Kindermusik gehört. Mir wurde klar, dass Rock auch etwas anderes sein konnte … Rock konnte böse sein, etwas Schlechtes; er wirkte wie ein wirklich böser Mann. Der Mann in Schwarz. Am Anfang der Show stand er mit dem Rücken zur Kamera, dann drehte er sich um und sagte: ‚Hallo, ich bin Johnny Cash.‘ Manche dachten sicher, er würde sich anbiedern, sich selbst untreu werden, aber ich sehe das nicht so. Ich glaube, er war da sehr mutig. Großzügig.“

Etwas an Cashs romantischem, wenn auch bedrohlichem Stoizismus fand sich auch im Charakter vieler australischer Provinzstädte. Wangaratta war sehr stolz darauf, der Heimatstandort des 2/24th Bataillons der 26. Brigade der australischen Armee im Zweiten Weltkrieg gewesen zu sein. Viele junge Männer hatten sich dem Bataillon angeschlossen, das deshalb den informellen Spitznamen „Wangarattas Jungs“ trug. Dieses 2/24th Bataillon wurde bekannt unter dem Namen „Die Ratten von Tobruk“, die Rommels ungeschlagenem und übermächtigem Afrikakorps erbitterten Widerstand leisteten und das Vorrücken fürs Erste verhinderten. Neben den Tücken von Flut und Dürre konnte es dieses Stück australischer Militärgeschichte fast mit der Schlacht von Gallipoli aufnehmen und trug zusammen mit dem Ned-Kelly-Mythos zu der Legende der widerständigen Männer von Wangaratta bei, die vor allem unter Druck große Stärke zeigten. Diese Eigenschaften konnten allerdings ins Gewalttätige umschlagen, wenn es nichts gab, um das gekämpft werden konnte und Langeweile die Stadt ergriff. Damit entschuldigten die Leute dann alles.

Nick sah, wie Tim und Peter älter wurden und mit dem Gesetz in Konflikt gerieten. Es war nicht ungewöhnlich, dass unerfahrene Polizeibeamte, oder „harte Fälle" mit einem schlechten Ruf, wie Dawn Cave es formuliert, auf dem Land eingesetzt wurden, wo die Jugend der robusten Auslegung von Recht ausgeliefert war. Als Teenager fielen Tim und Peter mit ihren langen Haaren auf, die sie von den Landjungen mit den ordentlichen Kurzhaarschnitten unterschieden. 1969 ging Tim mit siebzehn nach Melbourne auf das Swinburne College of Technology. Peter blieb in Wang und hielt durch, ein Einzelgänger, der auf dem Motorrad durch den Busch fuhr und zu Hause daran herumschraubte.

„Ich habe gesehen, wie meine Brüder schlecht von der Polizei behandelt wurden, vor allem Tim", erzählt Nick. „Ich war zu jung, ich selbst habe das nicht erlebt."

Als Fast-Teenager stand Nick nichtsdestotrotz ernsthafter Ärger in Wang bevor. „Eine typische Provinzstadt", sagt er, „in der alle Samstagabend auf der Hauptstraße herumgehangen und sich geprügelt haben. Meinen ersten richtigen Faustkampf habe ich vor dem griechischen Fish-and-Chips-Laden gesehen. Ein kleiner Typ wollte gerade in seinen Hamburger beißen, als es passiert ist. Er war ein echt übler Mistkerl. Ich habe gesehen, wie er sich den ganzen Burger in den Mund geschoben und ausgeholt hat. Das hat mich wirklich beeindruckt. Es war sehr aufregend."

Nick feierte seinen Bruder Tim in dem Grinderman-Song „Fire Boy" (2010). „‚Fire Boy' handelt vom Verlust von Idealen und seinen Auswirkungen und ist definitiv eine übertriebene Version der Eskapaden meines Bruders", sagt Nick, „mit einer Prise Baader-Meinhof!"

Dawn Cave sagt, es sei „ein Märchen", dass Nick Cave von der Wangaratta High School verwiesen worden sei. Nachdem sie dort als Bibliothekarin arbeitete und Colin Cave immer noch in Teilzeit Englisch unterrichtete, war es wahrscheinlich eher so, dass man ihnen erst höflich und nach einem gewissen Vorfall deutlicher vermittelt hatte, Nick solle die Schule doch vielleicht besser verlassen. Er war dabei gewesen, als zwei ältere Jungen einem fünfzehnjährigen Mädchen auf dem Schulspielplatz die Unterhose heruntergezogen hatten. Nick hebt eine Augenbraue, als wir auf den Vorfall zu sprechen kommen. „Die Eltern des Mädchens wollten mich wegen Vergewaltigung anzeigen. Weil ich aber erst zwölf Jahre alt war, ging das nicht. Die anderen Jungen waren nicht viel älter als ich. Es war nur ein dummer Spaß, der aus dem Ruder gelaufen ist."

Nick war in der zweiten High-School-Klasse. Dawn sagt: „Er musste die ganze Zeit mit einer Betragenkarte in der Tasche herumlaufen. In jedem Fach musste der Lehrer sie unterschreiben und bestätigen, dass er sich benommen hatte. Und er musste nach jeder Stunde vor der Tür warten, bis sie unterschrieben war. Wenn ich ins Lehrerzimmer kam, sagten die Lehrer immer zu mir: ‚Ich hatte gerade deinen Sohn im Unterricht.' Eines Abends fuhr mich eine befreundete Lehrerin nach Hause, Joy Star. Wir saßen sicher zwei Stunden in ihrem Wagen vor meinem Haus, während der sie mich zu überreden versuchte, Nick aus Wangaratta wegzuschicken. Sie hatte das Gefühl, er wäre zu intelligent, könne viel mehr. ‚Aber er liebt den schlechten Ruf, den er sich gerade erwirbt', sagte sie. ‚Und es wird immer schlimmer. Um Himmels willen, schaff ihn aus der Stadt!'" Dawns Augen werden feucht. „Ich sehe immer noch vor mir, wie wir im Auto saßen und es immer dunkler wurde", sagt sie, „bis es stockfinster war. Sie machte sich wirklich Sorgen."[22]

„Ich erinnere mich an Joy Star", sagt Nick, auch wenn er nie erfuhr, dass sie so eine wichtige Rolle in seinem Leben gespielt hatte. „Sie hat mir das Teekochabzeichen bei den Wölflingen gegeben, auch wenn der Tee, den ich für sie gekocht habe, kalt und widerlich war. Ich hatte das Wasser nicht lange genug kochen lassen. Man muss jemandem eine Tasse Tee kochen, und wenn derjenige zufrieden ist, bekommt man das Abzeichen. Ich weiß noch, wie sehr ich versagt habe und Joy gesagt hat: ‚Keine Angst, Nicky, du bekommst dein Abzeichen.'"

Noch etwas übte immer größere Anziehungskraft auf Nick aus: Musik, Umgebung und Literatur weckten ein neues Interesse an

Sprache in ihm. „Ich war zehn Jahre alt, als ich zum ersten Mal ein Buch las, bei dem mein Herz schneller schlug. Ich las eine Tarzan-Geschichte von Edgar Rice Burroughs, in der ein Löwe im Dschungel beschrieben wurde, dessen Schwanz ‚spasmodisch' zuckte. Ich weiß noch genau, wie mich das Wort elektrisiert hat – ich habe es geliebt, wusste aber nicht, was es bedeutet", sagt er.

Nicks Zimmer war eigentlich ein Wintergarten. „Durch diesen Raum kam man, wenn man zur Toilette ging. Mein Bett stand so, dass mein Kopf neben dem alten Boiler lag." Der angrenzende Raum gehörte Julie. Sie rief oft, „Nick, erzähl mir eine Geschichte!", und er ergriff fast jeden Abend freudig die Gelegenheit. Dafür kochte ihm Julie am nächsten Morgen immer eine heiße Schokolade. Julie erinnert sich, wie Nick „mir die Geschichten fast zuschreien musste. Oder wie er zumindest sehr laut reden musste."[23] Beide erwähnen eine – laut Nick – „Lieblingsgeschichte" von einem Tiefseetaucher, „der tief unten im Wasser nach Gold gesucht hat", ständig bedroht von Haien und anderen Gefahren. Nick untermalte die Geschichte für Julie immer mit Schreien. Schließlich findet der Taucher den Goldbarren, nach dem er gesucht hat, und kommt wieder an die Oberfläche. „Und dann stellt sich heraus, dass es nur ein kleines Kind ist, das in der Badewanne nach der Seife getaucht ist und sich alles vorgestellt hat." Nick wirkt ein wenig verlegen, als er die Geschichte jetzt erzählt. „Ich war erst zwölf", fügt er ein wenig abwehrend hinzu. Julie ist sich nicht sicher, ob Nick sich die Geschichte tatsächlich selbst ausgedacht oder sie irgendwo aufgeschnappt und die Herkunft dann vergessen hat. Nicht, dass es eine Rolle spielen würde. Er erfand auch Horror- und Gruselgeschichten und freute sich über Julies Angst. „Ja, an ihr habe ich geübt", sagt er lächelnd.

„Einer meiner Lieblingsautoren der Gegenwart ist der Krimischriftsteller James Lee Burke", erzählt Nick. „Er beschreibt ungeheuer schön die Stadt New Iberia in Louisiana: das Spanische Moos, den Bayou Teche, die Antebellum-Häuser, das violette Licht, die Blitze usw. Ich liebe seine Art zu schreiben so sehr, dass ich mit Susie auf unserer Hochzeitsreise dorthin gefahren bin. Wir fuhren durch Arizona, Colorado, durch Texas und den Süden. Wir sahen New Iberia auf der Karte und fuhren hin, und ich habe Susie die ganze Zeit erzählt, wie wunderschön es dort sein würde, nach allem, was ich in den gut zwanzig Bänden gelesen hatte. Als wir ankamen, waren überall nur Burger Kings und McDonald's-Filialen und der ganze andere Mist, aus dem amerikanische Kleinstädte heutzutage bestehen, doch tief unter der Oberfläche konnte man Burkes geisterhafte Vorstellung von seiner Heimatstadt aufsteigen spüren. Es war eine zutiefst selektive Darstellung, geleitet vom Gedächtnis und seinen Geistern; so wie bei mir und Wangaratta. James Lee Burke sagt: ‚Ich habe gelernt, dass Erinnerung und Gegenwart untrennbar miteinander verbunden sind und man sie nie als voneinander unabhängige Einheiten sehen sollte.' Wie wahr. Die Vergangenheit ist immer gegenwärtig, sei es Ned Kelly, der aus dem Nebel aufsteigt, oder mein Vater, der spätabends knirschend über den Gartenweg läuft, oder die Geister unserer abwesenden Freunde, die uns daran erinnern, dass es immer noch so viel zu wissen und zu lernen gibt.

In meiner Erinnerung ist Wangaratta ein magischer Ort, an dem nur Gutes passiert ist. Das Schaukelseil, die Weiden, die Eisenbahnbrücke, die Pfeiler, die Baumwurzeln, die aus dem schlammigen Wasser ragten – all das ist in ‚Bluebird', ‚Carry Me', ‚Sad Waters', ‚Your Funeral … My Trial', ‚Where The Wild Roses Grow' verarbeitet … Wenn in einem Song von einem Fluss gesprochen wird, dann ist das die Stelle in Wangaratta genau unter den Eisenbahnschienen, wo wir als Kinder immer waren", sagt er. „Es ist ein idyllischer Unterbau, auf dem traurige Geschichten von verdorbener Unschuld ruhen können. Ich würde sie gegen nichts eintauschen wollen.

Ich war gleichermaßen verängstigt und aufgeregt, als ich aus Wangaratta weggegangen bin, und ich weiß noch, dass ich mich im tiefsten Inneren weggeschickt gefühlt habe. Ich hatte immer den Eindruck, dass man mich gebeten hatte, von der Wangaratta High School abzugehen, aber jetzt frage ich mich, ob das so stimmt. Mum sagt, sie hätte mich nach Melbourne geschickt, um mich vor Wang zu retten, ich selbst habe es als Rausschmiss in Erinnerung. Doch egal, was der Grund war, ich hatte damals wirklich das Gefühl, dass man mich nach Melbourne geschickt hat, weil ich zu viel Ärger gemacht habe. Ich will damit nicht sagen, ich hätte das Gefühl gehabt, meine Eltern hätten mich nicht geliebt. Das habe ich immer empfunden, ich habe mich immer von ihnen unterstützt gefühlt und wusste, dass ich einen besonderen Platz in ihren Herzen hatte. Das ärgerliche Gefühl lag darin begründet, dass in meiner ersten Stunde an der Caulfield Grammar School der Lehrer ins Klassenzimmer gekommen war, direkt auf mich gedeutet und gesagt hatte: ‚Hinsetzen, Cave. Wir haben schon alles über dich gehört!' Diese Bemerkung tat sehr weh, weil es den Eindruck bestärkte, ich hätte Wangaratta im Streit verlassen – und da ich dort niemanden kannte, fühlte ich mich sehr isoliert. Ich schämte mich und fühlte mich einsam, aber ich weiß auch noch, wie wütend ich war. ‚Wer zur Hölle bist du eigentlich? Du weißt überhaupt nichts über mich', dachte ich damals.

Wie gesagt, Wangaratta repräsentiert ein Kindheitsideal – der Fluss, die Ghost-Gum-Bäume, die Elstern, die Berge, das Schwimmbad, das Zeitungaustragen, mein Fahrrad, die mächtigen Bäume, auf die wir geklettert sind, die glühend heißen Wege, auf denen wir barfuß gelaufen sind, die Regenwasserabläufe, die Yabbie-Krebse, die wir in Tümpeln gefangen haben, die hohen Brücken, von denen wir gesprungen sind, die Badeplätze, der weite Sternenhimmel, das Gesicht des Mannes im Mond, der Geruch eines Sturms, der im Sand aufzieht, der Gestank des Schlachthofs, wenn man von Glenrowan her in die Stadt kam, die Nester der Rotrückenspinnen draußen im Kompost, die Schlangen, die Wollspinnereien – alles Symbole meiner Kindheit, die immer wieder in meinen Songs auftauchen und auf ein kindliches Staunen Bezug nehmen, das ich verloren habe oder das sich zumindest gewandelt hat, als ich mit dreizehn aufs Internat nach Melbourne kam. Ich saß im Zug nach Melbourne, und die Welt wurde anders, kompliziert und feindlich. Sie sollte nie wieder so sein wie früher."

Teil III

Sonny's Burning

The Word

MELBOURNE 1971–75

Das Gelände der Caulfield Grammar School erstreckte sich in den frühen Sommermorgen wie ein brennender See, die Sonne ließ den Tau glühen. Nick ging über den Campus zum Unterricht und konnte immer noch nicht fassen, dass er dort war. Das anglikanische Internat, das 1881 als „durch und durch christliche Schule" gegründet worden war, hatte als Motto den lateinischen Satz *Labora ut requiescas:* „Arbeite hart, damit du zufrieden ruhen kannst."

Trotz dieser vertrauten protestantischen Arbeitsmoral und des Rufs der Schule für seinen modernen Unterricht in den künstlerischen Fächern fühlte Nick sich alles andere als zufrieden. Auf ihn wirkte die neue Umgebung mit den brutalen Hierarchien eines Jungeninternats wie ein Gefängnis. Er war dünn und ungelenk, wie ein aus dem Nest gefallener Vogel, und muss den Schultyrannen wie ein leichtes Opfer vorgekommen sein. Bei näherer Betrachtung sah man allerdings seine breiten Schultern und die sehnige Kraft eines Jungen vom Land, der sich mit seinen einschüchternd großen Fäusten zur Wehr setzen konnte. Außerdem verfügte Cave über eine Art Killerinstinkt, den Willen, niemals aufzugeben, egal wie aussichtslos etwas erschien.

Seine zukünftigen Bandkollegen von The Boys Next Door und The Birthday Party, Mick Harvey und Phill Calvert, waren auch neu an der Schule. Mit der Zeit freundeten sich die drei an und bildeten wegen ihrer gemeinsamen Interessen anfür Kunst und Musik eine kleine Clique. Mick and Phill konnten den regelmäßigen Prügeleien und Schikanen aus dem Weg gehen; Nick zog sie wie ein Magnet an. „Ärger schien ein Teil meiner DNS gewesen zu sein", sagt er. „Keine Ahnung, warum."

Nick kam 1971 auf die Schule und musste dort die zweite Klasse wiederholen. Sein Ruf von der Wangaratta High School folgte ihm. Mick und Phill erinnern sich, wie sie Nick auf dem Sportplatz in Prügeleien verwickelt gesehen haben, oft gegen ältere oder größere Jungen, die es auf ihn abgesehen hatten oder seine Klugscheißerbemerkungen nicht ertrugen. Die Hackordnung konnte erbarmungslos sein, verschlimmert durch die Konflikte zwischen den Internatskindern und den „Tagesschülern" wie Mick und Phill, die in der Umgebung wohnten. Die Schlägerei mit dem brutalen Mitschüler „Beaver" Mills, dessen Name nach einer Comic-Figur klang, war ein typisches Beispiel, wie Nick sich zur Wehr setzen konnte. „Nick ist unglaublich in einer herausfordernden Situation", sagt Phill Calvert. „Er ist irre stark, wenn er unter Druck steht. Er besitzt eine animalische, unerbittliche Kraft. Ich konnte es nicht glauben, als der Lehrer dazwischenging: Nick war am Gewinnen, er drückte Beaver zu Boden und hätte ihn umgebracht."[1]

Nick sah vielleicht wie ein verweichlichter Kunstbubi aus, um Calvert zu zitieren, aber ihn in einer Schlägerei zu sehen, war laut Mick Harvey „ganz schön beängstigend".[2] Als Nick an Weihnachten zurück nach Wangaratta kam, spürte sein alter Freund Bryan Wellington die Veränderungen. Nick erzählte ihm, wie er sich hatte zur Wehr setzen müssen. „Er war sehr unglücklich darüber. In unserer Kindheit in Wang hatte es keine Gewalt gegeben. Nick war kein harter Bursche oder aggressiver Mensch", betont Wellington. „Diese Seiten kamen erst später in seinem Leben zum Vorschein, als er nach Melbourne gehen musste. Ich denke oft, dass Wang an sich ihn nicht so sehr beeinflusst hat, sondern dass er die Stadt verlassen musste."[3]

Die Abstände zwischen den Besuchen zu Hause wurden immer größer. Wenn Nick in Wangaratta war, erzählt Wellington, „verbrachten wir viel Zeit damit, Songtexte aufzuschreiben. Das war uns sehr wichtig. Leonard Cohen, Dylan, John Lennon … Wir hörten die Lieder und schrieben die Texte mit."[4]

Einmal blieb Nick übers Wochenende bei Bryan. Er brachte aus Melbourne ein Exemplar von *Fillmore East – June 1971* mit, einem Live-Album von Frank Zappa und The Mothers Of Invention. Nick und Bryan spielten „Bwana Dik" immer wieder in voller Lautstärke, zum Teil auch, um Bryans Vater zu ärgern. Die beiden Jungen fanden die Doppeldeutigkeiten in dem Song unglaublich komisch. Die absurde Jazz-Manie der Musik und die Stimme, mal Micky-Maus-artig, mal opernhaft, gesprochen oder geschrien, machten großen Eindruck auf sie: eine Mischung aus Avantgarde und schrägem Humor in Form einer gespielten Verführung zwischen einem Rockstar und einem Groupie. „Nick drehte den Ton jedes Mal ein wenig lauter. Das fand ich großartig", sagt Bryan.[5]

Nach dem Wochenende fuhr Nick mit dem Zug zurück nach Melbourne. Bryan sagt, er und Eddie hätten sich „nach Nicks Weggang aufs Internat enger angefreundet. Da fing es auch an, dass wir die Schule geschwänzt und in der Garage eines anderen Freundes getrunken, geraucht und Pornohefte angeschaut haben." Später zerstritten sich die beiden wegen eines Mädchens. Als es unerwartet an Krebs starb, vertiefte das die Kluft noch. Bryan Wellington war erst sechzehn, als er vor seinem „antiintellektuellen" Vater zu Onkel und Tante floh, um die Highschool abschließen zu können. Eddie Baumgarten ging mit fünfzehn Jahren zur Armee. Bryan sagt, dass „Eddie weggeschickt worden war", doch Anne erinnert sich an ihren Bruder als Abenteurer und „ziemlich charismatischen Jungen, der die Menschen für sich begeistern konnte. Deshalb verstanden er und Nick sich auch so gut. Als Ed aus der Navy ausschied, brachte er spannende Geschichten von seinen Reisen durch Asien mit. Bryan war ein Außenseiter. Ein netter Junge, aber nicht besonders cool und eher ein Einzelgänger."[6]

Bryan verfolgte Nicks Karriere aus der Ferne, während er ebenfalls mit dem Gefühl kämpfte, verbannt worden zu sein, und später auch mit Suchtproblemen. Nach langer Zeit kehrte er zurück nach Wangaratta und fand eine Anstellung als Gärtner der Holy Trinity Cathedral, wo er viele Jahre lang bei seiner Arbeit den Chorproben zuhörte.

Auf die Frage, womit er sich in Nicks Texten am meisten identifiziert, antwortet Bryan mit pechschwarzem Humor: „Vielleicht diese Alles-Egal-Attitüde eines Junkies." Ein wenig ernster fügt er hinzu: „Es ist sehr schwer, über all das zu sprechen." Die Songs, mit denen er sich am meisten identifizieren kann, sind wie ein Traum von der Zeit, in der man jung war: Man kann nicht zurückgehen, oder man hat diese Zeit nie richtig hinter sich gelassen. „Musik", sagt Wellington, „war immer unsere Flucht aus Wangaratta."

„The Hammer Song" ist für ihn ein Schlüssel zu etwas, das zwar konkret Nick zugestoßen ist, sie im weiteren Sinn aber alle betroffen hat. Darüber redet er viel, doch er erklärt nur vage, warum der Song so wichtig ist und was sich hinter dem Text verbirgt. „Es ist sehr autobiografisch, wenn man die Geschichte dahinter kennt", sagt er. „Nick spricht davon, wie ein Hammer alle Träume vernichtet hat. Aber völlig lautlos! Es geht um ein Geheimnis. Für mich handelt der Song davon, dass man Nick aufs Internat geschickt hatte. Er hatte ein traumhaftes Leben, und dann begann das qualvolle Leben. Das Lied spiegelt auch Nicks Humor ein wenig wider. Er sagt gern, etwas sei wahr, und niemand kann den tatsächlichen Wahrheitsgehalt beurteilen. Alles bleibt rätselhaft. Es geht ums Scheitern. Ein großes Scheitern, in seinen Augen. Der niederfahrende Hammer könnte eine Gottesreferenz sein, aber ich glaube nicht, dass Nick es so meint."[7]

Während seines ersten Jahres im Internat wurde Nick bei einem Wochenendbesuch in das Arbeitszimmer seines Vaters zitiert, nachdem er wieder mal dessen Zorn erregt hatte. Nick erzählt 1996 in dem BBC-Radioessay *The Flesh Made Word* davon, indem er beschreibt, wie sein Vater ihn als Zwölfjährigen fragte, was er getan habe, um die Welt oder das Leben seiner Mitmenschen zu verbessern. Nick war verwirrt, wie man sich leicht vorstellen kann. Er war schließlich noch ein Kind. Etwas trotzig gab er die Frage an seinen Vater zurück. Colin nannte ein paar Kurzgeschichten, die er geschrieben hatte, und zog die Zeitschriften heraus, in denen sie erschienen waren. Einen Moment lang war die Stimmung zwischen Vater und Sohn versöhnlich, als sie über die Bedeutung der Geschichten sprachen. Doch Nick sah, dass die Veröffentlichungen mindestens zehn Jahre alt waren und alles, was darin vielleicht einmal Großes versprochen hatte, längst verblasst war.[8]

Nick beschrieb diese Geschichten später als „leicht und unterhaltsam, wie die Beiträge in *Reader's Digest*. Eine handelte von einer Frau in einem Hutladen. Sie war clever und lustig und nicht tiefgründig. Die andere war eine Nacherzählung von *Schneewittchen*. Eine erwachsene Nacherzählung", fügt er mit vielsagender Betonung hinzu.

„Mein Vater und ich haben miteinander gewetteifert, als ich älter wurde", sagt Nick. „In gewisser Weise musste ich mich gegen seine überwältigende Persönlichkeit durchsetzen, weshalb ich mir Interessensgebiete suchte, über die er nichts wusste. Ich las Sachen wie Alfred Jarry. Mein Vater hatte normalerweise einen vernichtenden Kommentar dazu parat. Ich interessierte mich auch für Maler, und damit konnte er wenig anfangen. Ich weiß noch, wie ich zu ihm sagte: ‚Ich habe mich gerade mit Mondrain beschäftigt.' Er blickte auf und erwiderte: ‚Das heißt Mon-dri-an.' Dann bin ich schnell aus dem Zimmer gegangen."

Trotz dieses Wettstreits besteht kein Zweifel daran, dass Vater und Sohn eine tiefe Liebe zur Literatur teilten. „Mein Vater las mir das erste Kapitel von *Lolita* sogar laut vor – er kannte es, glaube ich, auswendig. Er erklärte mir die Worte und warum das erste Kapitel so kraftvoll war. Er brachte mir bei, was eine Alliteration war und warum einen der Buchanfang so in seinen Bann zog. Für ihn war es der bedeutendste Roman des zwanzigsten Jahrhunderts. Er empfahl mir auch, die Szene aus *Schuld und Sühne* zu lesen, in der die Pfandleiherin ermordet wird. Mit dem Buch habe ich mich im letzten Schuljahr in Englischer Literatur beschäftigt, und es hat großen

Eindruck auf mich gemacht. Er brachte mich auch dazu, *Der alte Mann und das Meer* zu lesen, von Hemingway, das war cool. Kurz und bündig! Auch *Herr der Fliegen* …

Ich weiß noch, wie er immer die Wichtigkeit des Stils betont hat. Stil vor Inhalt. Ich mache das jetzt auch. Ich war immer schon ein Mensch, dem der Stil wichtiger als der Inhalt war. Mich interessiert nicht so sehr, was, sondern wie etwas gesagt wird. Als Dad mir zum ersten Mal *Lolita* vorlas, war er begeistert, wie Sprache verwendet wurde, nicht wegen des Inhalts. Es ist in vielerlei Hinsicht nicht empfehlenswert, einem zwölfjährigen Jungen *Lolita* näherzubringen. Es ist ein Buch für Erwachsene. Doch mein Vater würde sagen, dass es mehr nützt als schadet."

Caves Freund, der englische Schriftsteller Will Self, erfuhr 2010 von einem Journalisten, wie Nick als Kind in Kontakt mit *Lolita* gekommen war. Self, ein Meister hypergrotesker Satiren, sollte eigentlich schwer zu erschüttern sein, doch die Vorstellung, dass man einen kleinen Jungen in *Lolita* einführt, war zutiefst beunruhigend. Als Nick von dem Missverständnis erfuhr, musste er Self anrufen und es ihm erklären. „Nein, mein Vater hat mich nicht missbraucht, wie der Journalist vielleicht angedeutet hat! Er hat mir nur das erste Kapitel vorgelesen. Für ihn war es eine kurze Lektion zur Kunstfertigkeit der englischen Sprache. Ich habe danach allerdings im Wörterbuch nachgesehen, was ‚Lenden' bedeutet."

Als Nächstes las Nick „irgendeinen Kriminalroman. Ich muss da vierzehn gewesen sein … Mein Vater hat gesagt: ‚Wenn du etwas mit Blut und Gedärmen lesen willst, dann das hier', und warf mir *Titus Andronicus* zu. ‚Viele Leichen!' Man könnte ‚O'Malley's Bar' und ‚The Curse Of Millhaven' eventuell als Antwort auf *Titus* und die geradezu groteske Zahl der Toten sehen. Ich versuche nur, es meinem alten Herrn recht zu machen."

Zu dem Thema gesteht er später: „Ich werde mir jetzt mit meinen Söhnen einen völlig unangemessenen Film ansehen, wahrscheinlich irgendeinen Horrorfilm. So was lieben sie. Sie lieben es, wenn sie sich zu Tode erschrecken[9] … Ich kann mich noch erinnern, wie es mir selbst einmal gegangen ist. Es war in dem Haus in Caulfield North, als ich alt genug war, nicht mehr auf dem Teppich zu sitzen, sondern in dem großen braunen Sessel. Eines Abends sah ich *Division 4* mit meinen Eltern. Die Folge handelte von einer toten Prostituierten. Am Ende herrschte Grabesstille, dann rutschten meine Eltern unbehaglich herum. Dad sagte schließlich: ‚Du freust dich wahrscheinlich, dass du die Folge mit uns anschauen durftest.'"

Irgendetwas in diesen Gedanken und Erinnerungen, überlegt Nick, „ist für die Gewalt in meinen Songs verantwortlich". Oder es gab zumindest meiner Art, mich auszudrücken, die Richtung vor. „Wenn ich gewalttätige oder sexuelle Sachen schreibe, freue ich mich immer über die Details, mit denen man alles ausschmücken kann. Sie sorgen für einen Schockeffekt oder wirken wie ein Teleskop: Man stellt sich eine Szene vor und fügt dann noch ein Detail hinzu, das alles deutlicher und größer macht. Ich denke da an Songs, die nach demselben Prinzip vorgehen. An eine alte traditionelle Ballade wie ‚Knoxville Girl', wo beschrieben wird, wie ein Mädchen getötet wird. Dann kommt die Zeile: ‚Ich schleppte sie an den Haaren fort.' Die durch das Detail erzeugte Nähe: Der Songwriter ist dort, sieht nicht neutral von außen zu. Plötzlich ist der Autor mittendrin im Blutbad."

Sogar der Krimi, den er las, als ihm sein Vater *Titus Andronicus* zuwarf, hatte seine guten Seiten: „Ich glaube, es war ein Krimi im Stil der Fünfzigerjahre, mit einer trashigen Coverillustration.[10] Auf der ersten Seite stand etwas von ‚der gemeinen kleinen Knarre'. Die Art, wie die Pistole beschrieben wurde, war bemerkenswert. Ich glaube, es lag an der Verkleinerung, das Wort ‚klein' hatte etwas Unheilvolles an sich. So habe ich mein ganzes Leben lang gearbeitet. Auf mich wirkt es wunderschön."[11]

Dawn weinte im Jahr 1971 jedes Mal, wenn sie Nick am Bahnhof zum Abschied zuwinkte. Sie wusste, wie unglücklich er im Internat war, sah es ihm an, wenn sich der Zug in Bewegung setzte und er aus dem Fenster blickte. Hatten sie und Colin das Richtige getan? Dawn war sich nicht mehr so sicher.

Nick sah die Welt an sich vorbeiziehen, während der Zug beschleunigte. Im Winter gab es kaum etwas zu sehen. Der Zug war morgens sehr kalt, Nick hatte die Füße auf der Heizung abgestellt, und der Nebel draußen war so dicht, dass es schien, als wäre Wangaratta weggetrieben. Er dachte an Geisterstädte und Touristenorte wie Glenrowan. Die Vergangenheit konnte die Gegenwart einholen und sogar *noch* lebendiger sein. Er weinte natürlich auch.

Ihr Sohn hatte das Gefühl, verstoßen worden zu sein, doch Dawn Cave erinnert sich, dass ihr Mann „jedes infrage kommende" Internat in Melbourne besucht hatte, um eines mit der richtigen Mischung aus akademischen und „menschlichen Qualitäten" zu finden. An der Caulfield Grammar School hatte ihm besonders gefallen, dass „es die einzige Schule war, in der man ihn gefragt hatte, was Nick für ein Mensch war, und die sich nicht nur für seine Noten interessiert hatte".[12]

Nick blickt gelassen auf die Veränderungen zurück, die man ihm aufgezwungen hat. „Wenn ich an Wang denke, dann eher im Hinblick auf die Freiheit, die man als Kind haben kann. Ich konnte überall hingehen, wohin ich wollte. Ich verbrachte meine Kindheit am Fluss, unter den Eisenbahnschienen, in den Bergen. Ich erinnere mich weniger daran, dass ich als Kind glücklich war, sondern eher, wie das Leben als Kind sein konnte im Vergleich zu jetzt. Wenn ich an meine eigenen Kinder denke, macht es mich traurig, dass sie diese Freiheit nicht haben und nicht erleben können. Kleinstädte auf dem Land sind wunderschön, um darin aufzuwachsen – und dann mit zwölf abzuhauen."

Als Colin Cave zum Director of Adult Education des Bundesstaats Victoria befördert wurde, mussten sie zu Dawns Erleichterung Anfang 1972 nach Melbourne umziehen. Auch wenn sie Wang vermissen würden, war es eine Gelegenheit für die Familie, wieder zusammenzukommen. Nick war immer noch im Internat und einsam; Tim studierte am Swinburne College of Technology Soziologie und ging seiner eigenen Aussage nach „zu Moratoriums-Protesten, warf Steine und kam bei den Protesten in direkten Kontakt mit der Polizei".[13]

Auch wenn Dawn und Colin nicht wussten, was ihre Söhne genau trieben, war ihnen klar, dass sich noch mehr Ärger anbahnte. Peter aus Wangaratta herauszuholen, war ein weiterer Vorteil des Umzugs.

Colin, Dawn, Peter und Julie zogen in ein zweistöckiges Haus mit fünf Schlafzimmern in der Airdrie Road 6 im Mittelklassevorort Caulfield North. Tim zog wieder bei ihnen ein. Australiens Beteiligung am Vietnam-Krieg schwand, ebenso wie seine Leidenschaft für den Marxismus. In seinem Leben war wieder mehr Platz für Musik, zum Beispiel von The Moody Blues und Genesis. Nick kehrte ebenfalls zur Familie zurück und nahm heroisch den Molotow-Cocktail seines großen Bruders Tim aus Rockmusik und Politik in sich auf.

Tim Cave war in seinem Element. Led Zeppelin hatten das Jahr mit einer bahnbrechenden Tour eröffnet, die nach den Sechzigern einen längst überflüssigen Generationenwechsel einläutete. Ihr Sound traf junge Menschen wie der besungene Hammer der Götter. Als Gough Whitlams Australian Labor Party (ALP) Ende 1972 an die Macht kam, bedeutete das das überraschende Ende von dreiundzwanzig Jahren ununterbrochen konservativer Koalitionsregierungen der früheren Liberal and Country Party. Der ALP-Wahlslogan „Es ist Zeit“ vermittelte die Sehnsucht der Bevölkerung nach einem Wandel. Whitlam zog sofort die letzten Truppen aus Vietnam ab, hob die Todesstrafe auf, strich die Mehrwertsteuer von der Pille und schaffte die enormen Aufnahmegebühren für die Universitäten ab, damit auch junge Leute aus der Arbeiterklasse studieren konnten. Er genehmigte 1973 auch persönlich den Ankauf von Jackson Pollocks *Blue Poles* durch die National Gallery of Australia für die damals unglaubliche Summe von 1,3 Millionen Dollar.

Nick, der so unpolitisch war wie sein Bruder Tom radikal, interessierte sich außer für Kunst und Musik für fast gar nichts. „Ich muss viel Zeit bei Proben verbracht haben“, sagt er mit einem Blick zurück auf diese Zeit. Es wäre allerdings naiv anzunehmen, dass er nicht davon betroffen war. Kein Künstler entkommt der Umgebung, in der er aufwächst. Zum einen ermöglichte die Kombination aus kostenfreier Hochschulbildung und großzügiger – und leicht beziehbarer – Arbeitslosenhilfe das Aufblühen einer hedonistischen und bohemeartigen Jugendkultur. Tim zufolge genoss auch Nick dieses Klima. Whitlams elektrisierender Sieg und seine wohlwollende Haltung den Künsten gegenüber bedeutete einen visionären Sprung in die Zukunft und öffnete Australien für die Welt. 1973 krönte eine Tour der Rolling Stones diesen kosmopolitischen Zeitgeist mit einem Jet-Set-Kribbeln. Lou Reed brachte 1974 mit AC/DC und Stevie Wright als Vorbands beißenderen Glamour mit. Es war, als hätte jemand einen Schalter von Schwarz-Weiß auf Farbe umgelegt, und nicht nur im Fernsehen, das 1975 in Farbe zu senden begann. Anfang der Siebziger wurden die Ausschankgesetze in Victoria gelockert und das Wahlalter von Whitlam von einundzwanzig auf achtzehn herabgesetzt, was alles zur Verjüngung des Landes beitrug. Plötzlich fanden überall Konzerte statt. Ein Post-Sechziger-, Post-Hippiegefühl von nationaler Identität gedieh in den Veranstaltungsstätten, Theatern und Kunstgalerien, ebenso wie an den Universitäten, wo linksgerichtete Studentenbewegungen ihre kulturellen Interessen auslebten. Das Aufkommen von freien und alternativen Radiosendern war ein weiteres wesentliches Element.

Man sagt, dass die Sechziger in Australien erst in den Siebzigern begannen. Als der Punk Ende der Siebziger im Land ankam, mag er sich als Reaktion auf die Hippies der frühen Siebziger als etwas Neues ausgegeben haben, doch in Wahrheit ging es um dieselben Fragen kultureller Identität – wenn auch von einer aggressiveren und pessimistischeren Warte aus, nachdem das flüchtige Erwachen in der Whitlam-Ära 1975 bereits zum Ende und wieder eine konservative Regierung an die Macht kam. Ein junges, trinkfestes Publikum war aufgeheizt und wütend. Der Pub Rock, den sie hören wollten, wurde schneller und härter. Zu dem Zeitpunkt waren AC/DC das Maß aller Dinge für Live-Bands in Australien. Ihre Fähigkeit, ungehobelte Provinzmusik in eine global verstandene Rock'n'Roll-Sprache zu verwandeln, war nicht leicht nachzumachen. Der linksgerichtete Geist und der textliche Anspruch der Bands der Carlton-Szene von

Melbourne wirkten im Vergleich dazu kraftlos. Der australische Punk kämpfte mit mangelnder Verwurzelung, während seine ablehnende Haltung gegenüber der Industrie und früheren gegenkulturellen Modellen den genreeigenen Internationalismus verstärkte, samt einer Tendenz zu Exklusivität und Separatismus.

Nick tapezierte die Wände seines Zimmers mit Bildern, die ein aufkeimendes Interesse an allem offenbarten, vom deutschen expressionistischen Film bis zu El Grecos *Blick auf Toledo*. „Ich habe einen Druck aus einem Kunstband in der Schulbibliothek geklaut. Das Beste, was El Greco je gemalt hat. Es war das einzige Kunstwerk, das an meiner Wand hing, abgesehen von dem üblichen religiösen Mist wie leidende Heilige und so was."[14] Sein Freund Peter Milne hat The Boys Next Door 1979 in Nicks Zimmer fotografiert.[15] „Auf diesem Bild", sagt Nick, „ist, glaube ich, auch eine ziemlich schlechte Zeichnung im Brett-Whiteley-Stil von Adolf Hitler zu sehen, die ich in der Schule gemacht habe – quasi John Christie mit Hakenkreuzen –, von der alle fanden, sie zeige großes Talent. Mum hat sie in unserem Haus in der Airdrie Road aufgehängt. Ein weiterer Beweis für die unsterbliche Liebe einer Mutter zu ihrem Kind – vor allem, da wir in Caulfield North wohnten, dem jüdischen Viertel von Melbourne."[16] An Nicks Wand hing auch ein großes, gerahmtes Porträt einer alten Frau in viktorianischer Kleidung, die entsetzt auf das Chaos in seinem Zimmer hinunterzustarren scheint. „Vielleicht war sie eine Vorfahrin. Mir gefiel es einfach, weil die Frau irgendwie zurückgeblieben und Furcht einflößend aussah."

Seine Zimmerdekoration war anspruchsvoller als die gleichaltriger Teenagerjungen in den Siebzigerjahren, die Poster von *Kiss Alive!* und Farrah Fawcett aus *Charlie's Angels* aufhängten – obwohl ihm Farrahs Reize durchaus bewusst waren.[17] Eines seiner Lieblingssexsymbole aus der Zeit war Abigail Rogan, die Bev Houghton in der leicht schlüpfrigen australischen Soap *Number 96* spielte. Abigail war blond und kurvig und wurde so berühmt, dass sie nie wieder ihren Nachnamen verwenden musste. Ihre Autobiografie *Call Me Abigail* verkaufte sich 1973 unglaubliche hundertfünfzigtausend Mal.

Im selben Jahr schaffte sie es sogar in die Top Ten mit ihrer sexy gehauchten Version von Serge Gainsbourgs „Je t'aime … moi non plus". Trotz der offensichtlichen Erotik behauptete Serge Gainsbourg immer, dass es „ein Anti-Fuck-Song" sei, in dem es um körperliche Liebe als Akt der Verzweiflung ging, die zu erlangen sich als unmöglich herausstellte. Nick gefielen die Sängerin und die Cover-Version so gut, dass er 1995 seinerseits eine Version mit seiner ersten großen (und zu dem Zeitpunkt entfremdeten) Muse Anita Lane aufnahm.[18]

In der Airdrie Road 6 zu wohnen, brachte Nick ein gewisses popkulturelles Ansehen in der Schule ein. Das Haus hatte nämlich früher Mario Milano gehört, dem gefeierten Wrestler, dessen Heldentaten alle am Sonntagvormittag beim *World Championship Wrestling* im Fernsehen verfolgten. Nick erzählte den Leuten gerne, dass sie bei ihrem Einzug „ein mysteriöses Knäuel aus drahtigem schwarzem Haar in der Dusche fanden, an das sich niemand herantraute". Über die Verbindung zum Wrestling freute er sich sehr, auch wenn er später meinte, dass es „sogar noch besser gewesen wäre, wenn das Haus ‚Haystacks' Calhoun gehört hätte".[19]

Sein Ärger an der Caulfield Grammar School war allerdings noch nicht vorbei. Nick hatte sich unter den Internatsschülern behauptet, doch in der dritten Klasse fand er sich plötzlich unter den verhassten Gegnern wieder, den „Day Scabs". Er hatte wenige Verbündete, ihm drohten ständig Prügel. Die Hackordnungsrituale hatte er bereits dreimal durchgemacht: An der Highschool in Wangaratta, als Internatsschüler in Melbourne und dann noch einmal, als er zum Tagesschüler wurde. Es schien nie aufzuhören. Im Unterricht sorgte er weiter für Unruhe, als Klassenclown und Rebell, der beliebt sein wollte. Mick Harvey bemerkte: „Er war ziemlich extrovertiert in der Schule. Alle kannten ihn, und er gab ziemlich an."[20]

Als Strafe dafür, dass er seine Initialen in einen alten Tisch im Speisesaal geritzt hatte, musste Nick nach der Schule das Holz abschmirgeln und den Schaden vollständig beseitigen. Dafür benötigte er zwei Wochen. Anschließend drehte er den Tisch um und ritzte seine Initialen auf die Unterseite. Nicks Mutter war der

Vandalismus ihres Sohnes peinlich. Die weise Bestrafung überzeugte Dawn und Colin allerdings, dass sie mit der Caulfield Grammar trotz Nicks Problemen die richtige Wahl getroffen hatten.

Wendy Stavrianos, Nick Caves Kunstlehrerin von 1971 bis 1972, sah in ihm nicht den Klassenclown und Schulhofaufwiegler, sondern einen völlig anderen jungen Mann. „Nick hatte eine großartige Energie, wie sie nicht viele Kinder besitzen. Er beschäftigte sich intensiv mit Dingen, war voller Begeisterung. Ich erinnere mich an eine wunderschöne Federzeichnung von einem Baby im Mutterleib. Für einen Jungen seines Alters eigentlich eine uncoole Sache. Aber Nick war es immer egal, was andere dachten. Damals war er wirklich chaotisch – ich glaube, er hat versucht herauszufinden, wer er war und was er auf diesem Planeten sollte. Er reagierte auf alles – Literatur, Kunst – und versuchte, seinen Weg zu finden. Bei mir war er nie aufsässig, sondern immer sehr umgänglich. Wir unterhielten uns wie Freunde. Aber mir ist klar, dass er den anderen Lehrkräften wahrscheinlich viel Ärger bereitete, denn er befand sich gerade in dieser Phase. Eines Tages kam er sogar ein wenig geschminkt in den Unterricht und fragte: ‚Wie sehe ich aus?' Er sah hinreißend aus! Ich fand es keineswegs widerlich, sondern sagte ihm, dass es toll aussähe, denn so fühlte er sich offenbar auch."[21]

Nick sagt, Wendy Stavrianos habe in ihm eine lebenslange Leidenschaft für Edvard Munchs Gemälde geweckt. „Als ich ein pickeliger, Sperma-verkrusteter Teenager war, lehnte sich meine Kunstlehrerin Wendy Stavrianos, auf die ich unendlich stand, über meinen Tisch und erklärte mir die erotische Symbolik von *Der Tanz des Lebens,* und ich war sprachlos. Der Mond und seine Spiegelung bilden einen Phallus, unsere dunklen und unsere besseren Seiten tanzen oder ringen mit dem Tod. Das Bild verschwamm vor meinen Augen, ihr heiseres griechisches Zigarettenlachen … Wir taumelten alle, und sie inspirierte uns."

Während seines dritten Jahres an der Schule fand Nick endlich ein paar enge Freunde, eine Gruppe von Außenseitern und Sonderlingen, die „am liebsten im Kunstraum herumhingen“, erinnert sich Mick Harvey. „Wir hatten definitiv keine Lust, in der Mittagspause Sport zu treiben. Wir hörten viel Musik. Beim Kunstgebäude gab es auch ein paar gute Ecken, in denen wir rauchen konnten, ohne erwischt zu werden.“ Aus dieser Kunst-Gang entwickelte sich eine Band. Mick Harvey erzählt, sie hätten ab Mitte 1972 zusammen gespielt, wenn auch noch sehr unverbindlich und ohne Sänger. Phill Calvert konnte mit Abstand am meisten, er nahm seit seinem zehnten Lebensjahr Schlagzeugunterricht bei Les Tasker, der dem Moskauer Staatszirkus angehört hatte. Brett Purcell spielte Bass, Mick Gitarre. Bald darauf stieg Chris Coyne am Saxophon ein. Da gerade Bands wie Iron Butterfly und Led Zeppelin populär waren, nannten sie sich anfangs spaßeshalber Concrete Vulture. „Es gab damals so viele Bands mit lächerlichen Namen, die aus Gegensätzen bestanden“, sagt Mick Harvey.[22]

Concrete Vulture probten erst in einem Klassenzimmer, dann an den Wochenenden in einem Gemeindehaus in Ashburton, wo Micks Vater als anglikanischer Vikar arbeitete. 1973 stellte sich Nick an einem Samstagnachmittag als Sänger vor und kam mit einer denkwürdig mürrischen, abwehrenden Haltung an. Außerdem hatte er einen Flachmann dabei, aus dem der Fünfzehnjährige immer wieder einen Schluck Wodka nahm. Mick Harvey lacht: „Er war kein großartiger Sänger, tatsächlich konnte er überhaupt nicht singen, aber er sah aus und benahm sich wie ein Frontmann, also haben wir ihn aufgenommen. Wie gesagt, er war immer ein kleiner Angeber.“[23]

Cave brachte zu der Probe noch den Gitarristen John Cocivera mit, der sofort aufgenommen wurde. Dadurch konnte sich Mick Harvey auf seine eigentliche Liebe, die Rhythmusgitarre, konzentrieren. Das Ganze nahm allmählich Fahrt auf. Die Jungen waren aufgeregt, alles wurde immer realer.

Anne Baumgarten erzählt, dass ihr Nick damals einen Brief wegen Cocivera nach Wangaratta schrieb, den sie nie vergessen hat. „Nick berichtete mir von seinem neuen Kumpel in der Schule, der eine unglaubliche Schallplattensammlung besaß und einen Plattenspieler mit dem größten Arm, den er je gesehen hatte, so groß wie eine Kanone, schrieb er. Er hörte gar nicht auf, davon zu erzählen. Er war damals wirklich verrückt nach Musik und allem, was damit zu tun hat, Zeitschriften, Kleidern, Plattenspielern. Er sagte mir damals immer, dass Musik aus England besser sei als aus Amerika, weil die Gitarristen alle so dürre Beine hätten."[24]

Nick sagt, John Cocivera sei „unglaublich nett gewesen. Er orientierte sich mit seinem geschmeidigen Spiel an David Gilmour von Pink Floyd. Musik war sein Leben. Er sah sehr, sehr gut aus – die Mädchen himmelten ihn an, aber er war schrecklich schüchtern. Er spielte sehr gefühlvoll und treibend auf seiner weinroten Gibson-SG-Nachbildung. Nach der Schule und am Wochenende hörten wir immer gemeinsam Musik. Wir waren wirklich sehr gut befreundet."

Der Bandname sollte sich im Lauf der Jahre noch mehrere Male ändern. Aus Concrete Vulture wurde Madwich, dann Quaker Lady, Caliban und S-Bend. Nick dachte an Heavy Freedom. Vor einem High-School-Konzert zum Schuljahresende 1974 klammerte er sich an einen Strohhalm und sagte den Organisatoren, dass die Band The Magic Pudding hieße.[25] Mick Hervey erklärt, dass „Nick damals von Norman Lindsay geradezu besessen war". 1975 war der Tiefpunkt erreicht, als sich die Band Café nannte. „Ein echt beschissener Name", sagt Mick. „So beschissen, dass ich ihn völlig verdrängt hatte."[26] Dann einigte man sich auf Kissy Loftus Band und schließlich auf Nicky Danger And The Bleeding Hearts – zumindest, wenn sie herumalberten.

Es gab noch mehr Namen, doch diese waren die wichtigsten. Calvert und Harvey sagen, die Band wäre alle zwei Wochen umbenannt worden, meistens auf Nicks Vorschlag hin. Nachdem sie „ein paar Cover von West, Bruce And Laing"[27] beherrschten, zusammen mit Standards wie „Johnny B Goode" und „Boney Maronie", und gemerkt hatten, dass sie für filigranen Prog Rock nicht gut genug waren, wandten sie sich dem Glam Rock zu. Die Möglichkeit, an der nahe gelegenen Shelford Girls' Grammar School ein paar Konzerte zu spielen, war eine weitere Motivation, besser zu werden und noch mehr anzugeben. Vielleicht haben sie sich bei einer dieser Shows Suffragette City genannt. Sie können sich kaum erinnern, wie sie in den Anfangsjahren geheißen haben. Alle sind sich aber einig, dass sie es nicht mehr hören können, wenn Concrete Vulture als ursprünglicher Name genannt wird, denn der war schon nach knapp sechs Monaten nicht mehr aktuell gewesen.

Nick war völlig auf David Bowie und The Sensational Alex Harvey Band fixiert. Er weiß noch, wie er 1974 „von der Schule nach Hause eilte, die Zimmertür verschloss und *David Live* auflegte und so tat, als würde ich vor diesen vielen Menschen singen". Bowies *Aladdin Sane* (1973) war der Grund für einen Streit mit Tim, der immer noch *Close To The Edge* (1972) von Yes verehrte und psychedelische Blues-Bands wie die Australier Madder Lake. Tims Musikgeschmack passte zum kiffenden Zeitgeist: Man wollte den Geist erweitern und eine gute Zeit haben, und dabei immer öfter auch ordentlich trinken und feiern. Nick befreite sich von der Autorität seines großen Bruders und definierte seinen eigenen Stil, auch wenn sie sich immer noch auf Hawkwinds „Space Rock" einigen konnten.[28] Glam Rock gegen Prog Rock war der Teenager-Kulturkrieg der Zeit, Pop-Art-Trash verdrängte neoklassischen Pomp. Oder einfacher ausgedrückt: Singles statt Alben dominierten wieder mehr den Markt, als eine jüngere Generation von Musikkäufern in Erscheinung trat. Nach und nach hörte die dann auch Alben. Schon bald ließ Nick sich die Haare wie David Bowie schneiden und tauchte zu Hause mit einer Fransenfrisur à la „Ziggy Stardust" auf.

Dawn sagt, dass sie und Colin „amüsiert" reagiert und sich gefragt hätten, was als Nächstes passieren würde. „Wir haben nie etwas dagegen gesagt, da sie solchen Spaß hatten und es auch nicht so ernst war. Tracy, Mick und die Jungen waren alle so nett. Es war immer schön, wenn sie da waren, egal wie sie aussahen." Julie erinnert sich, wie ihr Bruder „in kurzen engen Shorts und Netzstrumpfhosen herumlief, einem engen grünen Hemd, Hosenträgern und viel Make-up. Danach ist er auf Anzüge umgestiegen."[29]

Neben Marc Bolans T.Rex dominierte Nicks Held David Bowie den Glam Rock, verlieh ihm eine Kultiviertheit, die der sympathischen, aber letztendlich oberflächlichen Bubblegum-Musik von Slade, Gary Glitter oder den Australiern Hush fehlte. Bolan und Bowie waren poetischer und androgyner – die anderen Chartstürmer sahen aus und klangen hauptsächlich wie Männer mit Bartschatten, die Make-up und Stanniol trugen, wie es die aktuelle Popmode verlangte, während sie ihre eingängigen Hits heraushauten.

Bowie war intuitiv und konnte sich wie eine Elster Dinge aneignen, indem er von früheren Meistern der Gegenkultur lernte: von Andy Warhols Pop-Art-Events Ende der Sechzigerjahre unter dem Titel *Exploding Plastic Inevitable*, den dabei aufgeführten Songs von The Velvet Underground (in denen Lou Reed sich mit allem von SM bis zu Heroin beschäftigte), und der unglaublichen Garagenrock-Energie von The Stooges mit ihrem jungenhaften, drahtigen und animalischen Frontmann Iggy Pop. Auf der Grundlage dieser Einflüsse hatte David Bowie bereits 1972 das Konzeptalbum *The Rise And Fall Of Ziggy Stardust And The Spiders From Mars* eingespielt, mit dem ihm der Durchbruch gelang. Bowie sagte dazu: „Es erschien mir einfach völlig natürlich, diese ganzen Kunst- und Literaturverweise zu kombinieren, die ich zutiefst verehre.“[30]

Den meisten Pop-Fans blieb der Hintergrund dieser kulturellen Transformation verborgen. Doch für beinharte Musik-Fans wie Nick Cave schlug Bowie Brücken – mit seiner Musik und seinen Texten, aber auch mit seinen schillernden Interviews, die wissbegierige Teenager aus dem Mainstream in die Rock-Avantgarde führten. „Bowie wurde immer als Chamäleon dargestellt, aber er war das genaue Gegenteil“, sagt Nick. „Die Vorstellung, dass er mit seinem Werk und der Persönlichkeit, die er für jedes Album erschuf, verschmolz, ist albern. Bowie war viel, aber er war garantiert nie unsichtbar.“ Bowie sagte später zu seiner Ziggy-Stardust-Maske: „Ich habe meine Persönlichkeit gefunden – ein Mann gegen die Welt.“[31] Idealer konnte ein Rockstar damals für Nick kaum sein.

The Sensational Alex Harvey Band – oder SAHB, wie man sie allgemein nannte –, war ein weiterer Einfluss Mitte der Siebzigerjahre. Sie schwammen auf dem Glam-Zug mit, doch ohne Bowies androgyne und selbstbewusste künstlerische Ausstrahlung. Die toughe schottische Rockband wurde, wie der Name schon andeutet, von Alex Harvey angeführt, einem brillanten Entertainer, der neben übertriebenen Rock'n'Pop-Outlaw-Monologen wie „Framed" hochgestochenes europäisches Kabarett wie Jacques Brels „Next" singen konnte. Diese kühne Mischung sah man am besten live, doch Nick verehrte die Platten.[32]

Fast ein Viertel der Setlist der Band bestand aus Titeln der ersten zwei SAHB-Alben, darunter „Framed", „Midnight Moses", „Isobel Goudie" und „The Hammer Song". Nick gibt zu, dass Bowies Musik trotz aller Bemühungen oft zu komplex für die Teenagerband war. SAHB hatten eine bluesartige Direktheit, die sich viel besser für das Spiel der Jungen und Nicks rudimentäre Gesangsfähigkeiten eignete.

Manche behaupten, die Theatralik von SAHB sei ein Vorläufer der dunklen Aggression der Punk-Ära in England gewesen. Harvey sagte, er verabscheute jegliche Gewalt bei seinen Shows, doch die Wucht eines SAHB-Konzerts oder Harveys Freude daran, einschüchternd zu wirken, ließen sich nicht leugnen. Selbst Harveys Bandkollegen gaben zu, dass er ihnen ab und zu Angst machte. Zu einer Zeit, in der Glam verweiblichte Männlichkeit propagierte, trug Alex Harvey nur Strumpfhosen, wenn er sie sich auf der Bühne bei „Framed" über den Kopf zog, um wie der Gangster aus Glasgow auszusehen, den er in dem Song mythologisierte. Wie Motten vom Licht wurde Nick von Harveys geschichtenartigen Songs über romantisches Gangstertum angezogen, deren Dramatik auf der Bühne besonders gut zur Geltung kam.[33] Harveys Live-Performance hatte auch etwas trotzig Übertriebenes an sich, einen bösartigen Humor, der die Mischung noch explosiver machte. Nick Cave konnte den Berichten in den Rockmagazinen über Harveys überlebensgroße Persönlichkeit nicht widerstehen. Wenn Bowie ein androgyner Alien war, dann war Alex Harvey ein erotischer Gangster.

Nick coverte „The Hammer Song" erneut für sein Album *Kicking Against The Pricks* (1986). Er scheute sich nie, einen Satz oder eine Idee zu nehmen und etwas Eigenes daraus zu machen, weshalb er sogar einen gleichnamigen Song schrieb, der auf *The Good Son* (1990) erschien. Einen Blick wert ist auch ein SAHB-Titel namens „There's No Lights On The Christmas Tree, Mother, They're Burning Big Louie Tonight", der von einem Verbrecher handelt, den man auf den elektrischen Stuhl schickt. Das Lied vereint West-End-Musical-Atmosphäre mit übertriebenem Rockknurren. Magic Pudding haben den Song nicht gespielt, aber Nick sang gern zu Hause mit. Auch wenn er eher witzig gemeint war, könnte er die Inspiration zu dem späteren Nick-Cave-Klassiker „The Mercy Seat" gewesen sein. Beim Hören von SAHB lernte der junge Nick unter anderem die Möglichkeiten einer Theatralik, die unerbittliche Aggression auf die Spitze trieb, zusammen mit der Macht erzählerischen Songwritings und furchtlosen Texten, die gekonnt grundlegende männliche Verhaltensweisen sowie eine ordentliche Portion Straßenhumor in Worte fassten.

Auf einer Grinderman-Tour durch England hatte Nick Cave 2010 die Gelegenheit, dem bereits verstorbenen und schmählich unterschätzten Alex Harvey seine Dankbarkeit auszudrücken, indem er seinem früheren Helden das Konzert im Barrowland Ballroom in Glasgow widmete. „The Barrowlands ist ein großer, altmodischer Konzertsaal. Alex Harvey hätte dort oft gespielt", sagt Cave. „Ich habe dem Publikum erklärt, wie er unser Leben verändert hat, als wir Teenager waren. Seine Musik ist einfach Wahnsinn! ‚Midnight Moses' … großartiger Song. In einer Besprechung des Auftritts wurde dann geschrieben, Grinderman sei stark von Alex Harvey beeinflusst. Das stimmt nicht, aber Mann, er hat mich echt umgehauen, als ich fünfzehn war. ‚Isobel Goudie', ‚Faith Healer', ‚Gang Bang', ‚Hammer Song' haben mein Leben wirklich verändert. Vor allem seine Texte und wie er die Wörter betont hat. Natürlich sang er mit starkem Glasgower Akzent, aber das war mir damals nicht bewusst. Ich dachte nur, dass er wie jemand von einem anderen Planeten singt! Und die Worte! Damals gab es noch keine Songs wie ‚Shark's Teeth'. Wow!"

„Mein erster Kuss war mit einem Mädchen namens Penny in Wang. Ich war zwölf, und wir hörten ‚Venus' von Shocking Blue", erzählt Nick. Wenn man ihn ein wenig drängt, kann er die Gefühle von damals immer noch enthusiastisch wiedergeben: „You're my desire!"

Er spricht von einer weiteren aufkeimenden Romanze mit dreizehn, einer Brieffreundschaft mit der sechzehnjährigen Engländerin Dorothy. „Ich hatte mich in den Briefen ein bisschen älter gemacht. Irgendwann fragte sie schließlich, ob wir Fotos tauschen wollten. Mum machte ein Foto von mir im Garten. Ich trug einen gestreiften Pullover, den sie mir gestrickt hatte, und hatte ihn in meine Jeans gesteckt. Ich sah so jung aus, wie ich war. Nachdem ich das Foto weggeschickt hatte, hörte ich nie wieder von Dorothy", erzählt er lachend.

Auch wenn Anne Baumgarten ihre Beziehung „weitestgehend platonisch" nennt, schrieb Nick ihr viele Briefe, vor allem, wenn er sich im Internat einsam fühlte. Dieser Briefverkehr ist so romantisch, als stamme er direkt aus einem klassischen australischen Coming-of-Age-Film wie *Das Jahr meiner ersten Liebe*.

Nicks Korrespondenz mit Anne hatte bis in seine späten Teenagerjahre Bestand und hielt die Verbindung zu den Baumgartens und Wangaratta aufrecht. „Wir schrieben uns echt verrückte Briefe", sagt Anne lachend. „Ich mochte sehr an Nick, dass er so besonders war – er konnte sehr spontan sein und war für alles offen. Er war sehr warmherzig und humorvoll."

Hin und wieder fuhr Anne mit dem Zug nach Melbourne und besuchte Nick, oder er kam nach Wangaratta. Er hatte immer Schallplatten dabei, und sie saßen dann in Annes blau gestrichenem Musikzimmer, dessen Fenster ein verirrter Fußball eingeschlagen hatte und durch das der Wind pfiff, und hörten bis spätnachts Musik, ohne dass sich jemand daran gestört hätte. „Nick hat mir so viele Bands vorgespielt. Vor allem die aus England – Yes, Genesis, Pink Floyd und sogar The Moody Blues. Seine große Leidenschaft, noch mehr als Cohen oder andere, wurde David Bowie. Er fand das Cover von

Diamond Dogs großartig, mich hat es jedoch irritiert. Er gab mir sein Exemplar von *Ziggy Stardust.* Mir war das unangenehm, weil das Album, das ich ihm im Gegenzug schenkte, nicht so gut war.

Nick ging auch völlig in der Glam-Mode auf. Ich habe immer noch ein goldenes Knautschsamtjackett, das er sich auslieh, wenn wir in ein Café für Jugendliche auf der Hauptstraße von Wang gingen, The Kettle. Er schminkte sich gern die Augen und trug Armbänder, aber auch zerrissene Jeans und enge Pullover."

Anne erinnert sich auch noch an Nicks wachsendes Interesse an „Zeichnen, Musiktheater, Töpfern und anderen Kunstformen. Eine Zeitlang hat er sich sehr viel mit Ray Bradburys Büchern beschäftigt. Ich hatte den Eindruck, als wolle Nick so viel Kunst und Wissen wie möglich in seine Teenagerjahre quetschen. Nick war auch sehr vom I Ging fasziniert. Von Zen-Buddhismus. Da muss er etwa sechzehn gewesen sein. Das ist eine sehr eigenwillige Religion."[34]

Wenn sie Nick in Melbourne besuchte, fühlte Anne sich sehr willkommen, war jedoch weniger entspannt, wenn sie bei den Caves in Caulfield North war. „Nach dem Abendessen saß die Familie am Tisch und spielte kultiviert Scrabble. Ich fand diese Partien immer quälend, weil alle, vor allem Colin, so ein riesiges Vokabular hatten. Ich hatte schon Mühe, ein- oder zweisilbige Wörter zu finden. Colin hatte einen starken Charakter, o ja. Er lebte das Fach Englisch geradezu. Auf manche wirkte das beängstigend, doch ich hatte keine Angst vor ihm. Seinen Ärger bei Scrabble in Schach zu halten, war nicht so wild. Dawn war immer sehr ausgeglichen, absolut reizend, eine wirklich liebenswürdige Dame. Julie war ziemlich extrovertiert; sie hatte einen seltsamen Humor. Tim hat offen über seine politischen Ansichten und seine Freundinnen geredet. Peter war ruhiger, er trug eine Brille, und ich hatte das Gefühl, dass er in Gegenwart der anderen noch stiller war. Er studierte Elektronik. Peter war nett. Sie waren eine wirklich nette Familie."

Wenn sie in Melbourne war, „gingen Nick und ich immer in der Bourke Street shoppen. Er nahm mich mit in einen flippigen

Modeladen, The In Shop, gegenüber vom Kaufhaus Myer. Und dann zu einem Café am Ende der Spencer Street. Es war alles so stimmungsvoll."

Ungefähr mit sechzehn hörten die Briefe und die Besuche allmählich auf. „Wir entwickelten uns auseinander", sagt Anne nüchtern und fügt hinzu: „Nick hat sich dann *richtig* in die Musik gestürzt. Ich habe immer noch sein *Ziggy-Stardust*-Album. Vielleicht hätte ich es ihm zurückgeben sollen."[35]

Vierzig Jahre später möchte Anne Shannon (geborene Baumgarten) Nick wissen lassen, dass sie in Lajamanu lebt, in der Wüste im Northern Territory, und „mit meinem Mann zusammen Kindern der Aboriginals Lesen und Schreiben beibringe und sie in Ernährung und genereller Lebensverbesserung unterrichte". Es war auf jeden Fall eine wunderbare Erfahrung, sie bereut nichts. „Ich habe mich einfach nur gefreut, Nick gekannt zu haben und zu sehen, wie er Musiker geworden ist, wie die Stars, die wir gehört und von denen wir geträumt haben."[36]

Julie Cave erinnert sich, wie ihr Bruder ihr einmal ein winziges, sechszeiliges Gedicht von Leonard Cohen gezeigt hatte, das „Für Anne" hieß. Es war nicht schwer zu verstehen, warum Nick es so mochte – es ist ein Liebesgedicht. In seiner typisch verknappten Ausdrucksweise nimmt Cohen geschickt Bezug auf die berühmte Balkonszene aus *Romeo und Julia* – „Doch still! Was schimmert durch das Fenster? Es ist der Ost, und Julia die Sonne!"[37] –, bevor er abrupt auf das Konzept von Erinnerung als der ultimativen Form des Bewusstseins und einer Quelle der Trauer umschwenkt. Nick scheint schon damals ein hoch entwickeltes Gespür für das Wesen des Verlusts und seiner Unausweichlichkeit gehabt zu haben.

Nick wurde zu einem eingefleischten Briefschreiber und ist es bis heute, wenn auch in Form von E-Mails. In seinen Notizbüchern, Tagebüchern und zahlreichen mit Tinte geschriebenen Entwürfen seiner Prosa und seiner Liedtexte legte er neben der Bedeutung der Wörter zunehmend Wert auf den physischen Akt des Schreibens an sich. Dieser Schreibzwang wird am eindringlichsten in „Love Letter“ (2001) deutlich, einem Song, den er in der Anfangsphase seiner Beziehung mit Susie Bick schrieb.[38]

Vielleicht ist Nick aus diesem Grund besonders gerührt, als er von einem ausführlichen und überschwänglichen dreizehnseitigen Brief über ihn erfährt, den seine erste richtige Freundin, Davina Davidson (geborene Sherman), verfasst hat.[39] Als er ihn liest, ist er verblüfft über „die Genauigkeit von Davinas Erinnerungen, die Beschaffenheit unserer Beziehung und die kleinen, so treffenden Dinge, die ich vergessen hatte. Dass ich zum Beispiel im Haus nie meine Schuhe ausgezogen habe.“

Nick hatte gerade die vierte High-School-Klasse beendet, als ihre Beziehung begann. Davina sieht noch vor sich, wie sie sich an einem heißen Sommertag in den Weihnachtsferien 1973/74 kennengelernt hatten. Colin Caves Position als Verantwortlicher für die Erwachsenenbildung in Melbourne ermöglichte Nick weiterhin Zugang zu allen möglichen Kursen und Veranstaltungen. Und so war in Davinas Töpferkurs ein leidenschaftlicher junger Mann, der gebeugt über einer Reihe von Tonfiguren saß, aus denen er einen Clown, einen Geiger und einen Landstreicher formte. Nick bezeichnete seine Skulpturen gern als Mist, doch Davina fand sie ausdrucksstark, wenn auch ein wenig grotesk. Ihren Erschaffer hingegen überhaupt nicht, mit seinen langen Beinen und den dunklen Haaren und dem Ohrring war er richtig cool.

Davina erinnert sich noch gern an die schwarzen Clogs, die Nick im Sommer oft trug, das Geräusch der Schuhe, wenn er aufstand, um aus dem Raum zu gehen.

Nick erzählt, dass er und Davina kurz nach ihrem Kennenlernen „ein Date beim *Myer Music Bowl* hatten und wir uns küssten und kuschelten. Als ich sie nach Hause brachte, sagte sie plötzlich aufgeregt: ‚Ich kann nicht mit dir zusammen sein.‘ Ich hatte keine Ahnung, was das Problem sein könnte. Ich dachte, sie sei lesbisch, das sei der Grund. Dann sagte sie: ‚Weil ich Jüdin bin!‘ Um mit mir zusammen sein zu können, konnte sie nicht länger in die Synagoge gehen. Sie lebte damals in Melbourne bei jüdischen Pflegeeltern. Es war eine wirklich große Sache für sie."

Davina war nur ein Jahr jünger als Nick, aber mit fünfzehn kann ein Jahr sehr viel sein. Sie beschreibt ihren sechzehnjährigen Freund als tiefernsten und künstlerisch begabten jungen Mann, außergewöhnlich reif und selbstsicher. In der Woche nach ihrem Date bei der *Myer Music Bowl* zeigte Nick ihr ein Notizbuch mit festem Einband voller Kurzgeschichten und Gedichten, an denen er arbeitete. Eine Woche später schenkte er ihr ein handgeschriebenes personalisiertes Märchen, das auf der Geschichte von Methusalem aus dem Buch Genesis basierte. Seine wunderschön fließende und geschwungene Handschrift machte das Geschenk noch beeindruckender. Ein paar Tage später kam Davina von der Schule nach Hause und fand eine einzelne rote Rose, die Nick ihr vorbeigebracht hatte.

Eine Rose ist für einen Teenager ein etwas konventionelleres Geschenk als eine Kurzgeschichte, die vom ältesten Menschen in der Bibel handelt. Methusalem ist der Großvater von Noah und verbindet als Patriarch den christlichen und den jüdischen Glauben. Nick wollte Davina damit zeigen, dass ihrer Beziehung nichts im Weg stand, trotz der Bedenken ihrer Familie wegen ihrer unterschiedlichen Religionen. Davina sagt: „Ich erinnere mich ganz dunkel, dass die Kurzgeschichte von Hemingways *Der alte Mann und das Meer* beeinflusst war, vom Stil her. Sie war nicht besonders biblisch, obwohl sie einen biblischen Unterton hatte. Das konnte Nick sehr gut … Verbindungen, Querverbindungen, Anspielungen.[40]

In den Jahren, in denen wir zusammen waren, hatte Nick eine turbulente Beziehung zu Gott, das weiß ich noch sehr gut. Er war überhaupt nicht ‚wild' auf Jesus und zweifelte extrem an, dass er ‚Gottes Sohn' sei. Er kritisierte die Kirche ausgiebig, daran erinnere ich mich deutlich. Er las nicht viel in der Bibel. In seiner Tasche steckte *Lolita*, wenn überhaupt, nicht das Neue oder das Alte Testament."[41]

Irgendwann zwischen seiner Begegnung mit Leonard Cohens *Songs Of Love And Hate* und der Nachricht, dass er Wang bald verlassen müsse, hatte Nick angefangen, Gedichte zu schreiben. Da war er zwölf Jahre alt. Die Einführung seines Vaters in *Lolita* verschmolz mit dieser unerfreulichen Veränderung in Nicks Leben, die er versuchte, durch das Schreiben zu verarbeiten. Als er sich mit sechzehn in Davina verliebte, hatte er große Fortschritte gemacht. Sie war verzaubert von seinen Talenten, die sie in den ersten Wochen ihrer aufblühenden Beziehung kennenlernte. Nick konnte Skulpturen formen und zeichnen und malen. Nick konnte Geschichten und Gedichte schreiben. Nick war romantisch und schenkte ihr Rosen. Und sie würde noch herausfinden, dass er auch musikalisch begabt war.

„Er schrieb mir oft Gedichte und Geschichten und zeichnete für mich", sagt Davina. „Er schenkte mir damit immer einen kleinen Teil von sich, so habe ich es empfunden." Sie erinnert sich an ihren ersten Besuch bei der Familie Cave und wie sie mit Nick nach oben in sein Zimmer ging, wo er „mir quasi sofort ein Notizbuch mit festem Einband in die Hand drückte, mit einigen seiner Texte ... Er war definitiv der erste Junge, der einem gern sein Inneres offenbarte." In einem alten Tagebuch aus dem Jahr 1974 findet Davina einen Eintrag: „Die kleinen Figuren erregten meine Aufmerksamkeit, seine Texte eroberten mein Herz."[42]

Das Halbjahreszeugnis 1974 enthält eine bezeichnende Reihe von Beschwerden und Lob von denjenigen, die er weniger geliebt hat. Eine Kunstlehrerin denkt, dass der Unterricht für Nick „nur eine Flucht" ist. Einige andere Lehrerinnen und Lehrer haben den Eindruck, dass Nicks Noten unter dem liegen, wozu er fähig wäre, oder über dem, was er eigentlich verdienen würde. Nicks Englischlehrer führt das aus: „Auch wenn er nicht alle Aufgaben erfüllt hat, hat Nikolas [sic] einige sehr interessante Ergebnisse vor allem zu Hause erzielt. Seine negative Einstellung zum Fach und zur Lehrkraft wirkt sich auf den Unterricht aus. Er würde es für andere leichter machen, wenn er sich in ein Buch vertiefte, damit ich anderen helfen kann, die noch nicht fertig sind." Unter diese Klage hat der Englischlehrer noch etwas überrascht notiert: „PS: Nikolas' [sic] Gedichte werden bald in einer Schulzeitung veröffentlicht und zeugen von einem echten Könner!!"[43]

Tim Cave sah die provokante Seite in den sprachlichen Fähigkeiten seines Bruders. Er erinnert sich an Auseinandersetzungen mit Nick, in denen „er einem Ausdrücke an den Kopf warf, von denen man nicht genau wusste, was sie bedeuteten. Ich weiß noch, wie wir einmal stritten und Nick zu mir sagte: ‚Du bist perniziös.' Ich musste es im Wörterbuch nachschauen. So etwas hat Nick die ganze Zeit gemacht."[44]

Nick und Davina wohnten nur ein paar Häuserblocks voneinander entfernt, und ihre Beziehung folgte bald einer gewissen Routine. „Ich kam auf dem Weg zur Schule an ihr und ihrer Freundin vorbei", erzählt Nick. „Sie saßen auf dem Zaun und kicherten, wenn ich vorbeilief." Nach der Schule eilte Davina zu den Caves. „Ich erinnere mich noch, wie sie mit ihren klappernden Dr.-Scholl-Sandalen und in ihrer Schuluniform unsere Einfahrt entlang auf mich zulief."

Das Verhältnis zu ihren jüdischen Pflegeeltern war wegen der Beziehung zu Nick belastet, doch die Familie Cave nahm Davina sehr herzlich auf, adoptierte sie geradezu. Nicks Mutter hat sie als häusliche und warmherzige Frau in Erinnerung, die auf einer Matte vor einem Beet kniete und Unkraut jätete oder Pflanzen setzte; oder wie sie in der Küche saß und das Kreuzworträtsel in der Tageszeitung löste. Damals war es Nicks Aufgabe, den Rasen zu mähen, doch laut Davina drückte er sich gern davor.

Colin war nicht oft zu Hause. Neben seiner Arbeit in der Stadt für die Erwachsenenbildung widmete er einen großen Teil seiner Zeit der Malvern Theatre Company, für die er Regie führte. Nick erzählt, dass sein Vater am Wochenende öfter zu Hause war und dann gern draußen saß, „im Garten, unter dem Aprikosenbaum, Kreuzworträtsel löste und den Vögeln in der Voliere zusah, die er gebaut hatte. Vielleicht mag ich Vögel deshalb so gern."

In einem kleinen Raum neben der Küche stand ein altes schwarzes Klavier, auf dem Nick oft spielte. Davina saß stundenlang neben ihm. Nick sang Lieder wie Lou Reeds „Perfect Day" – das für Davina immer noch „unser Lied“ ist – und komponierte seine eigenen frühen Songs. Samstags begleitete sie ihn zur Bandprobe, bei der Nick und seine Freunde mit wechselndem Erfolg an Cover-Versionen von David Bowie, Lou Reed, Bryan Ferry, Genesis und Queen arbeiteten, alles damalige Lieblingsbands von Nick. Mit der Zeit fiel Davina auf, dass Nick zwar nicht offiziell Chef der Band war, aber immer mehr zum Mittelpunkt wurde und mit seinem Einfluss alle vorantrieb. Sie erinnert sich deutlich an „Nicks Verlangen, berühmt zu werden“. Ein Verlangen, das sie trotz ihrer Bewunderung für ihn nicht ernst genommen und für eine typische Teenagerfantasie gehalten hat. In der Rückschau glaubt sie, dass Nick wusste, wie außergewöhnlich er war, und bereits damals hart für das Leben arbeitete, das er sich selbst zum Ziel gesetzt hatte.

Alle Bandmitglieder hatten ihren eigenen Charakter. Mick Harvey war nachdenklich und ruhig, sagt Davina. John Cocivera war schüchtern und etwas verletzlich, Phill Calvert ziemlich frech und selbstsicher. Tracy Pew, der damals nur mit der Band abhing, aber bald einsteigen sollte, war wilder und anders als die anderen. Mit ihrem Blick von außen hatte Davina das Gefühl, alle Jungen würden sich persönlich so sehr voneinander unterschieden, dass sie als Gruppe von Freunden schwer vorstellbar waren, geschweige denn als dauerhaft bestehende Band.

Davina und Nick verbrachten Stunden in Nicks Zimmer und hörten, wie sie betont, keusch Musik. Der Besuch eines Queen-Konzerts war ihr denkwürdigstes Live-Erlebnis. Das junge Paar liebte Freddie Mercurys Gesang, doch am meisten faszinierte Nick Mercurys Fähigkeit, Klavier zu spielen und gleichzeitig die Bühne als Performer zu beherrschen. Wegen Colin Caves Verbindung zum Theater sahen sich Davina und Nick viele Aufführungen in Melbourne an. Inszenierungen von Samuel Becketts *Warten auf Godot* und des Musicals *Hair*[45] beeindruckten sie am meisten, bis sie Lindsay Kemps märchenhafte Interpretation von *Ein Sommernachtstraum* sahen. Kemp war ein früher Mentor von Nicks Held David Bowie, und nicht zum ersten Mal war Nick hypnotisiert von der mehrdeutigen sexuellen Energie und der überirdischen Fluidität, die solche Künstler ausstrahlten.

Die Sonntage waren Kunstgalerien vorbehalten. Nick war so von Brett Whiteley fasziniert, dass sie die ganze Stadt nach seinen Gemälden absuchten, alle Orte aufspüren mussten, an denen die Werke gezeigt werden könnten. Davina erinnert sich auch an Nicks Liebe zu Francis Bacon, zu dessen kalter Theatralik und grotesk verformten Darstellungen sie weniger Zugang fand. Sie unterhielten sich auch ausführlich über Klimt, Schiele, Munch, Picasso, Degas und viele andere. Meistens waren sie einer Meinung, doch Jackson Pollocks *Blue Poles* sahen sie sehr unterschiedlich. Wie bereits erwähnt, wurde das Gemälde 1973 von der australischen Regierung für die neue National Gallery in Canberra angekauft, für die astronomische Summe von 1,3 Millionen Dollar. Eines der seltenen Male, dass ein Kunstwerk Schlagzeilen machte und allgemeines Gesprächsthema war. Davina hingegen konnte darin keinen Wert erkennen. Schließlich holte Nick einen riesigen Wälzer mit Pollocks Gemälden hervor, den er dauerhaft aus der Bibliothek entliehen zu haben schien. Anhand der Bilder referierte er ausführlich über das Leben des Künstlers und wie sich sein Werk entwickelt hatte. Davina hatte viel Spaß an der Lehrstunde in Kunst, und ihr fiel besonders auf, wie hartnäckig Nick auf dem Grenzen auslotenden Talent hinter dem Werk sowie auf der Bedeutung angesichts des öffentlichen Hohns beharrte. Es war, als würde der Spott ihn erst recht antreiben, Pollocks Arbeiten zu verstehen und zu verteidigen.

Noch intensivere intellektuelle Streitgespräche erlebte Davina am Küchentisch zwischen Nick und Colin Cave. Vater und Sohn schienen nie einer Meinung zu sein. Sie spürte, dass Nick seinen Vater extrem bewunderte, aber immer automatisch die entgegengesetzte Position zu ihm vertrat – manchmal einfach nur, um seinen Vater aufzubringen. Und trotzdem existierte eine seltsame Form der Liebe und Achtsamkeit zwischen den beiden. Colins Geschmack in Sachen Musik, Literatur oder Kunst war rein klassizistisch, Nick brannte für die Modernisten, liebte das Abstrakte und die Avantgarde. Allem lag das zugrunde, was Davina „Nicks größte Liebe, die Anarchie" nennt.[46]

Nicks widerstreitende Faszination von Ordnung und Unordnung trat da allmählich zutage. Sein Lieblingsbuch war dank seinem Vater *Lolita*, das er in den zwei Jahren der Beziehung zu Davina bestimmt dreimal las. Nick konnte nicht davon ablassen. Für ihn war es nicht nur eine angenehme Lektüre, er studierte es geradezu. *Tess von den D'Urbervilles, Schuld und Sühne, Warten auf Godot, Othello, Macbeth, Eines langen Tages Reise in die Nacht, Der Fremde* – über all diese Bücher sprach Nick mit Davina, vor allem aber mit Colin. Davina glaubt, dass Nick seinem Vater immer all seine Gedanken und Überlegungen erzählt hatte. Sie analysierten die Charaktere und deren Miseren immer „bis ins letzte Detail", sagt sie. Colin war bei diesen Diskussionen in seinem Element, wusste, wovon er redete, und verteidigte seine Interpretationen lebhaft. Colin „kannte sein Fachgebiet in und auswendig".[47] Davinas Bild von Vater und Sohn bei einem intellektuellen Wettstreit über Kunst und Literatur, bei dem Colin den Ton angab, passt zu den wiederholten Verweisen auf einen Guru in Nicks späteren Songs, vor allem zu der sinistren und gleichzeitig anziehenden Figur in „Red Right Hand" und der gottartigen Präsenz, die in „We Call Upon The Author To Explain" verschwunden war und Ordnung und Sinn mit sich genommen hatte.

Beim Thema Musik diskutierten Vater und Sohn nicht mehr, sondern gerieten offen aneinander. Sie hatten sehr unterschiedliche Geschmäcker. Colin verabscheute Pop und Rock, Nick verteidigte seine Helden bis aufs Blut. Davina fand diese Auseinandersetzungen etwas furchteinflößend, sogar „unerbittlich".[48] Doch insgeheim dachte sie, dass Nick den Blick seines Vaters auf David Bowie, Bryan Ferry und T.Rex doch beeinflusste, wenn auch nur, weil Colin durch Nicks Liebe zu ihrer Musik seinen Sohn besser kennenlernte. Colin war extrem stolz auf Nick – darüber herrschte nie Zweifel. Nick hingegen suchte in diesen Streitgesprächen immer die „Wertschätzung" seines Vaters, sagt Davina.

„Ich verwende bewusst nicht das Wort ‚Anerkennung', denn so habe ich es nie erlebt. Nick glaubte an sich, wenn es um Geist und

Seele ging. Was ich damit meine? Das ist schwer zu erklären. Er wusste, was er konnte, und er zweifelte nicht an seinen Meinungen, Theorien und Entscheidungen. Er war nicht arrogant oder selbstbewusst. Er hatte kein übermäßiges Selbstvertrauen, aber er wusste, was er konnte, und ich kann mich nicht erinnern, dass er die Zustimmung von irgendjemand benötigte. Ich weiß noch, wie reizend er sein konnte. Vor allem bei Erwachsenen sprach Nick leise, war höflich, ein Gentleman durch und durch. Doch bei seinen Freunden oder auf der Bühne war er völlig anders, laut und unbezähmbar. Es war eine wunderbare Mischung. Nach *Lolita* war sein zweitliebstes Buch *Roget's Thesaurus!* Er hatte einen unglaublich großen Wortschatz, und sein Lieblingswort war ‚fuck'."[49]

Double Trouble

MELBOURNE 1975–76

Die Kunst-Gang an der Caulfield Grammar sah sich schon lange als besonderer Teil der Schülerschaft. Kurz bevor Nick und seine Freunde 1975 ihr Examen ablegten, wurde ein jüngerer Schüler dazu gedrängt, in das Kunstgebäude zu rennen und so laut wie möglich „Schwuchteln!" zu brüllen. Er hatte allerdings Pech, und Nick und die anderen erwischten ihn. Sie beugten ihn über einen Tisch und drohten, ihm „die Hosen hinunterzuziehen", während sie aufgeregt tuschelten, wie sehr sie „auf den Hintern" eines knackigen jungen Kerls gewartet hätten, mit dem sie sich vergnügen könnten. Der Junge kam wieder frei, verängstigt, aber unverletzt. Die Geschichte verbreitete sich wie ein Lauffeuer.

Am letzten Schultag, an dem traditionell Streiche gespielt werden, hielt man, wie Phill Calvert erzählt, „bei der letzten Versammlung eine Spaßzeremonie ab. Mir wurde der ‚Handtaschenpreis' verliehen, weil ich mich zu schwul anzog oder so. Später machte man sich über mich lustig, weil ich sie in der Pause zum Spaß mit mir herumtrug." Die Kunst-Gang „ersann daraufhin den Plan, einen Ziegelstein hineinzulegen, und wer mich verspottete, bekam die Tasche in die Hand gedrückt. Alle dachten, eine Handtasche würde nicht wehtun … Überraschung!"[1]

Am Ende der Highschool war die Band schon merklich besser geworden, und The Boys Next Door ließ sich bereits erahnen. Zu den darauf folgenden fünf Jahren voller Cover und Experimente sagte Nick später, dass die Band in dieser Zeit „nicht mehr als die Summe unserer Einflüsse" gewesen sei. Jeder selbst geschriebene Song sei nur ein Versuch gewesen, wie jemand zu klingen, den sie bewunderten. Seiner Einschätzung nach ging das so lange, bis aus The Boys Next Door The Birthday Party wurde. Und erst mit *Prayers On Fire* fanden sie allmählich ihre „eigene, erkennbare Stimme". Trotzdem kehrte Nick immer wieder zu dem prometheischen Motiv von künstlerischem Diebstahl als Grundlage seiner Arbeit zurück.[2] Dinge zusammenzufügen, Bruchstücke zu stehlen, ganze Ideen, sie umzuwandeln ... alles Teil einer lebenslangen kreativen Herangehensweise.

Die Summe von Nicks prägenden Einflüssen wurde in den Ursprüngen seiner ersten Band deutlich. Im Sommer 1976 hatten sie mit „Gloria" von Them einen alten Rockklassiker in ihr Repertoire aufgenommen, nachdem Patti Smith dem Song auf ihrem überraschend poetischen Debütalbum *Horses* neues Leben eingehaucht hatte. Es war ironisch, dass eine der Vorbotinnen der Punk-Revolution – das vermeintliche Jahr Null für den künstlerischen Ausdruck einer neuen Generation – ihre Plattenkarriere mit einem uralten Gassenhauer wie „Gloria" eröffnen wollte. Doch Smith ging es immer um Transzendenz, ihr Weg war eine Rückkehr zu romantischem Klassizismus (nach New Yorker Art), weniger politisierter Nihilismus und Anarchie (wie in London). Ihre freien Verse über dem beständig galoppierenden Rhythmus von „Gloria" brachten Nick zurück zu Van Morrisons wilder Aufnahme aus dem Jahr 1964, die er favorisierte. Beide sangen voller Inbrunst, schienen den Song völlig in sich aufgenommen zu haben, um ihn dann wie einen Feuerstoß aus sich herausbrechen zu lassen. Das Gospelformat, das „Gloria" nahelegte – der aus Ruf und Antwort bestehende Gesang –, beschwor Verlangen als eine rohe Form spiritueller Ekstase herauf. „Gloria" hätte eine klischeehafte Cover-Wahl sein können, doch sie weckte ein ähnliches Verlangen in Nick, am Mikrofon zu improvisieren, während die Band die rohe, einfache Rhythm'n'Blues-Grundlage heraushämmerte. Auch wenn sie ein Live-Bootleg von diesem Song als reine Jugendsünde abtun würden – ebenso wie das meiste andere, was in ihrer frühen Phase in den Siebzigerjahren entstand –, war „Gloria“ ein Lehrstück, wie ein ehemaliger Klassiker mehr als eine nostalgische Neuauflage sein konnte.

Etwas mehr Snobismus in die Setlist brachte Alice Coopers „I'm Eighteen“, ein metallischer Pop-Lobgesang darauf, sich verwirrt und gleichgültig zu fühlen. Coopers bittersüßer Text wurde von Nick mit selbstgeißelndem Stolz gesungen, vor allem, da er selbst gerade achtzehn Jahre alt war. Cooper ist einer der großen Sänger des Rock, und sein Gesang ist nicht leicht nachzumachen, trotz der harten, schneidenden Prahlerei, die den Song so locker und kantig erschienen ließ. Nick pumpte „I'm Eighteen“ mit autobiografischer Energie voll, um seine mangelnden sängerischen Fähigkeiten auszugleichen, und schrie den Leuten einfach den Refrain entgegen. Das Cover von „My Generation“ von The Who war ein weiterer Soundtrack für Teenager, die in ihrem Zimmer herumsprangen und die Welt wissen ließen, dass sie genug hatten. Nick hingegen trug den Song mit gewissem Sarkasmus vor, als wäre er eher eine Satire als eine Hymne. Mit einem Gefühl, sich sowohl innerhalb als auch außerhalb der Musik zu befinden, einer Theatralik, die man leicht unterschätzen konnte, wenn man sie mit der direkteren Energie verglich, die Nick bei seiner Performance erzeugte. Die Interpretation der Band von Screamin' Jay Hawkins' „I Put A Spell On You“ hätte mehr Hoodoo statt Voodoo haben sollen, doch sie wurde sehr ernsthaft behandelt: ein sowohl räumlich karger als auch Blues-orientierter, wenn auch dilettantischer Vorläufer von Nicks späteren Interessen auf dem Klassikeralbum der Bad Seeds, *The Firstborn Is Dead.*[3]

Es ist verblüffend, wie viel bereits in diesen jugendlichen Anfängen enthalten war, nicht zuletzt Nicks widersprüchliche Interpretation der Songs auf der Bühne. Nick spricht davon, „Musik zu finden, in der ich mich verlieren kann“. In der er sich verlieren, aber trotzdem noch etwas wahrnehmen kann. Nicks Schwester Julie erinnert sich, dass Colin – der seit einer Erkrankung in der Kindheit auf einem Ohr taub war – ganz ähnlich war. Er hörte abends immer laut Johann Sebastian Bach und kam erst zum Essen, nachdem die Musik ihren ultimativen Höhepunkt erreicht hatte: „Er spielte die Musik sehr laut ab. ‚Warte‘, sagte Dad immer. ‚Warte, gleich kommt's. Hör zu … Jetzt!‘“[4]

„Dad hatte einen konservativen Geschmack, war aber in der Hinsicht modern, dass er Kunst und Experimente liebte“, erzählt Nick. „Er hatte nicht viel Zeit für Rockmusik. Und er verabscheute es, wenn jemand einfach nur schockieren wollte.“ Zusammenstöße waren unausweichlich. „Wir alle mussten unsere Platten im Wohnzimmer auf dem Familienplattenspieler abspielen. Es bereitete mir eine diebische Freude.“ Julie erinnert sich an endlose Runden „Billard, während die ganze Zeit The Doors in voller Lautstärke dröhnten“. Die Version der Doors von Kurt Weills und Bertolt Brechts „Alabama Song (Whisky Bar)“ hatte Colin bestimmt erkannt. Er hatte zwar alles gehasst, was nur schockieren sollte, Dramen mit Sinn jedoch geliebt – ebenso wie sein Sohn.

Auch wenn sich Davina an Zuneigung und Respekt zwischen Nick und seinem Vater erinnert, staute sich unter ihren Meinungsverschiedenheiten auch immer mehr Schmerz auf. Nick betonte immer den Einfluss seines Vaters auf seine eigene Entwicklung. Doch in der bemerkenswert offenen Dokumentation *The Good Son* aus dem Jahr 1997 machte er eine Andeutung wegen Colins anmaßender Art und dessen Neigung, Elternschaft und sogar Liebe als eine etwas erweiterte Form des Unterrichtens zu definieren. „Er war wahrscheinlich ein großartiger Lehrer, aber vielleicht nicht gerade der beste Vater“, sagt Nick. Dabei sitzt er in einem Park neben einem plätschernden Gewässer, das man sich als Echo des Ovens River aus seiner Kindheit in Wangaratta vorstellen kann. Das Geräusch des Wassers untermalt die Reflektionen zu seiner Jugend. Er wird merklich emotional: „Als ich nicht länger sein Schüler sein wollte, als ich eigene Ideen entwickelte, wurde das Verhältnis zwischen mir und meinem Vater sehr kompliziert. Irgendwann begann ich, ihm Sachen zu zeigen und zu sagen: ‚Schau dir das an', und er qualifizierte alles ab. Da begann der Ärger." Nick fährt fort: „Und dann starb er, als ich neunzehn war [sic], und er erlebte nicht mehr, wie aus mir etwas wurde."[5]

Ohne die Schule als Verbindung zur Band verlor Brett Purcell bald das Interesse an den Proben am Wochenende und stieg Anfang 1976 aus. Nick war froh darüber. Purcell hatte ihn nämlich nur ermuntert, weiter der Sänger zu sein, „weil du sonst keine musikalischen Fähigkeiten besitzt". „Er hat mir immer deutlich vermittelt, was für ein schlechter Sänger ich war", erzählt Nick. „Er sagte mir, ich sei nur Ballast für die Band, mit mir würde sie nichts erreichen." Ein paarmal hätten sich die beiden beinahe geprügelt. Purcells Kommentare und Schuljungensticheleien rissen Wunden aus Nicks Zeit im Kirchenchor in Wangaratta auf, als man ihn in die letzte Reihe verbannt hatte. Nicks Erfahrungen mit dem Musiklehrer Norman Kaye an der Caulfield Grammar hatten sein Selbstvertrauen als Sänger auch nicht gefördert (wenn die Band auf einem Schultanz der Shelford Girls' Grammar spielte, konnte er aber voller Selbstvertrauen posieren). Seine Zeit im Schulchor war sofort wieder beendet gewesen, nachdem Nick einen Ton gesungen hatte und Norman Kaye dabei zusammengezuckt war.[6]

Nach Purcells Ausstieg bot Nicks Kumpel, der immer bei den Proben abgehangen hatte, an, den Bass zu übernehmen. Im Gegensatz zu seinen eher bürgerlichen Freunden kam Tracy Pew aus Mount Waverley, einem Vorort, und hatte ein Stipendium für die Caulfield Grammar gewonnen. Er kam 1973 in der vierten Klasse als Außenseiter an die Schule, ganz ähnlich wie Nick, der als Unruhestifter vom Land dort angefangen hatte. Die beiden freundeten sich sofort an und wurden zu Komplizen, die sich von Sauftouren als Minderjährige bis zu beiläufigem Vandalismus hocharbeiteten. Einen Großteil ihrer destruktiven Eskapaden behielten sie für sich, da selbst ihre besten Freunde es vielleicht nicht gutgeheißen hätten. Trotz ihrer engen

Verbindung waren Cave und Pew sehr verschlossen – so sehr, dass nach Purcells Ausstieg niemand gewusst hatte, dass Tracy Bass spielen lernte, nicht einmal Nick. Bis dahin war Tracy im Musikunterricht nur durch flüchtige, beinahe ironisch schlechte Leistungen an der Klarinette aufgefallen, einem Instrument, das er eigentlich ziemlich gut beherrschte. Tracy Pew konnte nicht nur rudimentär Bass spielen, er und der Schlagzeuger Phill Calvert wurden auch zu einer der besten Rhythmusgruppen in Melbourne.

Um mit der Band auftreten zu können, brauchte Tracy allerdings einen eigenen Verstärker. Eines Abends entdeckte er zusammen mit Nick einen im Fenster eines Musikgeschäfts. Tracy schlug einfach die Scheibe ein und nahm sich, was er brauchte. Nick war überrascht, aber auch beeindruckt, dass Tracy so unverfroren sein konnte. Bisher hatten sie zusammen ein paar Telefonzellen verwüstet, aber das hier ging noch einen Schritt weiter. „An einem anderen Abend kamen wir an einer Bäckerei vorbei. Tracy hatte Hunger, warf das Schaufenster ein und nahm sich ein paar Brötchen. Das war schon ein bisschen extrem." Noch bevor sie die Schule abgeschlossen hatten, unternahmen Nick und Tracy Spritztouren mit Autos, die Tracy gestohlen hatte.

„Ich war ein vorlauter Klugscheißer", sagt Nick. „Tracy war viel schlauer und auf seine Art subversiver. In Tracy gingen Dinge vor, die keiner jemals verstehen wird. Ich glaube, in seiner Familie ist etwas Schreckliches passiert, er hat gesehen, wie sein kleiner Bruder bei einem Unfall ums Leben kam.[7] Er war tief gestört – und gleichzeitig unglaublich warmherzig und lustig, wenn er nicht gerade vernichtend sarkastisch war. Er war eine Naturbegabung und brachte alle gegen sich auf. Er schwänzte den Unterricht in Englischer Literatur und bekam trotzdem glatte Einser. Als man ihm sagte, er solle sich die Haare schneiden lassen, rasierte er sich den Kopf und wurde suspendiert. Eine Zeitlang trug er eine Kippa in der Schule und behauptete, er wäre zum Judentum übergetreten – und wurde wieder suspendiert. Er zeichnete auf jedes Blatt Papier Penisse, war geradezu besessen. Komisch, ich habe in der Schulzeit immer nackte Frauen gezeichnet, was auch für mich zum Problem wurde. Tracy musste irgendwann zum Schulpsychiater gehen. Der ‚Psychiater' fragte Tracy, was ihn an Penisse erinnere, und saugte dabei an einem Bleistift. Tracy sagte: ‚Ballons … und … Bleistifte.' Er wurde erneut suspendiert. Er wurde tatsächlich ziemlich oft suspendiert."

Trotz ihres Eindrucks, dass die Band aus lauter extrem gegensätzlichen Individuen bestand, sah Davina, dass Nick und Tracy sich sehr ähnlich waren. Was sie nicht besonders störte, denn mit ihr zusammen war Nick anders, viel weicher und einfühlsamer. Zufällig kam Tracy auch mit einem jüdischen Mädchen zusammen, und sie bildeten ein fröhliches Quartett. Tracys Intelligenz und Humor wischten alle Vorbehalte beiseite, die Davina noch gegen ihn gehabt haben mochte. Ihre wilden Seiten behielten Tracy und Nick sehr bewusst für sich, was ihre jugendlichen Eskapaden natürlich nur noch aufregender machte.

Wenn sie bedachten, wie wenig Aufmerksamkeit sie der Schule widmeten, waren die Bandmitglieder selbst überrascht, dass sie in den Abschlussprüfungen ordentliche Noten erzielten. Mick Harvey sagt, er habe „nur das absolute Minimum" gelernt, und die anderen hatten seinem Eindruck nach auch nicht mehr getan. Nick schnitt wie erwartet gut in Englisch ab. Tracy glänzte in Englisch, Französisch und Geschichte und übertraf alle anderen. Anfang 1976 musste sich die Band damit auseinandersetzen, was sie „wirklich" mit dem Rest ihres Lebens anfangen wollte. Nick schrieb sich am Caulfield Institute of Technology ein (heute ein Teil der Monash University), um Kunst zu studieren und Maler zu werden. Mick trat eine Stelle beim Finanzamt an, um sich noch nicht für ein Studium entscheiden zu müssen. Phill begann ein Lehramtsstudium, das er für eine Friseurlehre abbrach. Tracy entwarf Werbung für die Kinokette Dendy Cinemas und konnte dabei seine natürliche Begabung für Kunst und Illustration einsetzen.

Mick Harveys Plan war, Geld zu verdienen und die Band voranzubringen, während er „nur ein Jahr aussetzte", wie er seinem Vater sagte. Doch ihm machte zunehmend zu schaffen, dass sich die Band auf Cover-Versionen verließ. Nicks Stimme entwickelte währenddessen ein ausgeprägtes Bryan-Ferry-Beben, weswegen weniger informierte Kritiker ihm weiterhin vorwarfen, ein Bowie-Imitator zu sein. Ein verdrehtes, wenn auch zweideutiges Kompliment. Wie sein großer chamäleonartiger Held wollte sich Nick an allem um sich herum bedienen, um zu reifen. Ironischerweise ließ sich Bowie bei seinem eigenen Look und seinen eigenen Gesten ebenfalls von Bryan Ferry inspirieren. Nicks Fransenfrisur und großzügiger Einsatz von Mascara verfestigte die Bowie-Vergleiche. Sowohl Ferry als auch Bowie machten eigentlich etwas Zeitgemäßes aus dem, was der alte Schnulzensänger Frank Sinatra auf dem Höhepunkt seiner Karriere in den Fünfzigerjahren repräsentiert hatte: den existenziellen Romantiker mit genügend innerer Distanz, um jede Nuance einer Geschichte in einem Song zu vermitteln, ein Künstler, der sich selbst mit Worten in einem Klanggemälde verewigte, während er eine Illusion von Nähe erschuf.[8] Auf einem sehr viel amateurhafteren Niveau versuchte Cave ebenso, ein besserer Sänger zu werden und nicht einfach nur großmäulig ins Mikro zu brüllen. Im Rock ging es um Entfesselung, doch Nick wusste, dass man diese kontrollieren konnte, und nahm sich dabei das Gespür seines Vaters für Theater zum Vorbild.

Roxy Musics „Love Is The Drug“ war im Jahr zuvor aus allen Radios pulsiert. Bryan Ferrys Solosingle „Let's Stick Together“ bestätigte ihn als sexsüchtigen Playboy-König des Art Pop. Eine Pose, die Nick sehr gut gefiel.[9] Irgendwann hatte Mick Harvey genug von Nicks zwanghafter Bryan-Ferry-Kopie und den Bestrebungen der Gruppe, noch mehr Cover-Versionen zu spielen anstatt eigenes Material zu entwickeln, weshalb er die Band Ende 1976 beleidigt verließ. Mick hatte bemerkt, dass „Nick oft mit Texten und interessanten Songideen zu den Proben kam. Das Potenzial darin und in ihm erkannte ich schon früh.“ Harvey wollte diese Ideen ausarbeiten und nicht neue Cover-Versionen ihrer Lieblingskünstler einstudieren. „Ich hatte einfach nicht das Gefühl, dass das der richtige Weg für uns war“, sagt er. „Ich hielt sie [die Bandmitglieder] schlicht für faul.“[10]

Die Anfänge von Nick Caves Songwriting zu bestimmen, ist nicht einfach, was auch noch durch seine Beziehungen als Teenager und seine Neigung, Daten und Einzelheiten ungenau wiederzugeben, verkompliziert wurde. Andeutungen in der britischen Presse, dass seine erste richtige Freundin eine radikale Lesbe gewesen sei und er seine Jungfräulichkeit erst mit neunzehn verloren habe, sind typisch für Nicks Talent, Halbwahrheiten mit einem Augenzwinkern zu verbreiten. In einem ausführlichen Interview mit dem englischen Journalisten Phil Sutcliffe gab Cave zu, dass der erste Song, den er je geschrieben hatte, „voll und ganz auf ‚Evie (Parts 1, 2 and 3)' basierte, einem epischen Liebeslied in drei Teilen des australischen Sängers Stevie Wright. In der Schule hatte ich eine Freundin namens Julie, weshalb ich ‚Julie (Parts 1, 2 and 3)' schrieb … Es war eine glatte Kopie!"[11]

Nick bestätigte mir das: „Es ist wahr. Das Mädchen hieß Julie und lebte in Wangaratta und ging zur gleichen Zeit wie ich auf die Highschool. Ich fand sie immer wunderschön. Sie hatte schwarze Haare und eine blasse Haut, ich sprach aber nie mit ihr, und sie sprach mit niemandem. In Melbourne traf ich sie später zufällig wieder, da sie mit Janine befreundet war, der Freundin eines gewissen Howard, der vierundzwanzig war oder so – viel älter als ich – und mich irgendwie adoptiert hatte. Er hatte einen Afro und trug Staggers-Jeans und war meiner Meinung nach unglaublich hip. Durch ihn lernte ich damals zum Beispiel die Alex Harvey Band kennen, und er machte mich mit Haschisch bekannt, und wir ließen ihn bei The Boys Next Door für ein oder zwei Gigs Tamburin spielen. Das war in meiner Bowie-Phase, in der ich mit Kabuki-Make-up und Akne und rotgefärbten Haaren auftrat.

Julie war jedenfalls mit Janine befreundet, und ich war unglaublich in sie verliebt. Sie war viel hübscher, als es mir damals eigentlich zustand, alle drei – Howard, Janine, Julie – hatten aber irgendwie Kontakt mit dem Untergrund von Melbourne, der sich im Station Hotel in der Greville Street in Prahran traf. Wir gingen jeden Samstagnachmittag hin, und Julie zog mir Frauenkleidung an – Hotpants und Clogs und Sachen im Stil von von Duffo[12]. Wir hingen mit den Schwulen und den Psychos und den Maori-Gangs ab, hörten Renée Geyer und The Angels und so was. Ich war ein totales Hündchen und so vernarrt in Julie, dass sie mit mir machen konnte, was sie wollte. So hatte sie ihren Schuljungen als Anziehpuppe. Eines Tages waren wir verabredet, und Julie tauchte nicht auf, und mir war klar, dass es aus war, und ich war am Boden zerstört und lief zu Howards Wohnung, und er versuchte mir zu sagen, ich solle mir keine Sorgen machen, Frauen kämen und gingen, und so weiter. Aber ich war untröstlich. Dann färbte ich mir die Haare schwarz – zum einen wollte ich wie Julie sein, zum anderen hatte ich das Cover von ‚These Foolish Things' von Bryan Ferry gesehen. Ich färbe sie mir bis heute. In dieser Zeit habe ich ‚Julie (Parts 1, 2 and 3)' geschrieben, was für einen Sechzehnjährigen eigentlich ganz schön clever war – selbst damals verstand ich den Reiz des Songs und dass man ein Mädchen unsterblich machen musste, wenn man es für sich gewinnen wollte."

In der Dokumentation *20000 Days On Earth* aus dem Jahr 2014 erinnert sich Nick in einem anderen Zusammenhang an Julie. Für die Kamera setzt er sich mit seinem Therapeuten aus dem richtigen Leben zusammen, Darian Leader[13], und spricht offen über seine erste sexuelle Erfahrung in Julies dunklem Zimmer. Auch wenn sie den Akt nicht vollzogen, hatte die Intimität eine Intensität an sich, eine merkwürdige Verschmelzung oder Verständigung, die offensichtlich Eindruck bei Nick hinterließ. „Sie hatte eine bestimmte Art, sich zu bewegen. Ich sah dieses Gesicht im Halbdunkel, dieses weiße Gesicht. Und das hatte eine große Wirkung auf mich."[14]

Dieses Bild einer leuchtenden Frau zog sich durch Nicks Leben: Im Video zu „Henry Lee", das er mit PJ Harvey zusammen sang, und in vielen Fotosessions mit seiner Frau Susie Bick spielte er offenkundig mit dieser Spiegelung. Sowohl in den gewalttätigen als auch den romantischen Extremen seiner Songs hallt sie wider. Wo ist seine leuchtende feminine Seite? Wie kann er sie finden? Das Porträt der Fotografin Polly Borland war eher eine Gemeinschaftsarbeit als ein konventionelles Porträt. *Untitled* präsentiert ein verstörendes Bild von Cave alias „Disco

Nick“ (mit blauer Perücke und Kleid) und zeigt einen fließenden Ausdruck dieser Suche und der veränderlichen Geschlechtsidentität. Es könnte auch die tief sitzenden Gefühle des Zurückgewiesenwerdens früherer männlicher Kollaborateure von Nick erklären, ebenso wie die Wucht seiner bösartigsten Gegner, die weniger wie Freunde und Feinde reagieren, sondern eher wie verbitterte Geliebte.

Ein paar Monate, nachdem Mick Harvey die Band verlassen hatte, sah er sie bei einem Wettbewerb in Mount Waverley. „Und sie spielten eigene Songs!“, sagt er lachend. Mick wusste nicht, ob er unabsichtlich diese Entwicklung angestoßen hatte, oder sie nur eine gedankenlose Verdrehtheit von Teenagern war. Wie auch immer, er stieg wieder ein – sehr zur eigenen Erleichterung und der aller anderen. Sein vorübergehender Ersatz, Ashley Mackevicius, widmete sich danach voll und ganz der Fotografie.[15]

Harvey entwickelte sich in dieser Zeit zu einem ungeheuer starken Rhythmusgitarristen, der mit seinem Sound Lou Reed aus der Velvet-Underground-Ära verpflichtet war – wenn auch schärfer im Charakter, knapper und bedachter. Seine kurze, aber wichtige Abwesenheit von der Band hatte nur umso mehr verdeutlicht, was Mick jetzt dazu beitragen konnte.

Phill Calvert sagt: „Mick hatte beschlossen, das Ganze ernst zu nehmen, und Gitarrenunterricht genommen.“[16] Nach den Stunden bei dem bekannten Jazzgitarristen Bruce Clarke hatte Harvey, der sich bisher hauptsächlich alles selbst beigebracht hatte, seine Technik bedeutend verbessert.[17] Mick weiß allerdings nicht, ob er damals tatsächlich so große Fortschritte gemacht hatte. „Es waren nur sechs Stunden. Bruce brachte mir bei, mein Pick richtig zu halten und Akkorde richtig zu spielen. Ich habe aber bald wieder die Fingerhaltung eingenommen, mit der ich mich am wohlsten gefühlt habe“, sagt er lachend. „Ich spiele D-Dur immer noch mit dem falschen Finger.“[18]

Während dieser Zeit des Kommens und Gehens erkannte die Band das Potenzial von Verlusten und von Zugewinnen. Pews Eintritt war die erste Offenbarung, eine plötzliche Verankerung des Sounds und eine Verfestigung des Bandgefüges, das sich nach dem Schulabschluss zu lockern gedroht hatte. Mick Harveys Ausstieg und Rückkehr machte ihnen klar, wie wichtig sein Beitrag zu ihrem Sound war, schweißte sie fester zusammen und definierte die musikalische Richtung. Chris Coyne am Saxophon war mittlerweile ausgestiegen, hatte aber versprochen, ihnen bei Bedarf auszuhelfen.[19] Egal: Nick spielte ein wenig Saxophon und konnte hier und da etwas beisteuern, und Tracy konnte auf jahrelanges Klarinettenspiel zurückgreifen – nicht dass sich irgendjemand besonders dafür interessierte.

Nick war außerdem ein fähiger Pianist, konnte diese Fähigkeit aber in der von Gitarren dominierten Band nicht einbringen. Nach und nach fanden sie ihren eigenen Sound, auch wenn immer noch ein etwas temporeicheres Roxy-Flair in allem vorherrschte, von den grandiosen Ecken und Kanten der Musik bis hin zur leidenschaftlichen Verwendung von Eyeliner auf der Bühne. Mit diesem Image und diesem Sound waren sie schon „New Wave“ oder sogar „New Romantic“, bevor diese Bezeichnungen überhaupt existierten.

Der Gitarrist John Cocivera war ein guter Musiker, doch mit der Zeit wurde immer klarer, dass sein dichtes und ätherisches Spiel nicht zur Ausrichtung der Band passte. Das Ganze wurde noch schlimmer, sagt Nick, als „ich und David ‚Dud‘ Green und Tracy bei mir zu Hause in der Airdrie Road LSD einwarfen und John vorbeikam und wir ihn irgendwie überredeten, doch mitzumachen. Bei so etwas war er aber ziemlich konservativ, und es wirkte katastrophal bei ihm. Ich glaube, der Arme hatte jahrelang Flashbacks. Immerhin entdeckte ich an dem Tag die wunderbaren Carpenters, als ich stundenlang das Testbild im Fernsehen sah. Die Band hat seither einen besonderen Platz in meinem Herzen.“

Cociveras Vater wollte seinen Sohn unbedingt von Nick fernhalten, weshalb er John auf einen langen Erholungsurlaub in die Vereinigten Staaten schickte. Cocivera kam in gespenstischem Zustand zurück. In den durchfeierten Nächten in den Clubs von Philadelphia hatte er eine Vorliebe für Discomusik und noch so einiges andere entwickelt. Nach seiner Rückkehr jammte er mit Nick, doch seine Abwesenheit hatte deutlich gemacht, dass sie nicht mehr auf einer Wellenlänge lagen. Cociveras Gitarre brach wie ein funky Jumbojet über Nicks zunehmend nervöse und kantige Pop-Rock-Songs herein. Nick hatte einen überlegteren, weniger amateurhaften Ansatz entwickelt, zu dem ihn 1973 *Raw Power* von den Stooges inspiriert hatte sowie eine neue Punk-Band aus New York namens Ramones, in die er völlig vernarrt war und die er ebenfalls wie besessen hörte.

Cociveras Ausstieg sorgte für die ersten ernsthaften Probleme in der Band, da Mick Harvey, der sich an der Rhythmusgitarre wohler fühlte, jetzt wieder Leadgitarre spielen musste. Viele ihrer eigenen Songs waren mit zwei Gitarren komponiert worden, und ohne Cocivera mussten sie Ende 1976 wieder auf die Cover-Versionen umsteigen. Harvey wollte mehr von der Band und für die Band. Für ihn war es, als ob man ein Puzzle neu zuschnitt, damit die Teile wieder zusammenpassten. Sein Gitarrensound wurde breiter, um die Lücke zu füllen, die Cocivera hinterlassen hatte, sein Spiel im Lauf des Jahres 1977 sogar noch getriebener. Einige Fans sprachen von „düsteren, knurrenden"[20] Klängen, die zum Teil auf den frischen Einfluss des Stooges-Gitarristen James Williamson zurückzuführen waren, dessen kantigen, ausdrucksvollen Stil Harvey aufnahm.[21] Harvey passte sich von da an jedem musikalischem Hindernis an, das sich ihm und der Band in den Weg stellte. Dieses Talent zur Erweiterung oder Verknappung machte ihn zu einem beeindruckenden Instrumentalisten und schonungslos selbstlosen Songarrangeur. Phill Calvert entging das nicht: Mick Harvey konnte die Musik auf eine Art und Weise fühlen, die den anderen fehlte. Es war eine echte Gabe.

Auch wenn sie sich musikalisch auseinandergelebt hatten, war Nick „traurig" über Cociveras Ausstieg, wie er zugibt. Er hatte wieder einen Freund verloren, was eine verstörende Tatsache bestätigte, die er bisher zu ignorieren versucht hatte: „Ich hatte das sehr deutliche Gefühl, dass die Eltern meiner Freunde mich nicht besonders mochten. Dass ich bei ihnen nicht willkommen war. Mick erzählte mir später, dass die meisten Eltern dachten, ich würde das Leben ihrer Kinder ruinieren."[22]

Zufällig waren alle Bandmitglieder auf ihre Art von ihren Vätern entfremdet und hatten eine enge Bindung zu ihren Müttern. Mick Harveys Vater war Priester der Kirche von England und zog mit der Familie von Gemeinde zu Gemeinde, bis er schließlich 1969 einen Posten in Ashburton bekam, in der Nähe von Caulfield North. Der beste Freund von Reverend Arthur Harvey hatte sich Mitte der Fünfzigerjahre umgebracht, nachdem eine unglückliche Affäre seine Ehe zerstört hatte. Ein Ereignis, das den ohnehin schon nüchternen Priester noch ernster hatte werden lassen.[23] Mick sagt: „Colin [Cave] war meinem Vater sehr ähnlich – ein Intellektueller mit einem Kugelbauch und ein paar weißen Strähnen im Bart, der auch etwas unzugänglich war. Nick und ich hatten beide zwei Brüder und eine Schwester und waren die zweitjüngsten. Unsere Mütter hießen beide Dawn. Bei Nick und mir gab es eine Menge seltsamer Übereinstimmungen wie diese."[24]

Vor allem kamen Mick und Nick aus stabilen und gebildeten Familien, auf die sie sich verlassen konnten, egal, wie sehr sie sich an der patriarchalen Struktur rieben. Das Verhältnis zwischen Phill Calvert und seinem Vater war sehr viel schwieriger. Robert Calvert – seine Freunde nannten ihn „Captain Bob" – verbot seinem Sohn manchmal, an den Proben teilzunehmen, und hinderte Phill mindestens einmal daran, bei einem Konzert mitzuspielen. Tracy Pew hatte das größte Verständnis für diese Situation. Nick erinnert sich, wie Tracy die elterlichen Schikanen satthatte und in sein Auto sprang, um Phill abzuholen. „Tracy fährt also mit seinem Wagen direkt in Mr. Calverts Einfahrt und räumt ein Blumenbeet an der Seite ab. Phills Dad stürmt aus dem Haus und will sich auf uns stürzen. Tracy sagt, er will seinen Schlagzeuger holen! Doch da sieht Phill aufgewühlt aus der Tür und schüttelt hinter dem Rücken seines Vaters den Kopf. ‚Nein, macht nichts.' Tracy springt also wieder in den Wagen und legt den Rückwärtsgang ein. Nimmt beim Zurückstoßen gleich noch das Blumenbeet auf der anderen Seite der Einfahrt mit. Aber um fair zu sein, Phills Dad ließ uns eine Weile in seinem Schuppen proben, er war also nicht nur böse. Er war Gewichtheber, Schotte [sic][25] …

Ich erinnere mich, dass er immer unterdrückte Wut ausstrahlte. Er hatte ganz sicher nie ein Problem damit, mich von seinem Grundstück zu verjagen!"

Nick und Mick wohnten weiterhin zu Hause, während Tracy und Phill in eine Wohnung in Windsor zogen. Sie lag gegenüber der Redd-Tulip-Fabrik in der High Street, in der Nähe der Prahran Tech. Der Übelkeit erregende Geruch der Süßigkeiten, die in der Fabrik hergestellt wurden, hing schwer in der Luft. Bei Bandtreffen in der Wohnung fühlte sich Nick entfernt an den Schlachthofgestank in Wangaratta erinnert.

Phill Calvert sagt: „Tracy war der Einzige in unserer Schulzeit, der aus einer kaputten Familie kam. Heute ist schwer nachzuvollziehen, wie besonders das damals war. Heute ist es überall wie bei *Drei Mädchen und drei Jungen*, doch damals wurde so etwas kaum akzeptiert. Man bemühte sich, es niemanden wissen zu lassen. Man sprach nicht offen darüber." Tracys Mutter Nancy gibt zu, dass es nicht einfach war. Ihr Mann Richard, ein Geschäftsmann, verließ die Familie, als Tracy erst vierzehn und seine Schwester Fiona neun war. Tracy wechselte gerade nach einigen weniger zuträglichen Schulen auf die Caulfield Grammar. Nancy, die als Finanzberaterin arbeitete und später im Ruhestand Philosophie und Soziologie an der Monash University studierte, war unter den missbilligenden Eltern von Nicks Schulkameraden eine Ausnahme, weil sie ihn von Anfang an in ihrem Haus willkommen hieß. Nick beschreibt Nancy als „eine herrlich derbe, witzige Frau". In seinen sehr anschaulichen Gemälden stellte Tracy seine Mutter als Vamp mit grünem Lidschatten dar, worüber sie sich immer noch amüsiert. Nancy und ihr Mann passten von Anfang an nicht zusammen, und einige Tragödien vertieften die Kluft zwischen ihnen nur noch. „Tracy war manchmal sehr einfühlsam", sagt Nancy und erinnert sich an einen besonders unangenehmen Streit mit Richard, als er ihr 1975 die Scheidungspapiere überreichte: „Tracy hat Fiona mitgenommen und sich mit ihr vor den Fernseher gesetzt."[26]

Nancy denkt darüber nach, wie die Jungen sich verändert haben. „Mick ist als Erwachsener ein sehr ernster Mann, doch als Junge hat er ständig gekichert. Er und Tracy haben dauernd über irgendetwas gelacht", sagt sie. „Mick schüttelt einem immer die Hand, wenn man ihn trifft. So ist er. Nick umarmt die Menschen, ist sehr herzlich. Mit Nick konnte man leichter Gespräche führen als mit Mick. Phill habe ich nicht oft gesehen, aber er war immer sehr höflich und charmant. Ich liebe Teenager einfach. Sie waren alle wirklich reizende junge Männer. Und das werde ich über sie sagen, bis ich sechzig bin!", sagt die lebhafte Mittachtzigerin.[27]

Solche Bemerkungen zeigen den Humor, den ihr Sohn Tracy von ihr geerbt hat – und den Schmerz, der plötzlich hervorbrechen kann. Nancy deutet auf ihr Wohnzimmer. Sie erzählt eine Geschichte, die einiges an Tracys Persönlichkeit erklären könnte. Episoden und Einblicke, die auf ihre Gefühle wegen seines Todes schließen lassen.

„Gary, unser kleiner Sohn, den wir verloren haben, fiel von der Bank da drüben", sagt sie. „Tracy war neben ihm und wusch sich die Hände. Richard hatte sich umgedreht. Tracy war erst drei, Gary noch ein Baby. Ich war im Garten, vor den Glastüren. So ein lautes Geräusch hatte ich noch nie gehört, es klang, als wäre er durch den Raum geschleudert worden. Gary hatte unseres Wissens nach nie einen Krampfanfall gehabt. Doch wir wissen nicht genau, was passiert ist. Tracy hat es gesehen. Er sagte zu mir: ‚Gary hat einfach die Augen zugemacht und ist runtergefallen, Mum.' Richard und ich bekamen später noch einen kleinen Jungen, der tot geboren wurde. Wir hatten ihm keinen Namen gegeben, aber wir wollten ihn nicht vergessen, als wir ihn beerdigten. Fiona sagte: ‚Ich würde ihn gern Christopher nennen, Mum.' So haben wir ihn dann genannt. Gary und Christopher, wir haben sie verloren. Das Traurige ist, dass man nicht mehr so viel an sie denkt, weil die Erinnerungen fehlen. Von Tracy hatte ich einundzwanzig Jahre voller Erinnerungen, ohne die Jahre, die er vor seinem Tod mit der Band in Übersee verbracht hat. Ich werde Tracy immer in Erinnerung behalten, wie er *Garp und wie er die Welt sah* auf Video anschaute, als er nach dem Auseinanderbrechen von The Birthday

Party wieder nach Hause zurückzog. Bei dem Film kamen ihm immer die Tränen. Ich hatte immer den Eindruck, dass er dabei an Gary dachte."[28]

Laut Nick war *Raw Power* von The Stooges „das Album, das mein Leben verändert hat", und er behauptete, er habe es 1975 allein wegen des Covers gekauft. Wahrscheinlicher ist, dass er es bei Tracys Freund Chris Walsh gehört hatte, nachdem Tracy davon geschwärmt hatte. Walsh war ein Grübler und Fan von Underground-Comics und allen voraus, was das Sammeln von zu dem Zeitpunkt noch obskuren und importierten Platten der New York Dolls, der Ramones und der Stooges anging. Walsh hatte seinem Kumpel Tracy aus Mount Waverley das Bassspielen beigebracht, indem sie sich die Alben anhörten. Walsh machte Nick auch mit Outlaw-Country von Künstlern wie Waylon Jennings und Merle Haggard bekannt und erweckte damit gleichzeitig eine frühere Leidenschaft für Johnny Cash wieder zum Leben.

Egal, wo und wann Nick *Raw Power* zum ersten Mal gehört hatte, die Wirkung des Anblicks allein ist nicht zu leugnen. Auf dem Cover ist Iggy Pop abgebildet, drahtig, mit nacktem Oberkörper und goldfarbener Haut. Er trägt viel Mascara und schwarzen Lippenstift und hält den Mikrofonständer so, dass er wie ein Phallus wirkt. Zu einer Zeit, in der ohrenfreundliche kalifornische Rockbands in Jeansklamotten wie die Eagles das Radio beherrschten, wirkte ein nicht gespielter, aber trotzdem berüchtigter Iggy Pop, als wäre er auf einer alternativen amerikanischen Welle aus Schwefel und Elektrizität herangesurft. Dass Bowie *Raw Power* gemixt hatte, entging Nick natürlich nicht, ebenso wenig wie die aufwendigen Hintergrundstorys in Rockmagazinen über Iggy Pop als das unzähmbare wilde Kind der Siebziger, das in einer Spirale aus Heroinabhängigkeit gefangen und in der Psychiatrie gewesen war, bevor Bowie „The Jean Genie" zu seinen Ehren geschrieben und ihn gerettet hatte. Sein ursprünglicher Mix von *Raw Power* wurde für die CD-Veröffentlichung überarbeitet, doch Bowie vertrat die Ansicht, dass er „mehr überdrehte Wildheit und Chaos ausstrahlt und, meiner bescheidenen Meinung nach, mit die Wurzel dessen ist, woraus sich Punk entwickelte".[29] Dass alle von den Sex Pistols bis zu Nirvana das Album auf Vinyl hörten, bestätigt seine Einschätzung nur. Auch die junge Band sollte in die Fußstapfen von *Raw Power* treten und zur Legende werden – erst als The Boys Next Door und schließlich als The Birthday Party.

Nick kultivierte etwas, das er scherzhaft als einen „Savant"-Teil seiner Persönlichkeit bezeichnete. Kurz nach Patti Smiths Album *Horses* hatten die Ramones 1976 ihr selbstbetiteltes Debüt veröffentlicht und waren mit ihrem Outfit aus Turnschuhen, zerrissenen Röhrenjeans, T-Shirts und Lederjacken, das an einen Comic-Schurken erinnerte, auf der Bildfläche erschienen. Ihre großen Sonnenbrillen verbargen Augen, die stumpf unter dunklen Ponys hervorblickten, während sie auf dem Cover gegen eine Ziegelsteinmauer gelehnt dastanden. *Horses* und *Ramones* kennzeichneten die Wiedergeburt einer New Yorker Musikszene, die zuvor von den Tabubrüchen von The Velvet Underground symbolisiert worden war. Doch wenn Patti Smith wie ein Rock-Baudelaire auftrat, verkauften sich die Ramones – angeblich alles „Brüder" – als dumm wie Brot. Ihre Lärmwände kombinierten sie mit trügerisch melodischen und prägnanten Pop-Songs, darunter „Beat On The Brat" und „Blitzkrieg Bop", die The Boys Next Door auch coverten. *Ramones* war voller rasanter Musikalität und cleverem amerikanischen Humor, der in Tausenden zukünftigen Punk-Bands widerhallte, ganz zu schweigen von einer verrückten Animationsserie namens *Beavis and Butt-Head.* Es war die intelligenteste „dumme" Musik, die man hören konnte, eine wunderbare Verbindung aus Klang und Bild, die an eine Siebzigerjahreversion der Monkees denken ließ, die alle „Klebstoff geschnüffelt" hatten.[30]

Im heutigen Informationszeitalter ist es schwer, die Bedeutung solcher Veröffentlichungen zu erklären, da die Jugendkultur so übervoll an Symbolik und Möglichkeiten ist. Es erfordert viel Vorstellungkraft, sich eine Welt auszumalen, in der es kein Internet gab, keine Mobiltelefone, kein Spotify, keine leicht zugänglichen Alternative-Medien und kein Alternative-Radio – ganz zu schweigen von so etwas wie Gaming, Instagram, YouTube, TikTok und Facebook. Jugendkultur war Musikkultur, und die Auswahl war extrem begrenzt. Von Platten, die nicht in den Top 40 waren, erfuhr man nur, wenn man relativ schwer und unregelmäßig erhältliche Musikzeitschriften las, bevor man sie überhaupt gehört hatte. Diese Singles und Alben waren in Australien nur über den Postweg zu bekommen, nachdem man sie bei Record Clubs bestellt hatte, in denen abweichende und exzentrische Posten zufällig und nur kurzzeitig neben Standardware wie Boz Scaggs' *Silk Degrees* und Neil Diamonds *Hot August Night* beworben wurden.[31] Es konnte bis zu sechs Wochen dauern, bis ein Paket eintraf, und die Ankunft einer Schallplatte – auf dem Pferderücken, aus heutiger Sicht – wurde gefeiert, indem man sich ehrfürchtig darum versammelte und sie gemeinsam anhörte. Alles wurde genau analysiert, das Cover, das Impressum, das Plattenlabel und die Texte. Man hatte das Gefühl, Neuigkeiten zu bekommen von „einer unsichtbaren Front, an der sich die echten Dramen des Lebens und der Kunst abspielten", wie Nick es ausdrückt.

Nicht weit entfernt reagierte eine andere Gruppe junger Menschen auf dieselben geheimnisvollen Signale und Einflüsse – und entdeckte auch The Stooges zur selben Zeit. Darunter befand sich der zukünftige Gitarrist der Boys Next Door, Rowland S. Howard, der noch die Swinburne Community School besuchte.[32] Zu seinen Mitschülern zählten der „Musikgeek" und spätere Gründer von Au Go Go Records Bruce Milne und sein jüngerer, rechthaberischer Bruder Peter Milne, der sich schon damals für Fotografie interessierte. Die rothaarige Bronwyn Adams mit ihrer nervösen Künstlerausstrahlung gehörte ebenfalls zu der Gruppe. Adams schloss sich später Crime And The City Solution an, heiratete den Sänger Simon Bonney und wurde unter dem Namen Bronwyn Bonney als Violinistin bekannt. Mitte der Achtziger half sie auch Nick in Hamburg, seinen ersten Roman *Und die Eselin sah den Engel* zu überarbeiten.[33]

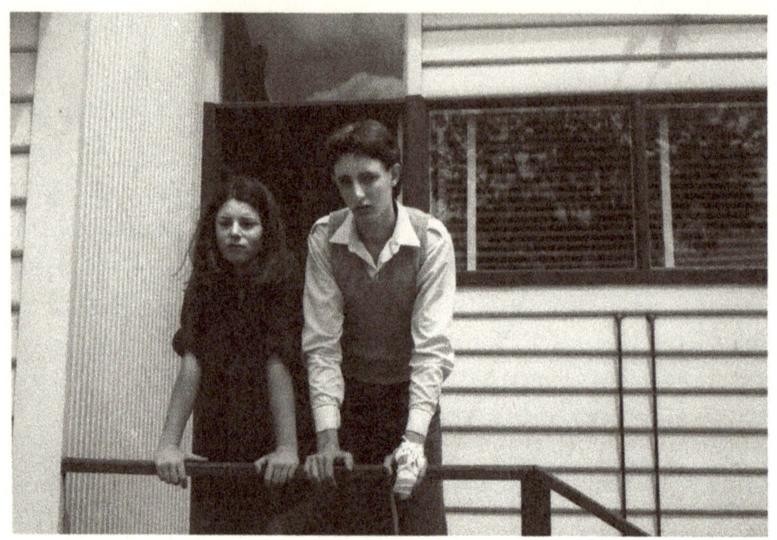

Rowland S. Howard und Gina Riley, die später in der Serie *Kath & Kim* berühmt wurde, mit sechzehn Jahren, 1976 (Peter Milne)

Aufgrund der liberalen und künstlerisch ausgerichteten Unterrichtsphilosophie könnte man die Swinburne-Bildungseinrichtung salopp „freie Schule" nennen. Sie unterschied sich sehr von der geschichtsbewussten und traditionellen Caulfield Grammar. Bruce Milne betont trotzdem hastig, dass die Swinburne Community School „eine seltsame Mischung" von Kindern aus stereotypen bohemehaften und „linken" Familien und etwas war, das er „die Söhne und Töchter von Gaunern und Skinheads, die die anderen Schulen nicht aushielten"[34], nannte. In dieser Umgebung gediehen die Milne-Brüder, Bronwyn Adams und Rowland S. Howard wie Treibhausblumen. Alle hinterließen bleibenden Eindruck bei Nick. Vor allem waren sie alle begeisterte Musikfans, Teil des inneren Zirkels einer Szene, die sich um The Boys Next Door bildete und sie künstlerisch beflügelte.

„*Raw Power* war eine richtig große Sache für uns", sagt Bruce Milne. „Wir mochten auch Bowie, Roxy Music, die Sparks … Dann entdeckten wir die New York Dolls und The Modern Lovers. Wir vier oder fünf dachten, wie wären die einzigen in ganz Australien, die diese Leute kannten. Wir waren vor allem wegen der Musik befreundet. Ich hatte zum Beispiel das erste Velvet-Album, und Rowland hatte *White Light/White Heat.* Wir nahmen uns gegenseitig Kassetten auf und tauschten sie. So profitierten alle davon.

Ende 1976 fand das Bad Film Festival im Palais statt. Ich glaube, *Pink Flamingos* von John Waters wurde gezeigt. Ich ging mit Rowland hin, und wir sahen Menschen, die so wie wir waren. Andere Menschen, die auch keine langen Haare hatten, die schlecht sitzende Anzüge trugen und schmale Krawatten. Das waren Nick, Mick und ihre Freunde. Chris Walsh und seine Leute waren auch da. An diesem Abend kamen diese drei Vorstadtgruppierungen in Melbourne zusammen."[35]

Selbst unter diesen ganzen starken Persönlichkeiten war Rowland S. Howard etwas Besonderes. Es war, sagt Nick, „als wäre Rowland irgendwie schon fertig auf der Bildfläche erschienen". Mit sechzehn trug er Anzüge und gab sich wie ein Dichter aus dem neunzehnten Jahrhundert mit dem literarische Konventionen brechenden Habitus eines Arthur Rimbaud. Altklug fertigte Rowland eine Armbinde an, die ihn als „Model of Youth" auswies. Auf einem anderen Abzeichen stand „OCT", für seinen Geburtsmonat Oktober.[36] Seine Eltern waren Folkies, er hingegen hatte einen ausgesprochen modernen Geschmack und liebte Science-Fiction-Literatur. Nik Cohns eigenwilliger Blick auf die Geschichte der Popmusik, *AWopBopaLooBop ALopBamBoom,* bewegte ihn dazu, sich im Rockjournalismus auszuprobieren. Ständig ragten ein paar rOtring-Stifte aus seiner Jackettasche, und er überlegte, Grafiker zu werden. Rowland – oder „Rowlie", wie ihn seine Freunde nannten – liebte Comics wie *The Spirit* und *The Shadow.*

Rowland fand immer die neuesten Entwicklungen am spannendsten, sei es in technologischer oder künstlerischer Hinsicht. Er lernte Saxophon hauptsächlich deshalb, weil ihm gefiel, wie Andy Mackay auf der Innenseite des Covers von Roxy Musics erstem Album aussah. „Auf Fotos wirkten sie", sagte Rowland einmal, „als kämen sie von einem anderen Stern, was ein ziemlich gutes Kriterium für eine Rockband ist." Rowland lernte dann Gitarre und spielte begeistert Phil Manzanera von Roxy Music und Robert Fripp von King Crimson nach. Besonders reizte es ihn, wenn eine Gitarre nicht wie eine Gitarre klang. Eine weitere Inspiration waren Syd Barretts Soloalben, der surreale Nachlass eines Künstlers, der nach der Psychedelic-Ära abstürzte.

Bronwyn Bonney beschreibt den jungen Rowland S. Howard als sehr romantisch: „Er blieb sein ganzes Leben lang ein Romantiker. Und er war sehr emotional. Was sehr ungewöhnlich war, denn die meisten Menschen, die so sind wie Rowland – schlau und witzig und sarkastisch –, sind auch etwas gefühlskalt. So war Rowland nie. Deshalb kam er später auch so schwer mit allem zurecht. Damals war es hart, in Melbourne aufzuwachsen, weil die Vorstädte so brutal waren. Man hatte Menschen, die hässlich oder anders waren, ganz offen vermittelt, dass sie Versager und nicht normal seien."[37]

Nick entwickelte in dieser Zeit eine Weltsicht, in der „gewöhnliche" und „außergewöhnliche" Menschen im Widerstreit waren. Vorbild dafür waren *Schuld und Sühne* und darin vor allem eine wahnhafte Rede von Raskolnikow, die eine einzige emotionale Achterbahnfahrt aus Ekstase und Schuld darstellt, nachdem er zum Mörder geworden war. Auch wenn Dostojewskis Roman eigentlich die Auffassung parodiert, außergewöhnliche Menschen könnten sich mit den sogenannten gewöhnlichen Menschen alles erlauben, fand Nick Raskolnikows wahnhafte Auslassungen unglaublich faszinierend. Zum Teil war diese Faszination in der traumartigen Kraft von Dostojewskis Sprache begründet sowie der fieberhaften Durchdringung von Realität, zu der Raskolnikows Rede einlud. Nimmt man dazu noch seine Liebe zur LSD-durchtränkten Rohheit der Stooges und zu Iggy Pops heroinbestäubtem Gesang, ließ Nick die relativ unschuldigen Glam-Rock-Vorstellungen, ein „Alien" zu sein, für eine sehr viel düsterere romantische Vision hinter sich: der Künstler als krimineller Außenseiter. Seine wilde Freundschaft mit Tracy Pew war ein weiterer hedo-

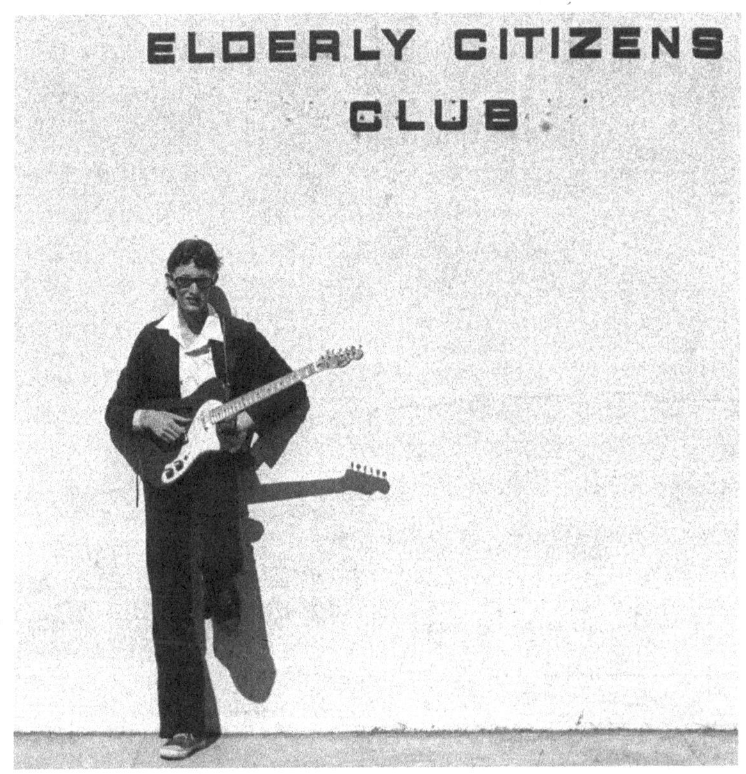

Rowland bereitet sich auf sein erstes Konzert mit seiner Band TATROC vor (Tootho & The Ring Of Confidence), Prahran, 1976 (Peter Milne)

nistischer Ansporn dieser Weltsicht. Er und Tracy unternahmen jetzt nicht mehr nur Spritztouren, sie fuhren die gestohlenen Autos auch aus Spaß zu Schrott.

„Als Teenager hat mich die Grundidee in *Schuld und Sühne* umgehauen", sagt Nick leicht amüsiert. „Zum ersten Mal hatte ich etwas Philosophisches verstanden, und wahrscheinlich hat es mich dazu inspiriert, mein ganzes Leben lang ein außergewöhnliches Arschloch zu sein."

Auf Davina Davidson machte die Entwicklung einen ziemlich schizoiden Eindruck. „Auf der einen Seite war Nick ein Rebell, total unkonventionell, nicht das kleinste bisschen Mainstream", sagt sie,

„und auf der anderen Seite machte es ihm überhaupt nichts aus, ständig mit seinen Eltern irgendwo hinzugehen. Ich freute mich zwar sehr, mit ihnen Dinge zu unternehmen, aber ich hatte zum Beispiel nie Lust, Zeit mit meinen eigenen Eltern zu verbringen und ging davon aus, dass das normal für Teenager war. Damals dachte ich oft darüber nach, wie Nick so nonkonformistisch denken und sich gleichzeitig völlig wohl in Situationen fühlen konnte, in denen er sich an die Regeln halten musste."[38]

Diese Gegensätzlichkeit sollte Nick auch in seinen wildesten Zeiten beibehalten.[39] Doch es bestand kein Zweifel, dass er und Davina sich auseinanderentwickelten. Sie nahm nicht wie Nick Drogen, die er zum großen Teil von ihr fernhielt. Nick fand neue Freunde an der Kunstakademie, und neue Musik hörte er bei Trinkgelagen mit Tracy Pew bei Chris Walsh in Mount Waverley. Davina sagt, die Kreise, in denen sie sich bewegten, „schlossen einander aus". Mitte 1976 kamen sie – auf Nicks Anregung hin – überein, sich auch mit anderen treffen zu können. „Ich war da immer noch sehr in ihn verliebt, weshalb ich kein Interesse daran hatte, mich mit anderen zu treffen, und am Anfang war ich auch verwirrt und traurig, aber ich habe dann tapfere Versuche unternommen, mit anderen Typen auszugehen. Sie waren alle ein wenig geistlos, ziemlich langweilig und definitiv nicht so schillernd."[40]

Die Musikszene war ähnlich erschüttert wie die auseinanderbrechende Beziehung zwischen Nick und Davina. Im *RAM (Rock Australia Magazine)* erschienen Artikel über eine Band namens Radio Birdman, die an Weihnachten 1975 einen Bandwettbewerb namens *Sydney Punk Band Thriller* gewonnen hatte. Man nahm großzügig Bezug auf Bands wie The Stooges und MC5. Neugierig bestellte Mick Harvey Radio Birdmans EP *Burn My Eye*. Man erzählte sich, Radio Birdman würden sich zusätzlich zum Schlagzeug mit Bierdosen gegen den Kopf schlagen und ihr Studio mit Wellblechplatten von einer Baustelle auskleiden, und Nick war begeistert. Nach dem ganzen Hype war *Burn My Eye* soundtechnisch keine Offenbarung, doch die Band, die Songs und das Artwork strahlten einen unmissverständlich aggressiven Ruf zu den Waffen aus, den Radio Birdman auch auf die Bühne übertrugen.

Noch aufregender war das plötzliche, eindrucksvolle Auftauchen der Saints mit ihrer ersten Single „(I'm) Stranded" Ende 1976. Die Band hatte sie selbst produziert, pressen lassen und vertrieben – und das alles aus der völligen Isolation in Brisbane, Queensland, heraus, was damals Australiens am meisten rechtsgerichteter und von der Polizei kontrollierter Bundesstaat war. Das machte die künstlerischen Errungenschaften von The Saints noch beeindruckender. Sogar die andersdenkenden Birdman hatten über die Presse in Sydney Unruhe in die Musikindustrie gebracht, doch The Saints waren aus dem Nichts aufgetaucht. Sie waren das, was Nick und die anderen sein wollten, während sie ihre Stooges- und Ramones-Alben hörten: eine aggressiv flirrende, vibrierende Mischung aus Wut und Intelligenz, die alles überrollte, was sich ihnen in den Weg stellte. „(I'm) Stranded" peitschte mit so einer Wucht, dass es im einflussreichen britischen Musikmagazin *Sounds* in der Ausgabe vom 16. Oktober 1976 als „Single der Woche und jeder anderen Woche" in einer viertelseitigen Besprechung gefeiert wurde. In der nächsten Ausgabe war „New Rose" von The Damned Single der Woche, was heutzutage als der erste Vorbote der Punk-Revolution in England gilt. Darunter war eine zweite Besprechung von „(I'm) Stranded" abgedruckt, in der es hieß: „Immer noch Single der Woche und jeder anderen Woche." Auch eine Postadresse, unter der man die Single bei Eternal Productions in Queensland bestellen konnte, war angegeben.[41] Andere einflussreiche britische Publikationen wie der *NME* oder der *Melody Maker* reagierten ebenfalls enthusiastisch. Das waren unglaubliche Lobeshymnen für eine Band, die in einer winzigen Gruppe von etwa fünfzig von der Polizei schikanierten Fans in Brisbane geschmort hatte. „Sie waren sehr seltsam", sagt Nick. „Auf mich wirkte es, als hätten sie diesen speziellen Sound ganz allein gefunden ... Ich würde sagen, sie haben damit eine Bewegung losgetreten."

Im November desselben Jahres veröffentlichten die Sex Pistols „Anarchy In The UK", und wegen der Explosion des Punk in ganz

England hatte die Londoner Zweigstelle von EMI das australische Büro angewiesen, The Saints sofort zu verpflichten. *Countdown*, die im Land ungeheuer beliebte Pop-Sendung am Samstagabend, zeigte sogar einen groben Live-Mitschnitt, wie die Band „(I'm) Stranded" in einem verlassenen, scheinbar verwüsteten Haus in Brisbane spielte. Die Band wohnte darin und gab dort auch Konzerte. Plötzlich gab es da eine heroische neue Gruppe in Australien, die keinen Trends aus Übersee folgte, die sogar dem Treiben in London und New York einen Schritt voraus war. The Saints hatten eine Tür aufgetreten und drängten sich hindurch, als könne sie niemand aufhalten.

Nick und Davina trennten sich endgültig, während „(I'm) Stranded" ein Loch in Nicks Verstand brannte. Die Genialität des Songs lag in der Art und Weise, wie er alles heraufbeschwor von Australiens Erbe als von Sträflingen besiedeltes Land über jugendliche Gefühle von Entfremdung in der Vorstadt bis hin zur gewaltsamen Beendigung einer Beziehung und dem Teilen des Schmerzes, den eine solche Trennung mit sich bringt. Davina Davidson erzählt, Nick habe mit tiefer Zärtlichkeit reagiert, „als ich mit meiner neuen Unabhängigkeit kämpfte".[42]

„Ich habe eine wunderschöne Erinnerung an den Sommer", schreibt sie, „als ich bei Nick und seiner Familie in einem Strandhaus war, das sie irgendwo gemietet hatten. Es war in einen Hügel hineingebaut und hatte Treppen an der Außenseite, sodass die Schlafzimmer abgetrennte Einheiten waren, unter dem kombinierten Wohnzimmer mit Küche im obersten Stock. Der riesige Raum war surreal, überall hingen ausgestopfte Tierköpfe an den Wänden. Nick war kein Strandmensch, weshalb wir nie gemeinsam am Strand waren. Aber ich erinnere mich gern zurück, wie die Familie sich in diesem großen Raum aufhielt und er und ich in seinem Zimmer. Wir gingen tatsächlich nie gemeinsam schwimmen, und als wir einmal am Strand waren, muss Tracy dabei gewesen sein. Ich ging ins Wasser, die Jungs blieben angezogen auf den Steinen sitzen. Nick streifte nicht mal seine Clogs ab. Er saß einfach nur am Rand und sah zu."[43]

Zoo Music Girl

MELBOURNE 1976–77

Nick Cave betont, dass er sehr gern auf die Kunsthochschule ging: „Ich tat wirklich nicht viel, aber ich lernte viel. Die Leute dort übten einen riesigen Einfluss auf mich aus. Allein schon die Zeit, die wir im Pub verbrachten und über Kunst redeten und was wir planten. Künstlerinnen und Künstler wie Jenny Watson zu treffen, Gareth Sansom und Tony Clark, ich kann gar nicht sagen, wie gut das nach den Jahren an der Caulfield Grammar School war."

1976, während seines ersten Jahrs am Caulfield Institute of Technology (CIT), bekam Nick Bestnoten für seine Essays und Gemälde. Seine Mitstudentin Deborah Thomas, die spätere Chefredakteurin von *Women's Weekly*, erinnert sich an seine Arbeiten als „sehr expressionistisch, sehr gut gemalt. Nick war ein guter Künstler." Thomas und ihre Freundinnen Kate Durham und Wendy Bannister waren ein Jahr über ihm. Sie wurde erst Topmodel, dann Journalistin, Durham wurde eine berühmte Goldschmiedin, Bannister eine führende Stylistin. „Wir drei nahmen ihn unter unsere Fittiche", sagt Thomas. „Nick fiel mir das erste Mal auf, als er in einem dieser Vintage-Hawaii-Hemden an der Uni auftauchte. Die hat er immer getragen." Meistens war Nick relativ fleißig und schüchtern, erzählt

Thomas, „ein braver Mittelklasse-Junge, der von der Privatschule kam. Ich würde sagen, in der Hinsicht war er ein sehr typischer Junge aus Melbourne, der aus einer gut situierten Familie stammte, aber ausbrechen wollte und auf der Suche nach etwas Aufregenderem war."[1]

Gareth Sansom und Jenny Watson unterrichteten am CIT, Nick besuchte ihre Kurse allerdings nicht. Tony Clark lehrte am Prahran Art College und sollte einer von Nicks wichtigsten Mentoren werden. Trotz seiner Bilanz an der Highschool hatte Nick sich einen gewissen Respekt vor dem Lehren bewahrt, mit Blick auf den Beruf seines Vaters und dessen Grundsatz, dass „Bildung niemals zu Ende ist, sie dauert ein Leben lang und sollte nie aufhören".[2] Mit ein wenig Abstand von den formalen Beschränkungen des Klassenzimmers konnte sich das Verhältnis zu Sansom und Watson, und später zu Clark, frei entfalten. Damals nahm auch Nicks Ruf Form an, er würde Menschen ausnützen, doch es geht ihm darum, von Menschen zu lernen und voranzukommen.[3]

Nicks weiterhin bestehende Leidenschaft für Brett Whiteleys Kunst passte zu seinem Interesse an David Bowies Musik. Beide Künstler präsentierten sich dramatisch, sogar theatralisch, eigneten sich dreist Einflüsse an und beanspruchten sie für sich. In den späten Siebzigern galt Whiteley als Australiens Rockstar unter den Malern. In den Sechzigern hatte er in New York im Chelsea Hotel gewohnt und war mit Janis Joplin und Jimi Hendrix befreundet gewesen, und seine Heroinsucht verstärkte nur noch sein wildes Image. Whiteley war Expressionist, seine Einflüsse reichten von japanischer Kalligrafie über amerikanische Pop Art bis zu britischer abstrakter Kunst, und seine gestaltverändernde Leidenschaft für Landschaften und Akte wurzelte in seinen außergewöhnlichen zeichnerischen Fähigkeiten, die frei-fließend, halluzinogen und erotisch waren. Seine Neigung zu verzerrten Figuren und sein Interesse an abgründigen Verbrechern wie dem englischen Serienmörder John Christie spiegelten den Einfluss des englischen Künstlers Francis Bacon wider. Doch Whiteley war immer ein Lotosesser gewesen, ein Künstler, der von seinem Hedonismus verdorben und gequält wurde. Bacon war nicht annähernd so frei oder sinnlich und um Längen brutaler. Whiteley verführte, Bacon überwältigte und terrorisierte. Whiteleys sich ständig weiterentwickelnde Bereitschaft, sich einfach alles anzueignen, gefiel Nick sehr, suchte er doch nach einem Einklang zwischen Musik und Malerei, der seine eigene Zukunft bestimmen könnte. „Brett Whiteley malte so, wie ich malen wollte", sagt er. „Nachdem ich seine Arbeit gesehen hatte, veränderte sich die Art, wie ich Raum [in meinen Bildern] verwendete, grundlegend. Er hatte einen wundervollen Strich."

Gareth Sansom erkannte das schon früh. Er beschreibt Nicks Bilder als „eine Mischung aus Brett Whiteley und Francis Bacon – voller Fleisch, Gestik und Zähnen, auch irgendwie cartoonartig – talentiert, aber nicht besonders originell. Doch er nahm kaum am Unterricht teil und bestand deshalb keine Prüfungen; es lag weniger an seinen Bildern, wenn ich mich richtig erinnere."[4]

Jenny Watson ist da begeisterter. Sie erinnert sich, wie Nick 1977 in seinem zweiten Jahr „ein wundervolles Bild eines Vogels, der von Stacheldraht umschlungen war", präsentierte. „Es war ein typisches Nick-Cave-Bild", sagt sie. „Das Leiden, die Hilflosigkeit. Ich habe gehört, dass er immer noch malt. Ich hoffe, das stimmt."[5] Das Bild entstand nach der Lektüre von Flannery O'Connors *Die Weisheit des Blutes.* Die Hauptfigur, Hazel Motes, umwickelt sich mit Stacheldraht und läuft mit Glas in den Schuhen herum, nachdem es ihm nicht gelungen war, die Vorstellungen von Christus und Göttlichkeit in seinem Leben auszulöschen, die sein Predigervater ihm eingebläut hatte. Dies war die letzte ernsthafte Arbeit, die Nick Cave an der Kunsthochschule in Angriff nahm.

Sein Interesse an Pornografie und religiöser Kunst vertiefte sich, musste aber erst noch zusammenfinden. „Dann sah ich ein Mädchen aus dem dritten Jahr, das mich umgehauen hat", erzählt Nick. „Sie war eine wilde Hardcore-Lesbe. Sie malte wunderschöne Gemälde, die den Lehrern gefielen, und zeichnete darüber Penisse mit schwarzer Farbe und machte damit alles kaputt. Es waren die gewalttätigsten Bilder, die ich je gesehen hatte. Ich glaube nicht, dass sie bestanden hat."

Nick entwickelte ein ähnliches Verlangen nach Spott und Konfrontation, das schon fast infantil sein konnte. Eine Lehrerin sagte ihm irgendwann, dass „sie keinen Bezug zu schmieriger Kunst hatte und nicht mehr mit mir reden wollte. Ich glaube, bis zu einem gewissen Punkt gibt es Parallelen zur Entwicklung von The Birthday Party. Die Aufregung, die mich durchfuhr, als sie das sagte, die Freude, jemanden verärgert zu haben ... Sie war eindeutig für die Richtung verantwortlich, die meine Malerei von dem Tag an einschlug."

Das ist eine Version der Geschichte. Aber je nachdem, mit wem Nick spricht, kann die Darstellung seines Scheiterns an der Kunsthochschule definitiv auf seine Verletztheit und Verbitterung hinweisen, ebenso sehr wie auf seinen rebellischen Stolz. Sidney Nolan, Brett Whiteley, Nick Cave – in dieser traumhaften Ruhmeshalle hatte er sich bereits gesehen. Doch seine Vorstellung sollte sich nicht erfüllen.

„Als Jugendlicher hatte ich riesige künstlerische Ambitionen. Ich mochte viel von diesem gequälten, düsteren, religiösen Zeug – Matthias Grünewald und Stefan Lochner und die Spanier –, und ich wollte Gemälde mit dieser Kraft malen. Etwas daran, allein in einem Raum zu sein und Kunst zu erschaffen, hat mich begeistert. Es begeistert mich immer noch, dieses seltsame Medium, das Auftragen von Farbe auf eine Leinwand, die Beschränkungen eines rechteckigen, zweidimensionalen Rahmens. In gewisser Weise ähnelt es den Beschränkungen eines Songs."[6]

1977. Nicks zweites Jahr an der Kunsthochschule. Das Jahr, in dem Elvis Presley starb. Johnny Rotten von den Sex Pistols gab die neue Stimmung vor, bei der ganz bestimmt nicht getrauert wurde: „Elvis repräsentierte alles, wogegen wir zu reagieren versuchten. Er war ein fetter, reicher, kranker, zurückgezogen lebender Rockstar, der schon vor seinem Tod tot war. Sein Bauch war so groß, dass er einen Schatten über den Rock'n'Roll warf."[7]

Punk stand in voller, wilder, einzigartiger Blüte. Die Mainstream-Charts gehörten zwar Boz Scaggs, dem Electric Light Orchestra, Fleetwood Mac und den Eagles – jenen Künstlern, die in dem Jahr am meisten Platten verkauften, doch sie waren Geschöpfe der Vergangenheit, nicht der Zukunft. Diese Bands zu hassen, sie von der Bildfläche verschwinden zu lassen, war Teil des neuen Punk-Ethos'. *Saturday Night Fever* und der Höhepunkt der Disco-Musik im selben Jahr, in dem Punk seinen krachenden Durchbruch feierte, verstärkten nur das Gefühl, dass die alte Garde des Rock am Ende war. Nick hingegen hegte eine heimliche Liebe zu dieser alten Garde – vor allem zu Bob Dylan und Van Morrison sowie zu den jüngeren Klassikern wie Bruce Springsteen. Der niederländische Dokumentarfilmer Bram van Splunteren befragte Nick Jahre später in West-Berlin in einem aufschlussreichen Interview über den Pessimismus in seiner Musik. Nick reagierte verärgert und empfahl ihm, Springsteen zu fragen, woher der Optimismus in seiner Musik käme. „Das wäre doch mal interessant zu lesen."[8]

So ein Musikgeschmack war 1977 nicht nur völlig unmodern, sondern sogar verboten. Eine Säuberung fand statt, und man musste unmissverständlich deutlich machen, auf welcher Seite man stand. Der Dreifachschlag der Sex Pistols aus „Anarchy In The UK", „God Save The Queen" und „Pretty Vacant" zwischen November 1976 und Juli 1977 war spektakulär. Mehr als jede andere Band definierten sie Punkrock als Krieg gegen die Mainstreamkultur. Später beschrieb Nick diese Zeit mit einem Satz, der ihn amüsierte, als „die Zeit, in der wir den großen Krieg ausfochten".

Nachdem Punk alles niedergerissen hatte, wurde die musikalische Uhr wieder zurückgestellt. Viele verglichen es mit den Fünfzigern, der Geburt des Rock'n'Roll. Nick saugte die neuen Klänge und Ideen auf, das belebende Gefühl, dass alles Mögliche passieren konnte – und würde. Australien machte die amerikanischen und die englischen Szenen mit, die sich überlappten und um die Vorherrschaft rangen.

Es war ein großer Vorteil, zwischen diesen kolonisierenden Kräften gefangen zu sein: zwischen dem von Phil Spector beeinflussten New Yorker Pop und dem Eddie-Cochran-artigen Agitprop-Rock, der auf den Debütalben von Blondie und The Clash vorherrschte. Auch die Energie, die 1977 von der nervösen, urbanen Klaustrophobie der Talking Heads heraufbeschworen wurde, von Ian Durys derben Cockney-Scherzen und Varieté-Straßengrotesken auf *New Boots and Panties!!*, war enorm wichtig, ebenso wie der rabaukenhafte Humor der Ramones auf ihrem zweiten Album *Leave Home*, der es von der rohen Explosion von *Never Mind The Bollocks, Here's The Sex Pistols* unterschied. Überall gab es musikalische Kontrapunkte, aus denen man schöpfen und die man neu kombinieren konnte.

Trotz seiner nihilistischen Anwandlungen spielte Punk tatsächlich in die apokalyptischen Fantasien von Jugend und ermöglichte kurzzeitig einer Generation, den Rock'n'Roll auf vielfältige Weise wiederzuerwecken. Ein wildes Märchen wurde Wirklichkeit. Die DIY-Philosophie des Punk bestärkte nicht nur extreme Formen von begeistertem Dilettantismus und rohem Garagenrock, sie stieß sogar eine Avantgarde-Gegenbewegung an, die sich an allem versuchte, von frenetischen musikalischen Dekonstruktionen bis hin zum bahnbrechenden Einsatz von Synthesizern und Tonbandschleifen, die auf eine zukünftige Klanglandschaft verwiesen. Eine Ästhetik des Bösen und der Auslöschung sollte sich bald mit frostig-romantischem und stark deutsch geprägtem Futurismus vermischen, für die neue britische Bands wie Magazine oder die Roboterpioniere von Kraftwerk standen. Anarchistische Philosophien öffneten sich rasch einer absurden Verspieltheit und extremen Formen von Performancekunst, die den Körper als Leinwand für radikalen Protest und Verzerrung einsetzte. In Eigenregie gepresste und vertriebene Alben wurden immer mehr, wenn auch auf einem stark örtlich beschränkten Heimarbeitsniveau. Dieselben Auswirkungen sollten erst wieder im viralen Zeitalter von sofort herunterladbarer Musik und Bildern aus dem Internet zu spüren sein.

Die Musikindustrie reagierte verwirrt, als ein junges Publikum seine eigenen Helden und seine eigene Jugendkultur hervorbrachte, von den fotokopierten, gehefteten Magazinen bis hin zu der kreativen, mit Sicherheitsnadeln gespickten Second-Hand-Mode des Punk. Die geografische Abgeschiedenheit erweckte in der australischen Szene das drängende Verlangen, nicht hinterherzuhecheln, offene Minderwertigkeitsgefühle und die Tendenz zum bloßen Nachahmen zu zerschlagen. In einem Essay über Nick Cave bemerkt der Musikkritiker Robert Brokenmouth:

> Australien befand sich in einer verlorenen Welt zwischen der Vergangenheit und der Gegenwart; wenn Musikzeitschriften und Importschallplatten mit dem neuesten Trend eintrafen, waren sie schon drei Monate abgelaufen – wir wussten alle, dass sie Geschichte waren. Das spornte viele Bands an, das zu übertreffen, was in Übersee geschah, weil sie wussten, dass sie immer drei Monate hinterher sein würden. Von ihrer Position aus der Vergangenheit heraus strebten sie mit aller Macht in die Gegenwart. Musikgeschichte musste in der Gegenwart erforscht werden, ein Muster, das bei vielen australischen „Alt-Punks" bis heute vorherrscht. Dies ist eine weitere wichtige Voraussetzung, um The Boys Next Door und Nick zu verstehen.[9]

Bruce Milne erinnert sich, dass für Punk in Australien auch immer Fantasie nötig war. Er erzählt, wie sie schon 1974 Ausgaben der New Yorker Zeitschrift *Rock Scene* gekauft hatten, einem enorm einflussreichen Medium in dem kleinen Kreis aus Musikern und Fans, die den Rest des Jahrzehnts in Melbourne dominierten. „Darin waren viele Fotos der New Yorker CBGB-Szene Mitte der Siebziger abgedruckt, von Television, Patti Smith, den Ramones, Neon Boys", sagt Milne. „Wir hatten die Bilder dieser Menschen seit 1975 beinahe zwei Jahre lang in der Zeitschrift gesehen, bevor sie Platten veröffentlichten. Wir waren fanatische Fans der Ramones und von Television, bevor wir sie überhaupt gehört hatten. Einfach, weil sie so cool aussahen! Zu einer Zeit, in der alle Singer-Songwriter oder Glamrocker waren, trugen sie kurze Haare und pseudointellektuelle

Retroklamotten. Und ihre Namen erst: Verlaine, Hell … Sie waren einfach perfekt. Als die erste Single von Television, ‚Little Johnny Jewel', endlich Ende 1976 herauskam, hatte ein Bekannter von mir sie ergattern können. Ich war so aufgeregt, dass ich sie mir übers Telefon vorspielen ließ. Ich weiß noch, wie schockiert ich war, dass der Song so langsam war, als liefe er in der falschen Geschwindigkeit oder so. Bis die Platten endlich hier angekommen waren, mussten wir uns anhand der Fotos vorstellen, wie sie wohl klangen. Auf diese Weise entstand viel Musik. Es war lustig, wie oft das, was sich die Leute vorstellten, so nahe an der Wahrheit lag."[10]

Die Lunte wurde in Melbourne innerhalb von zwei Monaten Anfang 1977 gezündet: zuerst im März bei einer Radio-Birdman-Tour, dann im April durch das Auftauchen der Saints. Nick, Mick, Tracy und Phill sahen sich beide Bands an, gingen zu jedem Konzert, das sie in der Stadt spielten. Anfangs überrannte Radio Birdman sie mit einem quasi-militärischen Angriff, der sich ebenso sehr auf den harten psychedelischen Radikalismus von MC5s *Kick Out The Jams* (1969) bezog wie auf ihre geliebten Stooges oder eine amerikanische Pop-Metal-Band wie Blue Öyster Cult. Besonders Mick Harvey interessierte sich für Birdmans tödlich kontrollierte, klanglich dichte musikalische Attacke, auch wenn er die Beschwörungen des Publikums und die gottesdienstartigen „Yeah"-Rufe schwer ertrug. Phill Calvert erinnert sich, dass er und Nick gnädiger gestimmt waren, „vor der Bühne wild tanzten und zu jedem Song ein Bier tranken".[11] Nach dem Konzert luden Nick und Tracy die Band zu einer Party ein. Tracy Pew wurde von der Polizei angehalten und verhaftet, weil er den Gitarristen Deniz Tek und den Sänger Rob Younger auf seiner blauen Vespa beförderte. Younger saß auf dem Sozius, Tek auf dem Lenker.

Die Freundschaft mit den von Loyalität besessenen Birdman löste sich in dem Moment auf, in dem The Saints ein paar Wochen später in Melbourne auftauchten und die aufstrebende junge Band sofort die Köpfe in deren Richtung drehte. Als Radio Birdman im Juni zu ihrer *Rock'n'Roll Soldiers Tour* zurückkamen, merkten sie, dass sich das Verhältnis zu ihren neuen Freunden abgekühlt hatte.

Ein kleines bisschen Konkurrenzdenken und Eifersucht reichte immer, um Öl in Nicks Feuer zu gießen. Deniz Tek war in jeder Hinsicht ein beeindruckender Typ und wusste das auch. Der gebürtige Amerikaner hatte als Teenager The Stooges in Detroit live gesehen und war ein großartiger Gitarrist geworden, der Radio Birdman in soundtechnische Höhen beförderte, während er parallel Medizin studierte und später Notarzt wurde. Er arbeitete schließlich als Fliegerarzt bei den US Marines, und sein „Iceman"-Rufzeichen inspirierte die gleichnamige Figur im Film *Top Gun – Sie fürchten weder Tod noch Teufel.* Wenn Tek kein real existierender Mann wäre, wäre er ein völlig überzogener Charakter in einem Schnulzenroman. Muss man noch erwähnen, dass er außergewöhnlich gut aussah? Sein klassischer dunkler Typ erinnerte an einen kühleren, distanzierteren Tom Cruise.

Nicky Danger, wie Nick sich damals nannte, gab dem Punkzine *Alive 'n' Pumping* ein Interview, in dem er Gift und Galle gegen Tek spuckte. Auf die Frage, welche Bands er mochte oder hasste, antwortete er in bester respektloser Punk-Manier: „Ich finde, Deniz Tek ist ein Arschloch, und sein Gehirn ist so groß wie eine Erbse. Birdman kopieren The Stooges, MC5, die Doors, die Bay City Rollers usw. Rob Younger ist aber ein guter Sänger, das meine ich ernst. Die Pistols sind okay."

Innerhalb eines Jahres sollte Nick mit The Boys Next Door in Sydney auf der Bühne stehen und Sachen sagen wie „Ich hasse Radio Birdman"[12], einfach nur, um einen weiteren unnötigen Seitenhieb auf den Legendenstatus der Band loszulassen – dieses Mal in Birdmans Revier. Das war sehr typisch für Nick, und weder zum ersten noch zum letzten Mal zeigte er sich gnadenlos gegenüber anderen. Das alles passte zur zerstörerischen Punkrock-Kultur aus Bosheit und Respektlosigkeit, auch wenn es trotzdem sehr ärgerlich gewesen sein musste, so offen und schnell fallengelassen und auch noch grundlos beschimpft zu werden. Zu allem Übel hatte sich die „andere" große australische Band dieser Zeit, The Saints, in Sydney unverschämt aufgeführt, nachdem Radio Birdman die Gruppe aus Brisbane in der Stadt willkommen geheißen und Konzerte und Unterkunft für sie organisiert hatte.

Das lose, gangartige Bandgefüge der Saints und der unbändige Humor übten auf jemanden wie Nick Cave eine große Anziehungskraft aus – ganz zu schweigen vom irischen Hintergrund des Sängers Chris Bailey und wie der die Ned-Kelly-Figur aus Nicks Kindheit in Wangaratta heraufbeschwor. Die Intensität von Radio Birdman erforderte eine straff organisierte, sogar kultische Verehrung der Fans, die von ihrem Mahlstrom mitgerissen wurden,[13] wohingegen die ausufernde Bedrohlichkeit und die charakteristische Gefühlsbetontheit der Saints einen viel rücksichtsloseren und poetischen Individualismus feierte. Nick erzählte später von seiner Begeisterung, seine Lieblingsband live zu sehen: „The Saints kamen nach Melbourne, und ihre Konzerte waren das Erschreckendste, was man je gesehen hatte, absolute Anti-Rock-Shows, bei denen der Sänger nicht auf die Bühne kam. Und wenn doch, stand da ein fetter Alkoholiker. Es war so misanthropisch, es war unglaublich, und die ganze Band war so. Sie waren so laut!“[14]

Nick schnitt ein Foto aus einer Musikzeitschrift aus, auf dem er direkt an der Bühne bei einem Konzert der Saints zu sehen ist, wie er mit jugendlicher Aufregung auf den halb liegenden und immer noch singenden Chris Bailey starrt, der in Schweiß und Ruhm gebadet ist. Er trug es jahrelang in seinem Geldbeutel mit sich, bis es schließlich unter seinen Fingern zerfiel, als er Mitte der Achtziger orientierungslos und stoned auf einer verschneiten Straße in West-Berlin stand. Zu dem Zeitpunkt hielten viele Nick für den gefährlichsten und aufregendsten Rockstar der Welt. Und er war genauso am Boden.

Eines Abends im Jahr 1977 nahm Nick LSD. Es war warm, die Musik war laut und erfüllte die Luft. „TV Eye“ von Radio Birdman, „Horses“ von Patti Smith, „Love Comes In Spurts“ von Richard Hell,

„Roadrunner“ von The Modern Lovers, „Personality Crisis“ von den New York Dolls – ein Song jagte den nächsten. Laut anderen Partygästen versuchte der neunzehnjährige Nick, mit bloßen Händen ein Waschbecken aus der Badezimmerwand zu reißen. Alle dachten, er sei verrückt. Doch er war einfach nur sehr „punk“.

Rowland S. Howard stand im Flur und hörte der Musik zu, die aus dem Wohnzimmer dröhnte. Er war siebzehn und total clean, nahm noch kein Heroin und trank noch nicht mal Alkohol. Plötzlich packte ihn jemand an den Jackettaufschlägen und stieß ihn hart gegen die Wand. Ein immer noch tobender Nick Cave starrte ihm aus ein paar Zentimetern Entfernung ins Gesicht und rief: „Bist du ein Punk oder eine Schwuchtel?“

Rowland hatte Nicks Band ein paar Wochen zuvor auf der Party eines anderen Freundes gesehen. Er fand sie nicht besonders gut, doch der Sänger hatte etwas. Nick war sich auf der Bühne bewusst gewesen, dass Rowland im Publikum war. Rowlands Zähne, seine Ohren, seine Augen – er war wie ein Punkrock-Nosferatu in einem Second-Hand-Anzug, ein schwächlicher und bleicher Poser, den man kaum übersehen konnte. Nick sah im Vergleich dazu nicht im klassischen Sinne schön aus, sondern wie das animalische Gegenteil: größer, düsterer, jungenhafter und wild. Rowland schwieg, als Nick ihn gegen die Wand drückte, weshalb Nick ihm noch einmal ins Gesicht brüllte: „Bist du ein Punk oder eine Schwuchtel?!“

Der mächtige, gleichnamige Titelsong des Television-Albums *Marquee Moon* schwappte über sie hinweg, als Nick Rowland in einer Pause freigab. Dann setzten die sich duellierenden Gitarren wieder ein, eine klassische Reprise. Nick schwankte auf die Party zurück, ohne auf eine Antwort zu warten. Die Musik nahm zu und fiel wieder ab, bis sie sich an einer unsichtbaren Küste über ihnen brach. Nick fühlte sich, als würden glitzernde Teilchen in seinen Ohren explodieren. Es war Rowlands Lieblingsalbum des Jahres und maßgeblich für seinen frühen Gitarrensound.

„Am Abend darauf war ich bei einem Konzert, und er [Nick] entschuldigte sich wortreich und überreichte mir eine kleine, von Hand gezeichnete Karte mit dem Weg zu einer Party", erzählte Rowland. „Ich ging dorthin, und es passierte dasselbe. Tracy war auch dort, und ich hielt ihn für einen totalen Psychopathen."[15]

Anfang August 1977 stürzten sich The Boys Next Door offiziell in die Schlacht. Bis dahin, berichtet Nick, waren ihre sporadischen Auftritte auf Schulfeiern, Partys von Freunden und Grillfeiern „absolute Fiaskos" gewesen. „Phill konnte ganz passabel Schlagzeug spielen, aber wir anderen waren völlig unfähig. Ich war ein schrecklicher Sänger." Reverend Arthur Harvey erlaubte seinem Sohn, ein Konzert im Gemeindesaal in Ashburton zu veranstalten, wo The Boys Next Door bereits seit ein paar Jahren probten. Der Abend wurde mit den üblichen von Hand verteilten Flyern und Mundpropaganda beworben. Die Band mochte zwar unerfahren gewesen sein, doch Phill Calvert erinnert sich an Mick Harveys „Antrieb" und wöchentlich stattfindende Proben, die alle nun sehr ernst nahmen. Im Gegensatz zu dem verantwortungslosen Bild, das Nick und Tracy oft abgaben, verfügte die Band mittlerweile über eine hohe Arbeitsmoral und die Überzeugung, dass sie etwas hatten, für das sich die Anstrengung lohnte.

Als The Saints und Radio Birdman Mitte 1977 nach England gingen, hinterließ das ein Vakuum, das die australische Untergrund-Musikszene sofort spürte. Trotz ihrer Punk-Qualitäten waren Radio Birdman und The Saints Bands mit gewandten, kraftvollen Musikern, angeführt von hochgradig charismatischen Sängern und geprägt von Gitarristen, die einer ganzen Generation ihren Stempel aufdrückten. So etwas schüttelte man nicht einfach aus dem Ärmel. Ob es ihnen bewusst war oder nicht, The Boys Next Door hatten das alles. The Saints und Radio Birdman starteten ihre Karrieren von Brisbane und Sydney aus, Melbourne hingegen fehlte immer noch eine Punk-Band von nationaler Bekanntheit, was das ärgerliche Vorurteil des Nordens zu bestätigen schien, dass Sydney eine richtige Stadt war und Melbourne nur Provinz.

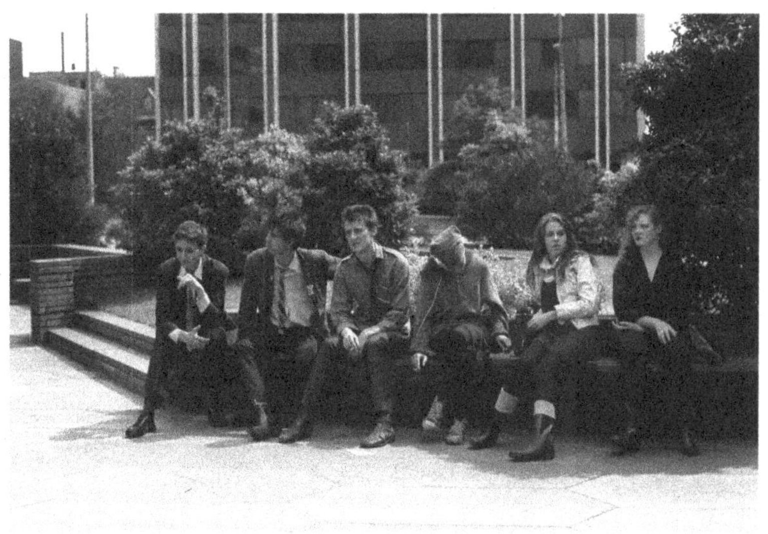

Rowland S. Howard, Nick Cave, Ollie Olsen, Megan Bannister, Anita Lane und Bronwyn Adams vor dem Nauru House, Melbourne, 1977 (Peter Milne)

Das Konzert im Gemeindesaal von Ashburton war der erste Schritt der Boys Next Door nach vorn. Tracy Pews Freund Chris Walsh unterstützte sie vorübergehend als ihr „Manager". Walshs eigene Punk-Band übernahm den Support. Bei The Reals spielten unter anderem Ian „Ollie" Olsen – später ein Guru der elektronischen Musik – an der Gitarre und Garry Gray, der später als der Kettensägen-schwingende Sänger von The Sacred Cowboys berüchtigt war. Die Band versuchte, stoogiger als The Stooges zu sein. Das gelang ihnen zwar nicht, doch sie konnten immer noch genügend stampfende, unheilvolle Aggression verbreiten, um das Punk-Publikum ausflippen zu lassen.

Nick hatte sich den neuen Bandnamen einfallen lassen als „eine Reaktion auf die Namen, die damals populär waren", sagt er. „Die eher vulgären Namen."[16] Mick Harvey gesteht: „Wir wussten [damals] nicht, wer wir waren, wir spielten die Musik, die in gewisser Hinsicht ein Vorläufer von Punk war. Als Punk dann aufkam, dachten wir, oh, das sind wir doch bestimmt, aber natürlich waren wir es nicht. Wir verzerrten das, was wir waren, ein wenig."[17] Harvey deutet an, dass sie nicht nur eine groovy Mischung aus Roxy-Music-Affektiertheit und Garagenrock-Geschrammel sowie Nicks halb-bekiffter Lesung von Alvin Tofflers soziologischen Philosophien aus dem Buch *Zukunftsschock* spielten: „Eine Zeitlang hatten wir auch ‚To Sir, With Love' in unserem Set."[18]

Indem er die Band The Boys Next Door nannte und die Punk-Szene um sie herum aufs Korn nahm, war sich Nick ihrer bürgerlichen Herkunft genauso bewusst wie ihre frühen Kritiker. Doch selbst ihr Roadie, Shane Middleton, blieb zynisch. „Sie waren ein Haufen Weicheier", sagte er. „Sie waren alle auf einer Privatschule gewesen, ein bisschen wie Hugh Grant. Obere Mittelschicht, fast schon adelig, hatten keine Ahnung von den Schattenseiten des Lebens. Bei einer beliebten Bewegung passt man sein Aussehen und sein Verhalten an, um dazuzugehören. Genau das haben sie getan."[19]

Nick ist vorsichtiger, was den Ursprung von The Boys Next Door anbelangt: „Wir haben uns nicht von diesem ganzen Punk-Ding mitreißen lassen und gedacht, oh, Punkrock, da ist alles toll, los, holen wir uns alles, hören wir alles … Wir hörten uns alles an, aber wir konnten differenzieren. Die Pistols fanden wir großartig, ebenso die Ramones. The Damned fanden wir hingegen richtig scheiße. Und wir lehnten auch nicht alles andere ab, als Punk aufkam, wir hörten immer noch The Stooges, Alex Harvey, viel Country und Blues und andere Sachen. Wir vermischten also alle möglichen Einflüsse."

Der Autor Michel Faber hat die junge Band damals für das Studentenmagazin *Farrago* der University of Melbourne interviewt. Er beschreibt Melbourne als „eine Stadt, dessen Zentrum kaum eine Quadratmeile groß war. Um diese bescheidene Metropole herum lagen endlose Hektar Vorstädte voller Eukalyptusbäume, Milchbars, Teppichläden, Pfadfinderhäuser und Veteranenzentren. Musikbühnen, auf denen man etwas Radikaleres als Cover-Versionen der Doobie Brothers, Heavy Rock oder Blues spielen konnte, gab es kaum. Wenn Nick Cave von einem Publikum voller

‚Holmesglen Skinheads' spricht, meint er nicht Skinheads in der britischen Bedeutung. Er meint damit die Einwohner der Vorstadtwüsten mit ihren Shoppingcentern und Barbecues, die Suzi Quatro hörten und nicht Ska."[20]

Diese Einwohner hatten sich im Gemeindesaal von Ashburton versammelt, um sich The Boys Next Door und The Reals anzusehen. Ihre bisherigen Auftritte als Concrete Vulture oder wie auch immer sie sich genannt hatten waren „Fiaskos" gewesen, doch dieser Abend sollte einen Blick in die Zukunft gewähren und in einer einzigen großen Schlägerei enden. Nick erzählte Faber, dass an dem Abend „alle Skinheads – Holmesglen-Skinheads – uns ‚Punks!' entgegenschrien und so was. Und plötzlich wurde mir klar, dass wir Punks *waren,* weil alle sagten, wir seien es. Ich dachte mir: ‚Was tun Punks? Soll ich furzen, scheißen, rotzen, rumspucken oder was?' Also spuckte ich herum und wurde konsequenterweise zu Brei geschlagen."[21]

Julie Cave war im Publikum und liefert einen wohl etwas zuverlässigeren Bericht: „Ich war da, als die Schlägerei ausbrach", sagt sie. „Nick hatte den ganzen Abend gesungen und gespuckt, und das meiste hatte einen Typen getroffen. Und er richtete seine Kommentare immer wieder an diesen einen Typen, spuckte ihn an. Der war eigentlich ein Fan der Band und überhaupt nicht auf Ärger aus. Ich dachte die ganze Zeit, Nick, hör auf, lass den Armen in Ruhe. Aber Nick hörte nicht auf. Als er dann nach einem Drink fragte, reichte ihm dieser Typ Ouzo und Cola auf die Bühne; Nick trank einen Schluck und kippte dem Typen das Glas über dem Kopf aus. Das war der letzte Tropfen … Der Typ packte ihn, und die Hölle brach los. Alle packten irgendwen. Ich dachte immer, Jungen würden Mädchen niemals schlagen, doch dann sah ich, wie jemand einem Mädchen eine Flasche Bier über den Schädel zog. Ein paar einheimische Skinheads nahmen sich Nick vor, und ich sprang dazwischen und schrie: ‚Lasst meinen Bruder in Ruhe!' Es war das reinste Chaos. Chris [Walsh] hatte einen Abdruck am Kinn, wo ihn ein Ellbogen in einem Strickpulli so hart getroffen hatte, dass die Stelle noch tagelang zu sehen war."[22]

Wegen Lärmbeschwerden war die Polizei sowieso schon auf dem Weg und beendete den Abend innerhalb weniger Minuten. Der Gemeindesaal von Ashburton stand der Band dann nicht mehr für Konzerte zur Verfügung.

Das Interesse, das The Boys Next Door daraufhin entgegengebracht wurde, spricht Bände für ihr Charisma. Dass ihre Bühnenpremiere in einer Minirandale geendet hatte, brachte ihnen in der kleinen Untergrundszene gleich einen entsprechenden Ruf ein. Ihr zweites öffentliches Konzert – und das erste professionelle – fand eine Woche später statt, am 19. August 1977, bei der *Cheap Thrills New Wave Rock Show* am Swinburne College, der heutigen Swinburne University, die ihr ständiger Unterstützer Bruce Milne organisiert hatte. Die Band spielte als zweite von drei Gruppen. Rowland S. Howard lachte, als Nick ihm später davon erzählte. „Nick sagte mir, es sei der beste Abend seines Lebens gewesen. Er hatte ein Konzert gegeben, sich betrunken und gevögelt."[23]

Milne war mittlerweile DJ beim College-Radiosender 3SW und hatte schon ein Fanzine namens *Plastered Press* herausgegeben, in dem er allen von den New York Dolls und The Modern Lovers vorgeschwärmt hatte, die es hören wollten. Er war jetzt Mitherausgeber eines auf die lokale Szene ausgerichteten Fanzines namens *Pulp*, zusammen mit Clinton Walker aus Brisbane, der später der wichtigste Historiker der australischen Post-Punk-Szene werden sollte.

Um für das Swinburne-Konzert zu werben, hatte Milne der Band eine kostenlose ganzseitige Anzeige im *Pulp* angeboten. Bei Pizza im Topolino's in St. Kilda gestaltete die Band einen groben Entwurf, der ihren Spaß an Fantasie-Identitäten widerspiegelte: „Nicky Danger (Vcls), Johnny America (Ld gtr), Phill Thump (Dms), Mick Harvey (Gtr) und Buddy Love (Bs). Diese Jungs gibt es schon seit einer ganzen Weile ..." Neben Cover-Versionen wie „Andy Warhol", „These Boots Are Made For Walkin'" und „I Put A Spell On You" spielten sie auch eigene Songs wie „I'm So Ugly" und „Thalidomide Babies (Have More Fun)" und erwähnten sogar „einen

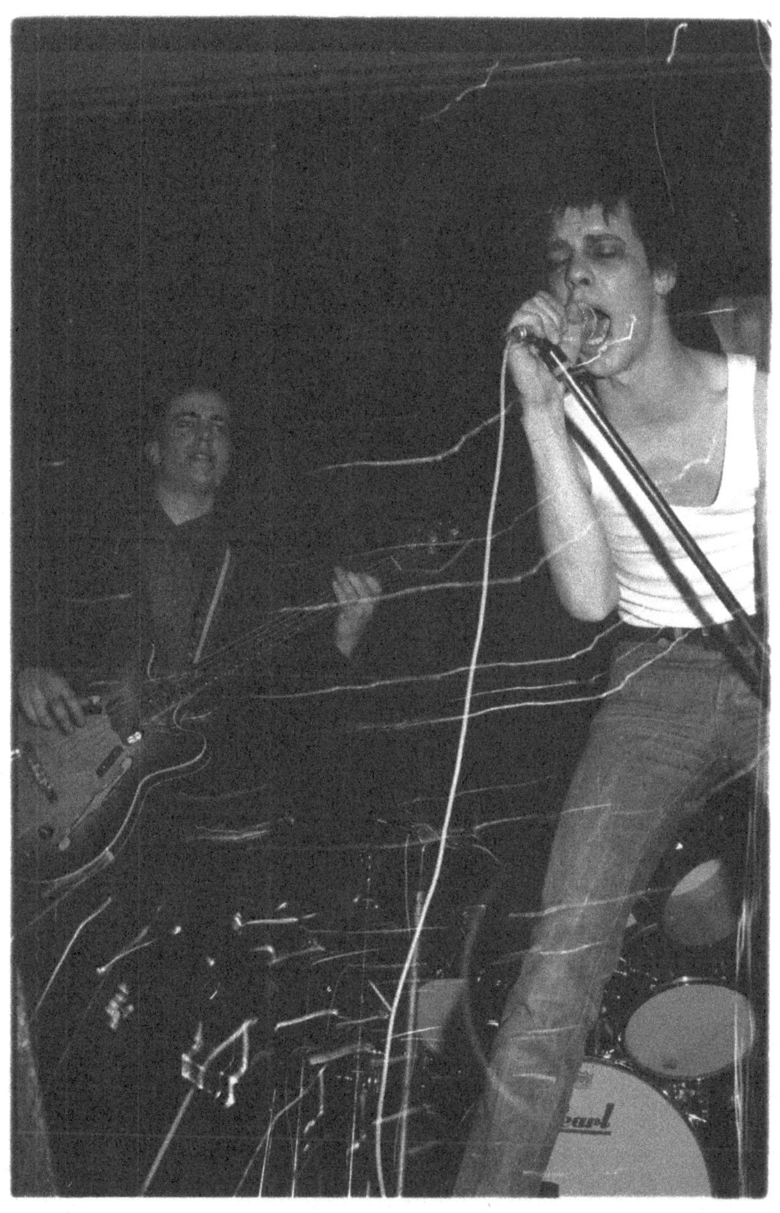

Tracy Pew und Nick Cave, Konzert der
Boys Next Door, Swinburne College, 1977 (Peter Milne)

gewissen Cliff-Richard-Einfluss“. Wie die Anzeige beweist, hatten The Boys Next Door ihre Nicky-Danger-Phase noch nicht hinter sich gelassen.

Da Milne in Melbourne lebte und Walker in Brisbane, deckte *Pulp* zwei Städte ab. The Saints und The Leftovers aus Brisbane und The Boys Next Door und die Young Charlatans (die ihren ersten Auftritt noch vor sich hatten) aus Melbourne dominierten bald den Inhalt. Rowland S. Howard entwarf den Titelkopf, Clinton Walker schrieb eine Rezension für die Februarausgabe 1978, in der er The Boys Next Door als „die beste probende Rock’n’Roll-Band Melbournes“ bezeichnete. Auch wenn *Pulp* nur eine kopierte und zusammengetackerte Angelegenheit war, die vier Ausgaben und fünfzehn Monate lang existierte, war das Fanzine ein überraschend wichtiger Baustein der Netzwerke, die sich zwischen den Musik- und Kunstszenen von Melbourne und Brisbane im Lauf der nächsten fünf Jahre entwickelten. Es säte auch ein paar Samen einer alternativen Musikpresse, die 1979 mit der Gründung von Donald Robertsons freigeistigem Rockmagazin *Roadrunner* in Adelaide aufblühte. Die Szene in Australien war so winzig, dass die Aktionen eines einzelnen Menschen ein Erdbeben auslösen konnten.

Bruce Milne erinnert sich im Zusammenhang an den Swinburne-Auftritt von The Boys Next Door vor allem daran, „dass die Band musikalisch nicht besonders gut war. Und Nick konnte keinen Ton singen.“ Er lacht. „Aber die Band – und Nick – hatte interessante Ansprüche, und das meine ich positiv. Sie hatten eine genaue Vorstellung von dem, was sie taten. Sie wirkten nicht, als hätten sie sich einfach nur ein paar Fotos der Sex Pistols angesehen. Was schrecklich viele Bands getan hatten und auch so klangen. Nick war abseits der Bühne sehr schüchtern. Er wirkte oft … Man konnte ihn für ‚dumm‘ halten – das ist nicht das richtige Wort, aber man merkte ihm den Intellekt nicht an, den er seither in seiner Musik und seinen Texten gezeigt hat. Rückblickend war er sehr gut darin, sich als nackte Leinwand zu präsentieren und alles um sich herum aufzusaugen.“[24]

Die Setlist der Boys Next Door für den Abend verzeichnete „Blitzkrieg Bop“ (Ramones), „Ain’t It Funny“, „I’m Eighteen“

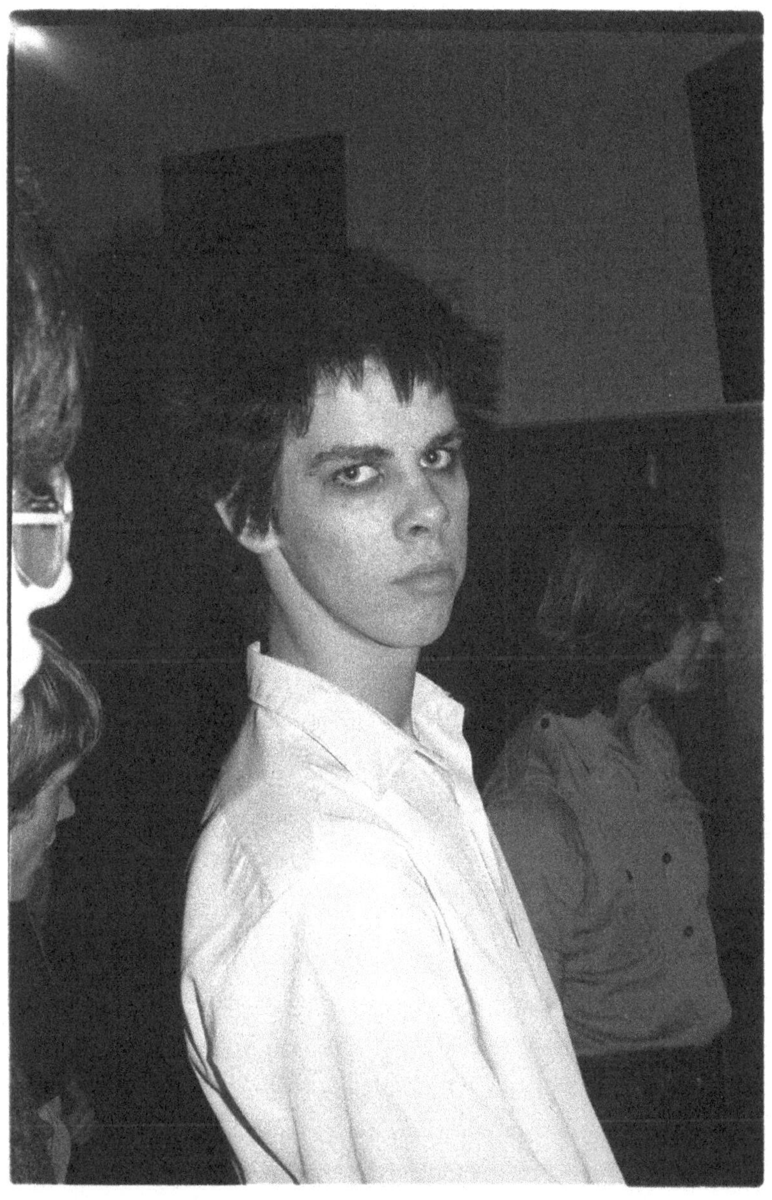

Nick Cave beim Konzert der Boys Next Door, Swinburne College, 1977
(Peter Milne)

(Alice Cooper), „Gloria“ (Them), „Masturbation Generation“, „Who Needs You?“, „I Put A Spell On You“ (Screamin' Jay Hawkins), „Commando“ (Ramones), „My Generation“ (The Who), „Big Future“, „These Boots Are Made For Walkin'“ (Lee Hazlewood/ Nancy Sinatra) und „World Panic“; als Zugabe war der Garagenrock-Dauerbrenner „Louie Louie“ (Richard Berry/The Kingsmen) vorgesehen, den sie im Stooges-Stil spielen wollten. Mick Harvey ist ein wenig beleidigt wegen Bruce Milnes Beschreibung der Band. „Rowland sagte das auch immer, wenn er uns gesehen hatte. Ich glaube nicht, dass wir *so* schlecht waren. Wir konnten ordentlich spielen. Ich fand, wir haben uns gut geschlagen.“[25] Die gespielten Songs dienten erneut als frühe Vorlage für Nick Caves spätere Ästhetik: von der Schockrockromantik eines Alice Cooper und der comichaften Aggression der Ramones über den irischen Straßenköter-Blues von Them zum theatralisch-sinnlichen Voodoo von Screamin' Jay Hawkins. „Ain't It Funny“, „Masturbation Generation“, „Big Future“ und „World Panic“ waren alles von der Band selbst geschriebene Songs mit Nicks ersten Texten, die zum großen Teil überraschend soziologisch und satirisch waren, oft sogar richtiggehend komödiantisch. Die Ausnahme war „Who Needs You? (That Means You)“, der erste und letzte Song, der allein von Mick Harvey stammte, den die Band – in allen Inkarnationen – je spielen würde beziehungsweise den Mick der Band je angeboten hatte. Für eine Teenager-Band war es zu der Zeit ein mutiger Schritt, mit einem Set aufzutreten, das zu beinahe einem Viertel aus selbstkomponierten Songs bestand und bei dem sie die Cover-Versionen auch im eigenen Stil zu spielen versuchten.

Rowland war an dem Abend im Publikum. Jahre später verglich er Nicks Auftritt mit seiner Bühnenkontrolle als erfahrener Künstler Mitte der Neunziger mit den Bad Seeds: „Sie [The Boys Next Door] waren einfach nur eine Garagen-Band, die ‚Gloria‘ spielte, und ich weiß noch, dass sie mich musikalisch kaum beeindruckten, aber sie hatten echten Schwung. Und Nick stellte Dinge mit ‚Gloria‘ an und verschmolz geradezu mit den Songs. Er hatte immer sehr gut Texte improvisieren können, was er heute nur noch selten tut und was sehr schade ist, weil er viele spontane Elemente aus seiner Performance verbannte. Nicht wie er sich optisch präsentiert, aber es ist etwas gekünstelter … Sein Songwriting ist jetzt formalisierter."[26]

Eine Bootleg-Aufnahme des Swinburne-Konzerts zeigt eine überraschend selbstbewusste junge Band mit verblüffendem Einsatz von Nick als Sänger. Er verschleiert den Text von „Gloria" mit einer streitlustigen Spoken-Word-Improvisation, die auf „Loose" von The Stooges Bezug nimmt und damit einen in die Länge gezogenen, ungeheuer intensiven Geschlechtsakt auf der Bühne heraufbeschwor. Man musste sich fragen, woher so viel erotische Wut stammte. Und wer würde sie in eine liebevolle Beziehung überführen können?

Anita Lane war so ein Mädchen, das alle bemerkten. Rowland stellte sie Nick etwa eine Woche nach dem Swinburne-Konzert der Band vor.

„Ich habe Anita auf einer Party kennengelernt", sagt Nick. „Rowland war auch dort. Ich glaube, er war immer irgendwie in Anita verliebt. Und sie war eine unglaubliche Naturgewalt. Im Wohnzimmer spielte sehr laute Musik. Und aus irgendeinem Grund begann sie, mit mir zu reden. Du glaubst es vielleicht nicht, aber an dem Punkt meines Lebens waren Frauen nicht besonders an mir interessiert. Ich hatte meine Talente, aber Frauen gehörten ganz bestimmt nicht dazu. Wie auch immer, sie begann eine Unterhaltung mit mir, und ich konnte nicht hören, was sie sagte. Sie war so wunderschön, dass ich stundenlang einfach nur genickt und ‚Ja' gesagt habe. Dann beugte sie sich plötzlich dicht zu mir und sagte: ‚Ich glaube, ich verliebe mich gerade in dich.' Ich packte sie nur. Ich verstand es so, dass die Schleusen geöffnet waren. Und wir tanzten in die Nacht. Und in dieser Nacht kamen wir zusammen.

Tracy hatte damals auch eine echt nette Freundin [Gina Riley, bekannt aus *Kath & Kim*]. Man darf nicht vergessen, dass wir auf einer reinen Jungenschule gewesen waren – wir hatten noch nicht viele Mädchen in unserem Leben gekannt. Ich weiß noch, wie Tracy und ich einmal losfuhren, um sie abzuholen. Anita und Tracys Freundin warteten an einer Bushaltestelle auf uns. Anita trug schokoladenbraune, kniehohe Wildlederstiefel und einen Minirock. Tracys Freundin etwas Ähnliches. Und ich sah Tracy an und sagte: ‚Verdammt, besser wird es nicht!'

Anita und ich wollten beide Maler werden. Sie hatte einen sehr feinen Strich, sehr selbstbewusst und sicher, aber auch sehr verletzlich und wunderschön und völlig ungekünstelt", erzählt Nick und fährt mit dem Finger durch die Luft. „Ich habe immer versucht, so einfühlsam zu malen. Aber meine Art zu malen ist anders. Sie ist kühn und hart und hässlich. Anitas Malweise hatte immer etwas Magisches an sich, das mir fehlte. Brett Whiteley hatte in seinen Gemälden auch ein wunderbares Gespür für Linien. Heutzutage kann ich das ein wenig in einen [handgeschriebenen] Text oder ein Doodle einbringen. Doch Anita hatte das rohe Talent, eine große Künstlerin zu werden. Ihre Pastellkreidenbilder waren außergewöhnlich. Sie konnte auch richtig grausame Karikaturen. Sie war jemand, der nie etwas versuchen musste. Es war fast schon kriminell, wie viel Talent sie hatte. Aber sie hatte auch etwas in sich, das sie davon abhielt, sich wirklich darauf einzulassen. Ich glaube, die Gründe könnten in ihrer Vergangenheit liegen …"

Nick hält inne und denkt über seine nächsten Worte nach. „Wir waren einfach unterschiedliche Menschen. Vielleicht haben wir deshalb so gut miteinander funktioniert. Ich weiß noch, wie sie einmal zu mir sagte: ‚Wenn dich ein Auto anfahren würde, dann würdest du nach deinem Stift greifen und versuchen, aufzuschreiben, wie es war, bevor du stirbst.' Ich glaube eigentlich nicht, dass ich so war, als wir uns gerade kannten, aber mit der Zeit war ich immer mit vollem Einsatz dabei, egal, was gerade geschah. Ich glaube, man muss spüren, dass es Teil der eigenen Persönlichkeit ist. Und ich glaube, Anita spürte, dass es um größere Dinge ging als um ihre Kreativität. Es war sehr frustrierend – weil sie besser als alle anderen war. Und damit will ich sagen, dass sie mehr angeborenes Talent hatte als fast alle, die ich je getroffen hatte. Sie interessierte

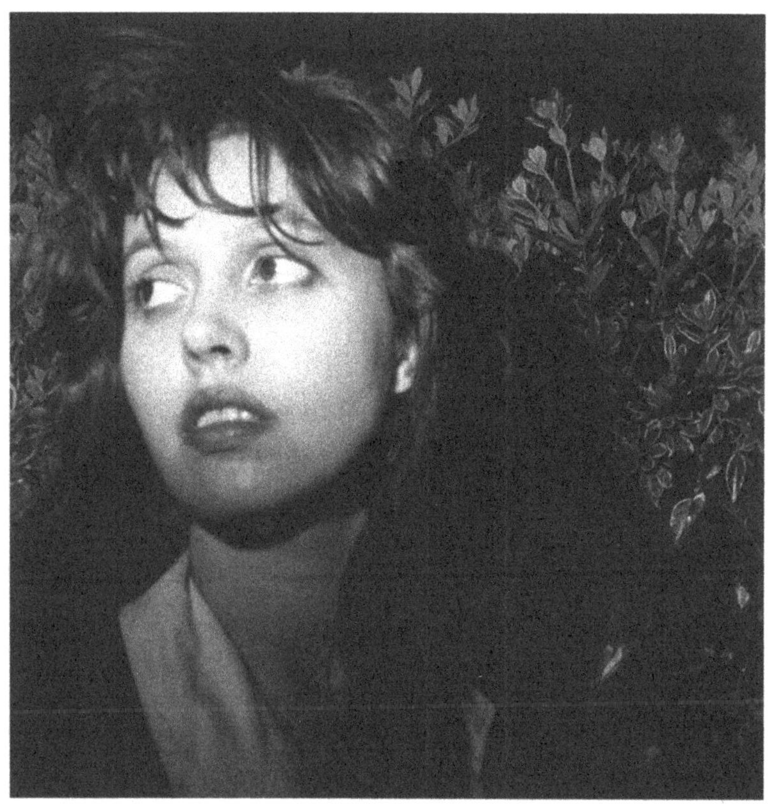

Anita Lane, Seaview Ballroom (Crystal Ballroom), späte 1970er (Peter Milne)

sich unglaublich für Theorien, Vorstellungen, und es war sehr, sehr spannend mit ihr. Und sie hatte auch keinen Respekt vor Dingen. Nach dieser ersten Nacht waren wir unzertrennlich. Bis wir getrennt wurden …"

„Sie hat viele Leute beeinflusst, nicht nur mich. Alle werden das sagen. Anita war ein wunderbarer Mensch. Anita ist ein wunderbarer Mensch. Ich glaube, sie könnte es gerade nicht leicht haben. Und dass sie es schon länger nicht leicht hatte", sagt Nick. „Zeit ist vergangen. Und sie kämpft immer noch mit ihren Dämonen … Es ist nicht leicht, darüber zu sprechen. Ich bin nicht stolz auf das, was ich damals getan habe. Aber ich konnte nicht damit aufhören."

Ihren dritten Auftritt hatten The Boys Next Door am 14. September 1974 als Vorgruppe von Keith Glass And The Living Legends (aus denen schon bald KGB oder The Keith Glass Band werden sollte) im Tiger Room in Richmond. Glass war ebenfalls von Anfang an begeistert von The Boys Next Door, auch wenn seine Bedeutung für die Band erst später deutlich wurde. Glass war „cool" im klassischen Sinn und nicht der Typ, der sich leicht von radikalen Posen, Punk oder was auch immer beeindrucken ließ. Er war ein talentierter Musiker und Songwriter, der schon sowohl in einer barocken Sechzigerjahre-Acid-Pop-Band gespielt als auch in Sydney im Musical *Hair* mitgewirkt hatte – wobei er als erster Mann völlig nackt auf einer australischen Bühne aufgetreten war.[27] Dank seiner Leidenschaft für obskuren Rockabilly, Country, Blues und australische Garagenrock-Bands der Sechzigerjahre eröffnete er Anfang der Siebzigerjahre Melbournes führenden Plattenladen für alternative Musik, Archie 'n' Jugheads. Bei dem Umzug in die Flinders Lane änderte das Geschäft 1976 den Namen zu Missing Link und wurde, wie er sagt, „die Zentrale des Punk".

Glass mochte bei The Boys Next Door von Anfang an, dass „die Band originell war. Sie machten das Punk-Ding, versuchten aber, die Klischees zu vermeiden. Heute ist das schwer zu erkennen." Er spürte sofort „etwas Elvis-Artiges bei Nick, das ich großartig fand". Auf Glass' Einladung hin wurden The Boys Next Door die ständige Vorgruppe für KGB im Tiger Room. Glass scherzt, dass „unsere Konzerte als Hausband innerhalb von sechs Monaten von Pogo tanzenden Punks überrannt wurden, die verlangten, dass wir schneller spielten. Wir beschlossen, woanders aufzutreten und ihnen die Location zu überlassen."[28]

Deborah Thomas war an dem ersten Abend im Tiger Room. Nick war „sehr unterhaltsam und furchtbar betrunken", erzählt sie. „Er hatte uns gerade erst erzählt, dass er in einer Band spielt und dass sie dort auftreten würden … Wir alle dachten daran, wie schüchtern er war und fragten uns, wie er wohl sein würde. Aber dann war da so viel Energie, wow! Sie stellten eine Frau namens ‚Vulva' auf der Bühne vor, eine ziemlich große Frau, die das Publikum mit Hackfleisch bewarf, während er ‚These Boots Are Made For Walkin'' sang. Was für ein Auftritt. Der schüchterne Nick."[29]

Jenny Watson sah Entertainerqualitäten: „Er war und ist ein perfekter Performer, fast wie ein Comedian. Bei den ersten Konzerten der Boys Next Door im Tiger Room blinkte ein rotes Neonlicht auf der Bühne im Takt zur Musik. Es war eine richtige Show, eine Show wie in Las Vegas. Und so ist es, wenn man Erfolg hat, vor allem riesigen Erfolg – man wird ein Entertainer."[30]

Die Schriftstellerin Tobsha Learner war ein früher Stammgast im Tiger Room und später im Crystal Ballroom, wo The Boys Next Door über ihr Königreich herrschten. „Mr. Cave hatte immer ein sehr genaues Gespür dafür, was für ein Bild er abgab", sagt sie. „Und das war vom ersten Moment an sehr strukturiert. Er war sehr selbstbewusst, sehr selbstsicher. Wie er sich artikulierte, sein Aussehen, seine Bewegungen, alles war sehr inszeniert. Ich finde, Rowland war damals der schönste Mann der Band – er sah geradezu ätherisch aus. Doch Nick hatte etwas Besonderes an sich, und das hat ihn so schnell aus Melbourne und aus Australien herausgehoben. Es unterschied ihn von nahezu allen anderen, das konnte man sehen."

Learner beschreibt den frühen Nick Cave auf der Bühne als „Gott im Scheinwerferlicht" und erzählt, dass alle Frauen in der Szene unbedingt Nick sehen wollten: „Man spürte das Verlangen, den Sex, den er mit seinen Bewegungen heraufbeschwor, tief in sich. Er war wirklich absolut fesselnd. Aber er konnte voll da sein und dann wieder nicht." Sie meint damit, dass es schien, als könne Nick einen Schalter umlegen. Nach einer Weile konnte er diese Fähigkeit bis ins Letzte ausnützen, manchmal auch brutal. „Er war der Sänger. Er verkörperte das Unerreichbare", sagt Learner, „und dadurch wirkte er wie jemand, aus dem etwas Großes werden würde. Man wusste schon damals, dass man gerade einem Zug hinterhersieht, der den Bahnhof verlässt. Das war von Anfang an klar."[31]

Karen Marks fungierte seit Anfang 1977 als Managerin für The Boys Next Door. Marks war nur ein paar Jahre älter, doch für die

Band zählte sie damit zu einer älteren Generation. Sie war bereits dabei, sich einen Namen als Rockjournalistin zu machen und war bekannt in der Szene. Während ihrer Zeit als Managerin der Boys Next Door war sie mit dem legendären Ross Wilson von Daddy Cool zusammen (der zum Fan von The Boys Next Door wurde)[32], und mit dem ebenso legendären Greg Quill von Country Radio und Southern Cross. Sie wohnte außerdem mit Greg Macainsh von Skyhooks zusammen und mit Jenny Brown, einer der führenden Rockjournalistinnen der Zeit. „Es war einfach eins dieser Häuser", meint Marks lachend.

Am deutlichsten weiß sie noch, dass Phill Calvert sie als Erstes ansprach, ob sie die Band managen wolle. „Phill wusste, dass ich viele Kontakte hatte, das hat er offen zugegeben. Das war okay. Ich war überrascht, dachte mir aber auch, warum nicht? Ross hat mich bestärkt. Letztens war ich bei einer Podiumsdiskussion, und jemand stand auf und sagte, wie chauvinistisch die Punkszene damals gewesen sei, aber ich sehe das nicht so. Dass die Jungs zu mir kamen und mich als ihre Managerin haben wollten, war ziemlich ungewöhnlich. Es gab auch viele junge Frauen, die in Bands spielten, als wäre es keine große Sache. Ich habe es alles andere als chauvinistisch in Erinnerung. Wenn ich zurückschaue, gab es da mich und Caroline Coon, die in Großbritannien Managerin von The Clash war. Zwei Frauen, die sich um zwei Bands kümmerten, die zu den wichtigsten dieser Zeit gehören.

Ich muss sagen, Phill war der organisierteste, der professionellste und der ehrgeizigste von ihnen", sagt Marks. „Er und Mick Harvey waren dafür verantwortlich, dass es die Band gab. Meiner Meinung nach *gäbe* es in musikalischer Hinsicht keinen Nick Cave ohne Mick Harvey. Für mich ist Mick für Nick, was Lenny Kaye für Patti Smith ist. Die Geschichte sähe um einiges anders aus ohne diese unterschätzten Beziehungen. Viele verstehen so etwas oft nicht oder sehen es nicht. Aber es ist so wichtig und muss gesagt werden."[33]

Nach ihrer Nacht mit Nick Cave erzählte Anita Lane ihren Freundinnen und Freunden, dass sie einen richtig hässlichen Typen kennengelernt hätte. Was überhaupt keine Beleidigung war, sondern in ihren Augen ein Kompliment. Nick fand sich auch hässlich. Doch nicht auf die originelle oder skurrile Art von Anita Lane. Im Gegensatz zu seinem späteren Status als ultimatives Fotomotiv des Rock neigte Nick dazu, auf Herabwertungen mit unverhältnismäßigem Ärger zu reagieren und mochte nicht, wenn man ihn abseits der Bühne fotografierte. Fotografen wie Anton Corbijn und Polly Borland, eine enge Freundin von Nick, sahen, wie schwierig er sein konnte, selbst auf dem Höhepunkt seines Ruhms. „Die Leute halten Nick für sehr fotogen", sagt Borland, „doch das ist er gar nicht. Er mag sein Aussehen nicht, und das kann zu vielen Problemen führen. Nick hat Jahre gebraucht, um mir zu vertrauen und zu glauben, dass ich ein gutes Foto von ihm machen würde. Ich habe mir oft geschworen, ihn nie wieder zu fotografieren. Ich erinnere mich immer noch an den Tag, als ich ihm das erste Mal etwas vorgelegt habe, das ihm gefallen hat. ‚Siehst du, Nick, ich kann tatsächlich ein gutes Foto machen.'

Erst in den letzten zehn Jahren konnte er sich vor einer Kamera entspannen. Vorher ging das einfach nicht. Und er war immer schwierig, wenn er Drogen genommen hatte. Er fühlte oder verstand nie richtig, dass er wunderschön war. In echt sieht er besser aus. Ungewöhnlich und attraktiv – diese Mischung ist schwer zu erfassen. Ich glaube, als Heranwachsender mochte er sich nicht und bekam auch nicht viel Bestätigung. Er bezeichnet sich sogar selbst als Freak. Ich vergleiche Nick mit Marilyn aus *The Munsters* – denn er ist ein Freak: Er wuchs in einer vorstädtischen, total normalen Familie auf. Schaut euch den Rest seiner Familie an und dann ihn. Wie ist er da hineingeraten?"[34]

Wie Anita Lane hatte auch Polly Borland Nick Ende 1977 kennengelernt. Ihr damaliger Freund war Pierre Voltaire (der Bühnenname von Peter Sutcliffe, auch bekannt als Mr. Pierre). Voltaire entwickelte sich zum Hofnarren der Szene, sein Humor hatte eine bösartige, respektlose Seite, die zur Krawallattitüde des Punk passte. Borland selbst war gerade erst aus London zurückgekehrt, auf dem Höhepunkt der Sex-Pistols-Explosion. Ihre Haare waren grellpink gefärbt, ihre Strumpfhosen zerrissen. „Ich hatte immer Probleme mit meinem Gewicht, das mein ganzes Leben lang stets geschwankt hat", erzählt sie. „Ich erinnere mich noch an meine erste Begegnung mit Nick. Pierre sagte zu ihm: ‚Das ist die dicke Polly.' Nick war immer wirklich nett zu mir und verstand, wie es mir ging. Sobald Pierre das gesagt hatte, erwiderte Nick: ‚Sie ist nicht dick.' Ich weiß, was viele über Nick sagen, dass er ein Frauenfeind ist und so, aber das erforscht er in seiner Arbeit. Er selbst ist nicht so. Nick war vom ersten Moment an sehr nett zu mir, sehr einfühlsam. So ist er wirklich."[35]

Nicks Mitgefühl für künstlerische Außenseiter wurde mit der Zeit nur noch stärker. Er gibt zu, dass „ich mich mit mir selbst immer unwohl gefühlt habe. Ich lerne immer noch, mich mit gewissen Aspekten anzufreunden, was es heißt zu leben und ein Mensch zu sein. Je bekannter man wird, desto weniger kann man eine normale Beziehung zur normalen Welt haben. Ich beschwere mich nicht, ich habe es ziemlich gut getroffen. Man kann sich nicht vorstellen, wie isoliert Michael Jackson gewesen sein muss."

Auch wenn er ebenso sehr von der Natur des Ruhms sprach wie von seiner eigenen Körperlichkeit, gibt es Parallelen in Nicks Hintergrund. „In der Schule war ich ein Anti-Frauenmagnet", sagt er und meint es nur zum Teil witzig. Erst als er sich einer Band angeschlossen hatte, „änderte sich sofort alles, was meine Attraktivität anging". Als Anita Lane seine Freundin wurde, hatte Nick schon eine Menge „Selbstporträts an der Caulfield Tech gemalt. Sie waren sehr unschmeichelhaft, expressionistisch, figurativ. Er war ein großartiger Maler. Das ist er immer noch, finde ich. Die Dozenten an der Kunsthochschule mochten ihn überhaupt nicht", erzählt sie.[36]

Zu dem Zeitpunkt war Nick auf dem besten Weg, in seinem Studium zu scheitern. Er war zu faul, eine frische Leinwand aufzuspannen und klatschte ein neues Bild einfach über ein altes. Für seine Hauptarbeit am Ende des zweiten Studienjahres reichte er ein Bild eines Gewichthebers aus einem Zirkus ein, der einer Ballerina unters Kleid schaut. Eine gepunktete Linie verband die Augen des Muskelmannes mit dem, was Nick „den Unterbau der Ballerina" nannte.

Für seine Lehrer war das ein schlechter Scherz, sogar ein Zeichen der Verachtung für die Institution. In typisch verdrehter Manier erinnerte es an ein Ereignis aus Nicks Familiengeschichte: Ein Junge an der Wangaratta High School hatte sich schlecht benommen, und Colin Cave hatte ihn dazu verdonnert, in einer seiner Theaterproduktionen mitzuspielen. Laut einem Artikel in der Schulzeitung hatte der Junge „allen die Show gestohlen, indem er sich sehr deutlich am Rand der Bühne gebückt und den Mädchen, die Feen darstellten, unter die Kleider geschaut hatte. Er hatte großes Gelächter geerntet." Hinter dem, was Nick heute „ein ganz schön dummes Bild" nennt, könnte noch etwas anderes stecken: der wütende Sohn, der eine Arbeit inszenierte, die seine Zukunft an der Kunsthochschule endgültig zunichtemachte und mit der er seinem Vater eine versteckte Botschaft zukommen ließ.

Nicks Beziehung mit Anita Lane, einer lebendig gewordenen Lolita, musste die Spannungen mit seinem Vater, die er ständig herausforderte, noch verstärkt haben. Ned Kelly, *Schuld und Sühne,* Brett Whiteley, The Stooges, die New York Dolls – Nick baute sich eine Identität als Künstler auf, die auf einer vererbten und unterschwelligen Auseinandersetzung basierte, die er mehr fühlte als wirklich verstand. Ironischerweise hatte es Poppa Frank Cave immer geärgert und vor ein Rätsel gestellt, warum Colin lieber klassische Musik hörte und nicht die Pop- und Folk-Songs, die seinem Vater gefielen. Poppa war auch „sehr materialistisch", erzählt Dawn Cave, und fest entschlossen, dass sein Sohn „niemals predigen oder unterrichten solle. Er hatte Colin in der Werbung unterbringen wollen."[37] Natürlich wurde Colin, nach einem kurzen Flirt mit dem Journalismus, ein leidenschaftlicher Lehrer. Sein Kampf für seinen eigenen Weg, entgegen Frank Caves Forderungen, war mit ein Grund für Colins Toleranz gegenüber der unberechenbaren Selbstbestimmung seines Sohnes.

Anita Lane hat einmal angegeben, dass sie bei ihrem Kennenlernen siebzehn und Nick neunzehn gewesen sei. Ein paar Wochen danach wurde Nick zwanzig. Zu ihrem Geburtsdatum und ihrem Alter gibt es keine verbindlichen Angaben, was zum Teil auch an ihrem Babydoll-Image und ihrer Stimme liegt. Die meisten Leute meinen, dass Lane sechzehn war, nicht siebzehn. „In diesem Alter hat man sich noch für nichts entschieden", sagt sie. „Man ist völlig offen, und die Welt soll einem alles zeigen, nachdem man die Pläne der eigenen Eltern für ihr Kind abgelehnt hat. Das war der Ausgangspunkt: Rebellion. Man springt einfach allem in die Arme, was einem so über den Weg läuft, und genau das haben wir getan … Punkrock hat jeden zum Leben erweckt, denke ich, das Gefühl, das damals vorherrschte. Für uns war es etwas seltsam, weil wir weder arm waren noch aus der Arbeiterklasse stammten oder wütend waren. Was waren wir? Ich weiß es nicht. Mir war immer egal, was andere Leute machten oder was gerade Mode war. Mein damaliger Geschmack war zufällig gerade Mode, und so ging es Nick wahrscheinlich auch. Wir waren zufällig zur richtigen Zeit da."[38]

Dawn Cave erzählt, als Nick Anita zum ersten Mal mit nach Hause brachte, „war sie wie eine kleine Puppe in einem gelben Regenmantel mit schwarzer Paspel".[39] Davina Davidson erinnert sich auch, Anita Lane Ende 1977 kennengelernt zu haben, kurz nachdem Anita und Nick ein Paar geworden waren. Die drei spazierten gemeinsam durch die Straßen von St. Kilda. „Anita trug schwarze Leggings, ein schwarzes, langärmeliges Shirt, dunklen Eyeliner um die Augen und leuchtend rosa Gummistiefel. Die Wirkung war atemberaubend", sagt Davina. „Das war vor fünfunddreißig Jahren. Damals zog sich niemand so an. Es war in jeder Hinsicht Kunst."[40]

Anita war der Liebling ihres Vaters. Er war schon ziemlich alt und vergötterte seine einzige Tochter, die er überall hin fuhr. Ihr zwei Jahre älterer Bruder John erfüllte die Wünsche seiner Schwester genauso bereitwillig. Anita war auf eine Rudolf-Steiner-Schule gegangen und ein Freigeist, für ein Leben als Künstlerin bestimmt. Ihre Mutter Pearl war berühmt für ihre Intelligenz und ihren frechen Humor. „Pearlie war lustig, ziemlich extravagant", erzählt Dawn Cave.[41] Anita kam mit ihrer Mutter leider nicht gut aus, die sie manchmal als „Dirty Pearl" bezeichnete. Pierre Voltaire beschreibt Pearl Lane nüchterner als „absolutes Miststück".[42]

Im Mittelpunkt einer Unterhaltung über Anita Lane stehen meistens ihre Schönheit und ihre ungewöhnliche Art. Nicks beste Freunde zur damaligen Zeit, abgesehen von Tracy Pew, Rowland S. Howard und Pierre Voltaire, waren verzaubert. Sie waren nur der Anfang einer langen Reihe von Männern, die von Lanes vielversprechendem Talent geblendet und, in der Rückschau Jahre später, seltsam traurig darüber waren, was daraus geworden war. Lanes einprägsamstes Merkmal scheint ihre Stimme gewesen zu sein, die hoch und dünn war, zart wie die eines Kindes. Sie verdeckte, was Nick als „Anitas Fähigkeit, Menschen mit einer einzigen Bemerkung zu vernichten" beschreibt. Später schrieb er den Birthday-Party-Song „Zoo Music Girl" für sie. Zu einem Dschungelrhythmus schrie er eine sexverrückte B-Movie-Horrorgeschichte heraus, die die innere Wildheit zelebrierte.

Deborah Thomas sagt, Anita hatte „große Augen und ein unschuldiges, wunderschönes Gesicht. Sie war die erste dieser Frauen mit einer irgendwie mystischen Ausstrahlung – nicht im Hippie-Sinn, sondern eher tagträumerisch. In einer Gruppe war sie zurückhaltend. Wenn ich an die Kunsthochschule zurückdenke, fällt mir nicht ein Gespräch zwischen ihr und mir ein, obwohl sie jeden Tag mit Nick dort war [auch wenn sie nicht selbst eingeschrieben war]. Aber sie war jung. Eine Fünfzehn- oder Sechzehnjährige, die mit Zwanzigjährigen herumhing – das ist heute ein großer Altersunterschied und war es damals noch viel mehr.

Sie und Nick hatten eine introvertierte Beziehung. Sie wurden zu einer kleinen Einheit und blieben unter sich. Es war ein bisschen wie bei Yoko Ono, auch wenn ich es nicht gern so beschreibe. Er war völlig vernarrt in sie. Sie hatte einen Jane-Birkin-Look, zwirbelte ihre Haare, ihre großen Augen starrten unter ihrem Pony hervor, die kurzen Röcke, eine leicht verwirrte Ausstrahlung. Sie hatte auch etwas von Nico an sich, diesen Blick. Ich glaube, seine Freunde mochten sie anfangs nicht besonders. Sie nahm ihn ihnen weg. Sie war auch in Nick vernarrt – auf eine unterwürfige Art. Doch sie hatte offensichtlich noch andere Seiten. Nick war zu intelligent und kreativ, um eine dauerhafte, intensive Beziehung mit jemandem zu führen, der nichtssagend war. Sie war ein Mädchen, das ganz bewusst überraschte. In gewisser Weise erinnerte sie mich an Rodins Muse Rose Beuret. Sie hatte so etwas an sich."[43]

Boy Hero

MELBOURNE 1977–78

Am 30. November 1977 kamen einige Mitglieder von Blondie zum Konzert der Boys Next Door im Martini's in Carlton. Deborah Thomas fing ein Gespräch mit ihnen an, aus dem sich eine lebenslange Freundschaft mit dem Blondie-Schlagzeuger Clem Burke entwickelte. Der „erinnert sich immer noch an den Abend, als er The Boys Next Door in Melbourne gesehen hat", sagt sie. „Er fand sie großartig damals. Er liebte die rohe Energie und fand, sie hätten wirklich etwas Besonderes eingefangen. Er hat sich immer gefreut, Nicks Entwicklung aus der Ferne verfolgen zu können und zu wissen, dass er beim Beginn von etwas Großem dabei war."[1]

Blondie tourten durch Australien dank des Charterfolges ihres verführerischen Songs „In The Flesh", der eigentlich eine B-Seite gewesen war. Durch Zufall wurde er in Australien ein Hit, nachdem die Popsendung *Countdown* ihn anstatt der A-Seite „X-Offender" gespielt hatte, angeblich aus Versehen. Sehr viel wahrscheinlicher war es jedoch eine Entscheidung des Moderators Ian „Molly" Meldrum, der auch die Showgäste auswählte und einer der mächtigsten Namen in der australischen Musikindustrie werden sollte. Im Gegensatz zu Deborah Harrys Glamour einer „sexy Wasserstoffblondine mit Baskenmütze und kleinem Schwarzen" strahlte die restliche Band die New Yorker Nachtclub-Dekadenz des CBGB aus, die auf prägende Bands wie The Velvet Underground zurückging. Krankheitsbedingt war Blondies Konzert in Brisbane abgesagt worden, doch auf den Straßen von Melbourne munkelte man, dass hochwertiges Heroin die halbe Band ausgeknockt hätte. Ihre Musik mochte ja wie eine neuere Version von Pop-Bands wie The Shangri-Las und The Crystals geklungen haben, doch Blondie beschworen etwas weitaus Bedeutungsvolleres herauf, eine Vision mit Ray-Ban und erhabenem Sound, der zuckersüß und gleichzeitig düster war.

Nachdem sie The Boys Next Door gesehen hatten, erzählten Blondie dem Moderator von Australiens bekanntester Musiksendung, die Band sei unglaublich aufregend. Meldrum war mit ihnen im Publikum und trotz der intensiven Bühnenperformance der Band wenig begeistert von deren Originalsongs gewesen. Weil Blondie so enthusiastisch waren, schrieb er aber trotzdem ein paar positive Zeilen in seiner wöchentlichen Zeitungskolumne und empfahl The Boys Next Door als Band, die man im Auge behalten sollte. Außerdem schlug er vor, sie sollten ihre Cover-Version von „These Boots Are Made For Walkin'" im Studio aufnehmen.

Innerhalb weniger Wochen wurde die Band backstage im Tiger Room (der etwa zu der Zeit in Tiger Lounge umbenannt wurde) von Barrie Earl angesprochen, der mit Suicide Records gerade das erste große Punk-Label des Landes aufbaute und in der ganzen Stadt nach passenden Bands suchte. Nick sagt: „Er sah aus wie ein typischer Manager aus einem Comic, mit Navajo-Schmuck mit großen Türkisen und einer Zigarre im Mund. So marschierte er in unsere Garderobe in der Tiger Lounge und sagte: ‚Wollt ihr eine Platte aufnehmen, Jungs?' Natürlich wollten wir das."

Earl überredete die Boys Next Door auch, sie managen zu dürfen. Einen möglichen Interessenkonflikt sah darin niemand. Die Band informierte Karen Marks auf wenig anständige Weise, dass ihre Dienste nicht mehr benötigt wurden. Überdreht kamen sie bei ihr an und rauchten dünne Zigarren als Zeichen ihrer neuen käuflichen Zusammenarbeit mit Barrie Earl und dem Label Suicide. An ihrem Verhalten erkannte Karen sofort, dass etwas im Busch war. Sie erinnert sich, dass Nick „mir gesagt hat, dass ich entlassen war. Er saß an meinem Küchentisch und aß Twisties-Käselocken, während er es mir sagte. Er hatte immer diese Attitüde eines Neunzehnjährigen – eine Punk-Attitüde. Doch das Mürrische, Übellaunige, das Junkfood war alles Fassade. Für mich war er nur der schlaksige, picklige Junge mit der umwerfend hübschen Freundin. Er und Anita waren wie Salz- und Pfefferstreuer, sie tauchten überall gemeinsam auf. Als Paar erinnerten sie an die frühen Fotos der Rolling Stones mit ihren wunderschönen Freundinnen. Anita und Nick sahen genauso aus, wenn sie unterwegs waren, schick zurecht gemacht und absolut fantastisch. Sonst war da allerdings nicht viel. Meine Gespräche mit Anita waren immer oberflächlich, und ich habe an ihr nie auch nur einen Funken Persönlichkeit entdeckt. Nichts. Es war alles nur Fassade, bei beiden. Die Körpersprache, o Gott, wie schmollende Teenager, so war ihr ganzes Auftreten, wenn sie vor einem saßen. Ehrlich gesagt, gefiel mir Nicks Musik nie so besonders, bis auf die Cover-Version von ‚Boots'. Es war einfach nicht meins. Ich war mit JPY und Sherbet befreundet; ich mochte The Dingoes und The Sports. Ich wollte einfach nur helfen, und wir hatten alle Spaß. Die Leute tun so, als wäre das Punk-Ding so völlig anders als die Szene davor gewesen, doch wir waren eher eine große glückliche Familie. Wir gingen alle in dieselben Clubs und sahen uns dieselben Bands an, die Punt Road rauf und runter, und im Lauf eines Abends tauchten dieselben Leute auf denselben drei Konzerten auf. Damals dachte ich immer, dass Nick irgendwie nicht echt war … nein … kein Schwindler … Wie soll ich es erklären? Ich dachte immer, er *spielt* sich selbst. Er stellte sich als Schriftsteller-Dichter dar. Aber bei einigen Gedichten und Songtexten dachte ich, O mein Gott, also bitte! Vieles war auch abgeschrieben. Es war nur ein Image. Doch Nick hatte wirklich Erfolg. Mit der Zeit wurde er zu dem, den er ursprünglich nur gespielt hatte. Er ist in das hineingewachsen, was er zu sein versucht hatte. Er hat es wirklich geschafft. Das freut mich für ihn. Er ist jetzt ein echter Künstler."[2]

„Sobald wir bei Barrie unterzeichnet hatten, rief er uns in sein Büro", erzählt Nick. „Wir kamen der Reihe nach herein, und er drehte sich zu uns um und sagte: ‚Habe gerade mit London telefoniert, Jungs.

Punk-Rock ist out, jetzt ist Power-Pop angesagt!' Dann hielt er Tafeln mit Zeichnungen und Fotos von Klamotten hoch, die wir statt unserer normalen Kleidung tragen sollten. Tracy hätte diese hautengen, lederartigen Lycra-Hosen mit Tierprint anziehen sollen. Die gefielen ihm sogar sehr – aber wir sagten uns: ‚Wir machen hier einen Fehler.' Wenigstens die Klamotten haben wir verweigert."

Earl war erst 1977 aus den Vereinigten Staaten und England zurückgekommen, wo er die Punk-Explosion aufmerksam verfolgt hatte. Als ehemaliger Friseur und selbsternannter Impresario orientierte sich Earl an Jake Riviera alias Andrew Jakeman, dem eindrucksvollen Manager von Elvis Costello alias Declan MacManus und einer Schlüsselfigur bei Stiff Records in Großbritannien. Der Leitgedanke des Punk, sich zu reinigen und neu zu erfinden, brachte diverse Namensänderungen mit sich, Opportunismus und unternehmerische Umorientierung, um die reformatorischen Ziele umzusetzen. Die Mauern der Musikindustrie stürzten nicht ein, wie die Punk-Szene gehofft hatte, im Gegenteil, ein schmieriger Kapitalismus blühte auf. Earl witterte ein Geschäft, und bei seiner Rückkehr nach Melbourne überzeugte er Michael Gudinski, den Label-Boss von Mushroom Records, eine australische Ausgabe von Stiff Records aufzubauen – dank der Arbeiten des Grafikdesigners Barney Bubbles alias Colin Fulcher und Slogans wie „Wenn es nicht steif ist, dann ist es auch keinen Fick wert" hatte Stiff Records sich eine bemerkenswerte Identität als Label erarbeitet.

Der Haken war nur, dass Gudinski mit dem riesigen Erfolg von Skyhooks Mitte der Siebziger gerade erst Mushroom als großes Independent-Label etabliert hatte. Buchstäblich im Alleingang hatte er das australische Musikbusiness und einen eigenen australischen Sound bekannt gemacht (nicht zuletzt dank des Songwriting-Talents von Greg Macainsh) und zögerte verständlicherweise, seine schon jetzt ikonische Marke Mushroom zu verwässern. Da Gudinski aber auch ein verschlagener Idealist war, half er Earl trotzdem, Suicide als nominell eigenständiges Label auszurichten, das einen Produktions- und Vertriebsdeal mit dem Major-Label RCA hatte. Es war ein seltsames Arrangement, bei dem Gudinski im Grunde auf zwei

Hochzeiten tanzte. Seine Investitionen waren übersichtlich, gleichzeitig sicherte er sich für Mushroom für die nächsten fünf Jahre Aufnahme- und Veröffentlichungsoptionen auf alle Bands. Nachdem sich der Staub um das Experiment gelegt hatte, bedeutete das im Endeffekt, dass Mushroom sich bei den Überlebenden bedienen konnte. Mit einem Grollen, das an einen alternden Säbelzahntiger erinnert, der durch die musikalische Tundra streift, sagt Gudinski: „Damals begann diese ganze Punk-Scheiße hier im Land erst." Er erinnert sich, dass Barrie Earl „versuchte, eine Produzenten-Manager-Figur nach englischem Vorbild zu sein. Das fand er großartig. Entweder ging es nach Barries Nase, oder man war raus. Nicht gerade der künstlerfreundlichste Ansatz."[3]

Doch Earl arbeitete schnell und effektiv. Bevor das Jahr 1977 um war, hatte er The Boys Next Door und Spred (die sich bald darauf in Teenage Radio Stars umbenannten) unter Vertrag genommen, außerdem JAB, X-Ray-Z und Negatives (die früheren Reals) aus Melbourne, Wasted Daze aus Sydney und The Survivors aus Brisbane. Der Einstieg der Saints in die britischen Top 40 im August 1977 mit ihrer Single „This Perfect Day"[4] und ihr Auftritt in *Top of the Pops* in derselben Woche wie die Sex Pistols und The Jam ließen viele dieser jungen australischen Bands glauben, dass ein internationaler Erfolg in Reichweite war. Trotzdem teilte sich die einheimische Szene bald in zwei Lager: die, die zu Suicide gehörten, und die anderen.

„Wir sagten Barrie, dass es in Sydney eine Band namens The Filth gab, die er unter Vertrag nehmen sollte, wenn er unbedingt eine Punk-Band haben wollte", erzählt Nick mit sichtlicher Freude an der Geschichte. „Sie waren verrückt, gewalttätig, verletzten sich selbst. Also flog Barrie nach Sydney, um sie sich anzusehen. Bei ihrem Treffen rannte der Sänger die ganze Zeit gegen eine Tür, schlug mit dem Kopf dagegen, überall war Blut. Sie wollten keinen Vertrag unterschreiben. Sie quälten ihn die ganze Zeit und warfen einen Stuhl nach ihm. Barrie musste sie ziehen lassen."

Michael Gudinski nennt Barrie Earl „einen geborenen Verlierer", sagt das jedoch mit einer Prise Zuneigung, sogar Lob. „Er ging einfach nicht richtig mit den Leuten um. Aber wenn man mal zurückblickt, wer alles auf *Lethal Weapons* war", einem Sampler des Suicide-Labels aus dem Jahr 1978, „und was aus ihnen und den meisten anderen Sachen wurde, die Barrie angepackt hat, dann hat er wirklich den Nagel auf den Kopf getroffen. Was auch immer Barrie falsch gemacht haben mag, er unterstützte Menschen, denen sonst niemand helfen wollte. Leider war er sein eigener größter Gegner – seiner Zeit voraus und zum Scheitern verurteilt."[5]

Gudinski und Earl gehörten zu einem australischen Musikbusiness, das sich damit übernahm, die kulturelle und unternehmerische Dominanz aus Übersee abzuschütteln. Die übrig gebliebenen Namen konnten genauso brutal wie durchtrieben charmant sein. Manchmal brauchte man aber genau das. Neben Mushroom Records betrieb Gudinski die Agentur Premier Artists, die einen Großteil der wichtigsten Veranstaltungsorte in Melbourne und im ganzen Land buchte: Entweder passten Bands dazu, oder sie hatten keine Möglichkeit zu spielen und ihre Zuhörerschaft zu vergrößern und wurden quasi erstickt.

Keith Glass von Missing Link Records formuliert das Dilemma folgendermaßen: „Australische Musik war automatisch Mushroom-Musik."[6] Wie sein junger Schützling Bruce Milne, der mittlerweile hinter dem Tresen seines Plattenladens in der Flinders Lane stand, war Punkrock für ihn eher eine Gegenbewegung und kein Geschäftsmodell. Glass und Milne galten als Gurus eines Anti-Suicide-Blocks in Melbourne, ohne das selbst angestrebt zu haben. Milne versuchte, Bands vor Verträgen mit Suicide zu warnen und sie dazu zu bewegen, die Schriftstücke vor der Unterzeichnung erst einem Anwalt vorzulegen. Niemand hörte auf ihn.

Karen Marks spricht überraschend wohlwollend über Barrie Earl, den sie wegen der familiären Szene in Melbourne sowohl beruflich als auch privat kannte. „Ich hatte immer viel für Barrie übrig. Ich wusste, er hatte den Jungs in den Ohren gelegen, damit sie bei Suicide unterschrieben, und ihnen gesagt: ‚Ich kann aus euch Stars machen!' Doch ich denke immer noch, dass Barrie großartig war. Gudinski hat ihn benutzt. Barrie hatte immer tolle Ideen, das wussten alle. Er hatte ein sehr gutes Gespür für Trends, dafür war er berühmt. Ohne ihn wäre nichts von dem passiert. Und schließlich hat er ja Nick und The Boys Next Door entdeckt."[7]

Eines erlebte Nick immer wieder: „Nachdem Barrie versucht hatte, uns andere Bühnenklamotten aufzuschwatzen, wurden wir ein paar Tage später in Gudinskis Büro eingeladen. Er schwafelte die ganze Zeit davon, aus uns eines Tages Stars zu machen. Von der alten Garnitur habe ich das im Lauf der Jahre oft gehört. ‚Schau, was ich für dich tun kann.' Etwas in der Art sagen sie alle."

Suicide Records steckten The Boys Next Door sofort mit Greg Macainsh als Produzent ins Studio. Der war nicht nur Karen Marks' Mitbewohner, sondern auch dank des Skyhooks-Phänomens einer der erfolgreichsten Pop-Rock-Songwriter der Zeit. Für The Boys Next Door war es ein ganz schöner Sprung: Sie hatten gerade mal die Teenagerjahre hinter sich gelassen und erst sechs offizielle Konzerte gespielt, und jetzt arbeiteten sie mit einem wirklich originellen und verehrten Mann aus der Musikindustrie an einer Single, die landesweit veröffentlicht werden sollte.

Nicks Erinnerungen sind allerdings weniger enthusiastisch. Er denkt, Greg Macainsh „hatte offensichtlich den Auftrag, unsere Musik in Ordnung zu bringen und sie poppiger zu machen. Ich musste meinen Part singen und dann den Gesang noch einmal manuell zweispurig aufnehmen, um ihn gefälliger wirken zu lassen. Wir wussten nicht, was wir taten. Uns fehlte die Erfahrung, um sagen zu können: Das ist Mist."

„Mich hat das Ergebnis nicht entsetzt", bemerkt Macainsh verschmitzt. Er war einer der älteren Musiker der Melbourne-Szene, denen man jeweils eine junge Suicide-Band zugeteilt und sie mit dieser ins Studio geschickt hatte, um den *Lethal-Weapons*-Sampler zusammenzustellen. „Das Album sollte verschiedene Facetten haben – und es war auch billiger, als einen bekannten Produzenten zu engagieren", sagt Macainsh. „Suicide verfolgte eine ‚Nimm sie unter

Vertrag, spuck sie aus und schau, was hängenbleibt'-Politik. Barrie war ein Gauner, aber er glaubte an das Ganze, und niemand sonst hatte eine Ahnung von dem Punk-Ding, das da in England abging. Ganz bestimmt nicht Michael Gudinski. Barrie war der Bote, er stellte alles auf die Beine. Und Michael machte mit. Damals machte er viele Alben so, und ohne ihn hätte es sie nicht gegeben. Das muss man anerkennen."[8]

Macainsh verstand die Ernüchterung der Boys Next Door. „Zum ersten Mal im Studio die eigenen Aufnahmen zu hören, ist immer erst mal eine Konfrontation und Enttäuschung. Es ist, als ob einem das eigene Spiegelbild nicht gefällt. Ich wusste, dass sie etwas ausdrücken wollten. Sie wussten es auch. Aber sie wussten nicht genau, *wie* sie es ausdrücken sollten. Sie konnten sich die Aufnahmen nur anhören und sagen: So klingen wir nicht." Macainsh fügt hinzu: „Die Band verkörperte immer noch nur eine Haltung. Nick fand ich schwierig. Ich konnte keine Beziehung zu ihm aufbauen. Das ist nicht schlimm. Man muss nicht befreundet sein, um miteinander zu arbeiten. Aber meines Erachtens lebte Nick in seiner eigenen Welt. Und das hat alles erschwert. Nur ein einfaches technisches Detail, dass man zum Beispiel das letzte Wort eines Satzes nicht in Lärm auslaufen lassen sollte; dass ein wenig Intention hinter dem, was gesungen wird, liegen sollte – der Text soll schließlich zu hören sein. Die großen Rocksänger wissen, wie sie ihre Stimmen durch eine Lärmwand hindurch behaupten, im Studio und auf einer Bühne. Nicks Stimme war irgendwie tot. Sie war ziemlich rund, hatte aber nichts, was durchdringt. Das wollte ich erreichen. Er hat seit damals viel gelernt."

Macainsh fügt hinzu, dass Phill Calvert „wahrscheinlich der beste Musiker der Band" war. Mick Harvey war „ein ernster Junge". Tracy hatte einen Fender Coronado Halbakustikbass, der für die Aufnahmen sehr problematisch war, da er ständig Rückkopplungen produzierte, trotz der tiefen Töne, die Tracy liebte, wenn er ihn auf der Bühne spielte. Schließlich lieh Macainsh ihm seinen berühmten Fender L Elektrikbass, auf den ein nackter Frauenoberkörper gemalt war. Mit dem Instrument ließ sich präziser spielen, und Tracy schloss es ins Herz, ebenso wie einige andere Dinge. „Tracy sorgte für einige Diskussionen, weil er ständig Radkappen von Autos auf dem Studioparkplatz klaute. Der Studiobesitzer war nicht begeistert."[9]

Michael Shipley war der Toningenieur bei den Aufnahmen. Macainsh weist darauf hin, dass Shipley gerade mit den Sex Pistols im Studio gewesen war, weshalb das Ganze kein komplettes Fiasko war. Shipley hatte auch mit Queen gearbeitet.[10] Der Sound war klar und scharf und näher am Geist der Band als das, was sieben Monate später dabei herauskam, als The Boys Next Door mit einem anderen Produzenten begannen, ihr Debütalbum aufzunehmen. In der Zwischenzeit half Macainsh ihnen, eine ungestüme, treibende Cover-Version von Lee Hazlewoods „These Boots Are Made For Walkin'" einzuspielen, neben zwei lebhaften, wenn auch wie Standard-New-Wave klingenden Eigenkompositionen, „Boy Hero" und „Masturbation Generation".

Letztere war ein weiterer Seitenhieb von Nick auf das Punk-Etikett, das ihnen alle aufdrückten. Der Song war aus einem betrunkenen Wettstreit mit dem Reals-Sänger Garry Gray entstanden, wer sich den schlechtesten Liedtitel einfallen lassen und etwas Kreatives damit anstellen könnte. Nick schlug „I'm So Ugly"[11] vor, was Gray aber nicht verwendete; Gray gab Nick „Masturbation Generation". Die Plattenaufnahme von „Masturbation Generation" enthielt ein hingerotztes Wortspiel, dass selbst die unglücklichsten Seelen „Suicide" nicht als Ausweg ansehen sollten. Das war typisch Nick, den Ast abzusägen, auf dem er saß, und sich völlig unschuldig zu geben, wenn man ihn nach der textlichen Doppeldeutigkeit fragte.

Nicks Vortrag von „Boots" basierte auf Nancy Sinatras berühmter Version, bei der ihr Songwriter und Produzent Lee Hazlewood gesagt hatte, sie solle „wie eine Vierzehnjährige singen, die Trucker fickt".[12] Als der Song 1966 zum Hit wurde, wurde er oft als Hintergrundmusik für Vietnampropaganda eingesetzt, was seine bedrohliche Ausstrahlung noch verstärkte und ihm zehn Jahre später ein verdrehtes

Punk-Appeal verlieh. Nicks Gesang ist viel garstiger als Nancy Sinatras, der Sound ist härter, hat aber immer noch eine poppige Note. Es ist eine gute Interpretation, die die protofeministischen SM-Untertöne des Originals zu einem stolzen Zeichen von männlichem Narzissmus und eiskalter Grausamkeit umdeutet. Die Liner Notes von *Lethal Weapons* prahlen damit, The Boys Next Door hätten den Song nicht arrangiert, sondern „derangiert".

Live-Aufnahmen, die auf YouTube[13] zu finden sind, zeigen eine eindeutig aggressive Power-Pop-Band, die Eigenkompositionen wie „Secret Life" und „Sex Crimes" am Swinburne College spielt, Songs, die sie nach eigener Aussage lieber aufgenommen hätten. Doch wer hatte schon das Talent oder die Mittel, ganz zu schweigen vom Willen, diesen Sound auf Vinyl zu bannen?

Vielleicht hatte die Band rückblickend recht, und ihre rohen Demos waren besser als die polierten Aufnahmen mit Macainsh. Ein neues Independent-Label wie Suicide, das nach einem Punk-Pop-Crossover für die Charts suchte, hätte solche rohen Songs niemals fürs Radio aufgenommen. In den Anfangstagen der Punk-Ära verstanden nicht viele Leute im Musikbusiness, worum es eigentlich ging, geschweige denn, wie man die Energie auf Vinyl einfangen konnte. Nicht einmal The Boys Next Door. Macainsh hatte recht: Die Band hatte die Attitüde, aber hatte sie auch eine Identität?

Als Nick die Aufnahme von „These Boots Are Made For Walkin'" seinem Vater mitbrachte, lachte Colin darüber. Bach war nicht in Gefahr, von seinem Sohn verdrängt zu werden. Der Schmerz über diese Zurückweisung zusammen mit allem anderen könnte erklären, warum Nick so ausgesprochen negativ auf die ganze Erfahrung reagierte. Und noch mehr zu beweisen hatte.

Gudinski, Earl und Macainsh lagen schon bald dem Hitproduzenten Molly Meldrum in den Ohren, dass er den Boys Next Door doch noch mehr Aufmerksamkeit schenken sollte. Die Band wurde zu einer *cause célèbre* für Suicide und erregte viel Interesse, vor allem, wenn sie live spielte. Bei dem „Punk Gunk"-Abend an Silvester

1977, an dem Nicks Vater ihn spielen gesehen hatte, mussten sie sich gegen Feindseligkeiten ihrer Freunde wehren, die ihnen „Ausverkauf" vorwarfen. Durch den ganzen Hype, den Barrie Earl um *Lethal Weapons* machte, und das viele Marketing hatte sich der abfällige Spruch etabliert: „Sign to Suicide or suicide to sign?" Karen Marks sagt, vielen Bands sei es allmählich peinlich gewesen, daran beteiligt zu sein: „Es war wirklich dumm."[14] Nick reagierte darauf mit einem besonders wilden Auftritt beim Punk Gunk, bei dem er wie ein Besessener sang und auf der Straße herumrollte (sehr zum Missfallen seines Vaters). Er schrie es allen geradezu ins Gesicht, die an ihnen zweifelten.

Drei Monate später, im März 1978, wurde „These Boots Are Made For Walking [sic]" veröffentlicht und zum Startschuss für das Label Suicide. The Boys Next Door konnten „live" in Meldrums *Countdown* spielen, ein beispielloser Coup für eine so neue und aufstrebende Band. Allerdings sollten sie ihre punkige Interpretation von „Boots" zu Playback performen, während das aus zwölfjährigen Mädchen bestehende Publikum sein Bestes gab, nach den Anweisungen der Aufnahmeleitung die Hände zu schwenken.

Die Band hatte sich der Öffentlichkeit mit einem eigenen Song vorstellen wollen, doch jetzt wurden sie durch den Wolf gedreht und taten genau das, was man ihnen sagte. Nick hatte so gewagt und gefährlich wie seine aktuellen Lieblinge, die New York Dolls, sein wollen. Stattdessen hatten sie das Gefühl, sie würden in die Fußstapfen von Teeniebands wie den Bay City Rollers treten. Dass Blondie mit ganz ähnlichen Einflüssen wie The Boys Next Door etwas Eigenes und Subversives erschaffen hatten, erinnerte Nick und die anderen daran, dass es auch anders ging. Nach dem Auftritt bei *Countdown* saß Nick in seinem Zimmer und hörte immer wieder in voller Lautstärke „Personality Crisis" von den New York Dolls. Der Text handelt davon, so von der Popkultur mitgerissen zu werden, dass man sich selbst aus dem Blick verliert. Es wird auch auf eine damals populäre Diskussion in der Psychologie verwiesen, inwiefern das Spielen von Rollen in der Gesellschaft zum Erwachsenwerden von

Teenagern beitrug oder es schädigte. „Was wurde aus dem Begriff Identitätskrise?", fragt Nick, der den Song immer noch laut aus den Autolautsprechern peitschen lässt, als er vierzig Jahre später durch St. Kilda fährt. „Er ist einfach unter einem Haufen anderer Begriffe untergegangen. Aber vielleicht war er zutreffender."

Ein Videoclip von Chris Löfvén, der damals nicht ausgestrahlt wurde, zeigt The Boys Next Door, wie sie „These Boots Are Made For Walking" spielen. Die Band steht in einem weiß gehaltenen Set, das mit ausgeschnittenen Herzen dekoriert ist. Die Idee stammte von Anita Lane. Nick steht auf einem Herz, das von einem Amor-Pfeil durchbohrt wird. Hinter seinem Kopf hängt ein gebrochenes Herz an der Wand. Die Bandmitglieder bewegen sich, als ob sie den Song mit der prägnanten Wucht alter australischer Rock-Helden wie The Easybeats heraushämmern würden. Mit seinem Anzug und der nervösen Theatralik sieht Nick sogar aus wie eine Mod-Glam-Punk-Version des Easybeats-Sängers Steve Wright. Seine aufsässig breitbeinige Haltung am Mikro erinnert mehr als nur ein bisschen an Chris Bailey von The Saints. Nick verkörperte da schon perfekt den Bad Boy, in den man sich verlieben konnte; ein überzeugend stilisiertes Bild, das zeigt, dass die Band das Zeug dazu hatte (wie die Mitglieder von Blondie glaubten), sich auf ihre Weise durchzusetzen, wenn sie nur nicht locker ließ.[15]

Nicks Gedanken wanderten zurück zu Alex Harveys Bemerkung, eine Rock-Gitarre sei mächtiger als eine AK-47. Ja, er brauchte wirklich mehr Schlagkraft.

Mit seinen blitzenden Augen, dem Ziegenbärtchen und der grauen Haarmähne hat Tony Clark etwas von Mephisto, und man kann sich sein Charisma in jüngeren Jahren sehr gut vorstellen. Bei spätabendlichen Trinkgelagen in Clarks winziger Wohnung in St. Kilda bildete sich im Sommer 1978 ein fester Kreis um den Maler, zu dem auch Nick Cave gehörte.

Anita Lane machte sie miteinander bekannt. Clark war ein früher Mentor von ihr und Rowland S. Howard und 1977 ihr Dozent in Kunstgeschichte in ihrem ersten Jahr am Prahran Technical College.

„Ich war nur ein paar Jahre älter als sie, weshalb das keine normale Schüler-Lehrer-Beziehung war", erklärt Tony Clark. „Erst im Lauf der Jahre habe ich erkannt, wie besonders diese Gruppe von Leuten war und was für ein unfassliches Glück ich hatte, sie alle kennenlernen zu dürfen."[16]

Wie Nick rebellierte auch Anita gegen Hierarchien und Regeln. Clark erinnert sich, wie sie versuchte, ihre Freundschaft auszunutzen, indem sie sich weigerte, ihr Jahresabschlussessay einzureichen. Sie schien mit Absicht nicht bestehen und Clark herausfordern zu wollen, sich auf eine andere Lösung einzulassen. „Nun, Nick war ihr zu dem Zeitpunkt völlig ergeben. Er marschierte in die Bibliothek und schrieb ihr ein Essay über Egon Schiele, damit sie das Jahr bestand", erzählt Clark lachend.[17]

Lane und Howard verließen das College Anfang 1978 vor ihrem zweiten Jahr, hielten aber engen Kontakt zu Clark – genauso wie Lanes beste Freundin Lisa Craswell, die ebenfalls Kunst am Prahran Technical College studierte und in die Howard verliebt war. Craswell war das genaue Gegenteil von Lane und ihrer punkigen, rothaarigen präraffaelitischen Schönheit mit einem Hauch von *Lolita*, nämlich eine dunkeläugige, ebenso bildhübsche Brünette, und wenn Anita Lane eine unkonventionelle und ätherische weiße Königin war, dann war sie das schwarze Gegenstück.

Diese starken Individuen bildeten einen informellen Salon, der Nick dazu brachte, seine Vorstellungen komplett neu zu überdenken – nicht zuletzt wegen Anita Lane. „Nick erzählte mir, wie Anita bei ihm zu Hause war", sagt Howard, „und als er aus der Dusche zurück in sein Zimmer kam, las sie gerade seinen Text von ‚Joyride'[18] … Und er war zutiefst gedemütigt, als sie lachte und sagte: ‚Das ist total dumm.' Danach überschlug er sich, um Anita mit seinen Texten zu beeindrucken. Die Band war kein Witz und kein Hobby mehr, und bisher hatte er sich nie ernsthaft um etwas bemühen müssen. Plötzlich traf Nick Menschen, die mehr von ihm erwarteten."[19]

„Tony kennenzulernen war wie ein alternativer Kurs in Kunstgeschichte", sagt Nick. „Die Maler, mit denen ich mich beschäftigte, und Tony auch, arbeiteten alle sehr hart. Sie waren jeden Tag in ihren Ateliers und malten und schufteten von früh bis spät. Daraus habe ich sehr viel gelernt, und daran habe ich auch festgehalten. Rockmusiker sind ja nicht gerade für ihre harte Arbeit bekannt", meint er lachend. „Diese Disziplin und das viele Üben sind mir definitiv aufgefallen."

Auch wenn er am CIT gescheitert war, zeigte Nick überragende Leistungen im Schreiben von Essays und in Kunstgeschichte. Er und Clark konnten sich stundenlang unterhalten. „Als ich mir einen Schnurrbart wachsen ließ, zog Nick mich immer damit auf und sagte, ich sähe aus wie August Strindberg", erzählt Clark.[20] Wie oft bei Nick war dieser Kommentar zu drei Vierteln Schmeichelei und zu einem ein Messer zwischen die Rippen. Clark hielt das aus. Seine Begegnungen mit der aufkommenden Punk-Szene verfestigten seine Leidenschaft für „Außenseiterkunst" und rohe Formen des Ausdrucks, die auf sein eigenwilliges Interesse an klassischer Kunst trafen. Darin entdeckten er und Cave ein gemeinsames Interesse.

Nicks damaliges Lieblingsgemälde war Matthias Grünewalds Kreuzigungsszene des Isenheimer Altars. Er war auch ein Fan der spanischen Renaissance, des Barocks und der Romantik: Der düstere Mystizismus eines El Greco, die sinnlichen, direkten Porträts von Diego Velázquez, Francisco Goyas albtraumhafte Schwarze Gemälde sprachen ihn an. Sehr altmodische Leidenschaften in einer kulturellen Umgebung, die sich der Frühphase der Postmoderne zuneigte. Wie in der Musikszene herrschte das Gefühl vor, die sich im Umbruch befindende Gegenwart führe Krieg gegen die Bedeutung der Vergangenheit. In diesem Kampf stand Nick eindeutig auf der Seite der Traditionalisten und war sogar radikal konservativ. Abgesehen von dem Werk Francis Bacons und Brett Whiteleys konnte sich Nick bei zeitgenössischer Kunst höchstens noch für die Berliner und Wiener Expressionisten des frühen zwanzigsten Jahrhunderts begeistern.

„Es ist kein Zufall, dass Nick [in Anita Lanes Essay] über Egon Schiele geschrieben hat", sagt Clark. „Er hatte sich damals in das Revival des Expressionismus gestürzt. Die Leute interessierten sich mehr für die Kunst der Zwanzigerjahre und früher als für die der Siebzigerjahre. Und Nick fühlte sich auch von bildenden Künstlern angesprochen. Jenny Watson malte 1977 schon früh Porträts von ihm und den Boys Next Door, weil sie so besonders aussahen."[21] Ein angehender, wenn auch abweichlerischer Klassizist wie Nick Cave musste eine Magus-artige Gestalt wie Tony Clark einfach hochgradig spannend finden – und nützlich für seine eigene Entwicklung. Jenny Watson verfolgte aus der Nähe, wie Clark zu einer Art Anführer wurde. „Er hatte dieselben guten Voraussetzungen wie ich", sagt sie, „und das lag daran, dass er nur ein wenig älter war und durch seine kunsthistorische Perspektive einen gewissen Abstand hatte."[22]

Clark kam in Canberra als Sohn eines Diplomaten auf die Welt und ging in England zur Schule. Einen Großteil seiner Jugend in den Sechzigerjahren verbrachte er in Italien. „Ich wuchs im Faschistenviertel von Rom auf, und das war ein Paradebeispiel für faschistischen Klassizismus. Einiges davon hatte auch ein expressionistisches Element; es war nicht alles Glanz, manches war auch irgendwie Art déco", erzählt Clark. „Mir gefielen diese unerwarteten Elemente, die nicht zum Stereotyp der klassischen Welt passen. Vor allem gegen Ende der römischen Kaiserzeit konnte man dort, wo ich wohnte und mich aufhielt, sehen, wie es rauer wurde, und dieser Klassizismus gefällt mir am besten – wenn er aus dem letzten Loch pfeift und immer härter wird, und Künstler, Bildhauer und Architekten auf sehr schematische Weise auf ihre künstlerische Vergangenheit verweisen, die außerdem sehr intensiv und expressiv ist."

Clark verband diesen wilden Klassizismus mit seinen eigenen Erfahrungen, als er in London das Aufkommen von Punk miterlebte, bevor er Ende 1976 wieder nach Australien zurückkehrte. Nachdem er ein paar Monate bei dem Pop-Art-Künstler Martin Sharp in Sydney gelebt hatte, ging er schließlich 1977 nach Melbourne, um seinen Dozentenposten am Prahran Technical College anzutreten. Alles war vorbereitet. Rowland S. Howard lud Clark schon bald ein, sich mit ihm The Saints anzusehen. „Mit ihnen begann etwas, das für alle wichtig werden sollte", sagt Clark nachdrücklich. „Es war, als würde den Leuten ein Licht aufgehen." Auch wenn er eigentlich ein versierter Jazz-Bassist war, übertrug Tony Clark die DIY-Philosophie des Punk auf seine Kunst, nutzte Leinwände und Malutensilien für absolute Anfänger. Während Nick die Kunst für die Musik verließ, ging Clark den umgekehrten Weg. Ihre Wege kreuzten sich zu einem für beide idealen Zeitpunkt.

„Was in Melbourne passierte", sagt Clark, „hat mir das Selbstvertrauen vermittelt, mich voll und ganz in die Malerei zu stürzen. Damals war ich nostalgisch und Teil der Hochkultur – viel mehr als viele meiner Freunde. Aber ich wollte damit keine netten, perfekten Dinge anstellen. Ich versuchte, Expressionismus und Außenseiterkunst als eine andere Seite des Klassizismus zu sehen. Einmal nannte ich es ‚St. Kilda-Klassizismus', was heute nichts mehr bedeutet, aber damals war St. Kilda voll von Drogensüchtigen und Prostituierten und Versagern. ‚St. Kilda-Klassizismus' bezog sich also auf diese klassische Welt, die mir aus meiner Zeit in Rom vertraut war, doch ich setzte den Begriff auf extrem harte und fast schon psychotisch wirkende Weise um, zum Beispiel in Form von sehr, sehr groben Bildern von Tempeln und sehr, sehr groben Darstellungen des klassischen Kanons. Und Nick, das muss man wirklich sagen, unterstützte meine Arbeiten extrem und war ehrlich daran interessiert."[23]

Nick zufolge war Tony „nie ein lauter oder demonstrativer Mensch. Aber er wusste Dinge, von denen wir nichts wussten. Er war jemand, dem wir zuhörten. Lisa Craswell, Anita und ich, Rowland, vielleicht auch Genevieve McGuckin … Wir waren alle begierig. Ich war begierig. Ich bin es immer noch. Und Tony war immer wortgewandt und hochgradig intelligent und wusste, wovon er redete. Wie er über bestimmte Maler sprach und wegen seiner originellen Sichtweise haben die Künstler, die ich durch ihn kennengelernt habe, bis heute einen besonderen Platz in meinem Herzen. Louis Wain ist ein offensichtliches Beispiel. Alberto Savinio ein anderes. Tony würde sagen: ‚Klar, de Chirico ist gut, aber hast du gesehen, was sein Bruder macht?' Tony Clark hat mir also gezeigt, dass es großartige Kunst gibt, aber auch noch anderes, das genauso seine Berechtigung hat und aufregend ist. Das alles hatte einen riesigen Einfluss darauf, wie ich mich selbst sah. Aber ich wusste nicht, wie ich das persönlich oder in meiner Musik umsetzen sollte."

In Anbetracht dieser Bemerkung ist es interessant, über Tony Clarks aktualisierten Begriff für seine eigene Ästhetik nachzudenken und was aus der Zeit und dem entstammte, was ihn und Nick als Künstler geprägt hatte: „Punk-Klassizismus".

Nicks musikalische Freundschaften mit Leuten wie Pierre Voltaire und Tracy Pew fanden in einer Parallelwelt statt, die viel härter war. Voltaire sagt, er hätte die endlosen Gespräche über Kunst „sterbenslangweilig" gefunden.[24] Weder er noch Tracy hatten Lust, Clark daheim zu besuchen. Der Journalist Clinton Walker, ein fester Bestandteil der feierwütigen Tiger-Lounge-Meute um The Boys Next Door, denkt, dass der Kunsthochschulhintergrund und die intellektuelle Betonung ihrer Anfänge völlig überbewertet werden. „Sie waren ebenso sehr ungezogene Schuljungen und Billy Bunters wie David Bowies *Low*", sagt er.[25]

Diese unruhestiftende Seite zeigte sich mindestens einmal bei Clark während eines langen Gesprächs über die Verbindungen zwischen dem französischen Komponisten Erik Satie und Brian Enos Ambient-Experimenten. Tracy Pew fand die Diskussion ein wenig hochgestochen und warf ein, er hätte vor kurzem ein wunderschönes Album mit Klaviermusik gehört, das die anderen vielleicht interessieren könnte. Nick kannte Tracy, spielte mit und fragte ihn völlig ernst, was das denn für wunderschöne Musik gewesen sei. Tracy antwortete trocken: *„Der Clou."*[26]

Die *Lethal-Weapons*-Compilation wurde im Mai 1978 veröffentlicht und enthielt die Single „These Boots Are Made For Walking" von The Boys Next Door, die B-Seite „Boy Hero" und den noch unveröffentlichten Song „Masturbation Generation". Auf dem Cover war eine Pistole abgebildet, aus deren Lauf Blut floss; das Comic-Pastiche basierte auf einem Konzept von Barrie Earl und war von dem Illustrator John C. J. Taylor umgesetzt worden. Zusammen mit dem milchweißen Vinyl war das ein eindrucksvolles Paket. Die Musik war allerdings weniger ausgefeilt als die Marketingkampagne, die mit Slogans wie „Progressiver Pop für moderne Menschen" und „Heute mit Vollgas ins Morgen" warb und zu der kleine Päckchen mit zu der Pistole auf dem Cover passenden „Suicide"-Zimtkaugummimunition gehörten. Mit der Anti-Establishment-Haltung des Punk kam auch das Guerilla-Marketing auf, doch Earl hatte es eindeutig übertrieben. Es wirkte so, als wollte die Plattenfirma zu viel, und mit dem Logo und den Gimmicks erinnerte das Ganze an ein opportunistisches Budget-Label wie K-Tel Australia und weniger an etwas so Cooles wie Stiff in Großbritannien. Viele der Bands reagierten beschämt, wenn nicht sogar offen feindselig. Nachdem Nick dank seiner Beziehung mit Anita Lane in diese gebildete, kultivierte Gesellschaft geraten war, wirkte alles, was mit Suicide zu tun hatte, auf ihn noch haarsträubender.

„Boots" war aus zwei offensichtlichen Gründen der beste Song der Boys Next Door auf *Lethal Weapons:* Er war besser geschrieben als ihre eigenen Songs, und sie trugen ihn mit einer *Nuggets*-ähnlichen Ausstrahlung vor, die kaum zu übertreffen war.[27] So satirisch der Song auch sein mochte, „Masturbation Generation" war im Grunde ein um Aufmerksamkeit heischendes Liedchen mit eingängigen Ramones-Melodien. Die Veröffentlichung bei Suicide untergrub seine rebellische Haltung, egal wie sehr Nick auch versuchte, einen vielsagenden Hinweis im Text unterzubringen, dass ihn niemand besitzen würde. Während ihre Live-Shows immer wilder wurden, überdachte Nick sein Verhältnis zum Publikum, woraus sich letztlich der Konfrontationskurs von The Birthday Party den Zuschauern gegenüber entwickelte. Doch zuerst einmal beschäftigte sich Nick mit dem Schreiben von Listen, zum Beispiel „Dinge, mit denen ich bei The Boys Next Door nicht glücklich bin". Eines der abscheulichsten Verbrechen war in seinen Augen, wie sehr seine Band ihrem Publikum gefallen wollte.[28]

„Boy Hero" war der erste Song, den Nick Cave und Mick Harvey gemeinsam komponiert hatten. Der frühe New-Wave-Sound wartete mit einer sägenden Formel-1-Gitarre von Harvey auf und transportierte textlich wieder Caves Verlangen nach Aufmerksamkeit, indem er von einem Helden erzählte, der in seinem eigenen Beifall ertrank. Angeblich basierte der Text auf einer banalen Zeitungsmeldung über einen Schwimmunfall und konnte als Märchen verstanden werden, das von Nicks zunehmend zugekokstem Held David Bowie inspiriert war.[29] Soundtechnisch und textlich hinkte „Boy Hero" jedoch Lichtjahre hinter dem Thin White Duke her, der immer noch tief in seiner Berlin-Phase steckte, zusammen mit Leuten wie Iggy Pop, Tony Visconti und Brian Eno, die Nick weiterhin aufmerksam im Auge behielt. Von Anfang an sprang Nick auf eine Welt an, die ihn aufnehmen und vorwärtsbringen konnte. Er schien nach Geschichten zu suchen, in die er eintauchen konnte. Jahre später erwähnte Mick Harvey einen weiteren Aspekt von „Boy Hero": Der Song kann auch als die Geschichte eines jugendlichen Ned Kelly verstanden werden, der einen Jungen vor dem Ertrinken rettet. Diese Interpretation verbindet Nicks Text mit Wangaratta, das seine Kindheitsträume geformt hatte.[30]

Alle drei Songs auf *Lethal Weapons* zeigten ein Bewusstsein für die Kluft zwischen öffentlicher und eigener Darstellung, die in der Interaktion mit dem Publikum deutlich wurde, das die Band zwar ansprach und in die Show einband, aber auch angriff. Das narzisstische „Schau mich an, wag es aber ja nicht, mich anzuschauen" war noch jugendliches Kokettieren, eine aggressive, fast schon theatralisch übertriebene Pose. Nicks Texte und Performance zeigten dennoch, dass The Boys Next Door etwas hatten, das sie von den anderen Bands auf *Lethal Weapons* unterschied. Nick erzählte der *Roadrunner*-Journalistin Jillian Burt: „Viele Songs handeln davon, ein Star zu sein und im Ruhm zu ertrinken. Richtig kitschiges Zeug." Dann fasste er mit einfacheren Worten zusammen: „Die Songs sind irgendwie traurig und tragisch, aber auf sarkastische Weise."[31]

Zur Veröffentlichung von *Lethal Weapons* gab Nick dem *Sydney Mirror* ein Interview, in dem er wieder einmal sein Bestes tat, um The Boys Next Door von der allgemeinen Punk-Zuschreibung abzugrenzen. Der ständige Widerspruch begann ihn zu ermüden: „Wir reden nicht über die Gesellschaft", sagte er. „Wir können uns beim Publikum über nichts beschweren – wir sind eigentlich keine wütenden jungen Männer."[32]

Auf dem Sampler waren nur Teenage Radio Stars (mit Sean Kelly und James Freud) so bekannt wie The Boys Next Door, die ihren eigenen Pop-Sound à la Bowie und T.Rex mit einem abfälligen Garagen-Pop-Grinsen klonten. JAB integrierten als Erste Ash Wednesdays[33] Synthesizer-Spiel, zusammen mit der dünnen, schmutzigen Gitarre und dem Cockney-Akzent ihres in England geborenen Sängers Bohdan X (Bohdan Kubiakowski). Sie klangen nach Punk und jeder Menge Spaß, wenn auch nicht besonders komplex; „Blonde And Bombed" war beinahe ein Calypso-Cockney-Rap-Song und außerdem eine urkomische Feier von Bohdans Verlangen nach Deborah Thomas.

Der Humor lag bei australischen Punk-Bands immer dicht unter der Oberfläche. Die graugesichtige Wut des englischen Punk konnte einfach nicht in ihrer ganzen Ernsthaftigkeit in ein sonniges australisches Umfeld transportiert werden. Wenn man nicht zu genau auf den Jim-Morrison-angehauchten Text hörte, stahlen Negatives, Chris Walshs neue Band (wieder mit Garry Gray am Mikro), allen fast die Show mit einem grüblerischen, filmischen Track namens „Planet On The Prowl". Die Band lehnte den Song wegen der von Eric Gradman ohne ihre Erlaubnis aufgezwungenen Produktionseffekte und der atmosphärischen Geige verbittert ab, doch leider waren das wahrscheinlich die besten Elemente. Nachdem Walshs Truppe und The Boys Next Door überall ihren Unmut über Gradmans und Macainshs Arbeit im Studio geäußert hatten, zogen sie sich regelmäßig in Walshs Haus zurück, brüteten über seinen Stooges- und Bowie-Alben und darüber, wie ihre große Vision von Idioten vereitelt worden war.[34]

Der Zusammenhalt innerhalb des Labels brach zu dem Zeitpunkt weg, als Suicide alle Bands gemeinsam auf regionale und überregionale Tourneen schickte. Pierre Voltaire, der sich Teenage Radio Stars ursprünglich als Bassist angeschlossen hatte, wechselte rasch zu JAB. Er sagt, dass bei den Suicide-Konzerten „der Fokus des

Publikums immer auf Nick gelegen hatte. Alle anderen Bands waren wegen Nick eifersüchtig auf The Boys Next Door. Schon damals war er allerdings ziemlich herablassend. Er war ein Kunststudent, kein Rockstar", fügt Voltaire gespielt arrogant hinzu. „Das war die Attitüde. Nick war ein unglaublicher Poser … überzogen und charismatisch vom ersten Moment auf der Bühne an. Diese Seite an ihm ist tatsächlich mit das echteste an ihm."[35]

Als The Boys Next Door in Adelaide zusammen mit Teenage Radio Stars und X-Ray-Z einmal zur Mittagszeit in der Rundle Mall auftraten, sorgten sie für eine kleine Sensation mit der Ankündigung, dass sie „Masturbation Generation" spielen würden. Die Polizei, die das Punk-Event im Auge behielt, drohte, ihnen den Saft abzudrehen, weshalb Nick den Song als „Frustration Generation" ansagte und trotzdem den Originaltext sang. Danach sorgten er und Tracy für noch größeren Aufruhr, weil sie im Stechschritt hinter der Polizei durch das Einkaufszentrum marschierten und von einer Galerie aus den Hitlergruß zeigten. Der junge Sänger Dave Graney war entzückt. Das Set der Band, sagte er, war „fesselnd" und „fantastisch", und Nick mal wie eine Vogelscheuche, mal irgendwie lustig und „exotisch". The Boys Next Door begeisterten Graney so sehr, dass er daraufhin nach Melbourne gehen und seine eigene Musikkarriere starten wollte. „Adelaide war nicht groß genug, um eine mysteriöse, tuberkulöse Seite von sich auszuleben", sagt er.[36]

Jillian Burt wurde ebenfalls zu einem von Nicks größten Fans und empfindlichsten KritikerInnen. Im Mai schrieb sie für die Zeitschrift *Juke* über ein Konzert, das im Highway Inn in Adelaide stattgefunden hatte. Darin siedelt sie Nick „irgendwo zwischen der schwelenden Sinnlichkeit eines Valentino und der grüblerischen Bösartigkeit eines Vincent Price mit einer Prise Chaplin-artiger Tragik/Komik" an.[37] Nick protestierte später, das sei übertrieben, und Rowland S. Howard beschwerte sich scherzhaft: „Ich wünschte, die Leute würden so etwas Tolles über mich sagen."[38]

In einem Interview mit Burt für die neu gegründete Musikzeitschrift *Roadrunner* aus Adelaide sagte Nick: „Das Auftreten macht mir riesig Spaß. Ich tanze nicht einfach nur herum. Die meisten unserer Songs sind irgendwie tragische kleine Lieder, und ich versuche das zu vermitteln, indem ich in Tränen ausbreche oder so. Mich faszinieren die richtig kitschigen Performer wie Barry Manilow total, wie er über die Bühne springt und diese ganzen irre theatralischen Gesten macht.“[39]

Rowlands High-School-Band The Obsessions sollte im August 1977 zusammen mit The Reals und The Boys Next Door am Swinburne College auftreten; die Band brach jedoch schon vor ihrem ersten Auftritt auseinander. Mick Harvey war skeptisch, ob Rowland viel mehr zu bieten hatte als sein Gespür für Kleidung, seine messerscharfen Ansichten und seine denkwürdige Fähigkeit, dekorativ auf Partys herumzustehen. „Ich hatte keine große Lust, ihn unbesehen aufzunehmen“, sagt Harvey. „Ich habe auf einer Party wohl mal zu ihm gesagt, er solle langsam mal was anderes tun als immer nur zu reden. Ich hatte ihn kaum etwas tun sehen … Ich hatte ihn immer noch keinen Ton spielen sehen. Ich zweifelte ein wenig, ob irgendetwas dahinter war. Oder ob er nur ein belesener Dandy war.“[40]

Rowland traf bei einer Party im August den ebenso selbstbewussten Ian „Ollie“ Olsen von The Reals. Die beiden beschlossen, noch vor Jahresende eine neue Band zu gründen. Ironischerweise war das dieselbe Party, auf der Nick und Anita zusammenkamen, so klein war die Szene in Melbourne. 1995 beschrieb Rowland Olsen als „einen ungeheuer bemerkenswerten Selbstdarsteller. Er hatte alle davon überzeugt, dass er ein absolutes Genie war. Bis zu einem gewissen Grad macht er das heute noch.“[41]

Olsen war ein Schüler des Melbourner Komponisten für (unter anderem) elektronische Musik, Felix Werder, und hegte eine fundierte Leidenschaft für Bartók, Wagner, Cage und Stockhausen. Außerdem war er an der atmosphärischen und gebrochenen Herangehensweise deutscher Bands wie Neu! und Can interessiert. In seiner eigenen Musik waren die klassischen Einflüsse nicht besonders deutlich, doch Olsen sah die Gemeinsamkeit darin, dass „sie alle subversiv waren und auf ihre eigene Art um sich schlugen".[42] Er konnte die Gitarren von Television auf deren Album *Marquee Moon* nachspielen und besaß sogar eine weiße Fender Jaguar, genau wie Tom Verlaine. Rowland sehnte sich nach so einem Instrument. Sein jüngerer Bruder Harry sagt, Rowland „spielte eine rote Gibson-Firebird-Kopie, weil Phil Manzanera so eine bei Roxy Music gespielt hatte. Die frühen Eno-Alben waren auch ein großer Hit in unserem Haus; diese dröhnenden Gitarren und langgezogenen Noten waren eine Inspiration. Rowland hatte gerade ein Blue-Box-Effektpedal gekauft, dessen Sound eines seiner Markenzeichen wurde – es sorgt für einen außergewöhnlich langen Klang. Auf dem Beiblatt stand, dass es konzipiert worden war, um eine Klarinette nachzuahmen."[43]

Howard und Olsen suchten sich ihre musikalischen Mitstreiter sorgfältig aus und kommandierten als Erstes Jeffrey Wegener ab, als er nach Melbourne zog, um in der blühenden Live-Szene mitzumischen. Ursprünglich hatte man dem hoch angesehenen Musiker aus Brisbane den Posten als Schlagzeuger bei The Saints angeboten. Howard und Olsen wussten da noch nicht, dass aus diesem sanften, nachdenklichen Mann voller Selbstironie nach ein paar Drinks ein wahrer Mr. Hyde werden konnte. Wegener sollte in einem brillanten neuen Saints-Song mit dem Titel „Know Your Product" als „der Professor" namentlich erwähnt werden. Die beste Referenz, die sich ein junger Musiker erhoffen konnte, doch die Stelle forderte tatsächlich dazu auf, Wegener zu erschießen, und sei es nur, um sich vor seiner wilden Seite in Sicherheit zu bringen.

Die drei fuhren mit dem Zug nach Sydney, um sich mit der Bassistin Janine Hall zu treffen und sie zu überreden, mit in den Süden zu kommen und sich ihnen anzuschließen. Hall war ein paar Jahre älter und auf dem besten Weg, ein Star zu werden. Sie hatte bereits ein paar Angebote aus Sydney auf dem Tisch, doch dem Eifer und dem Talent ihrer neuen jungen Freunde konnte sie kaum widerstehen. Nachdem Wegener und Hall an Bord waren, probten die Young Charlatans eifrig und galten in Melbourne schon als eine

Art Supergroup, bevor sie auch nur einen Ton live gespielt hatten. Howard bezeichnete die Erwartungshaltung ihnen gegenüber als „irre". Mick Harvey erinnert sich: „Alle warteten darauf, dass sie zusammenkamen, und natürlich würde es genial werden, es konnte gar nicht anders sein."[44]

Und das stimmte auch. Als die Young Charlatans im Dezember 1977 ihr erstes Konzert spielten, rüttelte das The Boys Next Door aus ihrer Selbstzufriedenheit als Suicide-Band mit gerade absolvierten Studioaufnahmen auf. Die Young Charlatans erschienen als fertige Band auf der Bildfläche und präsentierten eine Reihe von anspruchsvollen Songs mit einer getriebenen, sogar besessenen musikalischen Kraft, die aus dem Zusammenspiel von Rowland S. Howard und Ollie Olsen entstand, den zwei lodernden Songwritern an den Gitarren, die sich am Mikrofon abwechselten.

Rowlands Song „Shivers" war nur ein Juwel in einem hochkarätigen Set – nicht einmal ihr bester Song, wandten manche Fans ein. Wie bei jeder großartigen jungen Band wirkte es, als könnten die Verstärker sie kaum zurückhalten. Gegen die gehetzte, kantige Weite der Young Charlatans erschienen The Boys Next Door eingeschränkt, sogar gekünstelt. Nicks Texte waren staubtrocken im Vergleich zu Howards sarkastischer und überzeugender Liebeslyrik und Olsens Jump-Cut-Bildern der Realität. The Boys Next Door wehrten sich mit der Intensität einer Schülerband, die seit Jahren zusammen spielte.

Der Journalist Clinton Walker war gerade erst aus Brisbane eingetroffen, als alles begann. Er sagt, Anfang 1978 wären die „Young Charlatans die Band gewesen, die The Boys Next Door sein wollten".[45] Wie es der Zufall wollte, erlosch ihre Flamme schon wieder, kaum dass sie Melbourne in Brand gesetzt hatten. Eine völlig neue experimentelle Szene, die vom Synthesizer fasziniert war, bildete sich in den besetzten Häusern und billigen Mietwohnungen in der Universitätsvorstadt North Fitzroy, in der Olsen lebte. Howards Gitarrenspiel machte enorme Fortschritte, doch seine zutiefst romantischen Songs passten trotz der sarkastischen Elemente immer weniger zu

Olsens von Burroughs beeinflussten Texten und seiner wachsenden Leidenschaft für Elektronik. Der siebzehnjährige Howard hatte außerdem die Nase voll von der herrischen und launischen Art des neunzehnjährigen Olsen, der die Band schon ein paar Mal verlassen hatte. Ihr Manager Bruce Milne, der selbst erst zwanzig Jahre alt war, konnte das Auseinanderbrechen der sechs Monate lang heißesten Band der Stadt nicht verhindern. Selbst der sprunghafte Jeffrey Wegener konnte nur den Kopf schütteln und rückblickend sagen: „Verdammter Ollie!“[46]

Mick Harvey hat sie als „sehr wichtig“ und „unglaublich“ in Erinnerung und weist auf die bedeutenden Karrieren der einzelnen Musiker nach dem Ende der Young Charlatans hin. „Ich weiß nicht, warum man so etwas vergessen sollte, nur weil es keine Aufnahmen davon gibt.“[47] Olsen kreuzte weiterhin die Schwerter mit Nick, während er sich einen legendären Ruf in der elektronischen Musikszene Australiens erarbeitete und später mit Michael Hutchence zusammen Max Q gründete.[48] Wegener wurde zu einer Schlüsselfigur der Post-Punk-Ära, spielte Schlagzeug für Ed Kueppers Laughing Clowns und war kurzzeitig Mitglied bei The Birthday Party (die ihn angeblich rauswarfen, weil er sogar ihnen zu viel war, auch wenn das umstritten ist). Janine Hall spielte später eine entscheidende Rolle in einer reformierten Version der Saints unter Chris Baileys chaotischer Führung.

Abgesehen von einem kaum anhörbaren Live-Tape und ein paar Demo-Aufnahmen lebte der Ruf der Young Charlatans hauptsächlich in den Erinnerungen der Leute weiter, als Teil eines Moments, der kurz und hektisch ganz ihnen gehört hatte. The Boys Next Door nahmen diese Energie in Form von Rowland S. Howard auf, der nicht nur Nick Caves Vorstellung von Songwriting, sondern die ganze Band verändern sollte.

Im Juni 1978 waren The Boys Next Door mit dem Produzenten Les Karski (von der britischen Funk-Rock-Band Supercharge) im Studio gefangen und mit den Arbeiten an ihrem Debütalbum überhaupt nicht glücklich. Mick Harvey wurde sogar noch deprimierter, nachdem Karski sich bei einer Partie Billard abfällig über Roxy Music und The Velvet Underground geäußert und erzählt hatte, Reggae sei seine Lieblingsmusik. Ein gemeinsamer Nenner schien kaum möglich. Les Karski hatte den Auftrag, The Boys Next Door einen New-Wave-Sound zu verpassen, der den letzten Trends in Großbritannien entsprach, und betonte daher neben seinen eigenen Backing Vocals Phill Calverts präzises Schlagzeugspiel und die Keyboards des Gastmusikers Andrew Duffield. Außerdem trieb er Nick Cave noch härter an als Greg Macainsh, an seinem Gesang zu arbeiten. In einem Interview mit dem Fanzine *The Offense* blickte Nick 1983 auf die Aufnahmen zurück: „Ich glaube, mein Gesangsstil war in dieser Zeit völlig abstoßend."[49]

Nick hatte wie üblich im Vorfeld große Visionen. Dem Fanzine *Spurt!* aus Sydney sagte er: „Ich hatte nie viel Vertrauen in Punkrock." Der Berlin-Sound von David Bowie und Iggy Pop war für ihn mittlerweile das Nonplusultra. „Wir bekommen ein neues Mitglied", deutete er rätselhaft an und weigerte sich zum Zeitpunkt des Interviews, einen Namen zu nennen. „Der Synthesizer wird eine große Rolle auf dem Album spielen. Wir würden gern viele Keyboards benutzen. Ich habe mich sowieso schon immer für elektronische Musik interessiert."[50]

Leider wurde Duffield, das junge Synthesizer-Genie, wegen der Auseinandersetzungen mit Les Karski viel zu konventionell eingesetzt und schließlich ausgemustert. Er fühlte sich von Nicks sprunghaftem Enthusiasmus und bequemer Enttäuschung wegen seiner Fähigkeiten im Stich gelassen, während Karski die Richtung der Aufnahmen vorgab. Als Mitglied von Ollie Olsens Whirlywirld konnte Duffield künstlerisch Rache üben, bevor er sich der Band The Models anschloss.[51] Wenn er auf seine Arbeit mit schwierigen Charakteren wie Nick Cave und Ollie Olsen zurückblickte, nannte er sie „Visionäre", die zutiefst von den Einflüssen und Spannungen geprägt waren, die so viele Bands in der Stadt formten: „Die Punk-Bewegung hat uns irgendwie zusammengebracht. Die eine Hälfte kam aus einer neuen

Elektronikszene, die andere aus der Punk-Garagenrock-Ecke. Uns verband ein amateurhafter *soif de vivre* und das Gefühl, einfach alles zu probieren."[52]

Das sich in der Entstehung befindliche Werk der Boys Next Door mit dem Titel *Brave Exhibitions* sollte den Dampfdrucktopf, in dem es unter der Regie von Karski entstanden war, tatsächlich verlassen. RCA, mit denen Mushroom einen Vertriebsdeal abgeschlossen hatte, verloren bereits das Vertrauen in alle Suicide-Bands, nachdem *Lethal Weapons* sich sehr schlecht verkauft hatte. Sie hatten *Brave Exhibitions* mit der Begründung übergangen, das Album sei „technisch nicht zufriedenstellend". Während Suicide zerbrach und niemand *Brave Exhibitions* veröffentlichen wollte, hing das Album in der Luft. Je mehr sich The Boys Next Door anhörten, was sie getan hatten – und was man ihnen angetan hatte – desto unglücklicher wurden sie. Die Stiefel der Musikindustrie waren über sie hinwegmarschiert.

Howard hatte die Band bei den Aufnahmen im Studio besucht. Als er, Nick und Tracy einmal Alkohol holen sollten, war er überrascht, dass Tracy einfach das nächste Auto aufbrach und er und Nick lässig einstiegen. Der Wagen schien einem Grundschullehrer oder einer Grundschullehrerin zu gehören, denn auf dem Rücksitz lagen lauter Kinderzeichnungen. Nachdem sie den Alkohol gekauft hatten und sich wieder dem Studio näherten, schlug Tracy vor, den Wagen aus Spaß zu Schrott zu fahren. Nick stimmte zu, und während Rowland sie anschrie, sie sollten aufhören, gab Tracy Gas und fuhr gegen einen Leitungsmast. Bei dem Aufprall schlug er sich den Kopf am Lenkrad auf. „Wir stiegen aus, und Tracy und Nick standen da und bewarfen das Auto mit Ziegelsteinen, als ob das von ihnen erwartet würde", erzählte Rowland. Sie liefen dann mit dem Alkohol zurück ins Studio, während Tracy immer noch das Blut übers Gesicht lief. „Zu dem Zeitpunkt kannte ich sie noch nicht so gut", fügte Rowland hinzu, „und die Vorstellung, mit irgendjemandem in einem gestohlenen Wagen zu fahren und zu sagen: ‚Los, fahren wir die Karre zu Schrott!', das gab es einfach nicht in meinem sozialen Referenzrahmen."[53]

Janet Austin war als Co-Herausgeberin von *Pulp* zu Bruce Milne und Clinton Walker gestoßen. Sie sagt, The Boys Next Door hätten gegenüber den meisten anderen Bands der Szene einen Vorteil gehabt, weil sie seit ihrer Schulzeit zusammen gespielt hatten. „Ihre Freundschaft untereinander unterschied sie, vor allem Nick und Tracy. Ich kannte sie alle, bevor ich sie überhaupt das erste Mal live sah. Sie waren eine sehr sichtbare Band. Ich will nicht das Wort ‚Gang' benutzen, aber sie hatten eine Identität, noch bevor sie überhaupt auf einer Bühne standen. Sie waren tough – das ist ein gutes Wort. Aber sie hatten diese übertriebene Art zu reden, das ganze Punk-Ding zu verspotten und es gleichzeitig anzunehmen: ‚Danke, Ladys und Gentlemen, und der nächste Song lautet …' Anfangs beendeten sie ihr erstes Set mit einem Pseudo-Country-Instrumental, als wären wir bei einem Scone-Backwettbewerb auf dem Land."[54]

Die Band hing spätabends in der Pizzeria Topolino's in St. Kilda herum, wo sie sich, wie Austin sagt, „anhand der Pizzabeläge neue Bühnennamen ausdachten. Nick war ‚Tropicana'. Tracy hieß ‚mit Allem'. Er nannte sich auch ‚Buddy Love', nach dem Jerry-Lewis-Film aus dem Jahr 1963, *Der verrückte Professor.* Eine Weile reagierte Tracy nur auf den Namen Buddy. Er sagte immer, er sähe aus wie Karl Malden in *Die Straßen von San Francisco.* Einmal zeichnete er sich selbst so. Er zeichnete auch ein tolles Bild von Nick, eine Karikatur, die quasi nur aus einem Adamsapfel bestand."[55]

Wenn Tracy zu betrunken war, um gleichzeitig Bass zu spielen und zu singen, kam Rowland manchmal auf die Bühne in der Tiger Lounge und sprang bei den Backing Vocals ein. Trotzdem fiel es ihm schwer, eine Verbindung zu ihm aufzubauen. Bei einem seiner ersten Besuche bei Tracy zu Hause las dieser Platons *Der Staat,* während um ihn herum auf dem Boden Bierdosen und Pornohefte lagen. Nick glaubte, dass Rowland ähnlich von ihm dachte. Er erzählte den Machern der Dokumentation *Autoluminescent:* „Rowland hielt mich für einen unartikulierten Punk oder so etwas … Er war beeindruckt von dem Savant-Aspekt meiner Musik." Als Rowland schließlich Nick zu Hause besuchte, war er „desillusioniert". Nicks Regale waren vollgestopft mit Romanen von Nabokov und Dostojewski. „Du liest das Zeug ja!“, sagte Rowland. „Ich dachte, du wärst echt!“[56]

Trotz seiner Freundschaft mit Rowland machte Nick Ollie Olsen ein Angebot, sich The Boys Next Door anzuschließen, als sich das Auseinanderbrechen der Young Charlatans abzuzeichnen begann. Olsen war damals der bessere Musiker, „ein verdammt guter Gitarrist“, wie Mick Harvey sagt. Sogar Howard sprach später ein indirektes Lob aus: „Ollie war sehr viel geeigneter, eine passable Tom-Verlaine-Imitation abzugeben.“[57] Olsens Interesse an Synthesizern, dem Art Noise der New Yorker No-Wave-Szene und diversen deutschen Acts von Kraftwerk bis zu Amon Düül II trugen nur zu seinem Avantgarde-Reiz und Nicks Vorstellungen bei, in welche Richtung The Boys Next Door sich entwickeln könnten.

Olsens anstrengende Persönlichkeit brachte ihm den Ruf des Prinzen von Fitzroy ein, so wie Nicks Rock-Charisma ihn auf der anderen Seite des Yarra River zum Prinzen von St. Kilda gekrönt hatte. Bruce Milne schüttelt den Kopf, als er zu beschreiben versucht, wie mächtig sie im musikalischen Untergrund von Melbourne gewesen waren. „Nick war passiv aggressiv“, sagt er lachend. „Ollie war aggressiv aggressiv. Sehr stark, sehr dominant.“[58]

Mick Harvey bestätigt das: „Eine Zeitlang versuchte Nick aus irgendwelchen Gründen, Ollie zu überreden, unser Gitarrist zu werden. Doch Ollie spielte nur ein Spiel mit Nick, führte ihn an der Nase herum und lachte hinter seinem Rücken. Sie waren damals beide sehr ehrgeizig, und Ollie respektierte Nick nicht. Als er nicht zu uns kam, war Nick richtig angepisst – was auch immer da passiert ist, hat böses Blut hinterlassen. Als daraus nichts wurde, war Rowland nicht nur die naheliegendere, sondern auch die viel bessere Wahl. Und bei ihm war es sehr viel weniger wahrscheinlich, dass er den Gesang übernehmen wollen würde.“[59]

Als Rowland S. Howards Beitritt zu The Boys Next Door im August 1978 verkündet wurde, erzählte man eine vereinfachte Geschichte. Der Einstieg wurde sogar als Verführung von Nick dargestellt, als ein von langer Hand geplanter machiavellischer Coup, um die Young Charlatans zu zerstören. Rowland hingegen war sich seiner eigenen Verdienste und der neuen Möglichkeiten, die sich ihm boten, sehr wohl bewusst. „Nick wollte die Band und ihren Sound wirklich verändern, aber er wusste nicht wie. Mein Einstieg in die Band war also eine Abkürzung.[60] Er wollte sich von der poppigen Rockmusik wegbewegen, hin zu etwas, das mehr seinen Gemälden entsprach. Sie waren brutal und grotesk, und die Musik, die er zu der Zeit machte, hatte damit gar nichts zu tun."[61]

Neben einer Reihe von guten Songs wie „Shivers" und „A.K.A.", die The Boys Next Door übernehmen konnten, steuerte Howard noch ein halbes Dutzend neuer Stücke bei, darunter der Song „Guilt Parade", an dem er gerade arbeitete. Phill Calvert lacht über den für die Band geradezu peinlichen Überfluss: „Plötzlich konnten wir aus vierzehn neuen Songs auswählen."[62] Nicht nur die Menge von Rowlands Output spornte Nick an, sondern auch die Qualität. „Nick änderte sein Songwriting komplett", erzählt Mick Harvey. „Weil Rowlands Songs viel raffinierter klangen als seine."[63]

Rowland brauchte eine Weile, um sich seinen Platz in der Hackordnung der Band zu erobern – selbst mit Nick auf seiner Seite. „Ich bekam meine Einflüsse zu spüren. Rimbaud zum Beispiel … Tracy zog mich immer gnadenlos auf, und man hielt mich generell für überheblich."[64] Pierre Voltaire erinnert sich, wie er im Garten der Familie Cave auf einer Schaukel saß und sich mit Rowland unterhielt. „Er erzählte mir, dass er wegen Tracy beunruhigt sei, er sei nicht nett zu ihm."[65]

Nicks Freundschaft zu Howard war die erste von mehreren platonischen Liebesbeziehungen, in denen ein kreativer Sidekick seine eigenen Vorstellungen komplettierte. Als wolle er betonen, wie leidenschaftlich eine Männerfreundschaft bei Nick sein konnte, jammert Voltaire: „Nick und ich waren beste Freunde, bevor Rowland auftauchte und Nick sich in ihn verliebte. Aber wir waren alle so. Besessen von einer Vorstellung von uns selbst und voneinander."[66]

Peter Milne, Bruce Milnes jüngerer Bruder, erinnert sich an die Energie, als die Band von Woche zu Woche feuriger wurde. „Sie machten tolle Musik, und sie hatten großartige Songs, egal, wie sehr sie jetzt vielleicht versuchen, sie zu verleugnen", sagt er. „Wenn sie live spielten, war es wie die Zusammenkunft eines Clans. Dorthin ging man, und dort stand man auf der Gästeliste. Natürlich war es für einen Siebzehnjährigen auch wichtig, dass man die vier Dollar fünfzig Eintritt nicht zahlen musste. Sie schrieben neue Songs oder erfanden alte neu; es gab ständig neue Entwicklungen. Ich ging auch zu ihren Proben, es war interessant, ihnen bei der Arbeit an neuem Material zuzusehen. Deshalb wurde ich Fotograf, damit ich zu einer Fliege an der Wand werden und alles beobachten konnte. Mick Harvey arbeitete ständig an der Musik und machte sie interessanter."[67]

Nicks Verhältnis zu Mick Harvey war kühler und blieb auch so. Während Howard seinen Platz behauptete, schien Harvey ins Abseits zu geraten. Manchmal wurde er völlig von der Gitarre an den Synthesizer oder andere Keyboards verbannt. Ironischerweise hatte gerade Harvey hart dafür gearbeitet, Rowland in die Band zu integrieren. Beide Gitarristen waren schwer von Phil Manzanera beeinflusst, von seinen abgehackten, kreischenden Rückkopplungen und den eleganten, neopsychedelischen Texturen. Die klanglichen Ähnlichkeiten verdeckten Harveys Beiträge noch mehr, als Howard live mit Improvisationen mehr im Rampenlicht stand und ihr Zusammenspiel auf Platte nur noch schwer zu entwirren war. „Ich verdrängte Mick, und plötzlich war ich der Gitarrist", sagte Rowland. „Und das muss hart für ihn gewesen sein, doch seine Reaktion darauf war: Das ist mir egal. Ich suche nicht nach Aufmerksamkeit. Es ist mir egal, ob ich bei den Songs mitspiele, ob ich Gitarre spiele oder nicht. Es ist mir egal, ob jemand die Backing Vocals übernimmt, weil ich mich einfach nur für die Band freue, dass sie so gut wie möglich ist. Aber natürlich war es ihm nicht egal."[68]

Nachdem Suicide so schnell zerbrach, wie es entstanden war, schien der Flirt der australischen Musikszene mit „Punk" in einem beeindruckenden Desaster für alle Beteiligten geendet zu haben. Die Verkäufe von *Lethal Weapons* waren schlecht, trotz der Auftritte von

The Boys Next Door und Teenage Radio Stars bei *Countdown*, und stagnierten bei 7.000 Exemplaren. Eine kleinere Zeitungskontroverse wegen des Label-Namens führte auch nicht zu größerer Berücksichtigung im Radio. Das Album erhielt lauwarme Kritiken, was die Verkäufe auch nicht förderte, ganz zu schweigen vom schlechten Ansehen. Weder die Kaugummimunition als Beigabe zu den ersten Exemplaren von *Lethal Weapons* noch die „Sammler-edition" aus weißem Vinyl hatten großes Interesse erregt. Die Massen saßen zu Hause, wussten nichts vom Ruf zu den Waffen der australischen New Wave und waren stattdessen zufrieden mit dem unaufhaltbaren *Saturday-Night-Fever*-Soundtrack und Meat Loafs *Bat Out Of Hell.* Auch wenn Nick später das Gefühl hatte, sie hätten in einer von Punkrock beflügelten künstlerischen Revolution „eisern gekämpft", war es vielmehr so, dass sie in Australien die erste Schlacht in diesem Kulturkrieg vernichtend verloren hatten. Hört man *Lethal Weapons* heute, ist es traurigerweise ein ziemlich gutes Barometer der damaligen Zeit.

In einem Interview mit *RAM* sprach Barrie Earl bitter über das Ende von Suicide und hatte eine Botschaft für alle Punks, mit denen er gearbeitet hatte: „Der Traum ist vorbei, der Traum ist vorbei wegen der Scheiß-auf-die-Welt-scheiß-aufs-Establishment-Einstellung der Bands. Das Business ist Teil des Establishments, und diese Einstellung hat in der Rockmusik noch nie funktioniert und wird auch nie funktionieren. Es läuft darauf hinaus, dass es diese Bands nicht gegeben hat. Wenn sie eine Hit-Single oder eine große Fan-Gemeinde gehabt hätten, dann würden sie sich nicht beschweren! Zugehörigkeit und Stärke bringt die Band selbst mit. Ich glaube, sie haben viele Fehler gemacht, sie sind am Arsch, und ihre Einstellung ist es auch! Eine Band gibt immer sich selbst als Letztes die Schuld … Wir hatten mehr Presse für unsere Bands als jede australische Band seit den Sechzigern – keine Band wird besser behandelt werden. Die Jungs bekamen alles auf dem Silbertablett serviert, spielten erst noch in ihren Jugendzimmern und hatten plötzlich eine Identität und wurden von der ganzen Musikindustrie anerkannt!"[69]

Nach dieser Tirade fühlte sich die Journalistin Miranda Brown „an einen zurückgewiesenen Vater erinnert“.[70] Eine Reaktion, die Nick schon bei seinem eigenen Vater hervorgerufen hatte.

Aus dem Suicide-Debakel nahmen The Boys Next Door vor allem eins mit: Sie wollten ihr Schicksal unbedingt selbst in der Hand haben. Die andere Lehre war grundlegender, aber ebenso wichtig: Sie hatten ihre Komfortzone verlassen, indem sie eifrig durch die äußeren Vorstädte von Melbourne getourt waren und auch in Sydney und Adelaide gespielt hatten, oft vor einem uninteressierten, wenn nicht gar offen feindselig eingestellten Publikum. Clinton Walker bemerkt: „Im Gegensatz zu den Young Charlatans erschienen The Boys Next Door nicht fertig auf der Bildfläche. Sie mussten rausgehen und spielen, um zu einer Einheit zusammenzuwachsen. 1977 gaben sie sechs Konzerte. 1978 waren es 100. 1979 fast 200. Das hat The Boys Next Door geformt und die Grundlagen geschaffen, aus denen sich The Birthday Party entwickelt haben. Es ist genau, wie George Young von The Easybeats, der Mentor von AC/DC, sagt: ‚Man ist erst eine richtige Band, wenn man 200 Konzerte gegeben hat.‘ Das verleiht einem echtes Durchhaltevermögen. In den Pubs zu spielen, macht einen sehr schnell sehr hart, wenn es einen nicht kaputt macht.“[71]

Die Band hatte das Glück, in Stephen Cummings einen weiteren entscheidenden Unterstützer zu gewinnen. Cummings war der Sänger von The Sports, einer sehr talentierten R&B-Pop-Band, die bei Mushroom in Australien unter Vertrag stand. Als der *NME* Anfang 1977 ihre EP *Fair Game* zur „Platte der Woche“ kürte, wurde die Band rasch an Stiff Records in Großbritannien lizensiert, um ein ganzes Album aufzunehmen. Theoretisch passte das gut zusammen. Stiff hatte das Crossover zwischen fröhlich-toughen englischen Pub-Rock-Bands wie Dr. Feelgood und Brinsley Schwarz und der Punkrock-Explosion verstanden und förderte Künstler wie Elvis Costello, Graham Parker And The Rumour, Nick Lowe, Wreckless Eric, Wilko Johnson und Ian Dury And The Blockheads. The Sports waren aus der Asche der Pelaco Brothers auferstanden sowie der Fünfzigerjahre-affinen, bohemehaften Gegenkultur der Carlton-Szene in Melbourne. Auch wenn Suicide sich einbildete, genau wie Stiff zu sein, passten in Wahrheit Mushroom und die Carlton-Szene, aus der heraus es entstanden war, besser zusammen; zumindest im Hinblick auf ein genreübergreifendes musikalisches Erbe, das Pub Rock, R&B-Sounds und Punk-Attitüde umfasste. Bands wie The Sports, Jo Jo Zep And The Falcons sowie ein junger Paul Kelly wanderten grinsend auf dem schmalen Grat zwischen Tradition und punkigerem Roots-Rock'n'Roll, mit überraschenden Elementen und intelligenten Texten, die den Studenten in Carlton in den Siebzigerjahren gefielen. „Zu der Zeit erforschten australische Schriftsteller und Künstler unsere Kultur und feierten sie. Sie war uns nicht peinlich", erzählt Stephen Cummings.[72]

1978 stieg „Who Listens To The Radio" von The Sports in die amerikanischen Top 40 ein. Tracy Pew und Phill Calvert tanzten im dazugehörigen Video zum Refrain. Cummings' abgehackte Bewegungen waren das positive Merkmal einer neurotischen Persönlichkeit, deren Entscheidungen leider den Untergang seiner Band bedeuteten. Als Cummings als Solokünstler arbeitete, bedankte Nick Cave sich zehn Jahre später: „Stevies Live-Shows sind etwas Besonderes. Sein für ihn typischer surrealistischer Witz blitzt zwischen den Songs auf und erinnert mich an jemanden, der versucht, eine Uhr mit Boxhandschuhen zu reparieren!"[73]

The Sports nahmen The Boys Next Door so oft wie möglich mit auf Tour. Sie boten ihnen auch den Slot als Vorgruppe im Kingston Hotel in Richmond an, wo The Boys Next Door schließlich eigene Konzerte spielen konnten. Nick sagt: „Wir spielten dort etwa einen Monat lang jeden Samstagnachmittag zwei kurze Sets, damit der Besitzer den Tag über die Bar offen halten konnte. Das Live-Entertainment verlängerte seine Lizenz. Diese Bar war wirklich übel. Eine Mischung aus White Trash, Säufern und einer Handvoll Punks, die die Band sehen wollten. Es war großartig. Ich weiß noch, wie ich zwischen den Sets einmal aufs Klo gegangen bin, und da drin waren zwei Typen – der eine hatte den anderen mit einem Messer in den Arsch gestochen. Der verletzte Typ lief mit blutiger Hose herum und schrie: ‚Er hat mich in den verdammten Hintern gestochen!' Der Manager steckte den Kopf zur Tür herein, und ich sagte: ‚Ich glaube, du hast hier ein Problem.' Und er sagte: ‚Ja, und du solltest jetzt auf der Bühne sein.'"

Nick hat auch eine „weitere schillernde Geschichte" auf Lager. Mitte 1978 spielten The Boys Next Door als Vorgruppe von The Sports in Canberra. „Wir fuhren im Truck mit der Ausrüstung mit. Wir waren die Vorgruppe, wir mussten also genügsam sein", sagt Nick. „Vorne war kein Platz, weshalb Tracy und ich hinten bei dem aufgestapelten Equipment saßen, neben riesigen Mengen Alkohol. Wir fingen an zu trinken. Irgendwann mussten wir pinkeln. Wir warteten ewig auf eine Gelegenheit, bis wir endlich auf einer Landstraße waren. Und genau in dem Moment, als wir die Rolltür hinaufgeschoben hatten und anfingen, aus dem Truck zu pinkeln, beschleunigte er und überholte ein Auto. Und wir so: ‚Verdammte Scheiße!' Aber wir konnten nicht mehr aufhören. Wir hatten echt viel getrunken. Irgendwann waren wir endlich fertig und schlossen die Tür wieder. Zufällig saß eine Frau am Steuer des Wagens hinter uns, und zufällig war sie die Frau des örtlichen Polizisten.

Prompt wurden wir von den Cops an den Straßenrand gewinkt und in eine Gefängniszelle gesteckt. Sie wussten, dass wir an dem Abend ein Konzert in Canberra spielen sollten – und behielten uns so lange in der Zelle, bis es zu spät für uns und der Abend im Arsch war. Wir kamen dann auch noch vor Gericht und mussten zur Verhandlung zurückkommen. Die Frau sagte aus, wir hätten vor ihr ‚sieben Meilen lang onaniert'. Das hat das Gericht natürlich abgewiesen. Aber wir hatten das Konzert verpasst, weshalb uns die Cops auf ihre eigene Art bestraft hatten. Als wir an dem betreffenden Abend endlich Stunden zu spät in Canberra eintrafen, hielt uns einer der Typen von The Sports einen langen Vortrag: Wenn ihr es in diesem Business je zu etwas bringen wollt, zieht so etwas nie wieder ab."

„Solche Erfahrungen formen einen", sagt Nick. „Zum einen schworen wir uns, nie wieder sieben Meilen am Stück zu onanieren. Und nach unserer Geschichte mit Greg Macainsh und den Problemen, die wir immer noch mit Les Karski hatten, wollten wir uns nie wieder in die Hände eines Produzenten begeben oder uns von irgendjemandem sagen lassen, was wir zu tun hätten. In Zukunft würden wir nur noch unter uns arbeiten. Erst nach Jahrzehnten ließen wir wieder jemanden ins Studio … Wir dachten uns, dass wir es mit der richtigen Hilfe besser allein könnten."

Im Dezember 1978 war das Suicide-Label offiziell abgewickelt. Ein verbitterter Barrie Earl begann, das frühere Teenage-Radio-Star-Mitglied James Freud zu managen, dem er die größten Erfolgsaussichten zutraute. Earl hatte früh das Potenzial in Nick gesehen und wollte aus ihm einen Popstar machen, weil dieser auf der Bühne zu weinen schien. Die Krokodilstränen waren ein Nebeneffekt von zu viel Make-up und Schweiß und genau das, was der Label-Manager gern für Marketingzwecke ausschlachten wollte. Es sollte nicht sein. Pierre Voltaire war amüsiert: „Nick war einfach sehr schwierig verglichen mit James Freud, der alles tat, was man ihm sagte. Nick frustrierte Barrie wirklich."[74]

Vor Jahresende hatten sich bis auf The Boys Next Door alle Bands auf *Lethal Weapons* getrennt. Das allein zeigt schon ihren inneren Zusammenhalt. Mitglieder von Teenage Radio Stars und JAP gründeten die Gruppe The Models, die von Pierre Voltaire so amüsant getauft wurde, der aber bald ausstieg und durch Mark Ferrie ersetzt wurde. The Models waren eine Pop-Rock-Band, die von Sean Kellys nasalem, bellendem Knurren und Ash Wednesdays innovativem Synthesizer-Spiel geprägt war und jetzt mit Johnny Crash am Schlagzeug und Ferrie am Bass eine Killer-Rhythmusfraktion hatte. Außerdem wurde sie von Karen Marks gemanagt.

The Models lieferten The Boys Next Door im Jahr 1979 einen harten Wettstreit auf der Bühne und überholten sie wohl auch. Ollie Olsen bezeichnete die beiden Bands verächtlich als Kommerzbauern und verfolgte mit seinem pulsierenden neuen Elektronikprojekt Whirlywind einen avantgardistischeren Ansatz. Andrew Duffields Talent für elektronische Soundlandschaften war ihm dabei eine enorme Hilfe. Als Marks und Wednesday nach Übersee zogen (Wednesday schloss sich schließlich den Einstürzenden Neubauten an), verabschiedete sich Duffield rasch zu den Models. Die Bühne war vorbereitet und so inzestuös und voller Konkurrenz wie eh und je. Drei große Bands bildeten sich aus der Szene in Melbourne heraus, und jede wollte ihre Vorherrschaft etablieren.

Teil IV
God's Hotel

Shivers

MELBOURNE
1978–79

Albträume. Seit man Nick aufs Internat in Melbourne geschickt hatte, hatte er immer schlechter geschlafen. Jetzt, mit einundzwanzig, quälten ihn die ruhelosen Nächte oft tagelang. In der zweiten Woche des Jahres 1979 gab es im Haus seiner Eltern mehr Gründe als sonst für eine weitere schlaflose Phase. Am Mittwoch, den 10. Januar hatte er nach diversen durchwachten Tagen und Nächten endlich bis zum Mittag durchgeschlafen oder sich zumindest in einem Zustand der Bewusstlosigkeit befunden, der unter diesen Umständen so gut wie Schlaf war. Am Nachmittag saß er auf dem Balkon vor seinem Zimmer, rauchte zum Aufwachen eine Zigarette und starrte ins Geäst der großen Himalaya-Zeder im Vorgarten. „Ich saß gern auf dem Balkon und rauchte, wo es niemand merkte", erzählt Nick. „Ich saß einfach nur da und sah auf meinen guten alten Baum."

Im Erdgeschoss sprachen Fremde in gedämpftem Ton mit seiner Mutter. Rauch stieg von Nicks Zigarette auf, während er die Schwingungen von unten spürte.

„Ich weiß noch, dass es Sommer war", sagt Phill Calvert. „Nick wohnte nur drei Blocks von mir entfernt in Caulfield North. Ich fuhr mit der Tram zu ihm. Ich ging durch ein kleines Tor in den Garten und zur Hintertür. Ich sah Dawn und Julie durch das Fenster und Typen in Anzügen. Ich ging hinein und sagte: ‚Hallo, Mrs. Cave.' Dawn antwortete: ‚Oh, Phill, etwas Schreckliches ist passiert. Colin ist bei einem Autounfall ums Leben gekommen.'

Mit zwanzig, einundzwanzig weiß man nicht, was man da sagen soll. Ich brachte nur heraus: ‚Ist Nick da?' Ich war einfach überfordert. Du glaubst, du bist mit einundzwanzig ein Mann? Das bist du nicht. Dawn schickte mich nach oben. Ich fand Nick in seinem Zimmer. Als Erstes sagte er zu mir: ‚Los, verschwinden wir. Mich macht das alles fertig.'"[1]

In den Jahren vor dem Tod seines Vaters hatte Nick immer mehr über die Stränge geschlagen. Jetzt scheint er auf einen Abgrund zuzusteuern. Wie sich dieser zeigen würde, hatte niemand vorhersehen können. Natürlich ist es in der Rückschau leicht, etwas als verhängnisvoll zu bezeichnen. Doch ein genauerer Blick auf die Ereignisse ist wichtig für das Verständnis aller weiteren Entwicklungen. Zwei einfache, aber gewaltige Fragen stellen sich in all den Jahren seit dem Unfall: Hast du deinem Vater vergeben, Nick? Hast du dir selbst vergeben?

1978 war Nick wilder denn je gewesen. Zu seinem Verhalten während seiner Zeit am CIT sagte er: „Ich war wütend, weil ich 1977 die Kunsthochschule nicht geschafft hatte. Ich war gedemütigt, dass diese verdammten Professoren mich durchfallen lassen konnten." Dies kann leicht als Reflexion des Konflikts zwischen Nick und seinem eigenen Lehrervater gesehen werden. Seine Wut und seine Aufsässigkeit, in Verbindung mit dem frühen Erfolg von The Boys Next Door, waren wie eine doppelte Dosis Adrenalin.

Rowland war weiterhin sprachlos wegen seiner Eskapaden. „Nick war ein echter Rabauke", sagt er und beschreibt, wie Nick aus einem fahrenden Auto aufs Dach kletterte, mit Tracy am Steuer, und „wie eine große schwarze Spinne dahing"[2], während sie durch die scharfe Kurve des Boulevard in Port Melbourne rasten. „Wir waren auf dem Weg zu einer Party, in zwei Wagen, die Tracy Pew gestohlen hatte", bestätigt Greg Perano, ein Freund und ebenfalls Musiker. „Wir sahen hinüber und entdeckten Nick auf dem Autodach. So was hat er dauernd gemacht."[3]

Ein Zwischenfall sticht heraus, bei dem Tracy leider nicht am Steuer saß. Rowland und Nick hatten getrunken und Serepax, ein Beruhigungsmittel, geschluckt. Nach einem Auftritt der Boys Next Door in der Tiger Lounge hatte ein Fan die beiden mitgenommen. Nick zog seine übliche Show ab, öffnete bei hoher Geschwindigkeit die Autotür und kletterte aufs Dach. Aus Spaß sagte Rowland zu dem Fahrer, er solle auf die Bremse treten, rechnete aber nicht damit, dass er es tatsächlich tun würde. In einer Version der Geschichte gibt Rowland zu, dass der Fahrer wahrscheinlich auf die Bremse trat, „weil er solche Angst vor uns hatte". Nick rutschte nach vorn, rollte über die Motorhaube und schlitterte auf dem Rücken über die Straße. „Ich glaube, er trug zu dem Zeitpunkt kein Hemd", sagte Rowland. „Und wenn, dann danach nicht mehr." Nick behielt davon eine lange Narbe auf dem Rücken zurück. Über fünfzehn Jahre später sagte Rowland: „Er hat mir nie vergeben." Weiter erzählte der Gitarrist: „Nick genießt es, Risiken einzugehen. Wahrscheinlich würde er ein Risiko nicht eingehen, wenn er dächte, er könnte dabei sterben. Nick hat keine törichte Todessehnsucht, sondern sehnt sich nach mehr ... Es ist, als ob das echte Leben nicht mithalten kann, weshalb er glaubt, intensivere Sinneserfahrungen machen zu müssen."[4]

Neben dem Konsum von Alkohol, Serepax und Tuinal (ein Barbiturat, das als Modedroge kursierte und schnell abhängig machte) schnupfte Nick auch Speed (Amphetamine) und trank billigen Hustensaft aus der Apotheke. Pierre Voltaire, der schnell zu Nicks dickstem Drogenkumpel wurde, erzählt: „Damals kippten alle ‚Tuggalugs', wie wir es nannten, Tussidex Forte; wenn möglich, kauften wir das Zeug im Sechserpack."[5] Die halluzinogenen Eigenschaften des Hustensafts, wenn man ihn nicht löffel-, sondern flaschenweise trank, waren noch nicht ausreichend allgemein bekannt, um den rezeptfreien Verkauf einzuschränken. Serepax und Tuinal gab es beides nur auf Rezept. Nick kam leicht an sie heran. Beides waren Antidepressiva, die man bei Schlaflosigkeit und Angstzuständen verordnete, die aber jeder bekam, der einem Hausarzt glaubhaft Müdigkeit und Stress vorspielen konnte. Die Frauen in der Szene hatten immer einen unerschöpflichen Vorrat in der Handtasche. Die Wirkung von Serepax oder Tuinal konnte, zusammen mit Alkohol, ziemlich hypnotisch ausfallen, wenn nicht sogar narkoleptisch. Außerdem milderten sie schlimme Alkoholnachwirkungen ab: Der Tag danach war dann ganz entspannt.

St. Kilda war mit seinen Einwohnern, die man eher in einem expressionistischen Kunstwerk erwarten würde, wie geschaffen für Nicks Verwirrung der Sinne. In ihrem Buch *The George* beschreibt die Historikerin Gillian Upton die Gegend detailliert:

> Mit ihren ganzen Straßenzügen voller Pensionen, Unterkünften und Wohnungen ... [hatte die Vorstadt] die Heimatlosen angezogen. Viele Arbeitslose, Alte, psychisch Kranke und alleinerziehende Eltern – Menschen am Rand der „normalen" Gesellschaft – zogen nach St. Kilda und machten die sowieso schon buntgemischte Bevölkerung noch farbenprächtiger. Dazu kamen Zehntausende Flüchtlinge und Migranten, vor allem Juden, aus dem Nachkriegs-Europa ... Der bereits zwielichtige Ruf der Vorstadt verstärkte sich, als St. Kilda mehr Gangs, Kriminelle, Drogendealer und Prostituierte anzog. In einer Spirale aus Ruf und Realität kamen die Menschen aus ganz Melbourne auf der Suche nach all diesen Dingen, bis allein schon der Name der Vorstadt Synonym für Sex, Gewalt und Drogen wurde.[6]

Eine rasante Erschließung und günstige Mieten bedeuteten, dass St. Kilda Ende der Sechzigerjahre doppelt so dicht bewohnt war wie jeder andere Vorort von Melbourne. Studenten des neu gegründeten CIT, der Prahran Tech und der Victorian Colleges of the Arts bevölkerten in den Siebzigern die Bars, Konditoreien und Imbisse, neben Tagestouristen, die einen Ausflug ans Meer machten, und nächtlichen Besuchern, die den Rotlichtbezirk erkunden wollten. Die Fitzroy Street war berühmt für ihre Prostituierten und den Drogenhandel. Der bacchantische Wahnsinn wurde abends durch das blinkende anzügliche Grinsen von Mr. Moon vom Luna Park am

Wasser unterstrichen, dem ikonischen Eingang des Vergnügungsparkes in Form eines weit aufgerissenen Mundes. Nick verarbeitete all diese Eindrücke in so unterschiedlichen Songs wie „The Moon Is In The Gutter“ (1984) und seiner waschechten Cover-Version von „The Carnival Is Over“ (1984) der Seekers aus dem Jahr 1965. Details, die vielleicht übertrieben, surreal oder bewusst symbolisch erschienen, waren gerade real genug. Wenn Wangaratta die verlorene Welt seiner Unschuld war, dann war St. Kilda der Beginn seiner Reise in die Hölle.

Zum Trinken traf man sich vor allem im The George Hotel, besser bekannt als Seaview Hotel, das vier Bars im Gebäude beherbergte. Die weißgetünchte viktorianische Fassade konnte den heruntergekommenen Zustand nicht verbergen, der durch das unkonventionelle Klientel noch verstärkt wurde. Jede Bar hatte ihre eigenen Stammgäste, die Säufer und Studenten im Erdgeschoss, Maoris und Biker in der passend benannten „Schlangengrube“ (die im Souterrain lag und wegen der Lampenschirme in orangefarbenen Zigarettendunst gehüllt war). Im Lauf der Jahrzehnte unternahm man verschiedene Versuche, im Obergeschoss einen Raum für gehobenere Veranstaltungen zu etablieren. Diese Pläne traten in den Hintergrund, als die griechische Gemeinde den Saal an den Samstagabenden für Hochzeiten und andere Feierlichkeiten belegte und Sonntagabend Arthur Ludens Getcha Gearoff darin stattfand, eine Stripshow, die über viele Jahre existierte. Trotz seiner prächtigen Fassade bestand keine Gefahr, dass das George irgendwann nicht mehr für Alkoholismus, Abschaum, Gewalt, Drogenhandel und betrunkene Teenager berüchtigt sein könnte. Prostituierte gingen in der Gasse auf der Rückseite ihrem Gewerbe nach und begleiteten Kunden nach oben in deren Hotelzimmer. Ein Wachmann brachte ihnen zwischendurch nachts Käsetoasts. Einer der Lizenzinhaber des Seaview war ein pensionierter Polizist, was zweifellos zu dem hohen Toleranzlevel beitrug. Man sah oft Streifenwagen in der Gasse, und die Polizisten füllten angeblich den Kofferraum mit Bierpaletten oder genossen andere Freuden.

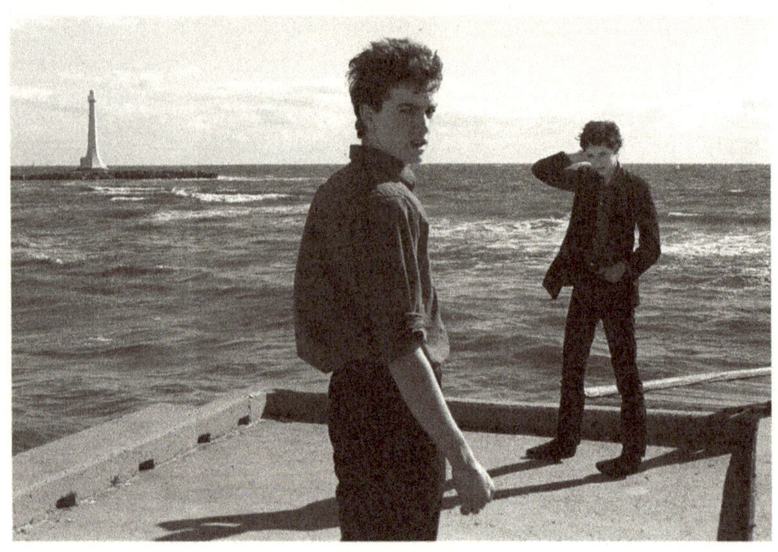

Mick Harvey und Rowland S. Howard, am Strand von St. Kilda, 1977 (Peter Milne)

Als Dolores San Miguel im August 1978 begann, Bands für einen kleinen Raum in einem der Obergeschosse des Seaview Hotels zu buchen, den sie den Wintergarden Room nannte, wurde bald klar, dass sie wegen des großen Andrangs in den größeren Saal daneben umziehen musste. Die Besitzer kamen überein, dass „die Griechen nicht genug trinken" und kündigten der Gemeinde, um Platz für Bands wie The Boys Next Door und ihre Fans zu schaffen. Die Band verkaufte den Saal am Silvesterabend mit über tausend Besuchern aus, eine überragende Leistung für eine so obskure Gruppe, selbst an diesem Termin am Jahresende. Schon bald übernahm die aufkommende Punk-Szene jede Bar im Hotel – bis auf die gefürchtete Schlangengrube –, während sich einige Hardcore-Trinker hartnäckig zwischen die Jungen, die Verrückten und die Schönen mischten.

So kam es, dass eine ganze Szene, die als Crystal Ballroom bekannt werden sollte, ein palastartiges Zuhause inmitten des Elends von St. Kilda fand. San Miguel beschreibt es „als ein bisschen so, als wenn dir deine Großeltern die Schlüssel zu ihrer Villa geben".[7] Das Hotel war für Melbourne das, was das CBGB für New York war oder der Marquee Club für London. Zusätzlich konnte es mit dem architektonischen Glanz einer breiten Marmortreppe und einer Eingangshalle aufwarten, verblichenen vergoldeten Spiegeln, roten Samtvorhängen an der Hauptbühne und einer Ballsaaltanzfläche mit Rissen, über der der venezianische Kristallkronleuchter hing, der dem Saal im Obergeschoss, und schließlich dem gesamten Ort, seinen berühmten Namen verlieh. Die Mischung aus Glamour, Hedonismus und Trostlosigkeit verlieh dem Crystal Ballroom eine gleichzeitig opulente und harte Atmosphäre in einer natürlich theatralischen Umgebung. Hier standen die Zuschauer ebenso auf einer Bühne wie The Boys Next Door, The Models, Whirlywind oder die Primitive Calculators.

Die Massen flanierten zwischen dem Ballroom und, nachdem es sich vergrößert hatte, der Birdcage-Bar und der Paradise Lounge im Erdgeschoss. Die Treppe war eine Bühne für sich und wurde von einem Buntglasfenster dominiert, das den Heiligen Georg bei der Drachentötung darstellte. Im nächsten Jahrzehnt beeinflusste das Treiben im Crystal Ballroom die Kunst, die Mode und die Musik. Die Erschaffung eines Looks wurde zu einem absoluten Muss. Hier wurde man zu jemandem. Alle sahen in die verblichenen Spiegel und betrachteten sich selbst und einander, bevor es so voll wurde, dass man die Spiegel abnehmen musste, damit sie nicht herunterfielen und jemanden töteten. Laut San Miguel „machten The Boys Next Door den Laden jedes Mal voll, und Nick war der Schamane".[8]

Bei einer Tour nach Sydney im Dezember 1978 hatten The Boys Next Door die Gruppe Crime And The City Solution kennengelernt, eine dramatische junge Band um den jugendlichen Ausreißer Simon Bonney am Mikrofon. Die Musik von Crime And The City Solution war episch und verband die Kälte und Wärme der John-Cale-Ära von Velvet Underground mit Einsprengseln eines Free-Jazz-Saxophons. Bonneys Texte und seine tiefe Stimme bei „Snow Child" und „Here

Comes The Dawn" verliehen dem Ganzen eine lärmige poetische Empfindsamkeit. Mick Harvey erinnert sich, dass die Songs „Listless, Listless" und „Platform" den größten Eindruck auf The Boys Next Door gemacht hatten. „Sie hatten einen besonderen Sound", sagt er und sucht nach Worten, um ihren Einfluss zu erklären. „Er war nicht von dieser Welt. Vor allem, weil sie aus Sydney kamen, wo Radio Birdman und die Oxford-Tavern-Szene und der ganze Detroit-Sound vorherrschten. Crime waren völlig anders. Zum Teil lag es an den Eigenheiten ungeübter Musiker, die zusammen spielten. Sie konnten nicht so klingen, wie sie wollten. Also wurden sie zu etwas anderem."[9]

Simon Bonney war knapp siebzehn, lebte in Kings Cross bei einer Frau im mittleren Alter und hatte ein überwältigendes Talent. Rowland S. Howard, Ollie Olsen, Simon Bonney – sie alle übten eine enorme Anziehungskraft auf Nick aus, und er wollte ihnen beweisen, wie gut er im Vergleich zu ihnen sein konnte. Radio Birdman und The Saints entzündeten sich selbst in Europa; diese jungen Unbekannten waren Nicks Freunde vor Ort, seine direkte Konkurrenz.

Bei seiner Rückkehr nach Melbourne hatte Nick durch die Begegnung mit Crime And The City Solution körperlich verändert gewirkt. Er ahmte Bonneys Flamenco-artige, schlängelnde Gesten auf der Bühne nach, vergrub besonders gern den Kopf in seinem erhobenen Arm, ein melodramatisches Element, das er direkt von seinem letzten Schwarm übernommen hatte. Als Crime auf Einladung der Boys Melbourne besuchten, wurde deutlich, wie viel Nick sich von Simon Bonneys Hypnotiseur-und-Stierkämpfer-Bühnenkunst abgeschaut hatte. In den späteren Jahren galt so etwas als eine Form von Diebstahl, als ob irgendjemand das Copyright auf eine Pose besitzen könnte.

Mick Harvey lacht über die Pseudo-Kontroverse, dass Nick Bonney bestohlen habe. „Als ich Simon danach gefragt habe, hat er mir gesagt, dass er eigentlich Nicks Bewegungen nachgeahmt hatte!" Harvey erklärt, dass Bonney bestimmte Bühnengesten von Nick imitierte, die ihm gefielen. „Simon hat also Nick kopiert und auf seine

Art auf der Bühne umgesetzt, und Nick hat Simon gesehen und ihn kopiert. Und so ging der Kreislauf weiter."[10] Zehn Jahre später tanzten beide auf der Bühne vor den Kameras in *Der Himmel über Berlin*, Wim Wenders' Liebesbrief an die Stadt. Inzwischen war Rowland S. Howard Simon Bonneys Gegenstück an der Gitarre geworden. Viele fanden, Crime hätte mehr von dem filmischen Duell profitiert, doch vor allem fühlten sich die Leute mehr zu Howard auf der Leinwand hingezogen als zu Cave oder Bonney. Ironischerweise war die gegenseitige Verzauberung zwischen Nick Cave und Simon Bonney das erste Mal in dem Videoclip zu sehen, der für die Interpretation der Boys Next Door für Rowland S. Howards „Shivers" gedreht wurde.

Rowland beharrte immer darauf, dass er „Shivers" noch an der Swinburne Community School geschrieben hätte. Falls das stimmt, war er da erst sechzehn oder siebzehn Jahre alt. Vielleicht hatte er tatsächlich den Song entworfen, als er die Highschool 1976 abschloss, doch nach Aussage einiger anderer in seinem Kreis erfuhr „Shivers" erst seine volle emotionale Verwirklichung nach den Ereignissen im folgenden Jahr.

Der Malerin Jenny Watson zufolge war Lisa Craswell, in die Rowland immer noch verliebt war, wegen der inhaltlichen Verweise auf die Eitelkeit der Geliebten die hauptsächliche Inspirationsquelle für „Shivers": „Er [Rowland] hatte völlig recht. Ihre Eitelkeit hatte fast etwas Gruseliges. Die ganzen Outfits, das ganze Edwardian-Gothic-Ding. Viel Make-up, große Ohrringe, Kleider aus dem Second-Hand-Laden, der alte Spruch stimmte immer noch: Man konnte auch ohne Geld Stil haben. Viele dieser Looks sind mittlerweile in die Popkultur übergegangen, wie zum Beispiel bei Johnny Depp und dem Film *Alice im Wunderland.* Doch damals war das alles noch sehr im Untergrund."[11]

Die Künstlerin Megan Bannister[12], die zu dem Zeitpunkt mit Ollie Olsen zusammenlebte, glaubt, dass die endgültige Version des Songs auf einem ganz bestimmten Vorfall basiert: „Rowland war zu Lisa gefahren. Doch als er dort ankam, war ein anderer Typ bei ihr. Er war sehr verletzt und ging zu Fuß zurück. Auf dem Weg hieb er seine Faust gegen eine Mauer. Rowland war völlig am Boden zerstört. Seine Fingerknöchel waren aufgeschürft. Wir wohnten etwa drei Meilen entfernt. Und er ging die ganze Strecke zu Fuß. Wir hatten eine Dachterrasse. Rowland hatte seine Gitarre dabei. Wir saßen alle auf dem Dach. Wenn ich mich richtig erinnere, hat er den Song im Grunde dort fertiggestellt … Manchmal weiß man einfach, dass etwas funktioniert. Manchmal ist die Inspiration einfach da. Und ich weiß noch, wie ich damals dachte, was für ein toller Pop-Song, denn tatsächlich war es vor allem ein großartiger Pop-Song."[13]

Der Fotograf Peter Milne traf kurz darauf ein, nachdem Rowland den Song Olsen und Bannister vorgespielt hatte. Er erinnert sich: „Eine wunderschöne kleine Steinbrücke führte über die Gleise in der Nähe ihres Hauses, wo die Sandringham-Linie vorbeifuhr. Zufällig hat jemand später ‚The Boys Next Door' darauf gesprüht; das Graffiti blieb dort für viele, viele Jahre. Rowland hat sich jedenfalls auf dem Heimweg an diesem Tag auf dieser Brücke die Hand verletzt. Er drückte auch oft Zigaretten auf seiner Hand aus, alle möglichen tragischen Gesten romantischer Liebe im Geist von Rimbaud … Er brauchte nur fünfzehn Minuten, um den Song zu schreiben, und der sollte eigentlich ein Witz sein. Wenn Nick ihn sang, klang er, als würde er ihn sich aus der Seele reißen; wenn Rowland ihn sang, war er eine sarkastische Verarschung."[14]

Der „andere Typ", mit dem Rowland Lisa Craswell im Bett erwischt hatte, war Tony Clark. Ihre Beziehung hatte als Affäre zwischen Dozent und Studentin begonnen, und etwas von der Heimlichtuerei und Uneindeutigkeit umgab sie auch als offizielles Paar, eine verführerische Energie, die immer mehr Leute anzog. Bevor Rowland „Shivers" schrieb, hatte er Goethes halbautobiografischen Briefroman *Die Leiden des jungen Werthers* gelesen. In dem Liebesdreieck aus dem achtzehnten Jahrhundert, das sich zwischen einem jungen, stürmischen Künstler, einer jungen Frau, mit der er sich anfreundet, und ihrem älteren Verlobten entwickelt, hatte er sich sicherlich mit seinem eigenen Dilemma wiedergefunden.

Wie Goethe verleugnete auch Howard den Rest seines Lebens das emotionale Übermaß seiner ersten großen Arbeit. In dem Roman fasst der junge Mann wegen seiner unerwiderten Liebe den Entschluss, Selbstmord zu begehen, auch wenn er seine eigene Antriebsschwäche kaum abschütteln kann, um den Plan ohne die Erlaubnis und Hilfe seiner Geliebten in die Tat umzusetzen. „Shivers“ teilt die gleiche emotionale Erstarrung, ist aber sarkastischer. Der zynische Panzer klingt wie dünne Angeberei, weshalb man die Gefühle dahinter nur noch stärker wahrnimmt.

Genevieve McCuckin ist eine wache, verschmitzte Frau und scheint ein Gespräch auf zwei Ebenen zu führen: der offenen, leidenschaftlichen und der prüfenden, auf der sie einen während der Unterhaltung einschätzt. Es ist eine seltsame Mischung aus Nähe und Abstand, Verletzlichkeit und unterschwelligem Urteil. Als sie Ende 1978 eine kurze Affäre mit Nick Cave begann, hatte sie noch keinen Kontakt zu Rowland S. Howard und auch noch kein Heroin ausprobiert. McGuckin sah damals, dass „Rowlie und Nick sehr unterschiedliche Menschen waren, die ein ähnliches Verständnis für Bücher und Filme hatten. Beiden fiel es schwer, in einer Welt zu existieren, in der Traurigkeit als falsch angesehen wurde. Rowlie konnte nur schwer akzeptieren, dass man einfach den Mund halten sollte, wenn man nicht glücklich war. Nick ging es genauso, aber er war immer ein besserer Netzwerker – er versammelt Menschen um sich, die ihm guttun und ihm zu Willen sind.“ Sie lacht. „Rowland war viel einzelgängerischer veranlagt und viel sensibler. Die Probleme anderer Menschen wurden oft zu seinen. Er überbewertete auch oft seine eigenen Fehler.“[15]

Die Affäre zwischen Cave und McGuckin begann ganz typisch „irgendwo auf einer Party“. Als die beiden gehen wollten, hielt Phill Calvert Nick auf und fragte ihn: „Was ist mit Neat [Anita Lane]?“ Nick zuckte nur mit den Schultern. McGuckin fragte, von wem Calvert sprach, worauf Nick nur bemerkenswert gleichgültig antwortete: „Jemand, der Kleider für mich näht.“

Die Affäre dauerte nur ein paar Wochen. McGuckin erinnert sich vor allem daran, wie sie auf einer anderen Party eintrafen: „Ich sah ein wunderschönes Mädchen, das sich eine blaue Träne aufs Gesicht gemalt hatte und einen silbergrauen Männeranzug trug. Das war Anita. Und die anderen Mädchen, die auch großartig aussahen, scharten sich um sie wie Hofdamen. Sie töteten mich mit ihren Blicken. Da dachte ich: ‚O nein, worauf zum Teufel habe ich mich hier nur eingelassen?'

Aber so kam ich mit Rowlie zusammen, durch Nick. Rowlie war immer da – er war Nicks Freund, er sorgte immer dafür, dass es mir gutging, wenn wir zusammen unterwegs waren, er war unglaublich fürsorglich, eine Quelle von Informationen über alles Mögliche, er kommentierte immer alles, was um uns herum passierte, er war lustig …" McGuckin verstummt. „Ich glaube, ich verließ Nick wegen Nick. Im Grunde hielten wir nur ein paar Minuten durch. Er war einfach zu anstrengend. Und dann war da zwischen ihm und Anita offensichtlich noch etwas ungeklärt. Nick ist so charmant, er kann einen sofort für sich einnehmen, aber er hat so viel Schmerz in sich, so viel Abgefucktes. Wir waren also nicht mehr zusammen, und ich war irgendwo mit Rowlie, und er stand auf einem Hocker auf einem Tisch, und ich hielt ihn fest, sah zu ihm hinauf, und mir wurde klar: O mein Gott, er ist es, ich bin verliebt, er ist es."[16]

Inzestuöses Verhalten wie dieses verfestigte nur die Verbindungen untereinander, nachdem Anita und Nick wieder ein Paar geworden und alles vergeben oder vergessen war. Mick Harvey war zu der Zeit schon mit Katy Beale zusammen[17], einer jungen Malerin mit aristokratischer Ausstrahlung, deren zurückhaltendes Wesen zu seiner eigenen Vorliebe passte, sich von der tobenden Menge zurückzuziehen. Tracy Pews Freundin war immer noch Gina Riley, die lustig und sexy und klug war, ganz nach Tracys Geschmack, und auch ein wenig frech. Bronwyn Bonney sagt: „Gina Riley war toll. Von uns allen war sie als Einzige ausgeglichen, die Einzige, die sich mochte und keinen Krieg gegen sich selbst führte."[18]

Phill Calvert war wirklich ein Junge von nebenan: blond, gutaussehend, offen, ein heterosexueller Friseur mit einer Reihe wunderschöner Verehrerinnen, für die er den idealen Freund symbolisierte. Natürlich befand er sich in einer festen Beziehung und war zu gut, um wahr zu sein. Abgesehen von den immer öfter aufeinander prallenden Persönlichkeiten war es leicht zu verstehen, wie jemand, der so unkompliziert und beliebt war wie Calvert, die Eifersucht von selbstzerstörerischen – und weniger konventionell gutaussehenden – Romantikern wie Nick Cave und Rowland S. Howard auf sich ziehen konnte. Nick und Rowland sagten immer, Phill würde ständig unglaublich nervige Dinge von sich geben, und seine hartnäckige Loyalität der Band gegenüber verstärkte ihren Frust nur noch. Je mehr er tat, desto weniger dankte man ihm – erst wurde Karen Marks durch ihn die erste Managerin von The Boys Next Door, dann arbeitete er 1978 halbtags im Missing-Link-Plattenladen und vertiefte den Kontakt zu Keith Glass. Da alle von Calverts Schwierigkeiten mit seinem herrischen Vater wussten, wirkte es noch grausamer, wie Nick und Rowland ihn behandelten. Es wäre eine Überlegung wert, wie viel von dieser leichten Tendenz zu Schulhofschikanen bei The Boys Next Door das sadomasochistische Herz von The Birthday Party belebt hatte, das die gewalttätige Ästhetik vorantrieb und die Band schließlich von innen heraus zerstörte. Doch jetzt waren erst einmal alle da und bereit. Und Nick hatte viel zu geben.

Als Mick Harvey, Genevieve McGuckin und Rowland S. Howard zusammen in einer Wohnung auf der Esplanade in St. Kilda wohnten, wachte Mick eines Nachts auf und sah Nick mit blutüberströmter Hand in seinem Zimmer stehen. Pierre Voltaire war auch da, zusammen mit seiner damaligen Freundin. Alle hatten getrunken. Mick schlief genervt wieder ein. Schon wieder eine Party. Rowland schlief betrunken neben Genevieve im Bett, als er davon aufwachte, dass ihm ein Polizist mit einer Taschenlampe ins Gesicht leuchtete. Sie zogen ihn hoch und ließen ihn wieder fallen. Der ist es nicht, sagten sie. Mick Harvey erzählt, dass die Situation sehr chaotisch war,

Leute kamen und gingen. „Am Ende war es ziemlich heftig, überall waren Polizisten mit Pistolen in den Holstern und wirkten, als ob sie die gleich ziehen würden.“

In einem Mietshaus in der Nähe stand in einem großen Fenster ein opulenter roter Stuhl mit Goldrahmen. Alle hatten sich schon so oft darüber lustig gemacht, dass er mittlerweile zum Wahrzeichen geworden war. Vollgepumpt mit Alkohol und Speed, hatten Nick, Pierre und dessen Freundin beschlossen, Mick, Genevieve und Rowland einen nächtlichen Besuch abzustatten. Als sie an dem thronartigen Stuhl vorbeikamen, brachen sie den Laderaum eines Handwerkerwagens auf, wie sich Pierre vage erinnert, holten die Werkzeuge heraus und „tanzten mit einer Säge über die Straße“.[19]

Pierres Freundin warf dann einen Backstein durch das Fenster, um an den Stuhl zu kommen, und schlug mit einem Hammer die restliche Scheibe heraus. Nick wollte sie davon abbringen, kletterte nach ihr in die Wohnung und schnitt sich dabei die rechte Hand auf. Schließlich flüchteten die drei mit dem Stuhl und kamen bis zur Wohnung ihrer Freunde ein paar Häuser weiter. Der Stuhl war zu groß, um ihn ins Gebäude zu manövrieren, geschweige denn die Treppe hinaufzutragen. Als Sirenen laut wurden, wuchteten sie ihn über den Zaun in den Garten und flüchteten. Leider zogen sie eine Spur aus zerbrochenem Glas und – noch entscheidender – Blut hinter sich her.

Als die Polizei eintraf, wurde Nick quasi in flagranti erwischt. Er nahm die Schuld auf sich, deckte Pierres Freundin, die auch eng mit Anita befreundet war. Nick wurde in der Nacht verhaftet und am nächsten Morgen entlassen. Als Colin Cave auf dem Revier die Kaution bezahlte, bot er auch an, für den entstandenen Schaden aufzukommen, um eine Strafverfolgung zu verhindern.

Ein paar Tage später machte er sich am Freitag, den 5. Januar 1979, als Leiter des Council for Adult Education auf den Weg nach Harrietville, wo ein Camp für klassische Musik stattfinden sollte. Es war nicht der beste Zeitpunkt, um wegzufahren. Am Sonntag, den 7. Januar 1979, wurde Nick noch einmal für weitere Befragungen auf das Polizeirevier in St. Kilda East gerufen. Colin fuhr da gerade von

Harrietville zurück Richtung Melbourne und war nicht erreichbar. Besorgt begleitete Dawn ihren Sohn aufs Revier, durfte allerdings nicht mit ihm in das Verhörzimmer. Nicks Schwester Julie und eine Cousine waren dabei, als Dawn „die schrecklichen Neuigkeiten" erfuhr.[20]

Colin Cave war bei einem Autounfall ums Leben gekommen, als er aus ungeklärten Gründen in der Nähe von Wangaratta auf eine unbefestigte Landstraße abgebogen war. Man erzählte Dawn, Adrian Twitt hätte die Leiche seines Freundes offiziell identifiziert. Dawn war verständlicherweise sprachlos. Als Nick aus dem Verhörzimmer kam, erfuhr er, was geschehen war. In der Nähe redeten zwei Officer über die Vergewaltigung und Ermordung einer Prostituierten, als wäre es ein alltäglicher Witz. Dawn hörte das Gespräch nicht oder hat es verdrängt, doch sie erinnert sich an das Gelächter und sagt, ihr einziger Gedanke war: „Wie kann jemand einfach lachen? Wie kann überhaupt irgendjemand gerade lachen?"[21]

Nick brüllte die Polizisten an, jedoch vergeblich. Einen der beiden hatte er zuvor verspottet, weil dieser seinen Beruf im Protokoll falsch geschrieben hatte, „Muskier". Die zwei Polizisten redeten weiter über die tote Prostituierte, ohne Dawn Cave oder die schrecklichen Neuigkeiten, die die Familie gerade erhalten hatte, zu beachten. Nicks erster Impuls war, seine Mutter zu beschützen – doch in welche Situation hatte er sie nur gebracht? Was hatte er nur getan? Was hatte sein Vater nur für Entscheidungen getroffen? Das war alles einfach nur falsch.

Der Tod seines Vaters wurde in Interviews und Biografien immer wieder als entscheidend für Nick Caves künstlerische Entwicklung dargestellt und für viele seiner Songs und thematischen Obsessionen. Doch ein anderer Aspekt der Tragödie wurde nur selten bedacht: Dawn Caves Trauer nach dem Verlust ihres Ehemanns.

Nick vibriert geradezu vor Energie, als er sagt: „Ich machte mir wirklich sehr, sehr große Sorgen um meine Mutter, ihre Erschütterung und Verzweiflung war meine Hauptsorge. Und wie unfähig ich mich fühlte, mich um sie zu kümmern – das war eher das Problem. Dass ich keine Ahnung hatte. Keine Ahnung, wie ich mit etwas so Ernstem umgehen sollte. Ich war einundzwanzig Jahre alt und extrem schlecht gerüstet, mit dem Schmerz meiner Mutter umzugehen. Es war so überwältigend, dass ich es nie aus meiner eigenen Sicht betrachtet habe. Jahrelang habe ich nicht daran gedacht, wie ich mich fühlen könnte."

Phill Calvert erinnert sich an den Tag, an dem er Nick zur Flucht vor der Beerdigung und der Trauerfeier im Haus in Caulfield North verhalf. „Wir kauften ein paar Bier und gingen zu mir. Nick war natürlich verstört; er war auch wütend. Er redete viel. Ich kann dir nicht sagen, worüber wir sprachen. Man hatte Nick wegen einer dummen Sache verhaftet. Sein Dad hatte ihn auf Kaution aus dem Gefängnis geholt. Ich kenne viele Leute, deren Vater gestorben ist, bevor sie alles zwischen sich klären konnten. So war es auch bei Nick", sagt Calvert. „Dann sprachen wir über Bandsachen, unsere Pläne. Schon seltsam, ich stelle gar keine Verbindung zwischen dem Tod von Nicks Vater und dem Beginn unserer Aufnahmen her. Ich glaube, ich habe damals nicht einmal daran gedacht. Wir legten einfach los. Es schien die Band zu keinem Zeitpunkt aufzuhalten."[22]

Bald nach Phills Besuch verschwand Nick für zwei Tage und zog sich völlig im Haus einer Freundin zurück. Laut Mick Harvey sah ihn niemand in dieser Zeit.

Nick sagt, er kann sich kaum an die Beerdigung seines Vaters erinnern. Es scheint alles ausgelöscht zu sein. Neben Colin Caves Tod und der Notwendigkeit, die Aufnahmen für *Door, Door* fertigzustellen, musste Nick auch noch vor Gericht erscheinen. Dank der Intervention seines Vaters und eines Leumundszeugnises kam er glimpflich davon. Freunde sagten, Nick bedauere, dass er seinem Vater nicht mehr hatte erklären können, dass er die Schuld für jemanden auf sich genommen hatte. Warum sich dieses Bedauern dann in solcher Wut entlud, ist schwieriger zu erklären.

Dolores San Miguel sagt: „Nick war immer ein wütender junger Mann, aber nach dem Tod seines Vaters wurde er noch zehnmal wütender." Die Nachricht von Colin Caves Tod verbreitete sich schnell in der Szene, die sich im Crystal Ballroom traf. Auch wenn sie schon Ende zwanzig und Mutter war und als Promoterin arbeitete, gibt Dolores zu: „Ich fühlte mich immer ein wenig eingeschüchtert von Nick und einigen seiner Freunde. Offensichtlich ging es nicht nur mir so. An dem Abend stand ich am Fuß der Ballroom-Treppe, als Nick und ein paar Freunde und Bandmitglieder sich über das Geländer im ersten Stock lehnten. Ich sprach Nick mein Beileid aus, auch wenn ich mich unwohl fühlte und es mir ein bisschen peinlich war. Nicks Reaktion machte mich sprachlos. ‚Danke, aber es ist mir wirklich egal. Er hat es verdient zu sterben.' Und das war's", erzählt Dolores. „Sein Schmerz und seine Trauer waren offensichtlich, aber er war ein Punk und durfte diese Maske nicht absetzen – vielleicht wollte er mich schockieren. Ich wusste, dass er nichts von dem ernst meinte, was er gesagt hatte, aber damals war ich trotzdem verblüfft. In den Tagen und Monaten danach spürte ich richtig, wie traurig und fassungslos er war."[23]

Nur zehn Tage nach Colin Caves Unfalltod gingen The Boys Next Door mit einem brillanten jungen Tontechniker namens Tony Cohen ins Richmond-Recorders-Studio.

Der Weg zurück ins Studio war lang und verworren gewesen. In der Hoffnung, die Investition wieder hereinzuholen, beschloss Mushroom Ende 1978, *Brave Exhibitions* doch noch zu veröffentlichen. Fast sechs Monate waren vergangen, seit die Aufnahmen aus dem Juni in das Plattenfirmengerangel und das Ende von Suicide geraten waren. The Boys Next Door waren strikt dagegen, dass *Brave Exhibitions* jetzt doch auf den Markt geworfen werden sollte. Mick Harvey sagt: „Wir waren jung und veränderten uns so schnell, dass wir wirklich nicht wussten, wo wir standen oder wie wir klingen wollten. Was wir vor zwei Monaten gemacht hatten, erschien uns jetzt alt. Was vor sechs Monaten passiert war, war ein dreimal so alter Hut."[24]

Rowlands Einstieg hatte die ruhelosen und radikalen Richtungsänderungen von The Boys Next Door noch verstärkt. „Man hatte die Band schon immer irgendwie abgelehnt", bemerkte Rowland,

„doch nach meinem Einstieg geschah das noch offener; plötzlich wurden wir als Art-House-Dilettanten bezeichnet. Leute, die die Band zuerst gemocht hatten, hassten sie plötzlich nach meinem Einstieg. Sie wollten ‚Boy Hero' hören, und wenn wir es nicht spielten, kamen sie nach dem Konzert zu uns und sagten: ‚Ihr glaubt, ihr seid so verdammt großartig, was? Wir sind eure Fans, und ihr könnt das verdammt noch mal nicht machen!' Sie waren aufgebracht, weil australische Rockbands normalerweise spielten, was das Publikum hören wollte."[25] Amüsiert erinnerte sich Rowland: „Auch wenn wir immer noch unter Vertrag standen, kam nach meinem Einstieg nie wieder jemand von Mushroom zu uns, was angenehm war."[26]

Bei einem Wahnsinnsauftritt auf der 3RRR-FM-Weihnachtsfeier am 12. Dezember 1978 hatte man The Boys Next Door auf der Bühne wie Helden und als „die Band, die Suicide überlebt hat" gefeiert. In der Sendung spürt man, dass die Band einen frühen, aufregenden Höhepunkt erreicht hat, zwischen dem bisherigen Power-Pop und etwas Wilderem schwankend, das von der Energie und melodischen Vielfalt von Howards Gitarrenarbeit und Songwriting beflügelt wurde.[27] So provokant wie immer widmete Nick das gerade aufgenommene „Shivers" dem Boss von Mushroom: „Hörst du zu, Michael Gudinski?"

Schließlich schlossen die Band und die Plattenfirma hinsichtlich *Brave Exhibitions* einen Kompromiss. Mushroom würde ihnen Zeit im Studio finanzieren – abends, wenn es billiger war –, um im neuen Jahr ein paar neue Tracks aufzunehmen. Im Gegenzug würden The Boys Next Door das Beste aus dem Material ihrer Aufnahmen mit Les Karski retten. Die Band beschloss, dass diese älteren Songs die erste Seite eines „neuen" Albums bilden sollten; Seite zwei sollte für die Arbeit mit Tony Cohen reserviert werden. So konnten sie auf ihrem zukünftigen Debütalbum *Door, Door* ihre rasante Entwicklung als Quintett mit Rowland S. Howard und damit ein repräsentativeres Bild der Band abgeben.

Die aussortierten Titel aus der Karski-Session waren „Secret Life", „Sex Crimes", „Conversations", „Earthlings In The Orient" und

„Spoilt Music". Es existierte auch ein improvisiertes Duett, bei dem Rowland (der zu der Zeit noch kein offizielles Mitglied der Band war) auf ein Klavier einhämmerte und Nick nur halb verständlich sang. Damit hatten sie Karski erschrecken wollen, und das war ihnen gelungen.

Fünf von Nicks Songs waren zugunsten von Rowlands Kompositionen aussortiert worden, was bezeichnend für die Stärke des Materials war. Live hatte es sich in dieselbe Richtung entwickelt, das Set setzte sich zu gleichen Teilen aus Nicks und Rowlands Songs zusammen, neben Cover-Versionen wie Lou Reeds „Caroline Says (II)", Iggy Pops „China Girl" und „Personality Crisis" von den New York Dolls.

Für sein Alter war der neunzehnjährige Tony Cohen ein sehr erfahrener Tontechniker und „immer noch ein Hippie", als er The Boys Next Door kennenlernte. Trotzdem war er genau der Partner im Studio, von dem Nick Cave und Mick Harvey immer geträumt hatten. Da er im selben Alter war, verstand er ihren Frust über ihre bisherigen Studioerfahrungen – und die zahmen Ergebnisse, die sie erzielt hatten. Seine Zusammenarbeit mit Nick und Mick sollte für die nächsten zwei Jahrzehnte einer ihrer wichtigsten Einflüsse werden.

„TC", wie er manchmal genannt wurde, hatte als Jugendlicher Schlagzeug in Garagenbands gespielt. Als er älter wurde, entwickelte er eine Faszination für Tonbandgeräte. Er ging noch zur Schule, als seine Ausbildung in den Armstrong Studios begann, bei dem Jazz-Produzenten und Besitzer Bill Armstrong und dem Engländer Roger Savage, der an frühen Demos der Rolling Stones mitgearbeitet hatte und später mit Soundtracks Karriere machte. „Ich war so jung, dass ich von meinem ersten Lohn Lutscher kaufte, glaube ich", erzählte mir Cohen Jahrzehnte später.

Er wurde schon bald zum unwahrscheinlichen Schützling von Molly Meldrum *(Countdown)*, der sein Handwerk in London gelernt hatte, als „das *White Album* produziert wurde. Die Beatles liebten

Molly, weil er so ein Partytier war", sagte Cohen. Meldrum lud TC ein, ihm auf Hit-Singles wie Supernauts „I Like It Both Ways" (1976) und The Ferrets' „Don't Fall In Love" (1977) zu assistieren.

„Molly hat mich unter seine Fittiche genommen, aber eher, weil ich ein hübscher Junge war, und weniger wegen meines Talents", sagte Cohen. „Ich hatte viel zu wenig Erfahrung, um an Alben wie von Supernaut oder The Ferrets zu arbeiten. Als guter katholischer Junge wusste ich nicht einmal, was eine Tunte war. Aber Molly hat es einem nie aufgedrängt, er wusste, wer hetero war und wer nicht. Er war echt lustig. Mein Hauptjob war, ihm seine Scotch-Colas zu mischen. Wenn sie wirkten, spielte er Elton John mit 1000 Dezibel ab und brüllte uns zu, welchen Sound er haben wollte. Damals gab es noch keine Tontechnikerschulen, so wie heute. Man sah keine Anzeigen für einen Ausbildungsplatz oder einen Kurs in der Zeitung. Ich wusste nicht einmal, dass es den Beruf gab, als ich damit begann. Ich wusste nicht einmal, dass es einen Namen dafür gab. Molly kam immer mit einer zwei Meter großen Maori-Drag-Queen ins Studio. Einmal hob sie ihr Kleid, um uns einen Einblick zu verschaffen. Danach wusste ich Bescheid", erzählte er lachend.[28]

Eine der wichtigsten Lektionen von Meldrum war der Segen der Lautstärke: „Beim Abmischen sollte man ein nettes Gitarrensolo ruhig aufdrehen. Nicht feinfühlig sein. Dann springen einem eine Gitarre oder der Gesang später richtig entgegen. Im Studio hört man den perfekten Sound, aber im Autoradio oder zu Hause auf der Stereoanlage kann es ziemlich flach klingen. Die Kontraste müssen stärker sein, als man denkt. Das Abmischen ist der schwierige Teil. Alles kann gut klingen, aber um Tiefe hineinzubringen, müssen ein paar Sachen richtig knallen und andere zurückgenommen sein. Und das zu bewerkstelligen ist sehr viel schwieriger, als den meisten Leuten klar ist. Beim Abmischen versagen die meisten, selbst wenn die Aufnahme an sich gelungen ist."[29]

Cohen brauchte eine Weile, bis er sein Verständnis von Lautstärke und Tiefe auf die zunehmend abenteuerlichen Bedürfnisse von The Boys Next Door und Nicks spätere Inkarnationen anwenden konnte, doch er und die Band absolvierten ihre Lehrzeit im Studio gemeinsam. Im Januar 1979 wollte die Band unbedingt ihren Sound einfangen und provozierte dabei nur zu gern Leute, nachdem sie in den letzten zwölf Monaten so viel hin und her geschubst worden war. Als Cohen an dem Abend, an dem sie gebucht waren, ins Richmond-Recorders-Studio kam, fand er einen Flügel voller Metallstücke und Büroklammern vor. Die Band erwartete eigentlich einen sehr viel älteren Tontechniker, der dann natürlich ausflippen würde. Nach seinen Erfahrungen mit Meldrum war Cohen nicht aus der Ruhe zu bringen. Er betrachtete das geschändete Instrument und meinte: „Ah, das dürfte interessant klingen." Dann begann er sofort, Mikrofone anzubringen. Nick Cave sagt, er und Mick Harvey hätten einander angesehen und beschlossen: „Der passt."

„Manche Dinge wusste Tony als Tontechniker nicht", sagt Harvey. „Aber für uns war das gut. Wir brauchten einander. Auch als Persönlichkeiten, die nicht wollten, dass diese langweiligen alten Typen um uns herum uns sagten, was wir zu tun hatten. Wir merkten, dass Tony jemand war, der uns helfen konnte, die Kontrolle über unser eigenes Schicksal zu haben."[30]

„Aus Gründen der Abwechslung" merkte Cohen für *Door, Door* an, dass „es eine gute Idee sein könnte, wenn Rowland ein paar seiner eigenen Songs spielte". Dieser Vorschlag wurde sofort abgeschmettert, erzählte Cohen. „Nick wollte keinen Ton davon hören. ‚Ich bin der Sänger!'"[31] Direkt nach dem Tod seines Vaters hätte es niemand überrascht, wenn Nick sich verletzlich gefühlt hätte. Howards ausdrucksloser nasaler Gesang war zudem gewöhnungsbedürftig, und sein ausgeprägter Stil musste sich erst noch voll entwickeln. Nur eine Stimme würde auch für die Einheitlichkeit des ausgedehnten und ungleichen Aufnahmeprozesses sorgen. Der offensichtlichere Ansatz war, Rowlands Songs mit Nick als Sänger zu verwenden, so wie sie es bei den Konzerten sowieso meistens machten. Rowland beschloss, auf den richtigen Augenblick zu warten. Langfristig führten die Ambitionen des Gitarristen allerdings zu tief sitzenden Spannungen mit Nick.

Phill Calvert schüttelt den Kopf. „Es war niemals Rowlands Band. Nick hätte niemals Rowlands Songs gesungen. Sie waren nicht Jagger und Richards. Und Rowland durfte keinen eigenen Song pro Platte singen. Davon war er ausgegangen. Doch das stand überhaupt nie zur Debatte."[32] Rowlands Bruder Harry Howard deutet an, dass das nicht ganz der Deal war, den Nick und Rowland vereinbart hatten, als Nick ihn fragte, ob er in die Band einsteigen wolle. Man hatte Rowland „versprochen", auch seine eigenen Songs singen zu dürfen, doch davon wusste man schon bald nichts mehr.[33]

Bei *Door, Door* litt Nick allerdings unter den Vergleichen mit dem außergewöhnlich aufstrebenden Rowland S. Howard. Nicks Albumseite wurde von „The Nightwatchman" eröffnet, gefolgt von „Brave Exhibitions", „Friends Of My World", „The Voice", „Roman Roman" und „Somebody's Watching". Alle Songs waren ein Jahr alt oder älter und noch unter Karskis sterilem, wenn auch forschem Regime entstanden. „The Nightwatchman", „Brave Exhibitions", „The Voice" und „Somebody's Watching" waren konventionelle New-Wave-Pop-Songs voll selbstbewusster Prahlerei. Man könnte ihre Besessenheit, beobachtet zu werden, als politisch interpretieren – wegen des Aufkommens von Videotechnologie und der Überwachungsparanoia der Gegenkultur war es *das* Thema der damaligen Zeit. Doch selbst ein flüchtiger Blick auf Nicks Texte offenbarte ein fundamentales, wenn auch perverses Vergnügen daran, beobachtet zu werden. Nicks Tagebücher aus der Zeit sind voller Konzertdaten und Notizen, was für Klamotten und welche Haarfarbe er brauchte. Ein beiläufiger Verweis in „Somebody's Watching" sagt alles: Nick vergleicht sich mit Da Vincis *Mona Lisa.*

Trotz seines negativen Selbstbildes, oder vielleicht auch gerade deswegen, kultivierte Nick eine pfauenartige Aggression, die sein sarkastisches Talent nur noch förderte. Melbourne war in den späten Siebzigerjahren immer noch eine zutiefst konservative Stadt, und man konnte schon mit den leichtesten Abweichungen von der Norm einen Aufruhr auf der Straße provozieren. Nick schwelgte in einer prägenden Rolle, bei der die Leute nicht nur stehenblieben und starrten, sondern auch Angst bekamen. Und er fing damals gerade erst an, sowohl abseits der Bühne als auch auf ihr.

Dank der polizeisirenenartigen Synthesizer-Akzente, die Andrew Duffield beigesteuert hatte, und Nicks theatralischem Gesang transportiert „Friends Of My World" hervorragend ein Außenseiterimage und macht die öffentlichen und persönlichen Verbindungen greifbar. Nick konstruiert eine kriminelle Fantasie, an der die Tiger-Lounge-Leute ihre helle Freude haben konnten, mit ihm selbst im Zentrum. Er ist der Star der Geschichte, die er erzählt. Es ist seine Welt. Echte Macht verlieh diesem Narzissmus die Bühne, auf der eine gut eingespielte Band Nicks angespannt-romantischen Vortrag und großspurigen Spott akzentuierte. Anita Lane hatte Nick vom Beginn ihrer Beziehung an gestylt, und er sah schicker aus denn je. Mit wilden Haaren und im Anzug, zu dem er oft eine Fliege und eine gepunktete Weste trug, wirkte er wie ein Conférencier aus seinem eigenen *Cabaret*, was auf seine Leidenschaft für Bryan Ferry von Roxy Music verwies.

Rowland S. Howard vertrat immer die Ansicht, dass The Boys Next Door ein feines Gespür für Pop hatten. Die atemberaubende Intensität von „Somebody's Watching" auf der Bühne, mit ihrem furchtlosen Einsatz von Backing Vocals im Beach-Boys-Stil, bestätigt diese Auffassung, egal wie sehr die Band darauf bedacht war, nicht als eine weitere Pop-Gruppe wahrgenommen zu werden. Es gab bestimmt nicht viele Bands, die aus der örtlichen Punk-Szene stammten und mit Vokalharmonien und einer gnadenlos theatralischen Performance arbeiteten. Nicks eindringlicher Gesangsstil war beeinflusst vom „Berlin-Quartett" – Bowies Alben *Low* und *„Heroes"* und Iggy Pops *The Idiot* und *Lust For Life* –, die alle 1977 herausgekommen waren und, wie Clinton Walker sagt, „überall in Melbourne liefen, egal, wohin man ging".[34] Angesichts seiner Bestrebungen, ein Sinatra der Dunkelheit zu werden, der in derselben futuristischen Liga wie Bowie, Pop und Ferry spielte, musste Nick hart schlucken, als die Rezensionen hereinkamen und er auf *Door, Door* offenbar wie ein Power-Pop-Typ von gestern wirkte. Dass Karskis Produktion den Fokus auf den professionellen Glanz und nicht ihren Schatten als

Künstler legte, darüber konnten The Boys Next Door wirklich nur höhnisch grinsen.

„Roman, Roman" stach aus Nicks Songs heraus, eine hyperaktive Punk-Polka, die den berühmten Regisseur preist, der aus den Vereinigten Staaten geflohen war, nachdem man ihn 1977 wegen der Vergewaltigung eines dreizehnjährigen Mädchens angeklagt hatte. Hier brach sich Nicks *Lolita*-Fixierung Bahn, außerdem enthielt der Songtext Schuljungenhumor, der gut in die Comic-Zeitschrift *Viz* gepasst hätte[35], auch wenn die Polka-Melodie angesichts Polanskis polnischer Herkunft überraschend konzeptionelles Geschick zeigte. Auf der Bühne verwandelte Nick den Refrain in eine Liebeserklärung und sang „Rowland, Rowland".

Auf der Albumversion von „Somebody's Watching" sang Nick das Wort „Mona" mit einem erstickten Stöhnen und betonte „Lisa" mit einem erregten Keuchen. Rowland war offensichtlich nicht der Einzige, dem Lisa Craswell aufgefallen war. Nick hatte die Zeile wohl kaum für sie geschrieben, doch er wurde geschickt darin, einen Verweis bei Bedarf auf eine andere Situation umzudeuten. Sei es bei Craswell, Howard oder der ganzen Tiger-Lounge-Szene, Nick konnte ungeheuer charmant sein, wenn er wollte, und alles und jeden um sich herum in seinen Bann ziehen.

Auf Seite zwei präsentierte Rowland S. Howard sein Schaffen. „After A Fashion" begann mit offensichtlich an Richard Lloyd von Television angelehntem Gitarrensound. „Als Rowland zu spielen anfing, sahen wir einander an und dachten: ‚Können wir das wirklich machen?'", gibt Phill Calvert zu.[36] Der Einfluss von *Marquee Moon* auf Rowlands Gitarrenspiel mochte überdeutlich gewesen sein, doch es fesselte die Hörer und war hochgradig selbstsicher. Tony Cohen verpasste der Musik eine Präsenz, die auf Seite eins fehlte. „After A Fashion" bekam einen festen Platz im Set der Band, und Michael Gudinski wollte es als erste Single auskoppeln. „I Mistake Myself" war von Rowlands neuen Songs der überraschendste, eine unbeholfene, grüblerische Reflexion über die Natur von Identität

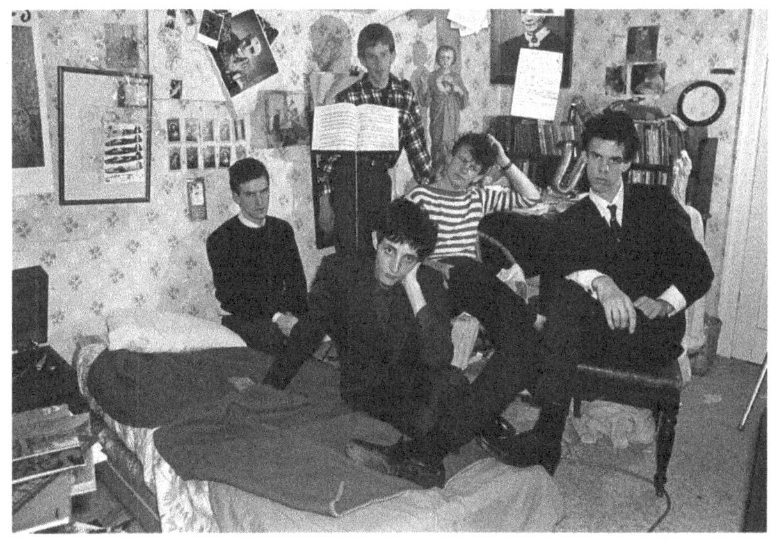

Frühe Fotosession in Nicks Zimmer, direkt nachdem Rowland S. Howard zu The Boys Next Door gestoßen war, 1978 (Peter Milne)

über Tracy Pews schleppender Basslinie. Nicks Texte wirkten dagegen ausgesprochen oberflächlich. Philosophisch ausgedrückt, war das Album ein Wettstreit zwischen „Wie sehe ich aus?" (Seite eins) und „Wer bin ich?" (Seite zwei).

Der eine war energiegeladener und unterhaltsamer (Nick), doch der andere ging viel tiefer (Rowland). „I Mistake Myself" war der Track auf dem Album, der am englischsten klang, und hätte auch gut auf ein frühes Album von The Cure gepasst. Howard brachte ein noch größeres Pop-Verständnis mit in die Band, das durch seinen atmosphärischen und existenziellen Blickwinkel aber sehr modern wirkte. Die Band wurde immer selbstbewusster und ernstzunehmender, und wegen Rowlands Songwriting-Kunst strahlte Nicks Stern noch heller.

Im Vergleich zu dem frischen Blut, das Howard mitbrachte, wirkte es seltsam, dass Nick kein neues Material beisteuerte. Rowland entwickelte sich rasend schnell, Nick hingegen schien zu stagnieren. Bis dahin war er noch nie unproduktiv gewesen, und seine Entschuldigung dafür lautet: „Ich hatte eine Flaute." Nick war aus sehr verständlichen Gründen der Wind aus den Segeln genommen worden. Abgesehen vom plötzlichen Tod seines Vaters, belasteten ihn auch noch Anita Lanes Abneigung seiner „dummen" Texte, der intellektuelle Einfluss von Tony Clarks Salon, die Schläge, die Nicks Selbstvertrauen als Sänger durch die Produzenten Macainsh und Karski einstecken musste, und schließlich Rowlands so offensichtlich überlegene Songs. Nick überdachte daraufhin sein Können als Texter und – ebenso wichtig – als Sänger.

Für die neuen Aufnahmesessions mit Tony Cohen hatte Nick nur einen lohnenden Beitrag, die disharmonischen Jahrmarktklänge von „Dive Position" – eine erotische Klage, die von seiner leidenschaftlichen, wenn auch bereits stürmischen Beziehung mit Anita inspiriert wurde. Die dissonante Leierkastenkonstruktion des Songs war ein naiver Verweis auf den dunklen Zirkus, den Nick später in „The Carny" umsetzen sollte, während seine inhaltlichen Verbindungen zwischen Trauer und sexuellem Trost (mit einem heimlichen textlichen Verweis auf „Touch Me" von The Doors) andeuteten, dass es ein ganz neuer Song für Nick und ein radikaler Fortschritt zu allem war, was er bis dahin geschrieben hatte. Auf die Verwendung von abstrakten und bruchstückhaften Bildern, um seine privaten Sorgen zu verdecken und gleichzeitig zu erweitern, sollte er in der Zukunft noch oft zurückgreifen. Seltsamerweise hatte er den Song ein paar Monate vor dem Tod seines Vaters geschrieben, nicht danach, wie der Text vielleicht vermuten lassen könnte. Wer darin um was weint, ist schwer zu verstehen, nur dass sich Unsicherheit und Schmerz mit Lust vertreiben lassen, und dass dieser Schmerz die Ekstase sogar verstärken kann, wenn Nick ruft, dass er wieder berührt werden will. Schrecken und Verlangen liegen immer nah beieinander, und dieses Spannungsverhältnis sollte Nick lange begleiten.

Der letzte Track auf dem Album wurde Nick Caves erster überragender Moment als Musiker. Doch als er für die Dokumentation *Autoluminescent: Rowland S Howard*, die 2011 erschien, interviewt wurde, gestand Nick sein Bedauern ein, „Shivers" gesungen zu haben. „Ich konnte dem Song nie gerecht werden, vor allem damals nicht. Rowland muss sich jedes Mal gewunden haben", sagte er lachend, „wenn ich ihn gesungen habe … Ich wünschte, er hätte ihn gesungen. Ich wünschte, er hätte ihn bei den Aufnahmen gesungen, weil es sein Song war. Es war sein Song. Er hätte ihn singen sollen."[37]

Mit der Zeit verabscheute Howard Nicks „übertriebenen und aufgeblasenen"[38] Vortrag. Bei den Young Charlatans und später als Solokünstler verlieh er den Worten einen ätzenden Beigeschmack. Caves Interpretation verdrängt Howards beißende Verachtung, auch wenn dessen abgeflachte Stimme alles ähnlich komisch klingen ließ. Demos für ein nie verwirklichtes Album der Young Charlatans zeigen, dass Howard sein eigenes Knurren auch übertreiben konnte, aber bei ihm war es auch auf dem Punkt. Howards beste Interpretationen machen deutlich, dass „Shivers" ein einziger ausgestreckter Mittelfinger ist; eine Rachefantasie, die besagt: „Ich könnte mich wegen dir umbringen, aber du bist es nicht wert", und gleichzeitig bemerkt, wie erheiternd es ist, überhaupt über so ein Drama nachgedacht zu haben. Nick schmachtet „Shivers" auf eine Weise, die gequält und großartig und abgründig klingt. Seltsamerweise bringt gerade dieses Übermaß an Leidenschaft – fast ein marmorner Schimmer auf Nicks bebendem Bariton – den Song dem Todesthema näher, auch wenn es die knurrende Energie verdrängt, die für Howard dazugehörte.[39] Ollie Olsen fand es seltsam, dass *der* große Punk-Song dieser Zeit eigentlich eine Ballade war. Doch er stellte auch fest: „Er fängt diese ganze St.Kilda-Atmosphäre ein. Dort lebt der Song historisch gesehen."[40]

Pierre Voltaire widerspricht Howards Behauptung, wie man den Song eigentlich hätte singen sollen. „Rowland hat erst danach entschieden, dass der Song ironisch sein sollte. Ich glaube nicht, dass er ihn von Anfang an so gesehen hat."[41] Jeffrey Wegener, Rowlands früherer Bandkollege bei den Young Charlatans, beschrieb „Shivers" über dreißig Jahre später als „absolut romantisch".[42] Bruce Milne sagt dazu: „Als ich ‚Shivers' noch einmal gehört habe, ist mir klar geworden, dass es ein sehr direkter Versuch war, einen Song im Stil von Roxy Music zu schreiben – er hat diese gewisse Roxy-Ausstrahlung. Man kann sich vorstellen, wie Bryan Ferry ihn im Anzug singt. Doch Rowland hat sich mit so etwas nicht wohlgefühlt. Nick hatte dieses Selbstvertrauen, dieses Gespür für Bewegung auf einer Bühne, das Charisma dafür."[43]

Mick Harvey weist alle Beschuldigungen zurück und akzeptiert auch kein Bedauern. „Rowland hätte damals deutlicher sagen sollen, dass er ‚Shivers' selbst singen wollte. Ich glaube, er hat recht mit seinem Urteil darüber, wie Nick den Song sang, aber im Nachhinein sagt sich das leicht. Er hatte es zugelassen, weshalb er auch schuld ist. Ich war als passiver Beobachter dabei, und ich konnte hören, wie Nick den Song sang – nämlich völlig unironisch. Doch wo war damals die Kritik an Nick, als man sie vielleicht gebraucht hätte? Man muss vorsichtig damit sein, wofür und wann man einen Sänger kritisiert; man kann ihm nicht ständig auf die Nerven gehen, sonst gibt es Spannungen. Nick findet jetzt, dass er überdramatisiert hat? Wann hat er jemals damit aufgehört?" Harvey lacht. „Übertreibung gehörte bei Nick schon immer dazu. Die meisten Sänger dramatisieren zu viel. Großartig an Nick ist seine Gesangsperformance und wie er sie in einen Bereich putscht, in dem man sich mit ihm auseinandersetzen muss. Hinter allem, was er tut, liegt eine Absicht."[44] Clinton Walker glaubt, dass Rowland „seinen Höhepunkt als Songwriter bereits erreicht hatte. Zu dem Zeitpunkt war er Nick weit voraus. Nick und Mick überholten ihn dann natürlich."[45]

„Shivers" wurde zur Hymne der Crystal-Ballroom-Generation, eine geschluchzte Liebesballade aus den heiligen Hallen von St. Kildas Punkrock-Mausoleum. Der Song machte Nick zum romantischen Helden dieser Zeit und zu einem aufstrebenden Star. „Der Song war so monumental und wurde von allen geliebt", sagte Nick. „Und er sprach jeden an, wie ein großartiger Song es tun sollte. Andererseits kann man danach auch seine Gitarre an den Nagel hängen und etwas anderes tun, weil er so perfekt ist."[46]

Rowland sah das völlig anders. Mit der Zeit beschränkte und unterdrückte er seine Talente so sehr, dass er nur noch Songs schrieb, die Nick singen konnte. Nach ein paar Jahren gab er zu, dass er vergessen hatte, wie er etwas schreiben sollte, das aus ihm selbst kam. Seine Gitarre musste das für ihn übernehmen. Er ließ sie weinen und schreien.

Auch wenn *Door, Door* eine Danksagung an „unseren Mentor, Barry [sic] Earl" enthielt, waren sie im Januar während der Aufnahmen ohne Management.[47] Trotz ihrer Beliebtheit im Crystal Ballroom waren The Boys Next Door in einem unliebsamen Plattenvertrag gefangen, bei einer Plattenfirma, bei der sie ursprünglich gar nicht unterschrieben hatten, und dann hatte man sie ohne großes Mitspracherecht von einem Studio ins nächste geschubst. Die Entscheidung, Seite zwei von *Door, Door* mit Unterstützung von Tony Cohen selbst zu produzieren, war ein Schritt in Richtung Autonomie. Mick Harvey sagt jedoch, „wir fielen immer noch über unsere eigenen Füße. Wir wussten kaum, was wir im Studio taten."[48]

Keith Glass hatte The Boys Next Door schon immer gemocht, doch jetzt erkannte er die Größe der Band. „Ich weiß noch, wie ich mir eines der ersten Konzerte mit Rowland auf der Bühne ansah", erzählt er. „Die Verbesserung war dramatisch, der Richtungswechsel enorm. Doch es lag nicht nur an Rowland. Sie hatten ihn hinzugeholt, damit die anderen musikalisch wachsen konnten."[49]

Das Suicide-Label war kurzlebig und marktschreierisch gewesen; Mushroom hatte laut Glass keine Ahnung: „Die Band wurde zum größten Publikumsmagneten in der Stadt, und niemand wusste, was er mit ihr anfangen sollte." Das ärgerte ihn furchtbar. Nachdem er Ende Januar von einem Besuch aus London zurückgekehrt war, war Glass davon überzeugt, dass The Boys Next Door so schnell wie möglich nach England gehen mussten. Missing Link, sein Plattenladen, lief hervorragend; Phill Calvert hielt ihn über die Misere der Band auf dem Laufenden. „Also bot ich an, Manager der Boys Next Door zu werden und auch mit ihnen aufzunehmen."[50] Er versprach auch, sie nach London zu bringen, bevor noch einmal zwölf Monate verstrichen.

Sein Plan war das reinste Manna. Auch wenn sie einander zunehmend misstrauisch und sogar verächtlich betrachteten, gibt Mick Harvey zu, dass „Keith ‚cool' war. Er hatte so eine Ausstrahlung, die man schwer in Worte fassen kann. Als wir ihn kennenlernten, war er wahrscheinlich erst Ende zwanzig, aber im Vergleich zu uns hatte er schon so viel gemacht. Er hatte ein Unternehmen, einen Plattenladen, und er wollte ein eigenes Label aufbauen. Er schien jeden Nennenswerten in der Musikindustrie zu kennen und auch viel über Musik zu wissen. Er sagte immer zu uns, einer unserer größten Vorteile wäre unsere wirklich starke Rhythmusfraktion und dass viele Punk-Bands keine starke Rhythmusfraktion hätten. Er sagte, das würde uns überzeugend machen. Und er hatte recht. Mit einer guten Rhythmusfraktion als Grundlage können sich auch schwache Ideen noch weiterentwickeln."[51]

Keith Glass begann seine Managertätigkeit damit, die musikalische Bandbreite der Band erheblich zu erweitern. Er machte The Boys Next Door mit den obszönen Agitprop-Folk-Collagen von The Fugs bekannt, mit Captain Beefhearts surrealen Rock-Blues-Jazz-Stücken und mit absurd-komischen, aggressiven und geilen Rockabilly-Songs. Glass verdreht die Augen und sagt: „Das Bowie-Ding war damals bei allen jungen Bands verbreitet. Wenn man glaubt, Bowie sei der Dreh- und Angelpunkt moderner Musik, hat man ein ernstes Problem."[52]

Nick und Rowland beschäftigten sich in der Zwischenzeit mit dadaistischer Kunst und Literatur. Zusammen mit einer Leidenschaft für radikale neue junge Bands wie The Pop Group und Pere Ubu entwickelten sie ein Interesse an primitiven Funk- und Garagen-Jazz-Sounds, die sie dekonstruierten. Glass' „kleine Plattensessions" steuerten eine sich erneuernde Körperlichkeit und Aggression zu den einziehenden intellektualisierten und exzentrischen Dekonstruktionen bei. Die Band entwickelte ein starkes Gespür für Musikgeschichte als Gegengewicht zur Kunsttheorie, zu Fragmentation und futuristischem Fortschritt. Mick Harvey sagt: „Wir schlugen diese ganzen verschiedenen Richtungen ein. Damals waren wir sehr leicht zu beeindrucken. Eine neue Platte kam heraus, und Nick schrieb drei Songs, die so klangen. Doch manches entwickelte sich auch komplett zufällig. Egal, wie sehr Nick und Rowland von Pere Ubu und The Pop Group beeinflusst waren, war es trotzdem auch eine Art Befreiung, wie man an Sachen herangehen konnte."[53]

Nick war unbändig von der ersten Single von The Pop Group, „She Is Beyond Good And Evil", begeistert, einer 12-Inch-Vinylscheibe, die ihren vibrierenden Bass und die Dub-Produktion wie eine Waffe einsetzte. Doch erst ihre zweite Single, „We Are All Prostitutes", war für ihn „der großartige Pop-Group-Song". Die Band war zutiefst politisch und verband Einflüsse aus Free Jazz und Funk mit einer wilden Punk-Empfindsamkeit. *The Guardian* schrieb über The Pop Group, sie habe „fast im Alleingang" die Post-Punk-Phase eingeläutet. „We Are All Prostitutes" verschärfte ihre Angriffe auf den Materialismus als eine Krankheit, an der alle gemeinsam beteiligt sind. Songwriter und Sänger Mark Stewart stand auf revolutionäre Ideale, in ideologischer und ästhetischer Hinsicht. Nick fühlte sich allerdings eher von der Wut angezogen, weniger von der Politik. „Sie hatte alles, was Rock meiner Meinung nach haben sollte", sagte er. „Das war brutale, paranoide Musik für eine irgendwie brutale, paranoide Zeit. Ich habe sie tatsächlich in letzter Zeit viel gehört, und sie wirkt immer noch genauso auf mich. Sogar, wenn ich darüber rede."[54]

Ironischerweise hatte Nick von dem Tag an dem Punk-Phänomen misstraut, an dem Elvis Presley gestorben war und Johnny Rotten sich darüber gefreut hatte. Ihm und Rowland war bewusst, dass Punk zu einem Genre wurde und nicht zu einer Philosophie, und damit mehr Grenzen als Möglichkeiten hatte. Der deutliche Beweis war für sie erbracht, als Sid Vicious, der damalige ikonische Bassist der Sex Pistols, am 2. Februar 1979 nach einer Überdosis Heroin tot im Chelsea Hotel in New York aufgefunden wurde. Angeblich hatte er Selbstmord begangen, nachdem er seine Freundin Nancy Spungen im Oktober zuvor bei einem misslungenen Sterbepakt ermordet hatte. Diese düstere, absurde Geschichte trug zur schaurig-schwachsinnigen

Reduzierung der früher subversiven Seiten des Punk bei. Nachdem er damals als „ein führender Punk in Melbourne“ galt, nahmen sowohl die Zeitung *The Truth* als auch die Nachrichtensendung *Willesee at Seven* Kontakt zu Nick Cave auf und wollten einen Kommentar zum Tod von Sid Vicious. Klugerweise lehnte er die Gelegenheit ab, zu einem trauernden Sprecher der sogenannten „Blank Generation“ gemacht zu werden. Bald danach sagte Nick dem *Roadrunner:* „Die Leute, die keine Ahnung von junger Musik haben, halten uns immer noch für Punk.“[55]

Mick Harvey bemerkt: „Damals gab es viele Bands. Die erste Aufregung von ’77 war irgendwie einer Mischung aus Pragmatismus und Einbildung gewichen, einer zynischen Einstellung gegenüber Bewegungen. 1979 hatten so viele Bands ihre eigene Vision. Statt jemanden nachzuahmen, machten sie ihre eigenen Schritte, fanden ihre eigene Stimme. Doch sie schienen ein gemeinsames Ziel zu haben, nämlich etwas Originelles darzustellen.“[56]

Viel interessanter als der Tod von Sid Vicious war für Nick in diesem Februar das von dem Maler John Nixon neu eröffnete Arts Projects, ein Ausstellungs- und Performance-Zentrum in einem heruntergekommenen Bürogebäude in der Lonsdale Street 566 in Melbourne. Zusammen mit Tony Clark und anderen bot Nixon in seiner Galerie einer Leidenschaft für Muzak und Tonbandgeräte in Performancekunst und Installationen Platz. Clark und Nixon setzten Projekte um wie *Invisible Music,* das „jedem öffentlich zugänglichen Musikstück Autonomie oder Autorenschaft absprach“.[57] Sie entwickelten auch eine sogenannte Anti-Musik-Oper mit dem Titel *Towards New Horizons.* Sie bevorzugten minimalistische und „geräumige“ Sounds, um ein beliebtes Modewort zu verwenden, und betonten amateurhafte und willkürliche Kreationen. Die Ergebnisse waren überraschend atmosphärisch und melodisch und ähnelten primitiv umgesetzten Brian-Eno-Kompositionen. Clark nahm Nick an einem Nachmittag unter der Woche mit zum Arts Projects, und Nick war fasziniert von der Vorstellung von zufälliger Musik von Nichtmusikern. Manchmal wurde diese komplett selbst erzeugt, nachdem der Kassettenspieler und die Synthesizer angeschaltet und programmiert waren. Beeindruckt begann Nick, sich ebenfalls mit Synthesizern zu beschäftigen.

Textlich ließ er sich von ähnlich radikalen Einflüssen aus der Dichterszene Melbournes inspirieren. Bei seinen Galeriebesuchen nahm er Ausgaben von *Born to Concrete* mit, einer Literaturzeitschrift, die sich „konkreter" Poesie verschrieben hatte (später auch „visuelle" Poesie genannt). Die Bewegung war in den Sechzigerjahren in Brasilien entstanden und hatte dauerhaften Einfluss auf die avantgardistischer ausgerichteten Teile der Autorenszene in Melbourne. Kreative Typografie, das optische Spiel mit Wörtern, Wortspiele, Collagen und Wiederholungen sprachen den Künstler in Nick ebenso sehr an wie den Dichter und Songwriter. Die Betonung des geschriebenen Worts als physischer Einheit passte zu den absurden und futuristischen Lehren, mit denen er und Rowland sich beschäftigten, und sprach ihr Interesse an bildender Kunst an.

Die wachsende Konkurrenz zu Ollie Olsens Whirlywirld und der aufkommenden „Little Bands"-Szene in North Fitzroy auf der anderen Seite des Yarra River machte neue Einflüsse dringend erforderlich. Die Little Bands, deren Musik manchmal auch als „North Fitzroy Beat" bezeichnet wurde, waren anarchistisch angehauchte Gruppierungen, die blitzschnelle, fünfzehn Minuten lange (manchmal auch kürzere) Sets spielten und sich Thrush And The Cunts nannten, The JP Sartre Band, Oroton Bags oder Too Fat To Fit Through The Door. Selbst Whirlywirld, die neben dem Lagerhaus mit Ladenfront probten, in dem diese Gruppen aufkeimten und wieder verschwanden, waren im Vergleich zu diesen von Anfang an auf Selbstzerstörung ausgerichteten Acts kultiviert und streberhaft.

Eine Little Band hatte allerdings einen längerfristigen Plan: Primitive Calculators, die unermüdlich mit ihren Drummachines und Synthesizern probten. „Bei ihrem Live-Auftritt habe ich zum ersten Mal eine Band mit einer Drummachine gesehen", meint Clinton Walker.[58] Als glühende Kommunisten waren sie die treibende Kraft hinter dem Little-Band-Konzept und stellten freigiebig ihre Instrumente und das Lagerhaus zur Verfügung, damit die oft ziemlich chaotischen Auftritte dort stattfinden konnten. Trotz ihrer antiprofessionellen Herangehensweise gingen zwei berühmte Bands aus diesen kreativen Trümmern hervor: Hunters & Collectors und Dead Can Dance.

Für die Primitive Calculators bestand die Crystal-Ballroom-Szene aus bourgeoisen Leichtgewichten. The Boys Next Door waren in ihren Augen musikalisch ungefähr so radikal wie Duran Duran. Ironischerweise stützte sich Richard Lowensteins filmischer Tribut an die Zeit der Little Bands, *Dogs in Space*, auf den Glamour der Boys Next Door, während eine andere Gruppe aus dem Little-Band-Umfeld Vorbild für die Handlung war, The Ears, die gleichermaßen zu St. Kilda und zu North Fitzroy gehörten. Michael Hutchence' Figur basiert auf Sam Sejavka, dem Sänger der Ears, der wiederum bei seinen eigenen Auftritten dem jungen Nick Cave nachgeeifert hatte.

Die Primitive Calculators sahen sich als eine bösartige elektronische „Boogie Band" und hatten sich dem federführenden Bandmitglied Stuart Grant zufolge vorgenommen, „die Menschen vom Joch des Kapitalismus zu befreien" und „eine Note zu finden, bei der sich die Leute in die Hosen scheißen".[59] Live bedeutete das, dass sie verheerend intensiv oder abscheulich dominant sein konnten. Schon bald führte ihre nihilistische musikalische Revolution zu Heroin- und Speedkonsum, was alle verheißungsvollen Aussichten, die die Primitive Calculators sich vielleicht erlaubt hätten, zunichtemachte. Vielleicht waren sie doch nicht so anders als ihre bourgeoisen Feinde.

Nick hatte möglichweise eine gewisse Verwandtschaft zu den dadaistischen Hintergründen empfunden, die die Little-Bands-Szene in North Fitzroy antrieb, doch ihm wurde klar vermittelt, „dass wir [The Boys Next Door] dort nicht willkommen waren". Trotzdem belebten die Umtriebe und die Reibungen beide Szenen und waren eine weitere Inspiration für die Richtung, die The Boys Next Door bereits eingeschlagen hatten.

Nick hatte mit Vicki Bonet eine Spaßband namens Little Cuties gegründet. Sie war diejenige, die beim Live-Debüt von „These Boots Are Made For Walking" in der Tiger Lounge Hackfleisch von der

Bühne geworfen hatte. „Vicki war ziemlich übergewichtig. Sie zog sich an wie Divine. Ein Arzt verschrieb ihr Duromine, pure Amphetamine, in großen Pillenflaschen, unglaubliches Speed. Sie teilte es mit uns." Bei den Little Cuties, erzählt Pierre weiter, „sang Vicki, Nick spielte Orgel, Rowland Bass, Gen [McGuckin] Gitarre, Mick Schlagzeug und ich ebenfalls Gitarre. Wir spielten ‚Hall Of Mirrors' und ‚The Model' von Kraftwerk, aber im Stil von AC/DC, und dann spielten wir eine sehr sanfte Version eines AC/DC-Songs, an den ich mich nicht mehr erinnern kann. Wir ließen die Lautsprecher in einem Proberaum in North Melbourne kollabieren, weil wir so betrunken und so laut waren. Wir genossen die Freiheit von Instrumenten, die wir nicht spielen konnten. Wir legten die Anlage auf einer Party lahm. Wir legten die Anlage im Crystal Ballroom lahm. Es war großartig. Wir machten das Ganze völlig selbstlos und aus reiner Liebe zueinander und um uns bei Vicki für die vielen Pizzas zu bedanken, die sie uns gekauft hatte."[60]

Door, Door erschien erst Ende Mai 1979. Dave Graney beschreibt das Verhältnis zwischen Album und den Live-Shows der Band als „wirklich schizophren, weil sie live seit den Aufnahmen so viel geändert hatten".[61] Die Band beschäftigte sich mittlerweile mit abstrakteren und experimentelleren Themen wie in Nicks neuem Song „A Catholic Sin" (Nick war Anglikaner, aber egal, es klang gut) und Rowlands „Death By Drowning". Jim Thirlwell, der sich später in Übersee unter Pseudonymen wie Clint Ruin und Foetus einen Namen als Komponist von extremer Musik machte, fand, dass „*Door, Door* nicht erfasste, wie gut sie wirklich waren. Sie hatten ihrem Sound bereits ihren eigenen Stempel aufgedrückt. Sie waren extrem charismatisch und aufregend. Das kam viel zu wenig rüber. Nicht einmal zu fünfzig Prozent."[62]

Nick und Rowland wurden gebeten, eine Anzeige für die Albumpromotion zu entwerfen, und sie dachten sich den Spruch „Trunken vom Blut des Papstes" aus. Das war nicht ganz der Slogan, nach dem Mushroom gesucht hatte. „Sie hielten uns für völlig wahnsinnig. Wir fanden es wirklich lustig. Uns fiel nicht auf, dass sich jemand davon beleidigt fühlen könnte, denn die einzigen Leute, die die Rock-Presse lasen … nun, Katholiken lasen wohl auch die Rock-Presse“, sagte Howard.[63] Pope's Blood war in Wahrheit ein Pink Gin, ein Cocktail, der im Ballroom gemixt wurde.

Es dauerte nicht lange, bis Nick begann, alles aus seiner Vergangenheit zu attackieren, das seiner Meinung nach keine weitere Erforschung rechtfertigte. Dies sollte zu seinem Standardverfahren werden. In einer Ausgabe von *Rolling Stone Australia* aus dem Jahr 1982 blickte er auf das Jahr 1979 zurück wie in eine ferne Vergangenheit. „Wir waren Jugendliche und Spätentwickler. Es gab eine Zeit, in der wir verwirrt waren und viele Probleme hatten, und wir veröffentlichten ein Album wie *Door, Door,* das ein Produkt all dieser Dinge ist. Ich meine, dieses Album war ein einziger feuchter Traum. Ich hasse es. Es stinkt nach einer Band, die versucht, intelligente Musik zu machen und clevere, witzige Texte zu schreiben. Es ist totaler Mist.“[64]

Das Album verkaufte sich klägliche 2.000 Mal. Nick erzählte dem Fanzine *The Offense:* „Wir waren ganz offensichtlich ein Flop. Ein Riesen-Flop.“[65] Viele Jahre später lacht er darüber und sagt: „Michael Gudinski war enttäuscht, dass wir nicht wie Plastic Bertrand klangen und keinen Song wie ‚Ça Plane Pour Moi‘ oder ‚Jet Boy Jet Girl‘ hatten.“

Tony Cohen spricht nicht so negativ über *Door, Door.* „Auch wenn die Jungs sagen, es sei keine gute Platte, lernten wir daraus. Mann, sie hat mein Leben verändert. Diese totale Respektlosigkeit, die sie dem üblichen Vorgehen im Studio entgegenbrachten. Deshalb wurde ich über Nacht vom Hippie zum Punk. Sie veränderten sich auch. Wir alle veränderten uns im Lauf der Zeit. Es war ein ständiger Prozess“, sagte er. Man konnte immer noch den enthusiastischen jungen Mann in Cohen sehen, als er von diesen frühen Tagen erzählte: das lange, glatte dunkle Haar, mittlerweile von grauen Strähnen durchzogen, die etwas hochgezogenen Schultern, als wäre der Junge von damals plötzlich mit einer Zeitmaschine in den Körper eines älteren Mannes versetzt worden. „*Door, Door* war der Anfang“, sagte Cohen mit einem Hauch von unheilvollem Idealismus. „Und ich mag die Songs immer noch. Ich finde, wir haben uns insgesamt ziemlich gut geschlagen. Schließlich haben wir ‚Shivers' aufgenommen, verdammt noch mal."[66]

Der englische Kritiker Barney Hoskyns beschrieb *Door, Door* – durch die Linse späterer Veröffentlichungen der Birthday Party betrachtet – als „eine boshafte Ehe aus den Ramones und XTC".[67] Clinton Walker meinte, dass „es eine Hälfte einer guten Platte" sei, diese Hälfte sei „Rowlands Seite". Die Rezensionen in Australien waren damals positiv, doch dass die Besprechungen erst im Dezember 1979, mehr als sechs Monate nach Erscheinen des Albums, ihren Weg in die Mainstream-Musikpresse fanden, zeigt, wie unbedeutend The Boys Next Door für die einheimische Musikindustrie waren. Im *Rolling Stone Australia* konstatierte Toby Creswell ein paar offensichtliche Referenzen: David Bowie, Roxy Music und Ultravox. Letzteres entsetzte die Band, die sich immer vom Punk-Mob abheben wollte und das Gefühl hatte, sich der Avantgarde zu nähern – und jetzt wurden sie mit Ultravox und dem neuesten Pop-Trend zusammengeworfen, den New Romantics.

Die aufschlussreichste Bemerkung zu *Door, Door* schrieb Andrew McMillan im *RAM*. Für ihn war das Album sehr vielversprechend, wenn auch zurückgehalten von dem, was er „den englischen Sound von '77" nannte. Er führte das auf Nicks Gesang zurück und stellte einen überraschenden Vergleich mit Jim Cairns an, dem idealistischen Anti-Vietnam-Vorkämpfer, linken Ökonomen und früheren Labor-Party-Vize-Ministerpräsidenten der Whitlam-Ära. McMillan verglich Nicks Gesang mit Cairns' ikonischer Rücktrittsrede aus dem Jahr 1975 – beide klangen wie Männer, die „so sehr an sich glaubten, dass man sie bluten hören konnte".[68]

Das Cover-Artwork für *Door, Door* stammte aus dem expressionistischen Theaterstück *Der Henker* aus dem Jahr 1934. Nick hatte sich das Bild aus einem Buch ausgeliehen, das dem Mädchen gehörte, das das Fenster mit dem roten Stuhl eingeworfen hatte und weshalb er verhaftet worden war. Das Stück basiert auf dem gleichnamigen Roman des schwedischen Nobelpreisträgers Pär Lagerkvist aus dem Jahr 1933. Es ist ein zutiefst antitotalitäres Werk und verbindet visionäre und philosophische Passagen mit Lagerkvists typischem schwarzen Humor zu einem Strom quälender Einsamkeit. Lagerkvist beeinflusste Camus und vertrat die Auffassung, dass Rebellion in sich ein kreativer Akt sein kann, ein notwendiger Weg, den man gegen überwältigende Verzweiflung und Sinnlosigkeit einschlagen muss. Nicks Selbstvertrauen hat ihm natürlich geholfen, gegen die erschütternden Umstände zu rebellieren, die er gerade durchlebt hatte. Anita Lane bemerkte später: „Nick hat einen unglaublichen Antrieb, der ihn durch alles durchgebracht hat. Er ist ein Workaholic. Als wir jünger waren, dachte ich, er würde das irgendwann hinter sich lassen. Er wollte seinen Vater wirklich beeindrucken, wollte, dass dieser ihn für klug hielt. Sein Vater lachte nur über ihn und bemerkte seine Bemühungen gar nicht. Als sein Vater starb, fragte ich mich, was aus Nicks Antrieb werden würde, doch er wurde nur noch stärker.“[69]

Flight From Death

MELBOURNE 1979

Die Massen, die den Ballroom bevölkerten, bedeuteten auch viele Einkünfte. Sechs Monate, nachdem das Hotel seine Türen für Melbournes Untergrundszene geöffnet hatte, teilten die Manager Dolores San Miguel mit, dass man sie nicht länger benötigte. Am 13. Januar 1979, fünf Tage nach Colin Caves Tod, spielten The Boys Next Door und Whirlywirld ein Abschiedskonzert für sie. Der Rest des Monats verging mit den Aufnahmen zu *Door, Door.* Am 3. Februar eröffnete die Band zusammen mit The Sports den Ballroom neu, der jetzt unter der Leitung von Laurie Richards stand, einem innovativen Booking Promoter, der auch die Tiger Lounge geleitet hatte, wobei er von Keith Glass im Hintergrund beraten wurde. San Miguel war etwas überrascht über die Geschwindigkeit, mit der man sie ausrangiert hatte. Nachdem sie erfolgreich ein paar kleinere Locations in der Stadt ins Leben gerufen hatte, bat man sie im März des folgenden Jahres, erneut Konzerte für den Ballroom zu buchen: In dem unbarmherzigen Business waren ihr Geschmack und ihre Kontakte wohl doch von Vorteil.

Laurie Richards stieß einige große Veränderungen an. Er benannte den Laden offiziell in Crystal Ballroom um und ließ Kameras installieren, damit die Leute im Erdgeschoss auf Bildschirmen verfolgen konnten, was im großen Saal über ihnen passierte. Er bat Philip Brophy und Maria Kozic, zwei postmoderne Pop-Art-KünstlerInnen, eine Wand im neu eröffneten Lounge-Bereich zu gestalten. Richards bot allen Voyeuren ein noch größeres Spektakel, sorgte für noch bessere Stimmung und mehr Möglichkeiten, das Gebäude zu nutzen. „Laurie war aber niemand, der von sich aus etwas bewegte und aufrüttelte", sagt Mick Harvey. „Er sah die Zahlen und folgte seinem Instinkt. Dolores wusste, wen man buchen musste, und das strahlte der Laden auch aus, ein Gespür dafür, was dort passierte."[1]

Die Künstlerin Jenny Watson stimmt zu: „Dolores hatte eine großartige Vision." Der Crystal Ballroom zehrte nach San Miguels Rauswurf noch das ganze Jahr von dieser Vision und verpflichtete unter anderem Crime And The City Solution, The Ears (die Richard Lowensteins Film *Dogs in Space* aus dem Jahr 1986 inspirierten)[2] und nach Dolores' Rückkehr eine vielversprechende Band aus Brisbane namens The Go-Betweens. Bronwyn Bonney erzählt: „Die Luft vibrierte geradezu, war irgendwie magisch – ein Haufen Leute war versammelt, voller Talente, wie man sie nicht oft findet, alle konzentriert und vereint, und alle schienen vor Genialität zu funkeln. Wie eine kleine Schatzkiste voller Juwelen – so wunderschön geschnitten, so bemerkenswert, sie strahlten in allen Regenbogenfarben. So war der Ballroom für mich."[3] Bonney sieht aber auch die Schattenseiten: „Viele Menschen dort waren geschädigt, psychisch instabil, der unterschwellige Nihilismus wurde stärker, nachdem die anfängliche Energie abgeflaut war. Und es gab arrogante Cliquen, die sich für cooler als die anderen hielten. Außerdem waren mit der Zeit so gut wie alle von irgendetwas abhängig, eine richtige Epidemie. Aber das war später."[4]

Der Kulturkritiker Ashley Crawford tauchte gerade erst in die Szene ein. Er komprimiert die nächsten fünf Jahre des Ballrooms in der Beschreibung eines rauschenden Abends, an dem „ein Großteil des Publikums aus Künstlern bestand, die wichtige, wenn nicht sogar herausragende Persönlichkeiten in der Melbourner, der nationalen und manchmal auch der internationalen Kunstwelt wurden.

John Nixon, der damals mit Watson zusammen war, versuchte, Tony Clark in melancholischem Schwarz zu übertreffen. Clark stand immer hinten, die Arme majestätisch verschränkt und mit finsterem Blick, als ob er über ein altgriechisches Rechtsprechungsritual wachen würde. Der Maler Howard Arkley, immer mit gepunkteter Krawatte, hatte als Einziger im Raum einen Bart. Der Ort wurde von vielen jungen Kunststudenten und -studentinnen besucht und war ein veritables Who's Who von Nachwuchstalenten, darunter Brett Colquhoun, Jon Cattapan, Greg Ades, Stephen Bush, Vivienne Shark LeWitt, Nick Seymour, Maria Kozic, Peter Tyndall, John Matthew, Megan Bannister, Peter Walsh, Stephen Eastaugh und Andrew Browne. Außerdem waren die Dramatikerin Tobsha Learner, die Fotografin Polly Borland, die Schriftstellerin Stephanie Holt und die zukünftigen Filmemacher Richard Lowenstein und John Hillcoat unter den Stammgästen. Im Grunde war es ein Nährboden für eine neue Generation."[5]

Wenn die Sprache auf The Boys Next Door und ihr Umfeld kommt, lächelt Bruce Milne unbehaglich. Speed und Alkohol reichten ihm damals; Hustensaft mit Alkohol hatte ihn nie interessiert. Als sich die Leute Heroin zu spritzen begannen, sagt Milne, habe er sich zurückgezogen. „Alle in der Gruppe suchten immer nach einem neuen Kick."[6] Wie sehr man Nick Cave die Schuld an diesen Kicks geben kann, ist schwer zu sagen. „Nick hat definitiv mit dem Faulkner-Wahnsinn angefangen", meint Pierre Voltaire sarkastisch. „Der alte Trick mit dem Buch in der hinteren Hosentasche, das versuchten wir alle."[7]

Laut Rowland S. Howard „probierte Nick Heroin irgendwann 1979".[8] Wahrscheinlich war das zwischen Anfang Januar und der Veröffentlichung von *Door, Door* im Mai. „Nick trank schon immer viel und nahm große Mengen Speed", sagt Howard. „Heroin hatte er schon ein paarmal probiert, bevor er mich damit über einen Freund, der es gelegentlich nahm, bekannt machte. Heroin kam zur richtigen Zeit für mich, und eine ganze Weile hatte ich die Möglichkeit,

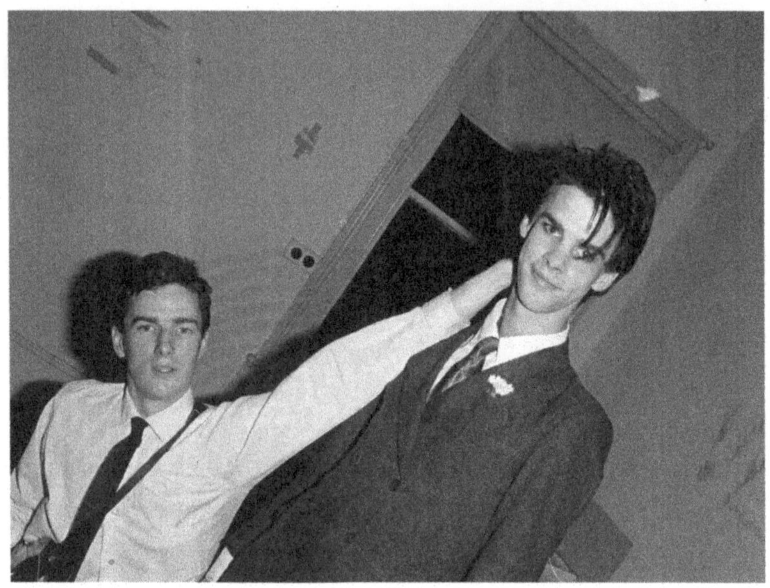

Mick Harvey und Nick Cave im Crystal Ballroom, späte Siebzigerjahre (Peter Milne)

es täglich zu nehmen, was unausweichlich zur Sucht führte. Die Auswirkungen von Speed und Alkohol in konzentrierten Mengen können verheerend sein, aber wenn Heroin einen nicht einschränkt und man sich ohne offensichtliche Nebenwirkungen gut fühlt [sic], ist der Konsum einfach, solange genug Nachschub da ist."[9]

Jegliche Andeutung, Nick hätte Heroin genommen, um seine Trauer zu betäuben, weist der entschieden zurück. „Ich war schon auf dem Weg dahin. Es wäre so oder so passiert", sagt er. „In dem Milieu, in dem ich mich bewegte, war Heroin die Droge der Wahl. Es war billig und effektiv und überall erhältlich. Zu dem Zeitpunkt wollte ich mich ihm hingeben. Und mein Leben hatte sich völlig verändert. Komischerweise dachte ich, dass alle drückten. Bei den Leuten, mit denen ich unterwegs war, ging ich einfach davon aus. Doch das war gar nicht so."

Nick weiß noch, wie er das erste Mal Heroin ausprobiert hat. „Ich stand an der Ecke beim National Theatre. Pierre tauchte mit seiner Freundin auf und sagte: ‚Wie waren gerade in der Fitzroy

Street und haben Heroin gekauft. Willst du was?‘ Ich antwortete: ‚Scheiße, klar.‘ Ich hackte es gleich da auf der Straße auf dem Hydranten klein. Natürlich hatte es keine Auswirkungen. Das dauert eine ganze Weile. Um ein Junkie zu sein, musste man sich schon anstrengen. Jedenfalls nahmen wir das Heroin, und dann stießen wir auf Genevieve [McGuckin] und Lisa [Craswell] und holten uns noch mal einen Beutel für fünfzig Dollar. Für mich war das der nächste logische Schritt.

Ein paar Wochen später waren wir bei Freunden, und es waren auch ein paar Biker dort. Wir hatten Heroin gekauft und suchten im Wohnzimmer nach einer Fläche, auf der wir es zerkleinern konnten. Einer der Biker sah uns an und sagte: ‚Was zum Teufel macht ihr da? Kommt her.‘ Er holte seine Spritze raus und“ – Nick tut so, als würde er sich in den Arm stechen – „ZACK. In dem Moment passierte etwas. Alles veränderte sich, wurde besser – dachte ich damals zumindest, heute bin ich mir da nicht mehr so sicher …

Für mich war es eine Möglichkeit, mich von allem, was um mich herum passierte, abzutrennen. Und genau so wirkt Heroin. Alkohol macht einen zunächst gesellig, integriert einen in die Gesellschaft. Heroin sondert einen ab, und in gewisser Weise war das wirklich verführerisch.“

Anne Tsoulis, eine angehende Filmemacherin, arbeitete als Türsteherin im Ballroom. Als Freundin von Garry Gray von The Negatives (früher The Reals) hatte sie mitverfolgt, wie The Boys Next Door nach ihrem chaotischen Debüt im Gemeindesaal in Ashburton erst die Tiger Lounge dominiert hatten und schließlich auf die Bühne des Crystal Ballroom gestürmt waren, von der aus sie ihre Fühler übers ganze Land ausstreckten – alles in gut einem Jahr. Tsoulis war allerdings nicht beeindruckt. „Nick wusste, dass er mit neunzehn ein Star war. Er kam zu uns in die Wohnung und hatte immer eine ganze Entourage dabei; das machte mich wahnsinnig. Im Ballroom marschierte er genauso auf: erst Nick, dann Rowland, dann seine Bewunderer, dann die Mädchen“, erzählt sie. „Ich weiß noch, wie

Nick Cave und seine Truppe weggetreten auf meinem Wohnzimmerboden herumlagen und ich auf dem Weg zur Tür über sie hinwegsteigen musste, um zur Arbeit gehen zu können – damals lebte ich mit Garry Gray zusammen. Garry drängte mich immer, meine Alben von Joni Mitchell und Tim Buckley und Carole King zu verstecken, bevor sie vorbeikamen. Ihr Getue war immer so aufgeblasen, und Nick war für diesen elitären Schwachsinn verantwortlich. Sie nahmen viel zu viele Drogen, und Nick war der Mittelpunkt. Und wenn man kein Heroin nahm, war man nicht so cool wie Nick – das war sehr traurig, und deshalb war ich auch nie sein Fan."[10]

Im Lauf des Jahres 1979 strömte noch mehr Heroin in den Crystal Ballroom. „Es schien über Nacht zu passieren, und plötzlich war es überall", erzählt Bruce Milne.[11] Man munkelt, auf der Frauentoilette sei in der letzten Kabine immer ein Löffel versteckt gewesen, um das Heroin damit aufzukochen. Heroin passte mit seinen Eigenschaften hervorragend zur dortigen Atmosphäre, es war wie aus einer anderen Welt. Alles blühte auf und wurde düsterer. Ashley Crawford schildert ausdrucksstark den Eingangsbereich des Ballroom, „man lief durch ein ganzes Spektrum an schlafenden Betrunkenen, halb bewusstlosen Junkies, in deren Armen noch die Nadeln steckten, glitschigem Erbrochenem, und überall lagen Victoria-Bitter-Bierdosen. Das war das St. Kilda der Verdammten, lange bevor glänzende Holzböden und Café Latte einzogen. Das war immer noch das St. Kilda aus *Good And Evil*, den Visionen des Malers Albert Tucker, in denen Prostituierte im Dämmerlicht an Tramhaltestellen herumlungerten, eine Welt der lebenden Toten. Damals wohnte Tucker noch um die Ecke, und man sah ihn oft, wie er durch die Straßen lief und allen wütende Blicke zuwarf."[12]

Am Anfang der Sucht treten bei Heroinabhängigen oft Wachträume auf. Nach dem Einschlafen glaubt man vielleicht, noch wach zu sein; nach dem Aufwachen hält der Traum noch an, bis er sich verflüchtigt. Gut möglich, dass der Einstieg ins Heroin im Crystal Ballroom gesellschaftliche und vielleicht auch kulturelle Entsprechungen zu diesen „Wachträumen" mit sich brachte, als so viele

Menschen gleichzeitig begannen, mit der Droge zu experimentieren. Zu den Entzugssymptomen gehört allerdings auch Schlaflosigkeit, Abhängigen bleibt die süße Erholung von früher verwehrt. Für Nick wurde es zu einem Dauerzustand, zu einer Lebensweise. Auf der Suche nach Rat und vielleicht auch Trost wandte er sich an das literarische Licht seines Vaters, Wladimir Nabokov. „Ich bezeichne die Schlaflosigkeit als mein drittes Leben. Das Leben im Wachzustand, das Leben im Schlaf und das Leben dazwischen. Nabokov spricht über Schlaflosigkeit und hatte sich immer gewünscht, er könnte sich auf eine dritte Seite rollen", erzählt er. Auf lange Sicht hat Nick wohl gelernt, mit der Schlaflosigkeit zu leben und zu arbeiten, doch in dieser ersten Zeit wachte er auf und ging „die Wände hoch".

In den Erkenntnissen des zeitgenössischen Autors William S. Burroughs, der eine Sucht mit am anschaulichsten geschildert hat, über Drogenhochs und -tiefs fanden sich die Leute im Ballroom wieder. In einem Gespräch mit *The Paris Review* diskutierte der Autor von *Junkie: Bekenntnisse eines unbekehrten Rauschgiftsüchtigen* 1965 über Morphium und Heroin als Schmerzmittel und ihre Tendenz, kreative Aktivitäten und Träume zu blockieren und zu betäuben. Das Phänomen der „Herointräume" beschrieb er als eine Art Nachbild oder optischer Effekt, der als Halluzination auftreten kann. Burroughs bemerkte aber auch zurecht, dass das nur eine Übergangsphase zur schweren Abhängigkeit ist, in der man – im wachen oder schlafenden Zustand – kaum mehr träumen kann und wirklich weggetreten ist.[13]

Nick achtete sehr auf die vom Heroin hervorgerufenen traumartigen Zustände, in denen er sich befand, auch wenn die damaligen Bilder in der Rückschau viele Jahre später seltsam unpersönlich und dokumentarisch wirken. „Die Prostituierten beackerten das damals auch Teufelsdreieck genannte Gebiet zwischen der Fitzroy, der Acland und der Barkly Street", erzählt er. „Mitten durch das Dreieck verlief die Grey Street, auf der die meisten Nutten herumliefen. Die Motels an der Carlisle Street vermieteten Zimmer stundenweise, oder man kam schnell im Auto zur Sache. Es war nicht so organisiert wie in Kings Cross, dem Rotlichtviertel von Sydney – kein Neon, kein Glamour, keine Touristen. Nur Nutten und Junkies und betrunkene Jugendliche und Geschäftsleute, die in Schwierigkeiten gerieten, Fish-and-Chips-Läden, die Dim Sim verkauften – von denen wir uns ernährten –, Pfandleihen, bei denen ich später immer wieder meine Ringe und mein Studioequipment versetzte, um an Geld für den nächsten Schuss zu kommen. Die besten waren in Prahran. Als ich anfing, gab es AIDS noch nicht, weshalb man nicht mal die Nadeln auswechselte. An der Ecke Grey und Fitzroy Street befand sich eine Stripbar mit einem riesigen Schild, auf dem stand ‚This Is The Show', die großen Buchstaben bildeten das Wort TITS, Titten. Auf der Fitzroy Street wurde mit Heroin gehandelt, vor allem im St Kilda Cafe, einem Fish-and-Chips-Laden, der irgendwann Löcher in seine Löffel bohrte, damit die Junkies sie nicht mehr im Klo auf dem Hinterhof für den nächsten Schuss benutzten oder mitgehen ließen."

Greg Perano, einer der späteren Mitbegründer von Hunters & Collectors, beschreibt das St Kilda Cafe als „nicht besonders groß, und ein wenig klaustrophobisch. Es war ein heruntergekommenes klassisches Fünfzigerjahre-Café, ein bisschen wie das, in dem sich Iggy Pop und Tom Waits in Jim Jarmuschs Film *Coffee and Cigarettes* aus dem Jahr 2003 treffen. Die Sitzbänke hatten hohe Lehnen, die Tische Resopal-Platten. Ein Blick auf die Straße kam nicht infrage. Man blieb nicht lange. Die meisten Leute kamen nur wegen des ‚besonderen' Zuckers für ihren Kaffee zum Mitnehmen.

Ich selbst habe da nicht mitgemacht", betont Perano, „weil ich bei meinem ersten Versuch fast gestorben wäre, weshalb ich danach nie wieder etwas von dem Zeug wissen wollte, aber damals war es keine große Sache. Die Cafébetreiber waren ziemlich hart, behandelten uns aber gut. Wenn man pleite war, gaben sie einem trotzdem immer einen Kaffee oder was zu essen. So blieb man wahrscheinlich gut mit den Kunden in Kontakt. Die Straßenmädchen waren auch immer dort. Sie waren wirklich alle gut zu uns. Wenn man damals Mr. oder Mrs. Vorstadtnormalbürger war, passte man nicht nach St. Kilda. Die Unterwelt hatte Exzentriker immer schon mit mehr Respekt behandelt. Niemand vom Ballroom hätte sich jemals in die Drogenszene in St. Kilda eingemischt! Das waren großartige Zeiten. Vororte sind immer am besten, wenn sie heruntergekommen sind und Künstler dort einziehen."[14]

Bronwyn Bonney sagt: „Ich erinnere mich an viel, doch es ist alles ein einziger Wirbel – diese rasend schnelle Abfolge von nicht enden wollender Musik und Partys und intensiven Gefühlen von Coolsein und Zugehörigkeit, und die glitzernde Blase aus wahnsinnig künstlerischen, sehr abgefuckten, unglaublich brillanten Kids, die alle jugendliche Erschöpfung und psychischen Schmerz mit sich herumschleppten. Meine Erinnerung ist keine geradlinige Abfolge von Momenten. Sie ist viel umfassender. Wie ein Mixer, der aus den Zeiten und den Menschen und der Musik und den Gerüchen besteht. Alle haben sich gegenseitig inspiriert. Anfangs war alles sehr offen und kameradschaftlich. Ich war noch sehr jung, als alles anfing, erst fünfzehn. Jünger als alle anderen, was gar nicht so viele waren. Doch sehr schnell wurde alles sehr groß. Und es kamen andere junge Leute dazu. Alles passierte unheimlich schnell, bevor die Drogenpest alle kaputt machte."[15]

Greg Perano sieht solche überdrehten Bilder skeptisch, die das Ballroom als Fantasieschloss für Heroin glorifizieren und den jungen Nick Cave als Herrscher über die Verwandlung wie einen aufstrebenden Rock-Luzifer. „Ich glaube, die Leute im Ballroom liebten Heroin nur, weil es die Langeweile zwischen den aufregenden Momenten abmilderte. Der Ballroom selbst war nie voller schlafender Menschen. Das machten die Leute eher tagsüber zu Hause."[16] Genevieve McGuckin sah die glücklichen Seiten. „Nick, Rowlie und Pierre waren ihre eigene kleine Gang, alle groß, dunkelhaarig, gutaussehend und lustig."[17]

Pierre Voltaires Erinnerungen passen zu Greg Peranos Analyse der Anfangstage. „Nick und ich und Rowland gewöhnten uns immer mehr an die Drogen. Wir nahmen gar nicht so viel oder so oft. Nach den Auftritten, wenn wir ein paar Dollar hatten, gingen wir zur Fitzroy Street und holten uns einen Schuss, dann gingen wir zurück in Rowlands Wohnung oder so. Und das hat sich dann so weiterentwickelt. Wir hingen am Nachmittag herum und tranken Cider, weil wir alle kein Bier mochten, und spritzten Dope.

Man gab dem Hamburger-Brater im St Kilda Cafe fünfzig Dollar und bekam dafür ein Päckchen Alufolie mit Heroin. Es kursieren ein paar urbane Mythen, dass Touristen und alte Damen aus Versehen solche Päckchen bekommen hätten. Vielleicht hielten wir uns für Punkrock und dachten, wir kämen damit klar, keine Ahnung. Beim ersten Mal schnupften wir es und blieben die ganze Nacht wach, es war euphorisch, herrlich, völlig anders, als ich es mir vorgestellt hatte. Ich glaube, das war mit Nick und Anita. Am nächsten Abend waren Rowland und Genevieve dabei. Es war ganz unschuldig – wie ein Flirt. Wir schnupften das Zeug und spritzten es nicht. So ging das monatelang. Dann taten wir es jeden Abend. Man wachte am nächsten Nachmittag auf, las die Zeitung, ging zur Fitzroy Street, im Anzug, wenn es nicht zu heiß war, und alles fing von vorne an, trinken, Party, vögeln ... Heroin war nicht mehr nur ein Schlummertrunk, sondern stand weiter oben in der Nahrungskette. Wenn man es schnupft, wirkt es sehr langsam. Beim Spritzen flog uns hingegen der Kopf weg. Wir waren viel zugedröhnter. Das war vor AIDS; man bekam kaum frische Nadeln, wir mussten alte, stumpfe verwenden, die wir an den Zündflächen von Streichholzschachteln schärften und untereinander teilten. Deshalb ist Hepatitis C heutzutage so verbreitet. Die Leute zelebrierten den Drogenkonsum immer mehr und kamen bereits high zu den Konzerten. Es nahm immer mehr Platz in der Szene ein. Eine Weile war es allerdings sehr glamourös.“[18]

So musste es auf Tom Waits gewirkt haben, als er während der Tour zu *Blue Valentine* eines Abends Anfang Mai 1979 ins St Kilda Cafe ging. Er war selbst erst dreißig Jahre alt und auf dem Höhepunkt seines Könnens. Kommerziell schien seine Karriere allerdings ins Stocken geraten zu sein und durch die erst kurz zurückliegende Trennung von der Sängerin Rickie Lee Jones angeschlagen. „Er saß allein im Café und wartete, und wir setzten uns zu ihm“, erzählt Greg Perano. „Wir waren keine großen Fans, aber er war ein interessanter Mensch. Ich glaube, Nick, Pierre Voltaire, Rowland, Genevieve, ich und meine Freundin Vanessa waren dort. Alle wussten, warum man in das Café ging. Tom Waits hatte offenbar von jemandem einen Tipp bekommen. Ich habe von der Begegnung mit ihm eine Gruppe von ungestümen jungen Leuten im Gedächtnis behalten, die witzige Bemerkungen mit einem sehr intelligenten Exzentriker austauschten. Ich glaube, Tom Waits suchte in jeder Stadt nach solchen heruntergekommenen kleinen Läden, weil er dort echte Menschen fand. Er interessierte sich sehr für die dortige Post-Punk-Szene, aber er schien es mit jedem aufnehmen zu können. Rowland und Nick forderten damals gern Leute heraus, weshalb sie wahrscheinlich zu jemandem wie Tom Waits ziemlich zynisch waren, auch wenn sich das ändern sollte. Zu der Zeit gab es für uns nur Musik, die für uns alles Vorherige infrage stellte, also Pere Ubu, The Pop Group, The Fall, Suicide, The Cramps, Can, The Raincoats, The Contortions, The Slits … diese ganze Zeit. Natürlich hörte man auch Tom Waits, als der 1983 *Swordfishtrombones* und 1985 *Rain Dogs* veröffentlichte, aber ich halte *Blue Valentine* aus dem Jahr 1979 immer noch für eines seiner besten Alben."[19]

Tracy Pew machte Nick mit Tom Waits' Charme und vor allem mit *Blue Valentine* bekannt, das der Bassist verehrte. Waits' alkoholgetränkte Version von „Somewhere" aus dem Musical *West Side Story*, einer Ballade von zwei Menschen, deren Liebe unter einem schlechten Stern stand, und ihren wunderschönen, aber vergeblichen Träumen, ihrem bisherigen Leben zu entfliehen, wurde bei Tracys Beerdigung im November 1986 gespielt.[20]

Blue Valentine hört sich Nick immer noch hin und wieder gern an. Dann ist es, als wäre Tracy mit ihm im Zimmer. „Ja", sagt Nick, „ich vermisse ihn immer noch."

Nachdem Paul Goldman The Boys Next Door in der Tiger Lounge gesehen hatte, behielt er sie im Auge. Er studierte Film am Swinburne Institute of Technology, und für ein Fernsehprojekt, das in einem Studio entstehen musste, bot er Nick an, ein Video für die Band zu drehen. In der Prä-MTV-Ära war das etwas Ungewöhnliches. Das Format war neu, und nur wenige nahmen es ernst. „After A Fashion" und „Shivers" drehte Goldman an einem einzigen Tag, Evan English übernahm die Beleuchtung.

Das Video zu „After A Fashion" ist ganz in Weiß gehalten und mittlerweile „verloren oder zerstört", sagt Goldman.[21] Er hatte fast den ganzen Tag daran gearbeitet. Das Video zu „Shivers", für das er gerade mal zwei Stunden gebraucht hatte, hat aber überlebt und ist Kult in der australischen Musikgeschichte. Es beginnt mit einer Nahaufnahme des einundzwanzigjährigen Nick Cave, wie er aus der Dunkelheit heraus nach einem Mikrofon greift und von Selbstmord, Stil und einem Herz auf Knien singt. Ein blasser Rowland S. Howard erscheint im Hintergrund und sieht mit verwundetem Blick zu, während er langsam Gitarre spielt. Er und Nick tragen bis zum Hals zugeknöpfte Gehröcke wie Künstler aus dem 19. Jahrhundert. Zögernd tritt ein rotwangiger Tracy Pew neben Rowland, dann taucht Mick Harvey auf, ein wenig nach hinten versetzt und kaum erkennbar, und schließlich kurz und dramatisch Phill Calvert am Schlagzeug. Das Video ist für The Boys Next Door – doch der Fokus liegt fast ausschließlich auf Nick und seiner Tour-de-Force-Performance, bei der er Arme und Hände seltsam verrenkt, eine Ein-Mann-Prozession romantischer Hieroglyphen und Stierkämpfersignale.

Fans erkannten sofort, dass Simon Bonneys charakteristische Bewegungen auf der Bühne Pate gestanden hatten. Bonney war gerade nach Melbourne gezogen und sorgte für große Aufregung, weil er Crime And The City Solution reformieren wollte. In einem langen, dunklen Caban spazierte er gern durch St. Kilda, ein Dichter gerüstet für einen Sturm. „Pierre Voltaire, der so etwas wie der Böse der Szene war", sagt Bronwyn Bonney, „hat Simon den Spitznamen ‚Tess' verpasst."[22] Wie Mick Harvey war auch Rowland S. Howard gelassen wegen eventueller Kopien: „Simon und Nick sahen im anderen etwas, das sie selbst sein wollten."[23]

Diese Beobachtung traf vielleicht auch auf das Verhältnis zwischen Rowland und Nick zu. Eines von Rowlands Lieblingsbüchern als Teenager war *Der große Meaulnes* von Alain Fournier, eine klassische Coming-of-Age-Geschichte. Das Buch hatte F. Scott Fitzgerald zu *Der große Gatsby* inspiriert (noch ein Lieblingsbuch von Rowland) und war ähnlich aufgebaut. Ein passiver Erzähler beobachtet und eignet sich immer mehr das Leben seines Freundes an, des dynamischen, jedoch tragischen Helden. Rowland steht im Video zu „Shivers" ähnlich verwundet im Hintergrund und beobachtet Nick beim Singen seines damals wohl persönlichsten Songs.[24] Mit diesem schien sich für ihn langsam eine Tür geschlossen zu haben, und er wusste, dass er nur traurig zusehen konnte, wie sein Traum von einem anderen gelebt wurde. Natürlich war er ein wichtiger Teil davon, doch dazu verdammt, im Schatten zu existieren und darum zu ringen, sich daraus zu befreien.

Paul Goldman sieht sich „Shivers" immer noch gern an und erklärt: „Nick hat sich in dem Video deshalb so verknotet, weil er unbedingt einen Spiegel auf der Kamera haben wollte, um sich selbst sehen zu können. Er beobachtet sich also die ganze Zeit selbst, der große Narzisst."[25]

Nick hatte sich auch an den Covern von David Bowies Album *„Heroes"* und Iggy Pops *The Idiot* orientiert. Viele Stunden hatte er zur Musik in seinem Zimmer über den Bildern gebrütet. Bowie und Pop ahmten mit ihren merkwürdigen Posen den Holzschnitt *Roquairol* des deutschen Künstlers Erich Heckel aus dem Jahr 1917 nach. Nick erkannte die Bildsprache sofort. Da er sich seiner eigenen expressionistischen Einflüsse bewusst war, wollte er sich als ein Egon Schiele des Rock präsentieren. Seit Beginn seines Kunststudiums war Nick fasziniert von Schieles obsessiven Selbstporträts und verstörenden Bildern von Menschen. Viele waren Heranwachsende gewesen, die der Künstler verführt hatte, bevor er wegen seines skandalösen Verhaltens aus der Heimatstadt seiner Mutter, Krumau, vertrieben wurde, in die er zwischendurch gezogen war. Schiele verlangte von seinen Modellen, unbequeme oder extreme Stellungen einzunehmen, damit Eros und Tod – für ihn die essenziellen Qualitäten eines Körpers – sichtbar wurden. „Das Bild muss Licht ausstrahlen“, philosophierte Schiele. „Körper haben ihr eigenes Licht, das sie zum Leben brauchen: Sie brennen, sie sind nicht von außen beleuchtet.“[26] Schieles Faszination für deformierte und in erotischer Qual verrenkte Körper hatte natürlich Parallelen zum Märtyrertum, auch wenn seine Motive später als Vorahnungen des Holocausts gedeutet wurden. Kein Wunder, dass Nick sich davon 1979 mehr denn je angesprochen fühlte, egal wie vorübergehend der Einfluss auf seine Bühnenperformance gewesen sein mochte. Dreißig Jahre später diente das Video zu „Shivers“ wissenschaftlichen Analysen von Nicks frühem Auftreten auf der Bühne und setzte dieses in Verbindung zu schwuler Identität und queerer Tanzphilosophie.[27] Auch wenn das ein wenig weit hergeholt sein mag, so bleibt immer noch die Tatsache, dass sich Nick der expressionistischen Geschichte hinter seinen Gesten und dem Bild, das er damit erschuf, bewusst war. Daher benötigte er den Spiegel, um alles richtig zu machen. Goldman war zwar der Regisseur, doch Nick bestimmte, welche Rolle er spielen wollte.

Nick wusste auch, wie Schiele 1918 mit achtundzwanzig Jahren an der Spanischen Grippe gestorben war, die damals in Europa wütete. Der Künstler hatte am Ende mit seinen letzten Modellen und schließlich auch mit seinen Angehörigen nur über einen Spiegel kommunizieren können, der in einer Tür zwischen zwei Räumen angebracht war. In Nick Caves Spiegel fand 1979 ein anderes Gespräch statt, ein anderer Tanz mit dem Tod. Vielleicht erhaschte Nick einen Blick auf seinen Vater – wenn nicht an dem Tag im Spiegel, dann durch ein Gespräch mit diesem selbstsüchtigen, für immer unerreichbaren Objekt der Liebe, das die Aufnahme des Songs möglich gemacht hatte. Vielleicht hatte Rowland das an dem Tag erfasst, an dem „Shivers“ gedreht wurde und Nick vor seinen Augen zum Star wurde. Schließlich war Egon Schiele auch sein Lieblingsmaler.

Rowlands Freundin Bronwyn Bonney erzählt, dass „Nick die richtigen Zutaten hatte: sehr charismatisch + nicht geistig krank + Unterstützung durch die Familie + Arbeitsethos + eigene künstlerische Vision + Gefühl des Auserwähltseins + zur richtigen Zeit am richtigen Ort. Allen anderen fehlten zwei oder drei dieser Zutaten. Nick kann Menschen auch bezaubern, sie blenden oder hypnotisieren. Er ist von Natur aus ein Tantriker, er besitzt eine sexuelle Anziehungskraft, ohne sie bewusst zu fördern, und das verleiht ihm große persönliche Macht. Er kann vielen Menschen in seinem Umfeld Selbstwert vermitteln – ihnen diesen aber auch wieder entziehen. Er ist auch so rücksichtslos, seine eigene Arbeit über alles andere zu stellen, was nötig ist, wenn man erfolgreich sein will, es sei denn, ein Ehepartner oder Manager übernimmt das für einen. Er nimmt seine eigene Vorrangstellung und seine Wichtigkeit sehr ernst, ohne dabei oberflächlich zu sein oder sich etwas einzubilden. Ja, Rowland blieb immer traurig – weil ihm ein paar wichtige Zutaten fehlten. Nick ist von Natur aus sehr talentiert, aber er schart auch Talent um sich, damit es zu seinem wird. Eigenes Talent bedeutet erst einmal nichts, selbst wenn es so umfassend ist. Deshalb ist auch Anita in Vergessenheit geraten. Ebenso wie viele andere aus dieser dysfunktionalen Szene voller Talente. Nick war gar nicht der Begabteste, seine anderen Fähigkeiten waren viel wichtiger. Es kommt auch auf die Zeit und den Ort an, ob jemand auf der Strecke bleibt, da auch die kulturellen Werte um diese Person herum wichtig sind. Was als wichtig erachtet wird, kann sich oft ändern. Jeder Zeitgeist hat seine eigenen Helden und Versager und Bösewichte. Viele sind auf Nick zum Teil deshalb wütend, weil sie ihn beneiden. Er arbeitet wie ein Dämon. Er verdient seinen Erfolg."[28]

Direkt vor der Veröffentlichung von *Door, Door* im Mai 1979 hatte Nick sich bei Jillian Burt vom *Roadrunner* beschwert, dass „Gudinski uns immer noch für Punkrock hält … Keiner unserer Songs hat in seinen Augen Single-Potenzial. In England kommen jede Woche Singles heraus, die ganz sicher nie im Radio laufen werden – und ich bin mir nicht mal sicher, ob die Bands darüber nachdenken, ob sie im Radio gespielt werden. Trotzdem sind es immer noch spannende und respektierte Singles, und darum geht es uns hauptsächlich."[29]

So schön „Shivers" auch war, Gudinski und Mushroom glaubten, dass der Song wegen des darin angesprochenen Selbstmordes nicht im Radio gespielt werden würde. Das Thema war nicht nur heikel, es ließ auch an das desaströse Scheitern des hauseigenen Punk-Labels denken. Die Kontroverse mit Barrie Earl hatte nur bestätigt, wie konservativ der australische Markt war, vor allem im Hinblick auf rebellische junge Bands wie The Boys Next Door. In Großbritannien war das völlig anders, wo sich ungewöhnliche und experimentelle Songs dank des Einflusses des *NME* und des BBC-Radio-1-DJs John Peel im landesweiten Scheinwerferlicht wiederfinden konnten – und sogar gefeiert wurden. Die Lektüre des *NME* bewies Nick wiederholt, dass die Musikszene in Großbritannien viel wilder und offener für neue Sachen war.

In der Inner-City-Szene von Melbourne war das Live-Publikum The Boys Next Door ergeben, doch sie spielten immer vor denselben Leuten, während ihre Musik gleichzeitig immer experimenteller wurde. Sie orientierten sich noch stärker am britischen Zeitgeist, in dem Singles weniger ein Ausdruck radiotauglicher Hoffnung waren, sondern Granaten, mit deren Wurf man eine radikale Identität verkündete.

Nick erzählte dem Journalisten John Stapleton von seinem Wunsch, nach London zu gehen: „Wir sind hier so weit gekommen wie möglich. Wir wollen weitergehen, uns weiterentwickeln."[30] Gespräche zwischen Keith Glass und The Boys Next Door bestätigten ihren verzweifelten Wunsch, aus Melbourne herauszukommen, und das Verlangen, sich in Übersee zu beweisen. Glass wusste bereits genau, was sie im Auge hatten. Schließlich versorgte er sie über seinen Laden mit den neuen Singles und Statements von Künstlern, die sie verehrten.

Um der Band die Reise nach Großbritannien zu finanzieren, führte er ein hartes Sparregiment ein. Die Band musste unermüdlich live spielen und durfte von den Konzerteinnahmen pro Kopf und Abend nur fünf Dollar ausgeben. Alkohol stellte normalerweise der Veranstalter, und die Fans versorgten sie nur zu bereitwillig mit Essen und Getränken, Sex und Drogen. Weitere Einkünfte wurden durch Arbeitslosengeld und Teilzeitjobs generiert. Im Lauf der letzten Jahre war Nick unter anderem Verkäufer an einem Zigarettenstand und bei Denim Den in Elsternwick gewesen. Bei Denim Den hatte er mit einer ebenso enthusiastischen Kundin hinter dem Laden Sex haben wollen, eine Geschichte, die Pierre Voltaire sehr amüsiert. „Nick hatte einen Orgasmus, bevor er irgendetwas tun konnte", sagt er lachend. „Ich weiß noch, dass er sich darüber ziemlich aufgeregt hat."[31]

Nick war der Einzige in der Band, der 1979 noch zu Hause wohnte, weil es bequem war. Mick Harvey lebte weiter mit Rowland und Genevieve in einer Wohnung in der St. Kilda Esplanade, von der aus er nur fünf Minuten zu Fuß über die Fitzroy Street zum Crystal Ballroom gehen musste. Tracy hatte mittlerweile um die Ecke seine eigene Wohnung. Phill gibt zu, dass er nicht mehr genau weiß, wo er damals wohnte, „weil jeder alle sechs Monate umgezogen ist", aber eine Weile war er in Richmond bei Shane Middleton, dem Roadie der Boys Next Door, und Beau Lazenby untergekommen. „Ich wohnte oben, weshalb ich nie wusste, was sie im Erdgeschoss anstellten. Es war, als hätte ich meine eigene kleine Wohnung."[32]

In seinen Tagebucheinträgen aus dem März 1979 erwähnt Nick einige Male, dass er Beau besucht hat oder nach der Bandprobe zu ihr gegangen ist. Auch wenn er noch mit Anita zusammen war, scheint das Verhältnis zu Beau Anfang des Jahres enger geworden zu sein. 1991 brachte sie dann Nicks ältesten Sohn Jethro auf die Welt. 1979 war sie dafür bekannt, im Pyjama und mit einem Teddybär im Arm auf Konzerte zu gehen. Doch sie hatte auch etwas Wildes an sich. Auf *Nick Cave Fixes,* einem Bad-Seeds-Tribute-Blog, wird Beau Lazenby beschrieben, wie sie ein Unterhemd trägt, auf das sie mit ihrem eigenen Blut „I Hate Men" geschrieben hatte – „Ich hasse Männer". Morgan Wolfe, die Betreiberin von *Nick Cave Fixes* und Stammgast im Crystal Ballroom, bemerkt süffisant: „Nickys Ego musste natürlich versuchen, ihr das Gegenteil zu beweisen."[33]

In den lückenhaften Tagebucheinträgen vom Mai 1979 findet sich ein erster Entwurf des Textes für „The Hair Shirt", mit dem vorläufigen Titel „The Hair Vest (Ode To An Oaf)". Eine weitere Song-Idee ist „Haunted House", die hauptsächlich aus einem in gespieltem Schrecken wiederholten Verweis auf einen Dachboden besteht. Nick sagt, dass die Band gerade einen Song von Rowland S. Howard einstudiert, mit dem Titel „Running Goat“. Er ist von einem Spiel inspiriert, das Rowland als Kind mit seinem Bruder Harry gespielt hatte. Nick bezahlt einen neuen Synthesizer ab und übt fleißig für Little Cuties darauf. Er dokumentiert Filme, die er im Kino und im Fernsehen anschaut und die ihn beeindruckt haben: *Die durch die Hölle gehen, Padre Padrone – mein Vater, mein Herr, Jane Eyre* … Andere Einträge nennen Konzertdaten, an denen sie mit unpassenden Vorgruppen gespielt haben, wie zum Beispiel mit Jo Jo Zep And The Falcons, The Radiators, Jimmy And The Boys oder Split Enz. Wegen ihrer Anfangsphase, in der sie wegen ihrer Liebe zu Roxy Music nicht mit Mascara gespart hatten, hatte man The Boys Next Door unpassend mit Split Enz und ihrem karnevalesken Progrock-Power-Pop zusammengespannt, weil man nur nach dem Äußeren gegangen war. Phill Calvert lächelt und sagt: „Wir mochten sie, sie mochten uns, es reichte nur nicht für alle.“[34]

In einem Interview im selben Monat mit der *Sunday Mail* aus Adelaide erklärte Nick Cave: „Bis vor ein paar Monaten hatte ich zu den meisten Songs keine Texte. Ich hatte immer nur ein paar Zeilen und knurrte und machte die ganze Zeit irgendwelche Geräusche.“[35]

Aus diesem Kommentar lässt sich leicht ablesen, dass die Songs für die EP *Hee Haw* bereits Gestalt annahmen – oder besser gesagt, Ungestalt. In der Zwischenzeit trieb Nick sich körperlich und psychisch genauso gegen den Uhrzeigersinn. Der Joker in ihm begann gerade erst, alle Hemmungen zu verlieren. Alle um ihn herum hatten einen heißen Ritt vor sich.

Nick und Tracy besuchten Mick, Rowland und Genevieve oft in ihrer Wohnung, und zusammen mit Anita Lane und Pierre Voltaire starteten sie dann in den Abend. Wenn sie als Gruppe über die Fitzroy Street zum Ballroom spazierten, sorgten sie für einigen Aufruhr, und oft blieben die Leute stehen und starrten sie an.

Voltaires Vater war gestorben, als Pierre elf Jahre alt gewesen war. Trotz seines beißenden Humors wusste er also, was Nick durchmachte und wie man sich mit Aggressivität schützte. Mit Tee und Mitgefühl als Reaktion auf Trauer und die Zeit danach konnte Voltaire nichts anfangen. „Nick hat nie viel von seinem Dad gesprochen", sagt er. „Dawn war immer da, und sie war reizend. Nick kam zu mir und vögelte Frauen und nahm Drogen, und dann ging er nach Hause, wo seine Mutter für ihn kochte und seine Wäsche wusch. Ich dachte mir, dass er zu Hause nicht viel tat, als Dawn einmal unterwegs war und wir den Kühlschrank plünderten. Sie hatten einen Geschirrspüler. Bis dahin hatte ich noch nie einen gesehen. Nick wusste nicht mal, wie man ihn anschaltete."[36]

„Es war immer ein Rätsel, warum Nick zu Hause wohnen blieb", sagt Voltaire. „Keiner von uns verstand es, weil wir alle so schnell wie möglich von daheim ausgezogen waren. Ich war vierzehn, als ich wegging, Rowland sechzehn. Man konnte stempeln gehen, die Mieten waren billig. Es war wirklich komisch, dass er nie ausgezogen ist. Für jemanden, der nicht schwul ist, hat er immer noch ein sehr enges Verhältnis zu seiner Mutter!"[37]

Wenn der Ballroom nachts schloss, zogen Nick und seine Freunde zum St Kilda Cafe, um sich Heroin zu besorgen, wenn sie genug Geld hatten. Vielleicht war bei Janet Austin oder Vicki Bonet eine Party. Oder sie saßen eine Stunde bei Topolino's und aßen eine billige Pizza oder Eis mit Cantaloupemelone – „etwas Süßes und etwas Nahrhaftes", wie Greg Perano es beschreibt.[38] Von Heroin bekam man Lust auf Süßes, und es war gesünder, als Zucker direkt aus den Zuckerdosen im Café zu löffeln, was sie laut Pierre auch ab und zu taten.

Keith Glass behauptet, dass er nie gesehen hat, wie jemand Drogen nahm. Vielleicht hat er davor die Augen verschlossen. Als Manager passte ein Hippie-Anarchist wie Glass perfekt zu der immer abgedrehteren Bandphilosophie von The Boys Next Door. „Nick war immer ein Komiker. Mir kam er wie ein lustiger, dadaistischer Typ vor. Alle hatten denselben Humor – meistens", sagt Glass und zuckt mit den Schultern. „Phill stach da heraus. Er war nicht cool. Aber ein sehr, sehr guter Schlagzeuger. In musikalischer Hinsicht habe ich mich immer gefragt, warum sie ihn später rausgeworfen haben. Aber damals hatten sie die meiste Zeit Spaß, da gab es wenig seelische Grausamkeit."[39]

Eine Tour durch Tasmanien ist ein gutes Beispiel für die Probleme, mit denen Glass sich herumschlagen musste. Auf dem Flug nach Hobart sammelte Nick die Essensreste von den Tellern der anderen. „Er hat daraus eine Art Fleischskulptur erschaffen", erzählt Glass, „und sie vor mir abgestellt, um mir zu sagen, dass sie wegen irgendetwas unzufrieden mit mir waren. Ich fand es zum Totlachen."[40] Die Konzerte waren ein Erfolg, doch nach dem letzten Auftritt wollten Nick und Rowland noch mit einer Einheimischen zu einer Party. Nick bestand darauf, das Auto des Mädchens zu fahren. Betrunken und ohne Führerschein jagte er allen einen solchen Schrecken ein, sodass Howard aussteigen wollte. Der Gitarrist stolperte zurück zum Hotel der Band und schlief ein. Als Nick am nächsten Tag nirgends zu finden war, stellte sich heraus, dass man ihn verhaftet hatte, nachdem er in der falschen Richtung durch eine Einbahnstraße und in einen parkenden Polizeiwagen gefahren war. Dann war er weggelaufen und hatte sich hinter Mülltonnen versteckt. Mick Harvey sagt: „So wie Nick es mir erzählt hat, sind die Polizisten im Dunkeln an ihm vorbeigelaufen und haben laut gesagt: ‚Oh, also hier sehe ich ihn nicht.' Dann blieben sie einfach stehen und warteten, bis Nick aus seinem Versteck kam, um ihn festzunehmen: ‚Ha, haben wir dich!'" Harvey lächelt. „Wenn Nick getrunken hatte, wurde er sehr ungezogen, sehr frech, sehr lustig. Ich fand es immer toll, wenn er getrunken hatte."[41]

Irgendwie schaffte es Glass, Nick auf Kaution aus dem Gefängnis zu holen, die Schäden am Polizeiwagen zu bezahlen und eine strafrechtliche Verfolgung zu vermeiden, was angesichts von Nicks Auflagen nach seinem letzten Zusammenstoß mit dem Gesetz ernsthafte Probleme nach sich gezogen hätte. Die Aussicht auf eine Anklage mit der dazugehörigen Bürokratie in zwei Staaten hatte die tasmanische Polizei überzeugt, die Sache nicht weiterzuverfolgen und Nick gehen zu lassen. Man war einfach nur froh, ihn los zu sein.

Nicks Probleme mit dem Gesetz ließen ihn in Melbourne allerdings nicht ruhiger werden. Er hatte sich angewöhnt, sich auf Partys auszuziehen, meistens mit viel Alkohol und Speed im Blut. Manchmal hing Nick immer noch mit Ollie Olsen ab. Die Freundschaft der beiden war ein einziges Auf und Ab und von seltsam symbiotischer Konkurrenz geprägt: „Ich weiß nicht, warum ich mich ausgezogen habe. Jedenfalls hat Ollie angefangen, mich ‚Nick, der Stripper' zu nennen. Das ist mir in Erinnerung geblieben."

Ron Rude, ein Punk-Sänger, Musiker und Unruhestifter aus Melbourne, freute sich darüber, wie sie sich zu Persönlichkeiten in der Szene entwickelten. Olsen hatte er zum ersten Mal in Hawthorn getroffen, mitten im größten Hype um die Young Charlatans. „Es war elf Uhr vormittags, und Ollie sah aus, als würde er gleich im Madison Square Garden spielen. Er war makellos und gutaussehend, hatte eine überirdische Stimme und war ein bisschen eingebildet. Ein Thin White Duke in einem pinkfarbenen Anzug und mit höhnischem Grinsen." Über Rowland S. Howard sagt er, „wie Ollie schien er vom Mars zu kommen, und er hatte auch noch spitze Ohren, düster starrende Vampiraugen und schwarze Schuhe, die so sehr glänzten, dass man sie als Schminkspiegel hätte verwenden können". Die beiden machten großen Eindruck auf ihn. „So etwas hatte ich noch nie zuvor gesehen."[42]

Rude kann nachvollziehen, wie Nick damals zu seinem Ruf als Savant gekommen war. „Am Anfang, als die Leute Nick nur als einen lauten, verrückten Betrunkenen auf Partys kannten, der mit Tracy laut ‚Suey' [sic] brüllte, wie beim Hog Calling, dachte man nicht, dass er ein erfolgreicher Sänger werden würde, Songwriter, Pianist und Gitarrist, Schriftsteller und Drehbuchautor, alles auf internationalem Niveau. Wahrscheinlich kannte Nick Hog Calling – das laute Rufen von Schweinefarmern nach ihren Tieren – aus seiner Jugend. Ob seine Kindheit in etwas exzentrischen Orten auf dem Land der Grund für seine Faszination für den tiefen amerikanischen Süden war? Meine Ex-Frau sagte zu mir, dass die Landschaft und die Menschen in *Und die Eselin sah den Engel* sie an die Kleinstädte in

Victoria erinnert hätten, in denen sie gelebt hatte. Damals suchte Nick definitiv nach düster-komischen Filmen über den tiefen Süden wie *Die Weisheit des Blutes* [1979], aber ich weiß nicht genau, woher er das Schweinerufen hatte. Vielleicht aus der Fernsehserie *Green Acres.* Ich wusste, dass ich es schon mal irgendwo gesehen hatte, denn als Nick und Tracy betrunken auf Partys diese markerschütternden Schreie losließen, erkannte ich es."[44]

Angesichts von Nicks Gier nach Aufmerksamkeit war es kaum verwunderlich, dass er ein Fan von Ron Rude wurde, der ständig darum kämpfte, seine musikalische Karriere in Schwung zu bringen, auch wenn er eigentlich eine etablierte Kultfigur war. Bei seinen Konzerten lieferte er sich mit dem Publikum oft einen lautstarken Schlagabtausch, was den Auftritt zwar sehr lustig machte, aber oft auch abrupt enden ließ. Er war ebenso sehr Performance-Artist und Dorftrottel wie Musiker. Damit EON FM[45] seine Singles spielte, trat er im Schaufenster von Missing Link, Keith Glass' Laden, in Hungerstreik. Phill Calvert erzählt: „Helena [Keith Glass' Frau und Geschäftspartnerin] brachte ihm nach Ladenschluss was von McDonald's."[46] Als der Hungerstreik keinen Erfolg hatte, ging Rude mit einem Eimer Wasser in die Lobby von EON FM und drohte, den Kopf hineinzustecken und sich zu ertränken. Das klingt vielleicht albern, doch Rude war so aufgebracht, dass es gut hätte passieren können. Danach kettete er sich zum Entsetzen von Molly Meldrum an dessen Zaun an. The Boys Next Door schlossen Rude ins Herz, und er durfte ihre Konzerte eröffnen. „Ron spielte immer einen Song, den ich mochte, ‚I'm The Best Orgasm You Will Have On A Saturday Night'. Großartiger Titel!", erzählt Nick.[47]

Spricht man nur von wütendem Punk und verkünsteltem Post Punk, verliert man den subversiven Humor aus den Augen, der die Zeit ausgezeichnet und der viele Gleichgesinnte zueinander gebracht hat. Rude war nur einer von vielen anarchischen Geistern, die in der Punk-Ära mit Witz und Konfrontation an die Sache herangingen. „Ich erinnere mich, wie wir einmal in einem Van irgendwo hinfuhren und Nick ‚Take It To The Limit' von den Eagles sang. Er mochte auch ‚I Can't Smile Without You' von Barry Manilow – ich glaube, eher wegen des superschmalzigen Videos. Bei so was haben wir uns gebogen vor Lachen. Wir waren gut drauf. Nick war lustig … Wenn er von jemandem eine Kippe geschnorrt hat, hat er immer gesagt: ‚Wenn wir das große Los gezogen haben, werde ich es Zigaretten für dich regnen lassen.' Ob er das je tun wird?"[48]

Nick war bei weitem nicht der einzige Komiker in der Band. Trotz Tracy Pews Gelegenheitsverbrechen und obwohl er nach exzessivem Alkoholgenuss und unter den falschen Umständen ziemlich einschüchternd wirken konnte, war er zu seinen Freunden insgesamt äußerst liebenswert und sogar zum Brüllen komisch. Die Band war extrem auf ihr Image bedacht, doch Tracy ließ sich mit Absicht furchtbare Frisuren schneiden und kam zu den Konzerten im Pyjama oder in grellbunten Polyesteranzügen, die nicht ironisch cool, sondern einfach nur schrecklich unmodern waren. Je aufgeblasener sich Rowland und Nick verhielten, desto mehr spielte Tracy den Clown. Manchmal trieb er auch alle in den Wahnsinn. Nick lacht. „Er hat seine Freundin als seine Schwanzhalterin vorgestellt, um die Leute aufzuziehen."

Tracys Bassspiel hatte noch nicht die reduzierten und bedrohlichen, sinnlichen Tiefen wie bei The Birthday Party. Doch niemand unterschätzte die Kraft und Vielseitigkeit von Phill und Tracy als Rhythmusfraktion, die die zunehmend abstrakten und sperrigen Kompositionen von Nick, Rowland und Mick verankerten. Rowland war sich nie ganz sicher, woran er bei Tracy war und hielt sich zurück. Nick ging es genau andersherum. „Tracy konnte mich immer wieder auf den Boden zurückholen, wenn ich mich zu sehr in mir verlor. Er war immer lustig. Das vermisse ich. Ich glaube nicht, dass ich das noch mal bei jemandem so erlebt habe. Mit ihm bin ich immer auf dem Teppich geblieben."[49]

Fred Negro, ein Untergrund-Cartoonist aus Melbourne, zeichnete einen vergnüglichen Comic-Strip mit dem Titel *Eine Nacht nach dem Ballroom*, der trotz allem einfing, wie überheblich es zugehen konnte. Negro zeigt eine Party in der Acland Street, auf der alle enthusiastisch zu *Exile On Main Street* von den Rolling Stones tanzen. Nick und Rowland tauchen auf, Nick zerkratzt die Schallplatte mit Absicht, bevor er sie vom Plattenspieler nimmt und Brian Enos Ambient-Meisterwerk *Musik For Airports* auflegt. Theatralisch erklärt Nick, dies sei „die Zukunft der Musik", und alle nicken pflichtbewusst und setzen sich auf den Boden, um aufmerksam zuzuhören. Negro wird das allerdings nach ein paar Minuten zu dumm, und er legt „Rock And Roll All Nite" von Kiss auf. Laut verkündet er, das sei „die Zukunft dieser Party". Danach liefern er und Nick sich den „jämmerlichsten Ohrfeigenkampf in der Geschichte von St. Kilda". Fred Negro hat gut lachen. Die Leute wollen immer noch von der Nacht hören, „in der ich Nick Cave eine reingehauen habe".[50]

Auch wenn *Hee Haw* erst noch aufgenommen werden musste, stellte Nick sich die EP viel weniger klinisch vor: „Wir werden die hier richtig spontan machen. Mit jedem Song, den ich schreibe, sind die Texte immer bedeutungsloser geworden. Meiner Meinung nach nimmt sowieso niemand etwas aus den Texten mit. Nur dass sie einem gefallen. Ich glaube nicht, dass Songtexte irgendeinen Einfluss auf Menschen oder ihr Leben haben."[51]

Howard dachte ähnlich. „In meinen alten Songs kamen bekannte Bilder wie Spiegel und zerbrochenes Glas vor, doch das habe ich hinter mir gelassen", erzählte er dem *Roadrunner.* „Meiner Ansicht nach sollte ein Song wie ein Traum sein, an den man sich nur schwach erinnern kann und der etwas im Hinterkopf auslöst, eine Reihe von vage vertrauten Bildern."[52]

In kreativer Hinsicht waren Nick und Rowland auf einer Wellenlänge. „Wir interessierten uns definitiv für dieselben Dinge", bemerkte Nick. „Obskure Literatur, die Dadaisten. Er war ein riesiger Duchamp-Fan, viel mehr als ich. Alfred Jarry. Das war ein großer Einfluss auf alles, was er dann für sehr lange Zeit und ich etwas kürzer gemacht habe."[53]

Alfred Jarry war 1979 der Philosophenkönig in Nicks Universum und sollte für die nächsten zwei Jahre ein wichtiger Einfluss bleiben.

Jarrys Theaterstück *König Ubu* hatte bei der Uraufführung 1896 in Paris einen Tumult ausgelöst, weil es mit dem Wort „Merdre!" begann – eine groteske Form des französischen Wortes für „Scheiße", *merde*. Die Hauptfigur basiert auf der Karikatur eines Schuljungen von einem Physiklehrer, womit sich Nick sehr gut identifizieren konnte. In dem Theaterstück wird Vater Ubu als widerlicher alter Mann dargestellt, den seine Frau drängt, er solle doch König von Polen werden – was ihm zuerst gelingt, doch am Ende steht er mit nichts da. *König Ubu* ist eine Satire auf Gier und Macht und entwickelt sich zu einer grotesken, unheimlichen Parodie auf *Macbeth* und die Kämpfe eines Ehepaars mit Anleihen aus dem Kasperletheater. Das Publikum musste vulgäre Sprache ertragen und aggressiv-absurde Szenen, wie man sie davor noch nie auf einer Bühne gesehen hatte – zum Beispiel eine Orgie, das „Enthirnen" und den Verzehr von Kot. Die Figuren trugen Gesichtsmasken, der beleibte Vater Ubu mit der quietschigen Stimme stach durch eine große, gegen den Uhrzeigersinn verlaufende Spirale auf dem Bauch, seiner „gidouille", heraus, in den alles aufgenommen und aus dem auch alles wieder von sich gegeben wurde. Verläuft die Spirale im Uhrzeigersinn, ist sie normalerweise ein Symbol für eine spirituelle Suche. Am Ende stopft Vater Ubu sein Gewissen in den Abort. An der Stelle musste Nick immer lachen.

Jarry war ein Vorläufer des absurden Theaters und beeinflusste unter anderem Eugène Ionesco und Samuel Beckett. Außerdem ebnete er den Weg für den absurden Humor der Marx Brothers, von Monty Python oder Spike Milligan. *König Ubu* war ein solcher *succès de scandale*, dass Jarry sich angeblich voll und ganz damit identifizierte. Er begann, seine Hauptfigur nachzuahmen und mit hoher Stimme zu sprechen, stürzte sich in Alkohol und Absinth und starb mit zweiunddreißig Jahren. Es heißt, der Dichter William Butler Yeats habe sich bei der tumultartigen Premiere des Stücks entsetzt zu einem anderen Zuschauer gedreht und gemeint: „Was ist noch möglich? Nach uns, der grausame Gott." Ein grausamer Gott, in dem Nick die kreative Antwort auf ein paar wütende und höhnische Gebete fand.

Die amerikanische Band Pere Ubu, die von Nick und Rowland sehr verehrt wurde, hatte ihren Namen aus dem Stück entlehnt. Nick und Rowland waren sogar noch begeisterter von Jarry. Pere Ubu waren überraschend aus Cleveland, Ohio aufgetaucht und klangen wie absurder Garagen-Blues, der von verzerrtem Surf-Rock und irren Metal-Folk-Einflüssen durchzogen war, die aus einem industriellen Niemandsland herübergeweht zu sein schienen. Ihre Alben *Modern Dance* und *Dub Housing* gehörten zu keiner der damaligen musikalischen Bewegungen und wurden von Nick und Rowland wie heilige Schriften analysiert. Pere Ubus Einfluss auf *Hee Haw* ist überdeutlich, von den zuckenden und zerfallenden musikalischen Strukturen und wilden musikalischen Tangenten bis zu Nicks Stimme, die oft genauso jaulend und epileptisch klingt wie die Vogel-trifft-Hund-Gesangsakrobatik von David Thomas, ganz zu schweigen von den Fähigkeiten des Pere-Ubu-Sängers, kindlichen Enthusiasmus mit apokalyptischem Wehklagen zu verbinden.

Auch wenn die avantgardistische Form von *Hee Haw* von Kritikern gefeiert wurde (zumindest von denen, die nicht völlig ratlos waren oder davon abgestoßen wurden), könnte man argumentieren, dass sie tatsächlich eine größere Nachahmung darstellt als der ausgelassene Pop-Punk auf *Door, Door.* Mick Harvey empfand *Hee Haw* als bedeutenden Schritt nach vorn in der Entwicklung der Band. Doch auch ihn hatte damals gestört, wie stark man dem Sound von The Boys Next Door die Besessenheit von Pere Ubu anhörte. Nick hatte seine Vorbilder nicht bewusst imitieren, sondern genauso rüde und surreal wie Alfred Jarry sein wollen, sein neuer französischer Meister. „Es entspricht der Konvention, jede Vermischung dissonanter Elemente als ‚Monster' zu bezeichnen", schrieb Jarry. „Für mich ist jede ursprüngliche unerschöpfliche Schönheit ein Monster." Solche Weisheiten saugte Nick begierig auf. Jarrys konfrontative Haltung gegenüber bourgeoiser Ästhetik – „Das Kunstwerk ist ein ausgestopftes Krokodil" – entsprach ebenfalls Nicks eigener Haltung. Die Gegenüberstellung von surrealer Gewalt, einem Plot und Figuren wie aus einem Stück von Shakespeare sowie vulgärem Straßenhumor in *König Ubu* bestärkten Nick weiter, Mauern zwischen hoher und niedriger Kunst und zwischen Darsteller und Publikum einzureißen, um etwas zu erschaffen, das eine ähnliche Durchschlagskraft hatte.

Nick hatte auch begonnen, *Die Überwindung der Todesfurcht. Dynamik des Todes* aus dem Jahr 1973 von Ernest Becker zu lesen, für das der Kulturanthropologe den Pulitzer-Preis bekommen hatte. Das Buch postulierte die Angst vor dem Tod als zentralen Bestandteil menschlicher Identität und unserer sozialen Konstrukte, von Religion bis zum Tod. Es beschreibt, wie wir heroische Narrative etabliert haben, um die Angst vor dem Tod zu lindern und uns in tröstliche Illusionen von dahinterliegendem Sinn und Unsterblichkeit flüchten. Beckers Arbeit baut auf Freud und dessen früherer rechter Hand Otto Rank auf und bezieht sich auch auf europäische Philosophie; das einleitende Zitat stammt von Spinoza: „Nichts verlachen, nichts beweinen, nichts verabscheuen, sondern es begreifen."

Nick durchlebte all diese Emotionen und die fünf sprichwörtlichen Trauerphasen, und zwar auf so menschliche und chaotische Weise wie die meisten nach einem traumatischen Verlust. Doch Beckers These, dass unser Bewusstsein und unsere Kreativität uns eine einzigartige und gottgleiche Selbstwahrnehmung ermöglichen, allerdings auch Frustration darüber hervorrufen, dass wir uns unserer eigenen Sterblichkeit bewusst sind (und damit auch unseres Körpers in seiner grundlegendsten und damit abstoßendsten Form), erschien Nick zutiefst wahr. Beckers Aussage, wir seien „Götter mit einem Anus" blieb ihm im Gedächtnis.[54] Er musste sich nur im Crystal Ballroom umsehen, in dieser menschlichen Groteske aus Glamour und Horror. Schönheit war vergänglich. Verfall und Veränderung waren unvermeidlich.

„Man muss wahrscheinlich nicht das ganze Buch durchackern, um zu verstehen, wovon Becker spricht", sagt Nick. „Es gibt da einen Wissenschaftler, der in Shorts und Batik-T-Shirts in seinen Vorlesungen von Becker schwärmt. Sheldon Solomon. TMT. Terror-Management-Theorie. Google ihn mal. Das ist wirklich interessant.

Auf YouTube gab es auch mal eine großartige Dokumentation, die alles erklärt. Sie heißt *Flight from Death: The Quest for Immortality*. Der Titel sagt schon alles."

Als Produzenten für *Hee Haw* wurden The Boys Next Door und Keith Glass angegeben. Glass hatte das Selbstvertrauen der Band gestärkt und sie in ihrem eingeschlagenen Weg bestätigt, doch es war vor allem demTontechniker Tony Cohen zu verdanken, dass sie den Sound bekamen, den sie gewollt oder sich vorgestellt hatten. Im Juli und August arbeitete die Band fieberhaft und ging nach den Konzerten um Mitternacht noch ins Studio, um es erst im Morgengrauen wieder zu verlassen. Die erste wichtige Entscheidung war, die Songs live einzuspielen und nicht jedes Instrument einzeln in einem zwar makellosen, aber sterilen Aufnahmeprozess. Auch wenn sie damit an Stereoqualität einbüßten, klangen die Songs dadurch dynamischer. Mit Cohen zusammen entwickelten Nick Cave und Mick Harvey diese Live-Herangehensweise, dic sie übernahmen und Mitte der Achtziger in Berlin in den Hansa Studios perfektionierten.

TC musste sich überlegen, wie er die Wucht von The Boys Next Door als perfekt aufeinander eingespielte Band nutzen und dem Studiosound trotzdem Raum und Tiefe verpassen konnte. Auf *Hee Haw* versuchten sie es mit deutlichen Pausen im individuellen Spiel der Musiker und in den Songstrukturen und spielten außerdem mit übereinander gelegten dissonanten akustischen Texturen, um den Kontrast zwischen düsteren und manischen Passagen zu verstärken.

Der ganze Prozess baute auf Nicks und Rowlands Interesse an burlesker Ästhetik auf, die viel Raum für Zufälligkeit und Verspieltheit ließ. Nick liebte die unruhige, witzige Energie, die dadurch in den neuen Songs erzeugt wurde. Sein Interesse an Jarrys anarchischem Humor und Rowlands Liebe zu Marcel Duchamps „Readymades", die er Nick nahegebracht hatte, waren große Einflüsse. Duchamps Readymades waren Zufallsfunde. Ein Fahrrad-Rad, ein Kamm, eine Schneeschaufel oder sein berühmtestes Objekt, ein Urinal, wurden mit einer Signatur und einem witzigen Titel zu Kunstwerken und in einer Galerie ausgestellt. Könnte man so etwas nicht auch mit der Musik machen, schlug Rowland vor, das Erwartete mit dem Unerwarteten durchbrechen, das Raffinierte mit dem Rohen, das Hohe mit dem Niedrigen?

Cohens Herangehensweise an diese Ziele war hingegen nicht besonders intellektuell. Er war ein Klangenthusiast und ein akustisches Genie. Nach den Aufnahmen zu *Hee Haw* sagte er: „Die völlige Respektlosigkeit gegenüber dem üblichen Vorgehen war einfach fantastisch."[55] Vor lauter Begeisterung über seine neuen Freunde hatte sich der frühere Hippie die Haare schneiden lassen und trug jetzt Schuhe. Für die Backing Vocals von „The Hair Shirt" hatte Cohen Nick aufgenommen, wie er durch ein Telefon singt. Alfred Jarry selbst hätte durch die Leitung schreien können. „Die Stimme klang quietschend, einfach schrecklich. Wenn man sie aufdrehte, blies sie einem definitiv den Schädel weg. Auf *Hee Haw* haben wir lauter solchen verrückten Scheiß ausprobiert", erzählt Cohen. „Heutzutage kann man etwas mit Pro Tools verstärken, wenn man das möchte. Aber es macht einfach Spaß, Leute in Betonkorridore oder Treppenhäuser zu stellen, um einen Klang zu bekommen, den man nirgendwo sonst erzeugen kann."[56]

Selbst das Abmischen war für alle Beteiligten unterhaltsam. „Es war alles sehr analog. Damals hatte man keine Computer, die das für einen übernahmen", betont Cohen nachdrücklich. „Ich glaube, Nick verwendet immer noch Tonbänder.[57] Es klingt einfach besser. Alle packten mit an, wir hatten alle unsere Kanäle, für die wir zuständig waren. Und wir mussten einen ganzen Song abmischen, ohne dass irgendwer einen Fehler machte. Aber es war großartig. Alle legten sich beim Mischen richtig ins Zeug."[58]

Der erste Track auf *Hee Haw*, „A Catholic Skin", beginnt mit dem epischen, anschwellenden Flirren von Rowland S. Howards Gitarre und wird dann zu einem zuckenden, disharmonischen Song, der von Nicks neuem hysterischen Gesangsstil – halb geschrien und gekreischt – bestimmt wird, bevor er ins Falsett springt und über Howards hoher, kratzender Gitarre von Echoeffekten umhüllt wird. Nick wiederholt eine unsinnige Frage über die Sünde und deklamiert, Anglikaner zu sein, sei ungefähr so wie spirituell filetiert. Seine Stimme in Kombination mit dem Text erzeugt das absurde Gefühl von Besessenheit oder den Gedanken, dass Nick irgendwie in die falsche Religion hineingeboren wurde. Die stumpfe Wucht des Rhythmus' wirkt slapstickhaft, komisch und von gewalttätiger Unbeholfenheit, die zum Markenzeichen von The Boys Next Door werden sollte.

„The Red Clock" folgt als Nächstes, Rowlands futuristisch-paranoider Song, bei dem er wie ein Droog singt und klingt, als würde er wie ein Gesetzloser durch das unerbittliche Ticken der Zeit gejagt.[59] „Faint Heart" ist eine weitere Komposition von Nick und die extremste De-Komposition auf der EP. Ein scheinbar einfacher und schneller Rock-Song über Nicks geisterhafte Selbstwahrnehmung, der in der Mitte in verhallte Stimmen und bizarre Geräusche zerfällt, ein hämmerndes Poltergeistklavier, und dessen Text Einsamkeit und Dunkelheit behandelt. Nick singt vom Tod und einem Bedürfnis, mit seinen wahrhaftigen Gefühlen zu beten. „Faint Heart" kehrt noch einmal zu seiner konventionellen Form zurück, bevor der Song endet, als hätte Howards Gitarrenlärm das Tonband versengt. Was für eine seltsame Mischung – vielleicht wollte Nick ja so mit seinem toten Vater kommunizieren? Phill Calvert sagt, „Dub-Freakout-Zeug von weißen Typen" habe die Aufnahme beeinflusst. „Wir hatten oft das Album *Y* von The Pop Group gehört. Niemand wusste, wie man diese Geräusche im Studio erzeugte, mit Delay-Effekten und Tonbändern, wie sie die Reggae-Leute einsetzen. Wahrscheinlich war das unser Versuch in dieser Richtung."[60]

Darauf folgt ein weiterer Song von Rowland, das schwermütige „Death By Drowning", bei dem Nick singt, als wäre er in einem Soundtrack einer imaginären Verfilmung von Albert Camus' Roman *Der Fall* gefangen. Den Text hatte Rowland aus Sätzen zusammengestückelt, die er in einem Französisch-Englisch-Grammatikbuch gefunden hatte, um daraus etwas ohne Sinn und trotzdem Unheilvolles zu machen, seine persönliche kleine Satire auf den literarischen

Stil der Existenzialisten. Der Song ertränkt sich wahrscheinlich selbst – und war der Beginn von Rowlands Bemühungen, Nick als Sänger zuzuarbeiten und eine Textbasis zu schreiben, die mit ihm selbst wenig zu tun hatte.

Nicks Song „The Hair Shirt" beschließt die EP und ist der einzige unumstrittene Glanzpunkt der Platte, ein leichterer Pop-Rock-Vorbote von The Birthday Party, jedoch mit einer obsessiv wiederholten Textzeile über die Farbe einer Leiche und einen Mord. Schuld und auch Triumph wogen durch ihn hindurch. Diese negative Dualität beherrschte Nick immer besser.

Tracy Pew war immer noch nicht ganz von der künstlerischeren Ausrichtung der Band auf *Hee Haw* überzeugt, jedoch ein so anpassungsfähiger Bassist, dass er mit allen arbeiten und diesen schrillen, unbeholfenen Songs etwas mehr Substanz verleihen konnte. Sein Klarinettenspiel bei „Death By Drowning" hatte mehr Nachmittagsfilm/Arabien-Flair als alles, was ein Free-Jazzer wie Pharoah Sanders vielleicht zustande brachte, doch das trug nur zur befremdlichen Unverfrorenheit und dem schrulligen Humor des Songs bei.

Calvert hatte eine ganze Zeit lang fanatisch zu Hause zu James-Brown-Alben geübt, ein Grund, warum *Hee Haw* eine ungewöhnlich funky, swingende Dynamik besitzt, die die Band bis in die Zeit von The Birthday Party beibehalten sollte. Bei „The Hair Shirt" ist dieser frühe Groove offensichtlich. Englische Bands wie The Pop Group und Gang Of Four entdeckten zu der Zeit ebenfalls diese tanzbare Richtung mit schneidenden Kanten und abgehackten, aggressiven Rhythmen. Musikalisch gesehen lagen The Boys Next Door also genau richtig.

Trotzdem kann *Hee Haw* auch anstrengend sein, ein kapriziöser Ausbruch von Energie und Ideen einiger junger Möchtegerns. Live sah das schon wieder anders aus, wenn die Songs eine plötzliche Kraft entwickelten und die Bandbreite der Band stürmisch erweiterten. Keith Glass mag die EP immer noch sehr gern und hatte während der Aufnahmen eine ausgesprochen strategische Sicht auf ihr Potenzial. „*Hee Haw* war total experimentell", sagt er. „Für mich war es so etwas wie Captain Beefheart, und ich erwartete schon halb, dass Gudinski die EP hassen würde, und das tat er auch, und dass es der Band helfen würde, von Mushroom wegzukommen. Und genau das trat auch ein."[61]

Nicks und Tracys Vorliebe für Unfug war ebenfalls ein Grund für ihren endgültigen Abschied von Mushroom. Glass erinnert sich, wie Tracy bei einer Plattenveröffentlichung einmal hinter Gudinski in die Knie ging, während Nick sich ihm von vorne näherte. Mit einem herzlichen „Na, Mike, wie läuft's?" schubste Cave Gudinski nach hinten, sodass er über Tracy hinwegfiel. Nick und Tracy fanden das zum Schießen, Gudinski bemühte sich, lachend darüber hinwegzusehen. „Er hat sich fast seinen verdammten Hals gebrochen", sagt Glass. Es war der erste von vielen Streichen und eine Art Bandtradition. „Wir griffen Gudinski immer an, wenn wir ihm begegneten", gibt Nick zu.

Da Keith Glass ja bereits ihr Manager war, konnte er die immer rüpelhafter werdende Band zu seinem Label Missing Link holen und ihnen völlig freie Hand in Sachen Aufnahmen und Veröffentlichungen lassen. Ollie Olsens Whirlywirld waren gerade im Begriff, ihre erste Single auf dem Label herauszubringen, und Glass nahm auch bald The Laughing Clowns und The Go-Betweens mit ihren Alben unter Vertrag. Mit einer unbekannten Single landete er einen unvorhergesehenen Hit, einer Cover-Version von „Money" von The Flying Lizards, die zur Überraschung aller plötzlich auf dem ersten Platz der Top 40 stand. Wie um sein Ansehen zu verfestigen, reiste Glass in die Vereinigten Staaten, um über die Veröffentlichung des gesamten Backkatalogs der fast schon anthropologischen Avantgarde-Rockband The Residents zu verhandeln, die die Anonymität ihrer Mitglieder eisern wahrte. Außerdem holte er die amerikanische Hardcore-Punk-Band Dead Kennedys mit ihren Protestsongs zu seinem Label. In dieser Gesellschaft fühlten sich The Boys Next Door endlich zu Hause.

Anfangs gab es einige Spannungen zwischen Mick Harveys Ambitionen als aufstrebender Arrangeur und angehender Produzent und der Richtung, in die Rowland S. Howard die Band als innovativer

Musiker führte. Harvey als Verfechter der Ordnung und Howard als Engel des Chaos hinzustellen, ist etwas vereinfacht, illustriert jedoch ganz gut, wie die beiden sich gegeneinander ausgespielt haben – und hinter Nick schließlich eine gemeinsame Vision fanden. „Ich näherte mich dem Aufnahmeprozess sehr langsam", sagt Mick Harvey. „Rowland hatte ein viel größeres Soundverständnis als ich. Erst 1981 wurde ich aktiver."[62]

Rowland erzählte es etwas anders. „Als ich zur Band stieß, hatte Nick ganz viele Ideen, aber sie waren ziemlich unmusikalisch. Ich weiß noch, wie ich mit Mick Harvey sprach, als ich noch bei den Young Charlatans war, und wie er darüber lachte, dass manches, was ich auf der Gitarre spielte, musikalisch unkorrekt war. Deshalb war ich wohl auf der Seite von Nick und seinen Ideen, und wenn er sagte: ‚Los, das machen wir', und Mick darauf erwiderte: ‚Das kannst du nicht machen', dann sagte ich: ‚Na und, das ist total unwichtig, wir bestimmen die Regeln, sonst niemand.' Ich zeigte Nick auch verschiedene Arten und Weisen, Songs zu schreiben. Man kann einen Song zum Beispiel mit einem Akkord oder mit einem Riff komponieren, der oder das sich dann durch alles hindurchzieht, was zu einem Markenzeichen von The Birthday Party wurde. Ich habe Nick also einen Crashkurs darin verpasst, aus seinen Gewohnheiten auszubrechen und die Dinge anders anzugehen."[63]

„Aus Ignoranz und blindem Selbstvertrauen tat ich einfach Dinge, weil ich dachte, sie würden gut klingen", erklärte Rowland, „und Nick bestärkte mich darin, etwas auszuprobieren, seltsame Geräusche zum Beispiel. Ich weiß noch, wie er lange Zeit bei jedem Song, den er schrieb, sagte: ‚Wenn wir bei diesem Teil sind, machst du irgendeinen wirklich schrecklichen Lärm; er muss komplett anders sein als der schreckliche Lärm, den du in den anderen Songs erzeugt hast.' Ich zermarterte mir also das Hirn, wie ich ein einzigartiges Geräusch für diesen Song zustande bringen könnte und nicht einfach etwas, das ich schon mal verwendet hatte."[64]

Trotz der harten Konkurrenz zu Whirlywirld und den Primitive Calculators teilten The Boys Next Door immer mehr deren aggressive

Experimentierlust. Die gebrochenen Surf-Sounds von Pere Ubu – und der brüllende, lärmige New York Jazz Punk von James Chance And The Contortions – waren ein instinktives Gegengewicht zu den intellektuelleren Einflüssen, die Nick bei John Nixons Art Projects und poppigeren, bewusst kitschigen Synthesizer- und Soundtrack-artigen Sounds aus dem Clifton Hill Community Music Centre aufschnappte, das dem klassenkämpferischen Hass der Primitive Calculators ebenfalls ausgesetzt war.[65] Die wilde Mischung von The Pop Group aus Dub-Reggae und Free-Jazz-Punk war weiterhin wichtig für The Boys Next Door. Mit diesen ganzen neuen Einflüssen war Rowland immer überzeugter, dass für die experimentelle Ausrichtung, auf die Nick aus war, keine Synthesizer oder Tonbandeffekte nötig waren. „Ich glaube, das Schöne an einer E-Gitarre ist, dass man ihren ursprünglichen Zweck in hohem Maß unterlaufen kann … Sie sind unglaublich lebendig, und man kann viele Geräusche aus ihnen herausholen, wenn man sie schlägt“, sagte er.[66]

Nick und Rowland hatten wegen ihrer gemeinsamen Vergangenheit mit Ollie Olsen persönlichere Gründe, ihn von seinem Avantgarde-Thron zu stoßen. Die Leute konnten so viel über den Einfluss von Kraftwerk, Marxismus oder französische Theorien des Strukturalismus und postmoderne Zitate reden, wie sie wollten: Es ging auch darum, wer der Chef der Szene war. „Der große Unterschied zwischen dem, was wir machten, und einer Band wie Whirlywirld war, dass wir uns zwar schnell weiterentwickelten, doch es war ein sehr natürlicher, organischer Übergang“, sagte Howard. „Bei Whirlywirld war es eher ein: ‚Okay, wir sind jetzt das und das.‘“[67]

Mick Harvey erklärt: „So oft Nick auch sagt, dass Rowland als fertiger Musiker auf der Bildfläche erschien (und Rowlands Selbstvertrauen war definitiv voll ausgebildet), es traf nicht zu. Am Anfang klang sein Spiel blechern, der Television-Einfluss war zu hören, die dürren Riffs und das Schrammeln auf der Gitarre. Was zu seinem Markenzeichen werden sollte, begann er erst 1979 zu spielen, und es unterschied sich ziemlich von seinen Anfängen. Weil man Rowland zum Gitarristen und nicht zum Sänger gemacht hatte, entwickelte er einen Stil, der so eindringlich klang, als wäre er der Sänger. Bis zu seinem Ausstieg aus The Birthday Party hatte er alles geopfert, was er eigentlich für sich hatte erreichen wollen. Doch das war seine Entscheidung. Er war derjenige, der sich in die Lage gebracht hatte, frustriert zu sein.

Ich weiß noch, als Nick gerade ‚The Hair Shirt' geschrieben hatte. Er hatte es auf dem Klavier komponiert und immer wieder daran gearbeitet", sagt Harvey über das seiner Meinung nach damals unausgereifte Stück. „Ursprünglich hatte es einen Rhythmus wie bei ‚What Shall We Do With The Drunken Sailor'. Die Band hatte den Song dann gemeinsam weiterentwickelt. Wir hatten einen Auftritt im Kingston Hotel in Richmond. Und Rowland schickte ein Vibrato-Pedal durch den Verstärker, das eine lange Rückkopplung ergab. Es war wirklich fantastisch. Live hatten wir es so schon eine Weile gespielt und genug Erfahrung, um das in die Aufnahmen einfließen zu lassen."[68]

Tracy Pew drückte es ähnlich aus: „Die Song werden immer mehr zu Bandkompositionen. Nicks Beiträge werden immer weniger elementar. Er macht sich nicht die Mühe, sie zu komponieren oder zu arrangieren."[69] Im selben Interview mit Clinton Walker stimmt Nick Tracys Beobachtungen zu und betont den offenen und organischen Arbeitsprozess, der sich innerhalb der Band entwickelte. „Ich finde es viel einfacher, ein Arrangement zu entdecken, als es im Vorfeld anzulegen", sagt er. Doch sobald Tracy den Entwurf von „The Hair Shirt" als „eine Art Bastardversion von ‚What Shall We Do With The Drunken Sailor' bezeichnet, unterbricht Nick ihn und holt sich seine kreative Autorität zurück: „Ich hatte die Melodie und eine Idee, wie man diese spielen sollte, und die Worte und die Melodie für den Gesang."[70]

In seinem Elternhaus hatte Nick bestimmt ein Album von Burl Ives gehört. Für ihn lautete die Antwort auf die Frage aus dem Shanty, was man mit einem betrunkenen Matrosen machen solle: Er solle Haare des Hundes trinken, der ihn gebissen hatte – ein umgangssprachlicher

Ausdruck für Alkohol, den man zur Bekämpfung eines Katers trinkt. Es ist interessant, wie Nick das Trinklied für seine eigenen Zwecke in „The Hair Shirt“ uminterpretiert. Heroinsüchtige wissen, dass bei hochwertigen Drogen auch der Juckreiz stärker ist, was an der Ausschüttung von Histamin im Körper liegt. Manche Abhängige lernen das Jucken als Zeichen erstklassigen Stoffs zu genießen; die meisten finden es unerträglich. Nick war ordentlich gebissen worden, und „The Hair Shirt“ war eine frühe kreative Antwort darauf. Im Mittelalter trug man ein „Cilicium“ oder ein „Büßerhemd“, das aus Tierhaaren gefertigt war, wie ein Unterhemd. Es sollte dem Träger großes Unbehagen bereiten und ihn bestrafen. In extremeren Fällen wurden Zweige und sogar Draht eingearbeitet, um die Kasteiung des Fleisches zu verstärken und an die Kreuzigung zu erinnern. Durch diese ständige Buße sollte der Träger Gott näherkommen. In Molières Komödie *Der Tartuffe oder Der Betrüger* gibt die manipulative Hauptfigur allerdings lautstark und wenig gottesfürchtig mit ihrem Büßerhemd an und zeigt dadurch ihren heuchlerischen Charakter. Das Theaterpublikum hat gebrüllt vor Lachen. Kurz nach dem Tod seines Vaters hatte Nick eine alte deutsche Stummfilmversion des Theaterstücks gesehen.

Nicks beste Songs waren zutiefst persönlich und griffen auf weitreichende Einflüsse und paradoxe Assoziationen wie diese zurück. Bei der Veröffentlichung von *Hee Haw*, das erst kurz vor Weihnachten 1979 herauskommen sollte, sagte er: „Ich schätze, von unseren eigenen Obsessionen kommt viel mehr zum Vorschein.“[71] Nick entdeckte eine Form, in der er schreiben konnte, in der alles enthüllt und gleichzeitig immer noch ein Geheimnis war.

Crime And Punishment

MELBOURNE 1979–80

Die EP *Hee Haw* definierte Nicks Vision für The Boys Next Door neu. „Wenn man jünger ist, schreibt man oft ernsthafter. So war es zumindest bei uns", sagte er damals. Als ernster Komiker versuchte er, in seinen Texten „so böse und so lustig wie möglich" zu sein. Er und die Band waren stolz darauf, „eine gewisse Spannung und Unruhe" in ihre Musik zu bringen und originell zu sein: „Ich fände es wirklich schrecklich, wenn das Publikum sich bei unserer Musik nicht gehen lassen könnte, doch gleichzeitig fände ich es schrecklich, wenn die Musik nicht mehr wäre. Ich möchte die ursprüngliche Reaktion auf unsere Musik bewahren, gleichzeitig aber auch, dass die Leute mehr herausholen."

Wieder einmal verleugnete Nick ihre glattgebügelten Anfänge. „*Door, Door* war kontrolliert, zahm, gekünstelt, organisiert und sehr strukturiert. Das hier ist musikalisch sehr viel freier, spontaner, chaotischer, viel interessanter. Ich bin sehr begeistert, sehr stolz darauf. Es ist viel abenteuerlicher; die Band ist insgesamt viel lockerer. Wir experimentieren und improvisieren viel, sowohl auf der Bühne als auch auf Platte."[1]

Rowland S. Howard sprach ähnlich abfällig über die Anfänge der Band: „*Door, Door* war die Überreste unserer Roxy-Phase." Und er war ähnlich begeistert von *Hee Haw* wie Nick, sein Enthusiasmus hielt allerdings länger an. Tracy Pew favorisierte insgeheim *Door, Door.* Zumindest waren darauf Songs, bei denen man mitsingen und zu denen man trinken konnte. Er war viel glücklicher, als sie in Großbritannien mit The Birthday Party eine brutalere Ästhetik verfolgten. Dann blickte er auf ihre „Wichszeit" als The Boys Next Door zurück und sagte: „Wir wurden zu einem Haufen wehleidiger Schwuchteln."[2] Damit reagierte er auf englische Kritiker, die die Band während ihres ersten Jahres in London fälschlicherweise mit den New Romantics assoziierten. Nick stimmte Tracys rückblickender Einschätzung zu und gestand im selben Interview Barney Hoskyns vom *NME:* „Ich habe schon vor diesem ganzen Scheiß Rüschenhemden und Zöpfe getragen." Dann fügte er als Gesprächsabschluss noch eine Bemerkung zu der Zeit von The Boys Next Door als Weichlinge hinzu: „Wir begingen den unverzeihlichen Fehler, für die Denker zu spielen und nicht für die Trinker."[3]

Einen Großteil des kommenden Jahrzehnts verbrachte Nick Cave damit, nach seiner jüngsten Schöpfung alles aus der Vergangenheit zu demontieren, einen Neuanfang in einem ewigen Jahr Null zu machen. Als Howard das beständige Drängen auf Zerstörung der Vergangenheit und einem Leben im Exil infrage stellte, war der Gitarrist auf dem besten Weg, vom Verbündeten zum Opfer zu werden. Nick beendete Beziehungen nicht einfach, er ließ sie nach und nach auseinanderbrechen. Rowland verwand das lange nicht. Er hatte immer das Gefühl, Nick schuldete ihm noch etwas.

Doch fünfzehn Jahre, nachdem *Hee Haw* ihre Partnerschaft im Studio aufgerüttelt hatte, konnte Rowland S. Howard auf glücklichere Tage mit Nick zurückblicken und sagen: „Als wir die Platte gemacht haben, versuchten wir mit aller Kraft, eine richtig abenteuerliche Platte zu machen. Nach dem unglaublich zahmen Album *Door, Door,* das wir als Erniedrigung empfanden, schlugen wir als sehr heftige Reaktion darauf die extremste Gegenrichtung ein. *[Hee Haw]* ist wie eine psychedelische Platte. Eine Texas-Psychedelic-Platte. Sehr naiv, aber sehr enthusiastisch. Ich persönlich finde sie richtig gut."[4]

Rowland gab auch zu, wie besessen er und Nick damals von Pere Ubus *Dub Housing* und vom Pop-Group-Album *Y* gewesen waren. „Bei Songs wie ‚Hair Shirt' hörte man den Einfluss von David Thomas auf Nicks Gesang. Ich glaube, Nick verleugnet diese Phase in der Bandgeschichte deshalb so oft, weil es ihm schwerfällt zu hören, wie offensichtlich er von jemand anderem beeinflusst war. Doch deshalb ist das Album nicht weniger wertvoll."[5]

Nicks umgehendes Eigenlob, gefolgt von der lang andauernden Ablehnung von *Hee Haw*, zeigen sein außergewöhnliches Bewusstsein für die Notwendigkeit, sein Schaffen quasi von Anfang an zu überarbeiten. Es ist schwer zu beurteilen, wie sehr Wut und Zufall ihn dabei antrieben und wann er sich selbst als Autor seines eigenen Schicksals zu sehen begann. In „We Call Upon The Author" aus dem Jahr 2008 greift Nick für den Verlust an Bedeutung im Universum nicht nur einen abwesenden Gott und seinen verstorbenen Vater an, er verspottet auch alle, die ähnliche Erklärungen von ihm forderten. Er hätte genauso gut schreien können: „Ich kann dich nicht hören!"

„Ich erinnere mich an die Sessions und alles, was wir nach England mitgenommen haben. Und an *Prayers*, als wir als funktionierende Einheit am kreativsten und interessantesten waren", sagt Phill Calvert. „Alle hatten Input, und alle Ideen wurden ausprobiert und toleriert, und wir schauten, wie sich alles entwickelte. Zu dem Zeitpunkt gab es keine Spannungen zwischen Nick und Rowland, es passierte einfach alles. Wir arbeiteten auch unglaublich schnell – und meistens nachts. Ich fand immer, dass sich Nicks und Rowlands Songs damals unheimlich gut ergänzten."[6]

Mick Harvey war derjenige, der das Ganze mit Gelassenheit sehen konnte, nachdem sowohl The Boys Next Door als auch The Birthday Party Geschichte waren. „Die späten Siebzigerjahre waren wie unsere Ausbildung", sagt er. „Auf *Hee Haw* haben wir mit ein paar Sachen herumgespielt und herausgefunden, was wir damit anstellen konnten. ‚The Hair Shirt' ist das erfolgreichste Beispiel. Es war der letzte Track auf *Hee Haw*, das Satzzeichen, nach dem wir sagen konnten: ‚Wir haben es geschafft.'"[7]

Der Filmemacher Paul Goldman gehörte damals zum inneren Kreis von The Boys Next Door und beobachtete die Band oft im Studio bei der Arbeit. Sein und Evan Englishs nächstes Projekt nach „Shivers“ sollte ein Video für „The Hair Shirt“ sein. Zusammen mit Nick arbeiteten sie an seiner Idee, „ein Set zu bauen, das wie *Das Cabinet des Dr. Caligari* aussah“. Der Neue Deutsche Film war damals in Melbourne der letzte Schrei – vor allem wegen Regisseuren wie Wim Wenders, Werner Herzog und Rainer Werner Fassbinder – und weckte das Interesse an deren Vorfahren aus den Zwanzigerjahren wie Fritz Lang und F. W. Murnau. Nick war fasziniert von den alten Stummfilmen mit ihrer düsteren, albtraumhaften Ausstrahlung. Zusammen mit Goldman und English brauchte er fast eine Woche, um das Set zu entwerfen, das er sich für „The Hair Shirt“ vorstellte. Die Band spielte in einer Puzzle-Stadtlandschaft, mit klaustrophobisch gekippten Ebenen und verzerrten Perspektiven, während Goldmann mit „irrsinniger Geschwindigkeit“, wie er lachend erzählt, die Kamera bewegte.

Die experimentelle Stimmung auf *Hee Haw* war auf die Regisseure übergesprungen, das Video war allerdings um einiges zu hektisch und nicht anschaubar. Goldman war mittlerweile vom Swinburne College suspendiert, nachdem er „Shivers“ für die Ausstrahlung im Fernsehen freigegeben und damit gegen das Copyright der Filmakademie verstoßen hatte. Trotz dieser Bestrafung und dem missglückten Video zu „The Hair Shirt“ waren Goldman und English auf einem guten Weg mit Nick.[8] John Hillcoat, damals ein aufstrebender Cutter und Regisseur an der Akademie, der später auch mit Nick Cave arbeitete, beschreibt, wie Goldman und English „allen mit ‚Shivers‘ bewiesen, dass man ein Video ins landesweite Fernsehen bringen und dass man Dinge anders als in der von der Industrie akzeptierten Art und Weise tun konnte. Das war für uns alle sehr aufregend.“[9]

Nick, Mick und Tracy versuchten anschließend, einen eigenen Kurzfilm zu drehen, der auf „Unknown Soldier“ von The Doors basierte. Er sollte an einem verlassenen Strand gedreht werden, doch nicht einmal Nick konnte seine Jim-Morrison-Fantasien so ernst nehmen. Die drei gaben das Projekt auf und tranken stattdessen lieber. Nicks und Micks aufkommendem Interesse am Filmemachen und an Filmmusik schadete das jedoch nicht.

Die Band entwickelte sich schnell weiter. Jenny Watsons Porträts der Musiker während ihrer Zeit in der Tiger Lounge – individuell gerahmte Bilder, die wie Polaroid-Schnappschüsse in Gouache aussahen – wirkten jetzt wie ein Blick in die Zukunft, kaum zwei Jahre nach den jugendlichen Anfängen der Band. Auf Nicks Vorschlag hin malte Watson für ihn ein Bild, das er 1979 bei einem Auftritt im Crystal Ballroom bei einem Song namens „Let's Talk About Art" einsetzte. Watson nannte ihr Werk *An Original Oil Painting (Black And White) (For Nick Cave)* und malte die Wörter in Schreibmaschinenschrift quer über die Leinwand. Nick hielt das flaggenartige Gemälde im Mondrian-Stil hoch über den Kopf und drohte, es zu zerstören, während er den Song wild herauskreischte und damit vermittelte, dass Kunst eigentlich das Letzte war, worüber sich irgendwer im Raum unterhalten wollte.

Auch wenn sein eigenes Publikum kultiviert war, war Nick sich bewusst, dass man in Australien Anmaßung nicht ausstehen konnte und sich dahinter oft die Abneigung gegenüber allem Intellektuellem verbarg. Bei seiner Bühnenperformance wusste man allerdings nicht, ob er diese Abneigung angriff oder die Anmaßung des Publikums vor ihm, das sehr wohl über Kunst reden wollte. Watson war den Leuten bekannt, nicht nur als Dozentin und Mentorin, sondern auch als Künstlerin, die kurz vor dem internationalen Durchbruch stand und in Berlin und London ausstellte. Die nervöse Spannung im Raum, als Nick das Bild malträtierte, war spürbar. Keiner wusste, was er damit anstellen wollte oder was er eigentlich sagte. Nick gefiel es immer mehr, seine Rätsel ohne Erklärung stehen zu lassen oder den Leuten nur eine Hälfte eines Bildes zu zeigen, bis sie irgendwann die andere Hälfte zu sehen bekamen. An dem Abend warf er das Gemälde am Ende des Songs einfach von der Bühne. Es überlebte den harten Aufprall und ging in die Annalen der Kunst ein.

Auch viele junge Modedesigner waren bei den Shows, denen die exzentrischen Outfits gefielen, für die zum größten Teil Anita Lane verantwortlich war (Lisa Craswell und Genevieve McGuckin steuerten Gothic- und verschmitzte Post-Punk-Elemente bei). 1983 gründete sich das Fashion Design Council im Crystal Ballroom, das aus vielen früheren Zuschauern von The Boys Next Door bestand und in den Achtzigerjahren maßgeblich für innovative australische Mode war. Die Designerin Alannah Hill erinnert sich vor allem an Nick Caves auffällige Posen in der Birdcage-Bar, wie er lachte und „mich mit in Bier getauchten Papierfetzen bewarf". Vielleicht waren er und die anderen Bandmitglieder gar nicht so cool, sondern schikanierten einfach nur die Leute, und diese waren froh, als die Band endlich die Stadt verließ? „Ich hielt sie für Arschlöcher", sagt Alannah.[10]

Phill Calvert betont, dass Nick „auch schon sehr stylish gewesen war, bevor er Anita kennengelernt hatte"[11], doch ihr Talent, originelle Hemden zu entwerfen, ist unbestritten. Manche bestanden aus Weihnachtsdekorationen, an anderen waren Schlaftabletten in Plastiksäckchen befestigt. Jenny Watson denkt, dass „Anita im Grunde vorgab, wie die Leute aussehen wollten. Was für Kleidung sie tragen wollten. Dazu gehörte auch Anti-Glamour. Als die Mädchen anfingen, kurze Kleider und High Heels wie sie zu tragen, tauchte sie im Crystal Ballroom in gebrauchten Männerhosen und alten Schuluniformschuhen auf. Sie war ein Mädchen, das alles hätte machen können. Alles. Ich sagte immer zu ihr: Was wirst du für dich selbst tun? Die Frage, was Frauen für sich selbst tun würden, war damals sehr wichtig. Ich glaube, es fällt Frauen immer sehr schwer, selbstbewusst aufzutreten und zu sagen: Ich bin das Genie. Und ich glaube, dass es ein Vollzeitjob war, in einen der Jungs aus der Band verliebt zu sein. Anita ist eine Chanteuse. Ich liebe die Alben, die sie später mit Mick Harvey gemacht hat."[12]

„Anita war mehr als nur eine Muse", stimmt Tony Clark zu. „Sie war Nicks Imageberaterin, eine Mitarbeiterin. Anita war auch sehr lustig; sie hatte so eine schräge und interessante Sicht auf

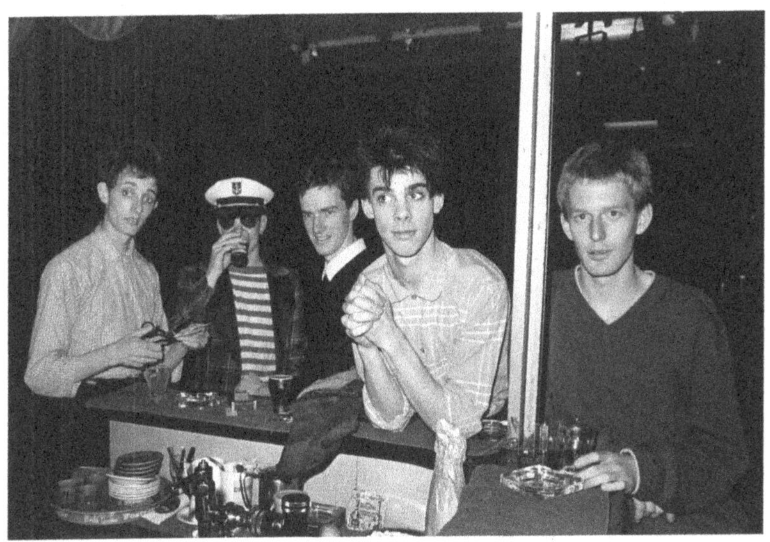

The Boys Next Door in der Tiger Lounge, 1979 (Peter Milne)

die Dinge. Sie verstand Kitsch, die Macht von uncoolen Sachen. Wie die anderen auch. Sie hatten alle etwas eindeutig Australisches an sich. Anita und Lisa Craswell hatten ein unglaubliches Gespür für Second-Hand-Sachen – sie waren großartige Stylistinnen und beherrschten das mühelos. Mühelos. Ihre Kreationen waren nicht so angeberisch wie bei europäischen Dandys, aber sie trugen dennoch zur allgemeinen Intensität bei. Die ganze Truppe liebte auch schlechte Kinderprogramme aus dem Fernsehen. Es war wirklich interessant. Statt sich zu schämen oder vor umstrittenen kulturellen Phänomenen wegzulaufen, waren sie sehr gut darin, sie für sich zu nutzen. Die Engländer haben nicht dasselbe Gespür für uncoole Sachen wie die Australier. Meiner Erfahrung nach war der englische Punk unbarmherziger. Die Szene hier war nicht nur rabiat, sondern auch sentimental. Und sie hatte einen Sinn für Humor. Anita hatte Humor, Nick auch – einer der Gründe, warum die beiden ein so tolles Paar waren. Nick kann wirklich lustig sein. Ich glaube, in Europa hat man das komische Element in seinem Werk, das sich durch sein gesamtes Schaffen zieht, nie richtig ver-

standen. Anita konnte darauf eingehen. Die beiden sprachen eine gemeinsame Sprache."[13]
Zu diesem Zeitpunkt explodierte der Gruselvarieté-Sound von The Boys Next Door in dem Druckkessel aus Einflüssen. Sie veränderten sich ständig, und vor allem live begeisterten sie ihr Publikum. Die musikalischen Brüche, die Song-Vielfalt und die intensive Performance wurden von einer überheblichen, höhnischen Bühnenpräsenz gekrönt, die sich auf Nick und Rowland als die definitiven *poètes maudits* der Stadt konzentrierte.

Bronwyn Bonney fasst ihre Anziehungskraft zusammen: „Unsere Freunde fanden ursprünglich unter dem Punk-Rock-Banner zusammen, doch es ging nie um Iros und Sicherheitsnadeln und die Angst der Arbeiterklasse. Das Ideal war der geniale Dichter und weniger ein Unruhestifter aus einem Sozialbau. Es war romantisch, literarisch, ästhetisch, gestylt, aber auch schäbig, subversiv und inspiriert, hedonistisch und alkoholgetränkt."[14]

Simon Bonney von Crime And The City Solution und Ollie Olsen von Whirlywirld konnten nur zusehen, wie ihre eigenen Bands stagnierten und The Boys Next Door an ihnen vorbeizogen. Nick wurde noch tonangebender in der Szene. Rowland zufolge war die Erklärung ganz einfach: „Einer der Gründe für unseren raschen Fortschritt war, dass wir sehr viel gearbeitet haben."[15] The Boys Next Door spielten dreimal die Woche und traten an manchen Abenden zweimal auf, während sie dank Keith Glass' Großzügigkeit parallel dazu von Mitternacht bis zum frühen Morgen im Studio waren. Einige Bandmitglieder verfolgten auch noch eigene Projekte. Die meisten anderen Bands der Szene spielten höchstens sporadisch live. The Models war die einzige andere Band, die ähnlich oft und mit ähnlichem Engagement auftrat.

The Boys Next Door integrierten Performancekunst in ihre Konzerte, indem sie als Opening Acts zum Beispiel Ron Rude und den Multimediakünstler Marcus Bergner buchten, der die heidnisch anmutenden und rätselhaften Illustrationen für das Cover von *Hee Haw* beigesteuert hatte. Bergner, ein guter Freund von Rowland, hatte unter anderem ein Gesicht gezeichnet, aus dem fünf Beinpaare nach unten ragten, unter denen die Namen der Bandmitglieder standen. Phill Calverts Beine zeigen als Einzige in die entgegengesetzte Richtung. Es könnte darauf hindeuten, dass Phill da schon ein gezeichneter Mann war und Rowland bereits an seinem Untergang gearbeitet hatte.

Jede Entscheidung war von wilder Lust am Experimentieren geprägt, jeder Schritt, den Nick in der Band machte. Auf der Bühne spielte er manchmal Saxophon, wie sein neuester, streitlustiger Held James Chance, der aus der No-Wave-Szene in New York stammte. Während eines Songs mit dem Titel „Safe House" streifte Nick sich sogar ein Akkordeon über, um schrecklich quietschenden Lärm zu produzieren. Tracy fragte „Wo ist der Grinderman?", bevor sie das Lied anstimmten. Zum Teil war der Ausdruck, der sich auf die Bewegungen beim Sex bezieht, eine Anspielung darauf, dass Nick sie alle zu Affen machte, wenn nicht sogar „Schwuchteln". Tracy hatte es perfektioniert, Nick genauso wie die anderen zu nerven, indem er eine bissige Halbwahrheit in einem Scherz verpackte. Oft wusste man nicht, ob Tracy gerade Spaß machte oder einen bedrohte. Nick integrierte diesen Humor in seine eigene Schlagfertigkeit, so wie er alles um sich herum aufsaugte. Doch es wirkte immer, als wäre Tracy Nick überlegen. Wenn Nick von ihm spricht, schwingt Wärme und leichte Melancholie in seiner Stimme mit. „Wie Anita konnte er einen mit einer einzigen Bemerkung, manchmal einem einzigen Wort auseinandernehmen. Ich wollte zum Beispiel gerade auf die Bühne gehen, trug einen lilafarbenen Anzug und fand, ich sah ziemlich cool aus, und Tracy sagte: ‚Mach sie platt, Willy Wonka.'"

Während der Aufnahmen zu *Hee Haw* hatte die Band einen Tag in Phill Calverts Zimmer verbracht und auf dem Vierspurgerät ihres treuen Roadies und Soundmischers Steven „Groper" Colgan Ideen und neue Songs aufgenommen, darunter „Scatterbrain" von Rowland. Trotz der Feindseligkeit der Primitive Calculators und der Little-Band-Szene war Groper eine Schlüsselfigur für solche Abende.

Still brachte er sein Equipment, seine Erfahrung und seine Fähigkeiten mit und verlieh dem Live-Sound von The Boys Next Door eine besondere Note, genau wie Tony Cohen im Studio.

Im November veröffentlichte die Band zusammen mit ihren früheren Konkurrenten The Models eine Split-Single, die im Crystal Ballroom verschenkt wurde. Auf der A-Seite befand sich „Scatterbrain", auf der B-Seite „Early Morning Brain" von The Models – beides moderne Hangover-Songs. Auf der Hülle stand in Schreibmaschinenschrift „Ein echtes Relikt aus ‚der Show'". Nick war mittlerweile so postmodern, dass sogar sein Sarkasmus ironisch war. „Scatterbrain" erschien im selben Jahr auch auf einem raren Kassettensampler von Missing Link mit dem Titel *From The Archives.*

Unter dem Namen Torn Ox Bodies, einem Anagramm von The Boys Next Door, nahm die Band auch „Show Me A Sign" auf, einen ihrer alten Punk-Songs mit leichten Anklängen an The Saints, dem Nick einiges zutraute. Überraschenderweise spielten sie auch eine Cover-Version von „Enemy Of The State", einem Ollie-Olsen-Titel. In einem billigen Studio gefangen und mit zwei italienischen Brüdern als Produzenten, die noch dazu Heavy-Metal-Freaks waren, beschlossen Nick und Rowland, etwas aus dem schlechten Tag zu machen und sich an ihrem nervigen „Freund" zu rächen. Olsens Anarchohymne wurde zu einem lächerlich paranoiden Barrikadenmelodrama, einer trotteligen *1984*-Musik. Hier brachen die Witzboldästhetik der Band und Nicks politische Ambivalenz durch – und deuteten vielleicht auch auf seine reaktionäre Ader hin. Mit Tracy zusammen hatte Nick immer seinen zerstörerischen Impulsen nachgegeben, und mit Rowlands Unterstützung lebte er diese auch künstlerisch aus.

Harry Howard konnte dem Ganzen eine spielerischere Seite abgewinnen. Als er etwas zehn Jahre alt war, saßen er und sein älterer Bruder „einfach herum und machten zwanzig Minuten lang heulende und schluchzende Geräusche. Manchmal erkenne ich das in Rowlands Gitarrenspiel wieder. Er hatte ein Gespür für Lärm anstatt für das, was geheimhin als Musik gilt. Und wie er Lärm mit

Musik verband. Wir lachten über unsere absurdesten Geräusche und heulten vor Ausgelassenheit."[16]

Genauso ausgelassen gründeten Rowland, Mick und Phill zusammen mit Keith Glass an der Gitarre eine Studioband, die „Samurai Star" von Peter Lillie spielte, einem Singer-Songwriter und Vorreiter der Carlton-Wiedergeburt. Lillie machte aus New-Wave-Pop etwas mit einzigartigem Melbourne-Flair. Im Crystal Ballroom gehörte er quasi zum Inventar. Er war stark heroinsüchtig, wodurch Nick und Rowland mit dem humorvollen Dichter in Kontakt kamen, und Anfang der Siebzigerjahre Mitglied der R&B-Legenden The Pelaco Brothers gewesen. Auch als Solokünstler zeigte er gegen Ende des Jahrzehnts ein scharfsinniges textliches Gespür für die lokale Kultur. Es brachte ihn in ein Milieu, in dem alle willkommen waren, von The Captain Matchbox Whoopee Band und Dave Warner's From The Suburbs bis zu Mental As Anything und sogar Men At Work. Auch wenn er weniger bekannt als diese war, war Lillie an vorderster Front eines gewitzten neuen Umgangs mit Sprache im australischen Rock. Der berühmteste Vertreter dieses Bewusstseins war Greg Macainsh von Skyhooks – sowohl in Melbourne als auch im ganzen Land.

In Carlton, auf der anderen Seite des Yarra River, bewegte sich ein gewisser Paul Kelly in einem völlig anderen Umfeld als die internationalistische St. Kilda-Szene. Er sollte sich als Nick Caves größter Konkurrent im Kampf um die Krone des australischen Rock-Poeten erweisen. Nick war kein Fan der Musik, doch von Lillie und der gesamten Carlton-Szene und nicht zuletzt durch seine Kontakte zu Keith Glass und Stephen Cummings, der auch ein ehemaliges Mitglied der Pelaco Brothers war, lernte er sie wegen ihrer textlichen Schärfe und sprachlichen Durchschlagskraft schätzen, ganz zu schweigen von ihrem schrägen Sinn für Humor und den gelegentlichen Drogenanspielungen.

Die Bands in Carlton hatten eine Freude daran entdeckt, Australier zu sein, die meilenweit von jeglichem aufgeblasenen Chauvinismus entfernt waren. Während Lillie, Cummings und andere versuchten, ein neues und direkteres Heimatgefühl zu formulieren, tat Nick alles, um es abstrakt und mythisch zu halten. Originalität kam von außen – für ihn war sie das genaue Gegenteil von Zuhause, und trotzdem lag der Schatten der Heimat über allem, was er schrieb.

Letztlich übersetzte Nick die Geschichte seiner gespaltenen Identität in eine fiktiv-groteske Sprache des tiefen amerikanischen Südens, die er in Romanen von William Faulkner und Flannery O'Connor aufgeschnappt hatte. Neben seinem ersten Roman *Und die Eselin sah den Engel* sind Songs von The Birthday Party wie „Deep In The Woods" oder das Album der Bad Seeds *The Firstborn Is Dead* Beispiele dafür. Doch sein Eintauchen in grotesk gewalttätige und mythische Teile von Americana in den Achtzigerjahren schmälert nicht die Bedeutung der Künstler, die sich in Carlton so lebendig und originell definierten, oft mit denselben Blues- und Roots-Musik-Einflüssen wie Nick.

Irgendwann kämpfte Nick doch darum, dass sein australisches Erbe anerkannt wurde. Der Weg zurück nach Hause war lang. Seine Aufnahme in die ARIA Hall of Fame im Jahr 2007 bedeutete den Anfang seines neu entfachten Verlangens nach Anerkennung für seine wahren Wurzeln. Vielleicht begann er, sich selbst auf eine Weise zu sehen, von der er sich entfernt hatte. Zu dem Zeitpunkt hatten er und Paul Kelly sich zu den überragenden Songwritern ihrer Generation entwickelt.

Little Cuties, Nicks von Duromine und Pizza angetriebenes Nebenprojekt, war Mitte 1979 knirschend, laut und anarchisch zum Erliegen gekommen, nachdem sie alle Anlagen in Melbourne in die Knie gezwungen hatten. Ein paar Monate später überredete Nick The Boys Next Door (ohne Tracy, der lieber an der Bar stand und trank), Ron Rude als Backing Band zu begleiten. Nick taufte sich und die anderen The Fucking Homos und übernahm die Aufgabe, laut und amateurhaft auf der Orgel zu spielen, während Rude versuchte, den Sound und die Vision David Bowies aus der Berlin-Ära auf Songs über sein Leben in einem Vorort von Melbourne zu übertragen. Rudes Streben nach Größe war immer begleitet von einem leisen Kichern und dem melancholischen Kitsch eines Satirikers wie Barry Humphries. An seinen paranoideren Tagen fragte sich Rude, warum eine Band, die so gut wie The Boys Next Door war, etwas für ihn tat. Er erzählt, dass „The Fucking Homos die Instrumente untereinander tauschten und spielten, was sie eigentlich gar nicht spielen konnten. Vielleicht machten sie es gerade deshalb?"

Rude sagt, Nick sei die „absolut herausragende Figur" in der Szene gewesen. „Punkrock war in seine Gesichtszüge eingebrannt. Er war groß und sah aus wie eine Mischung aus Bryan Ferry, Chuck Berry, Dschingis Khan und einer betrunkenen Marionette vom Pluto. Er trug einen weißen Anzug wie Bryan Ferry, schlug mit seinem Bein nach hinten aus wie Chuck Berry und heulte wie eine Banshee aus der Hölle. Dieses Heulen erzeugte er, indem er an einem Shure SM58-Mikrofon abrupt einatmete, dem Standard-Rock-Mikrofon. Wenn man daran wie an einem Schwanz saugt, also so fest wie möglich, dann implodiert die Membran in dem Mikro und erzeugt einen infernalischen satanischen Schrei. Vielleicht hat Nick das erfunden, auch wenn ich vermute, dass ihn Lux Interior von The Cramps darauf gebracht haben könnte ... Korrigiere mich, falls ich da falsch liege."[17]

Es dauerte allerdings etwas länger, bis Rude verstand, wie aus Howards und Caves gebündelter Energie etwas wahrhaft Großes entstand. Rude schreibt: „The Boys Next Door mit Rowland waren eine Metamorphose von Punk-Pop hin zu einer Noise-Post-Punk-Horrorshow und eine fertige Band, als sie in England unter dem Namen The Birthday Party anfingen. Es ist unheimlich, dass es so schnell ging, quasi über Nacht, und die Veränderung gleichzeitig so allmählich geschah, dass wir Einheimischen es nicht bemerkten. Wer war für diese Entwicklung verantwortlich? Rowland? War Rowland wie der Monolith aus *2001: Odyssee im Weltraum*, der durch eine seltsame Kraft die ‚Höhlenmenschen' [das Wortspiel ist nicht beabsichtigt, auch wenn es sich wegen Caves Nachname so liest] dazu inspirierte, das Feuer zu entdecken? Man muss Nick, Mick, Tracy und Phill gegenüber fair sein. Sie wollten sich auch schnell weiterentwickeln. Rowland erzählte mir, dass Nick einmal bei der Probe zu ihm gesagt hatte: ‚Letzte Woche ist dir ein schrecklicher, knirschender, überirdischer Sound eingefallen. Lass dir einen Sound einfallen, der noch schrecklicher, knirschender und überirdischer ist, aber anders als der erste!' Das Verlangen nach intensiver Originalität war da."[18]

Paul Goldman unterstreicht Rowlands Einfluss vorbehaltlos. „Meiner Meinung nach hat er Nick ermutigt", sagt er. „Doch Nick saugt grundsätzlich alles auf. Er ist der einzige Mensch, den ich je getroffen habe, der sich alles – wirklich alles – zunutze macht. Schau nur, was mit Phill Calvert passiert ist, der ein sehr guter Schlagzeuger war. Sein größtes Verbrechen war, ein echt netter Kerl zu sein. Er war ein sehr treuer Diener dieser Band, und am Ende haben sie ihn auch wie einen Diener behandelt. Sie waren sehr unfreundlich. Keith Glass verpassten sie schließlich auch eine schallende Ohrfeige. Doch die Tatsachen sprachen für sie. Keine andere Band ihrer Generation verbrachte so viel Zeit im Studio und wurde so hofiert, und Keith Glass förderte das. Er wusste, dass er es mit einem unbändigen Talent zu tun hatte, das gefüttert werden musste. Er verstand, dass er es mit einem Monster zu tun hatte, dessen Wünsche man erfüllen musste. Keith liebte die Band. Und er ließ sie aufnehmen und spielen und so viel Ärger machen, wie sie wollten. Kann sich irgendwer Nick als lieben netten Jungen vorstellen? Das war er nicht. Genauso wenig wie Rowland oder Mick oder Tracy. Als sie mit *Hee Haw* begannen, veränderten sie sich so schnell. Verdammte Scheiße, wer sonst hätte sie ins Studio gelassen? Sie verschlangen die Ideen und Menschen aus ihrem Umfeld einfach. Da überraschte es nicht, dass sie sich schließlich auch gegenseitig verschlangen."[19]

Nick und Rowland bildeten bei den wenigen Konzerten, die sie mit Ron Rude spielten, mit ihm so etwas wie die Three Stooges. Rude weiß noch, wie sie auf Feindseligkeiten aus dem Publikum reagierten, wenn sie mit ihm auf der Bühne waren. Rowland sagte sarkastisch: „Wartet, bis ihr den nächsten Song hört", und Nick fügte hinzu: „Er ist sogar noch besser." Rude hatte das leise Gefühl, von vorne und von hinten angegriffen zu werden, trug es aber mit Fassung und war froh, so eine großartige Band hinter sich zu haben. Er ärgerte sich noch lange, dass sie trotz Nicks Versprechen in dem Jahr keine Songs mit ihm aufgenommen hatten. Stattdessen ging die Band nach London, und Rude musste eine andere Band gründen und seinen eigenen Weg gehen. Auf The Boys Next Door und ihre damalige hektische Aktivität und Nicks Werdegang blickt er allerdings sehr wohlwollend zurück: „Die ganzen weniger erfolgreichen Künstler, die verkannten Künstler, die gescheiterten Künstler und die Möchtegernkünstler, die in seinem überwältigenden Schatten schmollen, auf seinen Erfolg eifersüchtig sind und sich fragen, warum sie nicht die gleichen Chancen hatten, sollten mal darüber nachdenken, ob sie auch nur einen Bruchteil von Nick Caves Ausdauer, Fokus und Entschlossenheit besaßen."[20]

In ihrem Memoir *The After Life* erzählt die Dichterin und Schriftstellerin Kathleen Stewart, wie sie mit neunzehn Jahren Nick Cave kennengelernt hat. Zwei Jahre waren seit dem Ende ihrer letzten Beziehung vergangen, nachdem sie einen Selbstmordversuch unternommen hatte und wegen Depressionen für zwei Monate in einer psychiatrischen Klinik gewesen war. Sechs Monate später hatte ihr Vater sich umgebracht.

Als sie Nick bei einem Konzert in Sydney kennenlernte, fühlten sie sich sofort stark zueinander hingezogen. „Wir verliebten uns wahnsinnig ineinander", sagt Stewart. „Ein paar Abende später nahm er mich mit nach Melbourne. Ich saß auf seinem Schoß auf dem Rücksitz eines weißen Kombis, eingequetscht mit den anderen von der Band, und wir fuhren die ganze Nacht den Hume Highway entlang."[21]

Ihre Erinnerungen aus dem größeren, fließenderen Kontext zu reißen, ist Stewarts poetischem Schreibstil gegenüber unfair. Hinter den jugendlichen Gefühlen ist dennoch eine echte Intensität spürbar, während die Beziehung an Fahrt aufnimmt:

Nick sagt mir, dass er mich liebt und nimmt mich mit zu sich nach Melbourne. Wir schlafen eng umschlungen, atmen den Atem des anderen. Ich habe zu große Angst, mit ihm zu schlafen, fürchte, er könnte herausfinden, dass etwas mit mir nicht stimmt oder wie ich dabei bin oder beides. Ich habe zu große Angst, es ihm zu sagen. Ich habe zu große Angst vor der Vorstellung, was passiert ist, bevor es wieder passiert. Nachts liege ich wach, und ich habe eine Vorahnung. Er wird mich betrügen, und ich werde mich selbst nicht überleben. Ich sage mir, wenn ich bei ihm bleibe, werde ich zu Stille. Ich werde mich niemals verwirklichen, um irgendwie die Wahrheit zu finden und sie niederzuschreiben.

Stewarts nächste Worte klingen wie aus einem Tagebuch von damals:

Er hat eine Freundin, von der er erwartet, dass sie sich darüber freut, mich jetzt gefunden zu haben. Sie lächelt vage und folgt uns überall hin. Ihre Haare stehlen sich in meine Kleidung. Sie ist überall. Er sagt, sie ist damit einverstanden. Warum kommt sie dann eines Nachts und liegt neben unserem Bett und weint? Ich ertrage das nicht. Eines Abends, als er unterwegs ist, packe ich meine kleine Tasche und gehe. Er ist am Boden zerstört, erfahre ich später. Er durchkämmt die Stadt nach mir. Ich sitze die ganze Nacht in Bars und den ganzen nächsten Tag in Parks. Ich gehe in eine Kunstgalerie und setze mich dorthin, und dann steige ich in einen Zug zurück nach Sydney. Ich hinterlasse ihm keine Erklärung. Es ist besser so. Ich stelle mir seinen Schmerz und seine Verwirrung nicht vor. Er ist besser mit ihr zusammen. Ich rette mein Leben.[22]

Der Versuch, Anita Lane und Kathleen Stewart nicht aufeinander treffen zu lassen, war ein Albtraum für Nicks Freunde. Phill Calvert beschreibt Stewart als „einen reizenden Menschen, mit wunderschönen Augen, doch damals war sie ein Haufen Ärger".[23] Ihre

Ankunft in Melbourne „verursachte großen Aufruhr", sagt er. Drogen verkomplizierten das Dreiecksverhältnis und zogen alle in ihre Gefühlsdramen.

Heute blickt Stewart ruhiger zurück. „Als Nick und ich uns kennenlernten, hatten wir beide leichenblasse Haut und blauschwarz gefärbte Haare. Sein Vater, der [wie Stewarts Vater] auch Colin hieß, war ein paar Monate zuvor gestorben. Jetzt, da Nick im selben Alter ist wie mein Vater bei seinem Tod, nun, da sein Haaransatz zu einer deutlichen M-Form zurückgewichen ist, er sich einen Schnurrbart hat wachsen lassen und auf Fotos meistens mürrisch dreinblickt, wird mir klar, dass er wie eine schlanke Ausgabe meines Vaters aussieht."[24]

Mit dem Song „Kathy's Kisses" von The Birthday Party zollte Nick ihr verspäteten Tribut. Der Text hat eine unheimliche, heimtückische Energie, als ihre Küsse zu lebenden Dingen auf seinem Boden werden, die er mit dem Staub wegkehren muss. Nick wird immer manischer, während er den Haiku-artigen Text wiederholt. Das Ergebnis ist so offen sexuell, wie das von Nick selbst gespielte, übertrieben schmierige Saxophon andeutet, dass es geradezu lächerlich ist. Nick hat sich bei seinem Gesang offensichtlich von den letzten Tönen von „I Put A Spell On You" und dem lustvollen Voodoo von Screamin' Jay Hawkins inspirieren lassen. Und trotz der unterschwelligen Selbstironie klingt der Song immer noch nach verzweifelter Abhängigkeit. Die gesamte Szenerie erinnert an einen Moment in einem David-Lynch-Film, der einen amüsiert, erregt und gleichzeitig verstört. Calvert fand den Song billig und unhöflich und sagte das Nick auch, was dieser nicht gut aufnahm. Der Text ist in *The Complete Lyrics 1978 – 2013* abgedruckt, allerdings unvollständig. In den unveröffentlichten Zeilen verweist Nick wiederholt auf Stewarts Mund, während der Song zwischen dem Wunsch, Kathys mythischen Küssen zu entkommen, und wildem, unendlichem Verlangen schwankt.

„Nick sagte, als ich ihn einmal trocken auf den Song ansprach, dass er im Lauf der Jahre mit verschiedenen Kathys zusammen gewesen sei. Ich gestehe ihm mal dichterische Freiheit zu", meint sie selbst dazu.[25]

Nick und Kathleen trafen sich in den folgenden Jahren oft, in Melbourne, Sydney und London, doch immer nur als Freunde. Fast zehn Jahre später flammte die Beziehung allerdings in Berlin wieder auf, und wieder einmal war er Henry Miller und sie Anaïs Nin. Ein Anruf von Nick aus heiterem Himmel reichte, um die alten Gefühle wiederaufleben zu lassen und sie nach Berlin zu locken. Nick „Long Time Man" von Tim Rose auf *Your Funeral ... My Trial* aus dem Jahr 1986 singen zu hören, hat ihr sicher einen Schauder über den Rücken gejagt.

Dank ihres Labels Missing Link verbrachten The Boys Next Door Ende 1979 und Anfang 1980 viel Zeit im Studio. Insgesamt waren sie nach der Fertigstellung von *Hee Haw* zu mindestens vier großen Aufnahmesessions im Richmond-Recorders-Studio. Tony Cohen erzählte: „Richmond Recorders war eigentlich ein ziemlich mieses Studio, aber bekannt dafür, dass man dort leicht an Drogen herankam. Tag und Nacht kamen Leute vorbei, wie Pizzaboten. Alle Bands wussten das, und deshalb nahm ein bestimmter Typ Band auch gern dort auf."

Cohen konsumierte Speed, das ihm half, die langen Nachtschichten im Studio durchzustehen, die normalerweise von Mitternacht bis acht Uhr morgens dauerten. Es kam durchaus öfter vor, dass er sich nach einer besonders zermürbenden nächtlichen Aufnahmesession einfach zum Schlafen unters Mischpult legte. Er nannte das „die Verkabelung überprüfen", und das wussten alle. Phill Calvert sagt: „Tony hatte immer eine Antwort oder noch eine Idee zu allem, was uns eingefallen war, und er konnte alles auf Band bringen." Ein Beispiel für Cohens vielfältige Ideen bei den Aufnahmen zu *Hee Haw:* Er „befestigte ein PZM-Mikro an der Glasscheibe des Kontrollraums, und Nick sollte dann auf der anderen Seite singen".[26]

Drogen können jedes künstlerische Unterfangen vernebeln, doch die sprunghaften, getriebenen Spuren der Amphetamine auf *Hee Haw* können auch eine Freude sein. Ganz zu schweigen von den Auswirkungen eines Heroinentzugs. Als Keith Glass Howards Trauminstrument kaufte, eine weiße 1969 Fender Jaguar, veränderte sich der Sound von The Boys Next Door erneut.[27] Howard hatte die Gitarre in einem Laden gesehen, der Angestellte hatte sie aber nur von ihrem Haken nehmen wollen, wenn auch ein Kauf im Raum stand. Glass kaufte sie sofort für Rowland, und sie vereinbarten eine niedrigere Wochengage für die Konzerte, um so die Gitarre abzubezahlen. Der Manager wusste, dass er Rowland nicht zwingen würde, seinen Teil der Abmachung zu erfüllen, doch er investierte dabei in etwas Größeres. Er wurde auch immer mehr zur Vaterfigur für die Band, was ziemlich anstrengend wurde.

Rowland hatte seinen Vater Jock schon mehrmals eingeladen, sich ein Konzert von The Boys Next Door anzusehen. Jock hatte sich nie besonders dafür interessiert und immer nur „Warum?“ auf eine erneute Aufforderung geantwortet, was Rowland sehr verletzt hatte. Jock erklärte, er habe sie ja schließlich bereits einmal in der Tiger Lounge gesehen. Er hielt sein Wort und sah seinen Sohn erst wieder auf der Bühne, als dessen Leben schon fast vorbei war. Natürlich wandte sich jemand bei solchem elterlichen Desinteresse, noch dazu jemand so Sensibles wie Rowland S. Howard, einem Menschen wie Keith Glass zu. Nick war dafür ähnlich empfänglich, nachdem die Beziehung zu seinem eigenen Vater für ihn eher einem Wettbewerb geähnelt und er diesen durch Colin Caves Autounfall endgültig verloren hatte. Phill Calverts und Tracy Pews Erfahrungen mit familiärer Gewalt und der Trennung der Eltern hatten sie von ihren dominanten beziehungsweise abwesenden Vätern entfremdet. Selbst der emotional zurückhaltende Mick Harvey fühlte sich von Glass' Energie angezogen. In dem Jahr vertraute die Band niemandem mehr, und einen kurzen Moment lang war das Verhältnis tatsächlich innig. The Boys Next Door waren letztlich immer noch Jungen, das darf man nicht vergessen, und Glass war ein Mann, auf den sie sich verlassen konnten.

Die Band hatte bei den Aufnahmen zu *Hee Haw* bereits hart gearbeitet. Mit seiner neuen Fender Jaguar hatte sich nicht nur Howards Gitarrenspiel, sondern vor allem auch seine Geräuschpalette verbessert, und die Band reagierte darauf. Glass war so von den Ergebnissen und von der Energie begeistert, die die vielen Konzerte und die Zeit im Studio erzeugte, dass er The Boys Next Door drängte, weitere Demos aufzunehmen. Er sah, wie der Aufnahmeprozess die Band für neue Einflüsse öffnete. „Ich spielte ihnen Country vor", erzählte Glass. „Nick hatte schon immer Johnny Cash gemocht, George Jones und das Begräbnissong-Ding, Gene Vincents ‚Cat Man'. Als Kind war das für mich der gruseligste Song, den ich je gehört hatte. ‚Was zur Hölle ist ein Katzenmann?' Das griffen sie auf. Sie übernahmen alle möglichen Sachen und nutzten sie für sich."

Glass arrangierte nicht nur Tourneen in andere Bundesstaaten, darunter auch Sydney und Adelaide, sondern auch regelmäßig Konzerte in den Vororten von Melbourne, wo das Publikum ihnen weiterhin wenig Interesse entgegenbrachte. Es war eine ernüchternde Erfahrung. Die Leute jubelten am Ende eines Auftritts in einem Nachtclub und waren froh, dass es vorbei war. Entsprechend geläutert und gestärkt kehrten The Boys Next Door zu ihrer Fan-Gemeinde zurück und wollten noch ungeduldiger ihren Radius erweitern. „Von St. Kilda bis Carlton waren sie aber die Könige, die beliebteste Live-Band der Stadt, die am meisten Leute anzog", sagt Glass. „Zu Hause konnte ihnen niemand das Wasser reichen, nicht einmal The Models, die bekannter und erfolgreicher waren."[28]

Die Konzerte in den Vororten machten ihnen allerdings noch bewusster, dass sie nur zu bereits Bekehrten predigten. Dieses Gefühl wurde bestätigt, als man sie einlud, am 25. November 1979 als erste Band bei einem großen Event in der Festival Hall zu spielen. Das Line-up versammelte die vielversprechendsten und kommerziell erfolgreichsten Bands der neuen Generation des Landes. Die Organisatoren kannten da allerdings von The Boys Next Door nur das relativ poppige Album *Door, Door*, die schrägere EP *Hee Haw* war zu dem Zeitpunkt noch nicht veröffentlicht. Als sie auf der Bühne dann ihren ersten Song anstimmten, einen neuen mit dem Titel „The Friend Catcher", gab es Probleme mit Rowlands Verstärker, und die Band musste unterbrechen, wie Nick erzählt. Das Publikum hielt das Brummen für den pseudocoolen Beginn eines verkünstelten Punk-Songs. Nick lacht und sagt, er hörte ein leises Grollen, bis er und die Band erkannte, dass die gesamte Halle mit 10.000 Leuten sie ausbuhte. Lächelnd schritt er ans Mikro und fragte: „Hasst ihr uns so sehr, wie wir euch hassen?"

Von da an buhte das Publikum ununterbrochen. Glass war unfreiwillig beeindruckt. „Ich hatte schon üble Reaktionen auf Bands erlebt. Das passiert jedem, und es war auch The Boys Next Door vorher schon passiert. Doch ich hatte noch nie gesehen, wie eine Band so komplett und aggressiv von Anfang bis Ende ausgebuht worden war. Die Leute hassten sie einfach. Nick schien es überhaupt nichts auszumachen. Ich glaube, es verpasste ihm sogar einen Kick."[29]

Nach ihrer Reaktion auf das Suicide-Debakel, den kreativen Scharmützeln wegen *Door, Door* und ihrem Abgang von Mushroom Records hatte die Art, wie sich The Boys Next Door der Musikindustrie mit einer so aggressiv eigenwilligen EP wie *Hee Haw* wieder vorstellten, etwas Verächtliches an sich. „Hasst ihr uns so sehr, wie wir euch hassen?", hätte ihr Mantra sein können.

Wenn *Door, Door* ein kommerzieller Flop war, dann war *Hee Haw* der reinste karrieretechnische Selbstmord. Das Album löste Bestürzung und Entsetzen im Musikbusiness aus, da es höchstens Kritikern gefallen konnte. Nick erzählte dem *Rolling Stone:* „Die Fehler ließen wir drauf. Wir fanden, das verlieh dem Ganzen noch mehr Charakter."[30] Im *Roadrunner* ging er noch weiter: „Unsere Aufnahmen sind nie endgültige Aussagen. Andere Bands veröffentlichen Alben, die so fertig sind, dass sie sich selbst betrügen, wohingegen bei uns alles offen ist."[31]

Missing Link ließ nur eine erste Auflage von 500 Exemplaren pressen. Keith Glass war ein Träumer, aber kein Dummkopf. Es bestand keine Eile, noch weitere zu pressen. Wegen eines Druckfehlers waren die Etiketten auf den Seiten falsch herum aufgeklebt. Die Musik klang so unorthodox, dass viele Hörer den Fehler erst spät bemerkten. Die Fans erklärten es sich als einen weiteren von Nicks und Rowlands dadaistischen Scherzen.

Eine neue Band war geboren, eine Band, die ihr eigenes Gesetz war. Gruppen aus Übersee wie Pere Ubu, The Pop Group und The Fall waren mit der Macht eines dekonstruktiven Genies aufgetaucht und hatten gezeigt, dass man mit den unkonventionellsten Sängern, den unbequemsten Rhythmen und den hässlichsten und amateurhaftesten Sounds eine andere musikalische Welt erschaffen konnte. Diese Bands betrachteten The Boys Next Door als ihre wahren Kollegen. *Hee Haw* zeigte das Streben nach einem internationalen Musikstil deutlich und führte zu einer zunehmend konfrontativen Haltung Nicks einem Publikum gegenüber, das auf diese Ambitionen nicht reagierte. Die Würfel waren gefallen: Die Fans mussten ihnen folgen. The Boys Next Door würden es nicht darauf anlegen, jemandem zu gefallen. Zweifellos strich Nick in seinem Zimmer zu Hause diesen Punkt von der Liste der Schwächen der Band. Die Dinge entwickelten sich zum Besseren.

Auch Nicks Selbstvertrauen als Sänger wurde größer. Michael Hutchence zum Beispiel war begeistert von Nicks Bühnenpräsenz. Er war der Sänger einer damals noch unbekannten Band aus dem Norden von Sydney. Wie The Boys Next Door hatten auch INXS als Schülerband angefangen und im August 1977 ihr erstes Konzert gegeben. Sie erregten allerdings nicht sofort Aufsehen und bekamen auch keinen Plattenvertrag. Ende 1979 nahmen sie jedoch endlich ihre erste Single auf. Hutchence wollte immer erkunden, was gerade angesagt war, und ging bei jedem Melbourne-Besuch in den Crystal Ballroom. Auch wenn sie einander da noch nicht kannten, teilten er und Cave eine gemeinsame Liebe für die Sechzigerjahre-Band The Loved Ones, deren Sänger Gerry Humphrys eine Naturgewalt auf australischen Bühnen war. Selbst auf Platte war sein betont theatralischer und leidenschaftlicher Bariton bemerkenswert. Hutchence und Cave übernahmen viel von Humphrys bluesiger, ausdrucksstarker Art, einen Text bedrohlich und verführerisch zugleich klingen zu lassen. Vielleicht haben Hutchence und Cave sich damit sogar ein bisschen zu sehr identifiziert. Als die beiden Jahrzehnte später endlich in London Freunde wurden, wünschte sich der eine vielleicht ein bisschen was von den Fähigkeiten des anderen, auch wenn Nick in Michael Hutchence' Augen immer das größere Talent war.

„In der guten alten, in der schlechten alten Zeit, als Australien dem Rest der Welt musikalisch weit voraus war, waren die Boys die Speerspitze", bemerkte Hutchence. „Ich weiß noch, wie ich sie im Crystal Ballroom in Melbourne gesehen habe, was so etwas wie das CBGB oder der Marquee Club war. Die Bühne war so groß wie eine Couch, und Nick tobte darauf herum. Im Vergleich dazu war Johnny Rotten ein Clown. Nick war so wild! Und die Musik! So etwas hatte ich noch nie gehört!!!! So eindringliche Musik, wie ein Messer zwischen den Rippen. Wie ein wunderschöner Albtraum, der intellektuell und niveaulos ist und bei dem man sagt: ‚Oh, ich habe Angst! Aber bitte gleich noch mal!!!' Er war ein großer Einfluss für mich. Was soll das heißen, man merkt das gar nicht?!"[32]

Dolores San Miguel kann den Vergleich vollkommen nachvollziehen, auch wenn viele Michael Hutchence und Nick Cave damals eher als Gegensätze wahrgenommen hatten. Heute kann man die beiden bestimmt einfacher als die größten australischen Frontmänner ihrer Zeit würdigen. Dolores war das bei Nick schon damals bewusst gewesen. Sie beschreibt anschaulich, wie er mit The Boys Next Door im Crystal Ballroom auf die Bühne kam, „wie ein kalter Windstoß, bei dem das Herz einen Satz macht".[33]

Auch wenn *Hee Haw* als abenteuerlicher Fehltritt galt, öffnete es die Türen zu einer Reihe eigenwilliger Singles, die den Horizont der Band erweiterte. „Happy Birthday", „Mr Clarinet" und „The Friend Catcher" wurden wieder zusammen mit Tony Cohen in Melbourne aufgenommen. Ende 1979 gehörten alle Songs zum Live-Repertoire, die beiden letzten wurden allerdings erst 1980 veröffentlicht, als die Band als The Birthday Party in England in Erscheinung trat. „Ich finde, sie fangen einen Teil der Band ein, von dem wir uns entfernt haben", sagte Rowland. „Es war eine Übergangsphase. Sie waren funky und gleichzeitig sehr leicht und beweglich, überhaupt nicht schwer oder zäh. Die Songs sind sehr kurz und prägnant, obwohl wir innerhalb der Grenzen von, ja, Popmusik experimentiert haben."[34]

Keith Glass wurde auf *Hee Haw* und den nachfolgenden Singles noch als Produzent genannt, auf den späteren Wiederveröffentlichungen des Materials erschien sein Name allerdings nicht mehr. „Rüpelhaft und kleinlich, aber ein Beispiel dafür, wie sie sein konnten, sobald man bei ihnen in Ungnade gefallen war. Man wurde einfach aus der Geschichte herausgeschrieben", sagt er selbst dazu.

Man merkt ihm immer noch eine Mischung aus Frustration und Stolz über seine Verbindung mit einer Band an, die ihn seiner Aussage nach in mehr als einer Hinsicht fertiggemacht hat. Mit leisem Triumph erzählt er, wie er 1979 führenden Vertretern der Industrie in Australien angekündigt hatte, dass The Boys Next Door auf dem Weg nach Großbritannien und dazu bestimmt wären, im selben Atemzug wie The Easybeats erwähnt zu werden. „Die Leute fanden das ein bisschen zu hochgegriffen und lachten mich aus, aber die Zeit hat mir recht gegeben. Komisch, alle Leute in der Musikindustrie, die ich von The Boys Next Door überzeugen wollte, waren fünf Jahre jünger als ich. Trotz des Zerwürfnisses mit ihnen bereue ich nichts. Der Erfolg von The Birthday Party, Nicks Erfolg als Solokünstler – es bestätigt alles, was ich den Leuten damals versucht habe zu sagen. Ich habe auch keine Probleme mit Nick; das letzte Mal habe ich ihn 1988 gesehen, er brauchte Geld, und ich gab ihm 5.000 Dollar. Er nahm sie und ging davon. Mick beschwert sich ständig, immer noch – über Geld, das ich nie hatte, und Geld, das nie existierte. Aber so ist Mick nun mal: Er jammert rum."[35]

Mick Harvey gibt zu, dass Glass sein Versprechen gehalten und sie nach England gebracht hatte. Wenn auch nicht zu den Bedingungen, die sie sich erhofft hatten. „Es ist wirklich schwer zu beschreiben, wie Keith ist. Er kann sehr überzeugend sein." Über dreißig Jahre später spricht Mick Harvey immer noch in der Gegenwart und zeigt mit dieser Unmittelbarkeit, wie überzeugend und charismatisch Glass tatsächlich sein konnte.

Erst als Mick Harvey Mitte der Achtzigerjahre als Manager am Steuerrad stand – eine Rolle, die er umständehalber einnehmen musste –, segelte die Band auf Kurs. Nicht dass seine widerspenstige Mannschaft, erst in Form von The Birthday Party und dann als The Bad Seeds, es ihm besonders leicht gemacht hätte. Noch dazu mit Nick als nominellem Kapitän des Schiffes, einem Ahab unter Drogen, der auf und abseits der Bühne Amok lief.

Nick Cave hat eine weniger versöhnliche Sicht auf seinen früheren Manager, obwohl er zugeben kann, dass es nie einfach war. „Es stimmt, dass Keith uns anfangs sehr viel geholfen hat. Und er hat uns mit einem Haufen cooler Musik bekannt gemacht. Er sagt, dass er uns nie über den Tisch gezogen hat, ich weiß, aber …" Nick holt tief Luft und lacht.

Die Geschichte ist so lange her, dass die Beteiligten sich fast schon wieder daran erinnern können, wie es war, als sie einander noch mochten. Bis ihnen einfällt, warum die Freundschaft irgendwann zerbrochen ist. Kein Wunder, dass die Spirale auf dem Bauch von Alfred Jarrys König Ubu zu einem so starken Symbol für die Band und alles wurde, was sie um sich herum aufgewirbelt hatte.

Im August und September 1979 nahmen The Boys Next Door „Hats On Wrong" auf, „Guilt Parade", „Riddle House" und „Happy Birthday". „Guilt Parade" war ein treibender, dramatischer Pop-Rock-Song, dem allerdings der Schwung und die intensive Präsenz von „The Hair Shirt" fehlte. Rowlands Text ist wie immer indirekt, deutet aber Drogenkonsum an. Außerdem klingt er wie ein schwacher Vorläufer von „The Friend Catcher", Nicks besserem Song. „Riddle House" hatte einen abgehackten Rhythmus, der schnell anstrengend sein konnte, ein weiterer von Rowlands selbstbewussten, exzentrischen Beiträgen.

„Hats On Wrong" betonte Nicks Vorliebe für absurd-einfältige Szenarien sowie das Interesse der Band an Drongo, „Deppen-Jazz", wie man die Musikrichtung auch nennen könnte, ein schmaler Grat zwischen Avantgarde und absichtlicher Lächerlichkeit. „Happy Birthday“ brachte die nervöse, scheppernde Musik, die kryptischen Texte und den immer schwärzer werdenden Humor in ein hysterisches Gleichgewicht. Am Ende von „Happy Birthday“ ertönt ein harter, hallender Rhythmus, der von Clapsticks stammen könnte, Schlaghölzern der Ureinwohner Australiens. Tatsächlich hat Tony Cohen hier ein Händeklatschen bearbeitet, erst die Höhen aufgedreht und dann Hall darübergelegt, um eine kalte, metallische Atmosphäre zu schaffen, die gleichzeitig ursprünglich und industriell klingt. Der Song war ein weiterer Durchbruch für die Band. „Er war wirklich ungewöhnlich“, sagt Mick Harvey, „weil Nick und Rowland den Text zu ‚Happy Birthday‘ gemeinsam geschrieben hatten, und ich die Musik. Das war das erste Mal, dass Nick und Rowland zusammengearbeitet hatten, und auch das letzte Mal.“[36]

Das Verhältnis zwischen Gitarrist und Sänger war tatsächlich mittlerweile so eng, dass sich sogar Nicks Art zu schreiben mit Rowlands zu vermischen schien. Der Kritiker und Biograf Robert Brokenmouth behauptet, dass „Nick in dieser Zeit von seinen bevorzugten feinen rOtring-rapidograph-Tuschefüllern zu einer altmodischen, klecksenden Schreibfeder wechselte, die man in Tinte tauchen musste. Nick wollte keine gestochen scharfe Handschrift oder respektvolle Kalligrafie, sondern das genaue Gegenteil.“[37] Bruce Milne fiel das damals auch auf. Nach Howards Tod Ende 2009 dachte er wieder daran zurück. „Nicks Schrift erinnert mich oft an Rowlands: Sie ist wie eine Mischung aus frühem Andy Warhol, Gerald Scarfe und Ralph Steadman. Ein Stil wie Jack the Ripper, wie von einem intelligenten Menschen, der ein bisschen durchgeknallt ist.“[38]

Mit dieser „durchgeknallten“ Handschrift kritzelte Nick den Text auf das Cover von „Happy Birthday“. Am 16. Februar 1980 wurde die Single veröffentlicht und im Crystal Ballroom verschenkt, nur zwei Wochen vor der geplanten Abreise der Band nach Großbritannien. Howard erinnerte sich an die abfällige Reaktion von Leuten, wenn er ihnen erzählte, dass sie nach London ziehen würden. „Sie meinten, ihr könnt doch nicht ernsthaft erwarten, dass sich irgendwer da drüben für euch interessieren wird!“[39] Im *RAM* beschreibt Clinton Walker die Single – die auf der anderen Seite „Riddle House" enthielt – als „das Abschiedsgeschenk der Boys an ihre australischen Fans … ein abschließendes Statement – drängende, zersplitterte Musik voller Ironie, Melodrama und Absurdität."[40] Der Song transportiert einen bösartigen, wenn auch immer noch jugendlich-rüpelhaften Sinn für Humor – und etwas von der alten Gemeinheit von Privatschülern, die man von der Band ja bereits kannte. Einmal mehr hat das Ganze etwas Slapstickhaftes, fast wie aus einem Kasperletheater, und zeigt das performative Element in Nicks Songwriting. „Happy Birthday" ist die Geschichte eines labilen und unzuverlässigen Erzählers und handelt von der Feier zum elften Geburtstag eines Jungen. Er listet eine Reihe von Geschenken auf, von einem Schlag in den Bauch bis zu einem Samuraischwert. Howard hatte Nick ursprünglich bestärkt, den geschriebenen Text noch weiter zu improvisieren, doch Nicks lenkendes Bewusstsein drängte den Text wieder in eine erzählende Form, trotz der scheinbar losgelösten Bilder, die er aneinanderfügte. An Tracys Schlafzimmerwand hing zum Beispiel ein Samuraischwert. Das und andere Details implizieren, der Song würde tatsächlich von den Geschenken der Bandmitglieder zu einem albtraumhaften Geburtstag erzählen. Wie besessen singt Nick von einem Stuhl, der zählen kann. Dann zählt er bellend bis elf, wie ein Hund, der Intelligenz mimt und gefallen will. Offenbar dachte Nick dabei an den roten Stuhl, an dessen Diebstahl er beteiligt gewesen war. Mit zweiundzwanzig Jahren war er genau doppelt so alt wie die Hauptfigur in „Happy Birthday", die halb erfreut, halb erschrocken über den geschenkten Thron ist. Nicks Bellen verleiht dem Song ein wahnsinniges, wenn auch komisches Element und verstärkt das herrschende unbehagliche Gefühl von Schikane. Maurice Sendaks Kinderbuch *Wo die wilden Kerle wohnen* kommt einem mit seiner verdeckten Botschaft in den Sinn, wie ein kleiner Junge Gefühle wie Wut und Einsamkeit mit einer Fantasiewelt voller Monster verarbeitet. Mit Blick zurück auf „Happy Birthday" und viele andere Songs, die Rowland und Nick in ihrer Jugend geschrieben hatten, und mit „Shivers" als Maßstab sagte Rowland leise: „Natürlich ist Humor eine Form von Gegenwehr."[41]

Hinsichtlich des roten Stuhls, der ihnen allen so viel Ärger bereitet hatte, hieß es immer, „Pierres Freundin" habe in jener Nacht das Fenster eingeschlagen. Doch egal, wen man fragt – Pierre, Mick Harvey, Genevieve McGuckin oder Nick Cave –, wer diese mysteriöse Freundin gewesen war, niemand will darauf eine Antwort geben. Auch Rowland hat sich zu Lebzeiten nie dazu geäußert. Das Verbrechen ist so belanglos, dass man es für unbedeutend halten könnte, doch das Timing und die Auswirkungen auf Nicks Leben waren enorm und stellten in vielerlei Hinsicht die Weichen für ihn.

Natürlich geht man alle Namen der Frauen durch, mit denen Nick damals befreundet war. Doch irgendetwas passt nicht ganz zusammen. Welche junge Frau würde erst einen Handwerkerwagen aufbrechen, dann das Fenster einer Mietwohnung einwerfen und schließlich noch die Kraft besitzen, einen großen, schweren Sessel mit Pierre und Nick die ganze Strecke zu schleppen, bis sie ihn über einen Zaun warfen? Das klingt eher wie etwas, das Tracy Pew getan hätte, jemand, der bereits Erfahrung im Einwerfen von Fenstern und sich schon öfter genommen hatte, was er gerade haben wollte. Beim Eintreffen der Polizei war Nick sicher schon klar geworden, dass sein Freund nach noch einer Gesetzesübertretung im Gefängnis landen könnte. Falls es so war, dann zeigt Nicks Opfer, wie sehr er Tracy geliebt hatte. Und es verleiht nicht nur „Happy Birthday" eine neue Bedeutung, mit seiner Aufzählung kindlicher Geschenke und dem Leid, das sie symbolisierten, sondern auch den Ursprüngen von The Birthday Party.

Während der Abreisetag näher rückte, arbeitete die Band weiter mit Tony Cohen im Richmond-Recorders-Studio. Im Januar und Februar 1980 nahmen sie Nicks neueste Songs auf, „Mr Clarinet" und „The Friend Catcher", außerdem Rowlands „Waving My Arms" und eine neue Version von „Cat Man" von Gene Vincent And The Blue Caps. Auch wenn die Band lieber Eigenkompositionen umsetzte, bestand Nick auf der Cover-Version, sagt Mick Harvey. „Cat Man" folgte auf Van Morrisons „Gloria", bei dem Nick an akustische Schläge voller Verlangen dachte, bei denen jeder Buchstabe zu einem hymnischen Stoß ins Publikum wird. Textlich und vor allem stimmlich suchte Nick nach einem Weg, wie er ein einzelnes Wort aufbrechen und rein auf seinen Klang reduzieren konnte und es trotzdem noch Spuren seiner ursprünglichen Bedeutung enthielt. Seine Texte schrieb er weiterhin mit Tinte und mit der Hand; ein Wechsel Mitte der Achtziger zurück zur Schreibmaschine verstärkte sein fast schon chemisches Interesse an Wörtern als Verbindungen, während er auf die Tasten einhämmerte. 1994 setzte Nick schließlich das Ideal eines erotisch aufgeladenen Gesangs in seinem Song „Loverman" um, Buchstabe für Buchstabe: „L is for Love, baby / O is for OH yes I do / V is for VIRTUE, so I ain't gonna hurt you / E is for EVEN if you want me to …"[42]

Direkt vor ihrem Flug nach London spielten The Boys Next Door an zwei Abenden hintereinander im Hearts in Carlton. Nach dem zweiten Konzert verbrachten sie den Rest des Abends mit Tony Cohen im Studio und mischten „Mr Clarinet". Auch in ihren letzten Stunden in Australien steckten sie ihre ganze Energie in die Musik. Ihre Kreativität und ihr Arbeitsethos hatten sogar noch zugenommen.[43] Nachdem sie „Mr Clarinet" fertig eingespielt hatten, fuhren sie im Morgengrauen nach Hause und packten hastig.

Missing Link hatte einen Bus organisiert, der die Band zum Flughafen fahren sollte, doch nur Tracy Pew stieg mit ein paar engen Freunden und Fans ein. „Die Idee war sehr nett", sagt Phill Calvert, die anderen Bandmitglieder fuhren aber lieber mit ihren Familien zum Flughafen.[44] Auf der Fahrt mit seiner Mutter blickte Nick aus dem Fenster und sah das Schild für die Ausfahrt nach Sunbury, wo Australiens wichtigstes Musikfestival in der ersten Hälfte der Siebzigerjahre stattgefunden hatte. *Sunbury* war die Krönung vieler Karrieren gewesen, vom lautstarken Pub-Rock-Boogie bis zum Glam-Pop der Skyhooks und den letzten eigenwilligen Atemzügen des Carlton-Sounds. The Boys Next Door hatten nie in diese miteinander wetteifernden Strömungen von brutalem Vorstadthedonismus und der Suche nach kultureller Identität hineingepasst. Die Band blickte stattdessen in die Welt hinaus und suchte nach ihrem eigenen Sound und ihrem eigenen Publikum. Jetzt wollten sie herausfinden, ob in Übersee ein solches Publikum auf sie wartete.

Das Musikfestival existierte nicht mehr, das Wort „Sunbury" allein erinnerte daran, wie schnell viele lokale Helden verblassten. Diese Ironie blieb Nick nicht verborgen. Schwere Regenfälle und üppige Gagenforderungen von Deep Purple hatten das legendäre Festival 1975 pleitegehen lassen, doch erst nachdem sich AC/DC und ihre Crew auf der Bühne eine legendäre Schlägerei mit den Roadies von Deep Purple geliefert hatten, nach der sie auch nicht mehr auftraten. Ihr Verhalten brachte AC/DC auf lange Sicht internationalen Ruhm ein. Etwas an ihrer lautstarken Härte und ihrem Humor begeisterte Nick ebenso, wie ihn zuvor The Saints begeistert hatten. Man musste bereit sein, mit jedem zu kämpfen.[45]

Am Flughafen Tullamarine flossen Tränen, als Freundinnen, Familie und Fans die Band verabschiedeten. Jemand überreichte den Jungs rote Nelken, die sie am Revers befestigen konnten. Sie sahen damit aus wie schäbige High-School-Debütanten: Nick und Tracy waren gerade mal zweiundzwanzig, Mick und Phill immer noch einundzwanzig und Rowland erst zwanzig und wirkte wie ein Vogel, der aus dem Nest gefallen war.

Keith und Helena Glass hatten das Gefühl, als würden sie ihre eigenen Kinder ins Ungewisse schicken. Sie hatten ihr ganzes Geld für die Flugtickets zusammengekratzt. Es sollte das Paar sogar noch mehr kosten, als es sich vorgestellt hatte. Jetzt fühlten sie sich so krank, dass sie kaum sprechen konnten. Phill Calvert schreibt: „Helena Glass erzählte mir, dass sie und Keith auf dem Rückweg vom Flughafen geweint und gedacht hatten: ‚Was haben wir den armen Kindern nur angetan?' Es war das Beste, was uns allen je passiert war. Zu diesem Zeitpunkt unserer Karriere hätten wir sonst keine Möglichkeit gehabt, in das Flugzeug zu steigen. Den Nick Cave von heute gäbe es ohne Keith nicht. Vielen Dank, Keith Glass."[46]

Bei einem Zwischenaufenthalt in Perth, im Westen von Australien, sagte man der Band, der Sarg von AC/DC-Sänger Bon Scott sei gerade durch das Terminal gebracht worden. Er sollte in Fremantle kremiert werden. Scott war an „akuter Alkoholvergiftung" gestorben und dabei an seinem eigenen Erbrochenen erstickt, als er in einer kalten Londoner Winternacht weggetreten auf dem Rücksitz des Autos eines Freundes gelegen hatte. Die Rückkehr des gefallenen Kriegers war ein großes Ereignis für die gesamte Nation, doch Scotts Familie bestand auf ihrer Privatsphäre. Sein Grab wurde trotzdem zum meistbesuchten in ganz Australien. „Es war ein komisches Gefühl", sagt Mick Harvey. „Nicht, dass wir uns je mit AC/DC verglichen hätten. Wir waren damals nur ein paar dumme Landeier im Vergleich zu ihnen. Doch es war lustig, dass sich unsere Wege so trafen. Es war am 29. Februar. Das werde ich nie vergessen. Ein Schaltjahr, ein Schalttag."[47]

Im Moment der Vorbereitung auf die Reise und den langen Flug entschied sich die Band, ihren Namen zu ändern. Es war die Gelegenheit, zu etwas Neuem zu werden – „eine Grenze zu ziehen", wie Mick Harvey es ausdrückt. Schon bei einem Konzert vor ihrer Abreise hatten sie mit dem Gedanken gespielt, sich The Birthday Party zu nennen, waren aber unentschlossen gewesen. The Friend Catchers hatte Nick zuerst besser gefallen; so hatte Anita einen seiner impressionistischsten neuen Songs bezeichnet. Auch wenn der Ausdruck nicht im Text vorkam, hatte Anita wie so oft blitzschnell verstanden, was Nick meinte. Manchmal auch beißend – in diesem Song ging es um Heroin. Für die anderen klang das allerdings nicht wie ein Bandname. Später behaupteten Rowland, Mick und Nick alle von sich, sie hätten als Erste The Birthday Party als neuen Bandnamen vorgeschlagen. Der Bezug zu „Happy Birthday" ist klar, die Harold-Pinter-Andeutungen sind es ebenfalls. „Wir waren ziemlich von einem Film [Harold Pinters Theaterstück *Die Geburtstagsfeier*] von Billy Friedkin besessen, der ständig im Spätfernsehen lief", erzählt Mick Harvey. „Am Anfang kommt bei einer Kamerafahrt dieses großartige Geräusch, wie von reißendem Papier."[48]

Die Verfilmung von Harold Pinters Theaterstück *Die Geburtstagsfeier* (1968) zeigt einen früheren Klavierspieler, der sich nach einem ungenannten Verbrechen in einer Pension an der englischen Küste zu verstecken scheint. Die Atmosphäre wird immer unheilvoller, als er an einer Geburtstagsfeier teilnehmen muss, obwohl er überhaupt nicht Geburtstag hat, wie er immer wieder zu erklären versucht. Dieser durchgehende, sadistische Scherz endet damit, dass er von zwei Personen aus der Pension abgeführt wird, die möglicherweise Gangster sind, ihn hinrichten wollen und vorgeben, mit ihm „ein bisschen rauszugehen" und weiterfeiern zu wollen. Zentrale Themen des Stücks sowie des Films, für den Pinter auch das Drehbuch geschrieben hat, sind Schuld und Vergeltung, ebenso wie William Friedkins Vorliebe für Übernatürliches.

Ein klavierspielender Junge auf der Flucht wie Nick Cave konnte einiges davon nachempfinden. Die Gangster in dem Film erinnerten ihn dazu auch noch an die Polizisten, die ihn nach dem Diebstahl des Stuhls verhaftet hatten.

Mick Harvey sagt, er und Rowland hätten mit Nick im Flugzeug über ihren neuen Namen gesprochen und was The Birthday Party für sie symbolisierte: „Keine uns bekannte Band hatte sich einen Namen gegeben, der darauf schließen lässt, dass sie ein Ereignis für sich sind. Das gefiel uns irgendwie. Für mich hatte der Name immer diesen Aspekt."[49]

„Happy Birthday" war der früheste Song von Nick Cave, der in *The Complete Lyrics* aufgenommen wurde. Alle Songs, die davor entstanden waren, wurden als unwürdige Jugendwerke abgetan. Der Song bleibt eine Fallstudie für Nicks zunehmende Vermischung von literarischen Referenzen mit autobiografischen Andeutungen. Das könnte erklären, warum er später seltsam ausweichend darüber sprach und die Bedeutung des Pinter-Stücks oder des Films herunterspielte, wenn das Gespräch auf die Herkunft des Bandnamens kam. Doch auch wenn „Happy Birthday" nicht direkt davon inspiriert war, war der Song thematisch nahe genug an Pinters Werk, um Nicks und Rowlands Arbeitstitel „The Birthday Party" beim Komponieren zu rechtfertigen.

Später sprach Nick lieber von verworrenen Assoziationen zu *Schuld und Sühne* und einer Totenfeierszene in dem Roman, an die er sich fälschlich als Geburtstagsfeier erinnert hatte. Ein unwahrscheinlicher Fehler, wenn man bedenkt, wie oft Nick das Buch gelesen hatte. Wie so oft bei seinen Erzählungen versteckt sich die Wahrheit auch hier in einer Lüge.

Mick Harvey erinnert sich, dass Nick 1979 wieder „total von *Schuld und Sühne* besessen gewesen war“. Nick hatte Dostojewskis Buch immer wieder sklavisch gelesen, hatte in den Seiten Sinn, wenn schon nicht Trost gesucht. Man braucht keinen Abschluss in Psychologie, um Raskolnikows Morde, die darauf folgenden Schuldgefühle und das zwanghafte Bedürfnis, ein Geständnis abzulegen, in Beziehung zu Nicks eigenem existenziellem Zwiespalt im Verhältnis zum Tod seines Vaters und seinem künstlerischen Auftreten in der Öffentlichkeit zu setzen. Als Songwriter und Performer stürmte Nick mit aller Kraft voran, um sich dann verwirrt oder die Realität leugnend zurückzuziehen – ganz zu schweigen von einer gehörigen Portion hochmütiger Verbitterung –, je nachdem, wie die Reaktion auf ihn ausgefallen war.

Eine nähere Untersuchung des langen Vorlaufs der relevanten Szene in *Schuld und Sühne* zeigt, wie komplex Nicks biografisch beeinflusste Assoziationen sein konnten. Es beginnt damit, dass Raskolnikow sich in einer Bar mit einem betrunkenen Beamten anfreundet, der Marmeladow heißt und dessen Name nicht zufällig wie „Marmelade“ klingt. Trotz Marmeladows schmutzigem, abstoßendem Äußeren bewahrt er sich seinen Mittelklassestolz und eine verstörende Theatralik. „Aber er war etwas sonderbar: In seinem Blick funkelte so etwas wie Begeisterung – vielleicht Witz und Verstand –, aber gleichzeitig glomm darin etwas wie Irrsinn.“[50] Etwas wie Irrsinn glomm darin … Die Beschreibung passte zu Nick auf dem Höhepunkt seiner Performance, aber auch auf seinen Vater, wenn die Begeisterung für seinen Beruf mit ihm durchgegangen war.

Trotz seiner Selbstvorwürfe lässt Marmeladow gern zu, dass seine Frau und seine Tochter sich seiner Trunksucht opfern. Raskolnikow hilft ihm nach Hause und gibt ihm in einem Anfall von Mitleid Geld für seine Familie. Nach der Begegnung flammt seine Verachtung für alle menschlichen Schwächen wieder auf, vor allem für seine eigenen.

Marmeladow bestätigt Raskolnikows Überzeugung, dass er seiner mitfühlenden Natur abschwören muss, um ein außergewöhnlicher Mann zu werden, den Gewöhnlichen und den Schwachen überlegen und daher berechtigt, nach seinem Willen zu handeln und auch einen Mord zu begehen, um seine eigenen Interessen durchzusetzen und frei zu leben. Nach dem Trauma eines Gewaltverbrechens, das ihn eigentlich zu einem „Übermenschen" hätte erheben sollen, trifft Raskolnikow Marmeladow wieder, der betrunken auf der Straße gestürzt ist und unter einer Pferdekutsche eingequetscht wurde. Raskolnikow sorgt dafür, dass der sterbende Mann nach Hause gebracht wird. In diesen beharrlichen Gesten des Mitgefühls gibt es Anzeichen der Erlösung für beide Männer, doch die dunklere, größere Wahrheit ist, dass Marmeladow erst eine Warnung und dann eine Vorahnung für Raskolnikow darstellt. Gut und Böse sind ineinander verwoben, Jekyll und Hyde nie voneinander getrennt. Marmeladows Begräbnis ist daher auch grotesk, ein umgekehrtes letztes Abendmahl. Der Beamte dient als Jesus-artige Figur, deren Tod Raskolnikow nicht von seinen Sünden erlöst, sondern seinen wahnhaften Glauben an einen brutalen und übermenschlichen Willen enthüllt: ein Wille, der in Zwängen gefangen ist, die Raskolnikow zum Verhängnis werden. Nick hatte sich vor dem Tod seines Vaters mit Raskolnikows Philosophie vom „Übermensch" beschäftigt, um seinen eigenen verletzten Stolz und seine rebellischen Ambitionen zu rechtfertigen. Danach sah er die Dinge mit anderen, vielleicht sogar düstereren Augen. Raskolnikow war Marmeladow ähnlicher, als er sich das je vorgestellt hatte. Und Nick war immer noch der Sohn seines Vaters.

Jede Andeutung, dass solche Handlungselemente aus *Schuld und Sühne* Nick dazu bringen könnten, die Toten- mit einer Geburtstagsfeier zu verwechseln, zeigt nur, wie bewusst ihm war, was mit ihm passierte. Der Titel von *Your Funeral … My Trial*, seinem Soloalbum aus dem Jahr 1986, erklärte solche zweischneidigen Assoziationen eindeutig. Nick behauptet dennoch: „Mir war wirklich nicht bewusst, wie sehr es mich damals beeinflusst hat." Wenn das auch nur zur Hälfte zutrifft, musste sein Unterbewusstsein auf Hochtouren gearbeitet haben. Im Lauf der Jahre bestätigte Nick oft: „Mein Vater hat mir die Mordszene aus *Schuld und Sühne* vorgelesen, als ich ein Kind war. Er hat mir gesagt, ich solle sie als großes Stück Literatur genau studieren. Was ich auch getan habe." Die eingehende Lektüre unterwanderte alles, von Birthday-Party-Songs wie „Deep In The Woods" bis hin zu „The Mercy Seat" von Nick Cave And The Bad Seeds.

Es gibt noch eine weitere Ebene, die im Großen und Ganzen auf Nick und seine prägenden Interessen als Songwriter zutrifft: die akustische Intensität von *Schuld und Sühne*, das ständige Gefühl, Raskolnikows Stimme beim Lesen zu hören, seine fieberhaften Gedanken und die seiner Gegner. Dostojewski behielt diese brennende orchestrale Intimität über den größten Teil seines Werks bei – das Gefühl, von der durchdringenden Kraft anderer überwältigt zu werden und von dem, was vielleicht ein und dasselbe war, nämlich das wilde Wesen seines eigenen Bewusstseins, das sich in seinen lebhaften Charakteren und deren Fähigkeit zu Nihilismus und Bösem darstellt, die weit über seine eigene christliche Moral hinausgeht. Dostojewski hört und fühlt die Stimmen vieler, manchmal so intensiv, dass es alles und jeden um den großen russischen Autor herum erfasst, wenn er Menschen und ihre Zeit in seinem Werk verewigt.

Auf die Frage, ob „Mr Clarinet" oder spätere Songs wie „Sonny's Burning" und „Gun" von ihm bekannten Menschen handelten, antwortete Nick immer ausweichend. Rowland erklärte jedoch nur zu gern, dass die Songs, fast wortwörtlich, „seine Freunde" wären. Nick scherzte, sie seien seine „kleinen Bettgefährten", und Rowland fügte hinzu: „Freunde, die in seinem Schrank leben".[51] Die Songs, ihre Charaktere und die realen Personen, auf denen sie basierten, ließen sich nicht mehr trennen.

Ein großer Teil von Nicks Kunst basierte auf dem allgemeinen Wahnsinn im Crystal Ballroom in Melbourne und seiner eigenen turbulenten Lebensgeschichte in der Zeit zwischen Wangaratta bis zum Abschied aus Australien. Was könnte London dem noch hinzufügen? Was könnte sich für ihn noch einmal ändern? Nick sagt, er sei kein bisschen traurig gewesen, als er seine Mutter am

Flughafen von Melbourne zum Abschied umarmte und Anita Lane küsste. Die Stadt, das ganze Land war zu einem Kerker geworden. Er hatte eine Gruppe von Freunden um sich geschart und war im Aufbruch begriffen, um endlich eine andere Welt zu erobern, die ihn anerkennen sollte. „Alles, was mir an Musik wichtig war, schien sich bis auf The Saints auf der anderen Seite des Ozeans zu befinden und irgendwie auf mich zu warten. Ich hatte eine Ahnung, dass es das Paradies sein würde."

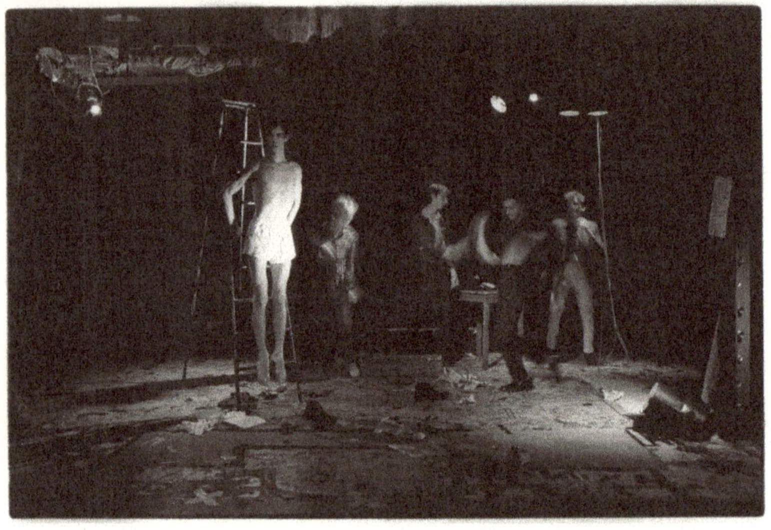

The Boys Next Door kehrten nach einem Jahr in London als The Birthday Party zurück. Hier bereiten sie den Dreh des Videos zu „Nick The Stripper" auf einer Müllhalde vor. Cover-Entwurf für *Prayers On Fire*, 1981 (Peter Milne)

Epilog

DER SÄNGER UND DER SONG

Ich befinde mich in einem Gespräch in einem Auto in einem Song. Ich sage, wir befinden uns in einem Song – ebenso sehr wie in einem Auto oder einem Gespräch –, weil der Text zu „Higgs Boson Blues" zu beschreiben scheint, was Nick und ich sehen, während wir auf einem Highway von Sydney aus nach Norden fahren, in die Stahlstadt Newcastle an der Küste, wo Nick am Abend mit den Bad Seeds auftreten wird.

In dem Song fantasiert Nick von einer Autofahrt nach Genf, wo Wissenschaftler ein Experiment voraussehen, das das Higgs-Boson oder „Gottesteilchen" isolieren soll, ein subatomares Teilchen und kleinster bekannter Baustein von Materie. Eine Litanei von historischen und popkulturellen Bildern wird zu einer archetypischen „Heldenreise" vermischt, in diesem Fall einem Roadtrip durch ein Universum, das nach und nach alle geistigen Illusionen verliert.

In diesem Moment spüre ich ein seltsames Echo derselben dunklen Straße, von der er singt, die uns halb einlädt, halb verschlingt, ein Echo aller „Bilder geistigen Zusammenbruchs" – wie Nick „Higgs Boson Blues" mir zuvor einmal beschrieben hat –, das im Augenwinkel auf andere Art an diesem drückend heißen Nachmittag an uns vorbeizieht.

Etwa anderthalb Jahre sind vergangen, seit Nicks und Susies Sohn Arthur mit fünfzehn Jahren tödlich verunglückt ist. Nach der Tragödie hat Nick die Dokumentation *One More Time With Feeling* über die Aufnahmen des Albums *Skeleton Tree* fertiggestellt. Jetzt beginnt er, sich allmählich wieder mit den Medien auseinanderzusetzen, und ich begleite ihn zusammen mit dem Fotografen Bleddyn Butcher, um ihn auf der Fahrt in den Norden zu unterstützen. Wie üblich touren die Bad Seeds im Sommer durch Australien. In den letzten vier Jahrzehnten hat Nick kaum eine Gelegenheit verpasst, um am Todestag seines Vaters bei seiner Mutter zu sein. Er ist wirklich ein guter Sohn.

Trotz seiner jüngsten Aussagen, dass er nicht länger Texte mit einer Handlung schreiben wolle, erzählt uns Nick Cave in Songs wie „Higgs Boson Blues" und unheimlichen Meisterwerken wie „Magneto" immer noch Geschichten. Sie sind vielleicht nur expressionistischer, unterbewusster, verträumter und tiefergehender als zuvor. Es ist jedenfalls interessant, Cave einräumen zu hören: „Ich kann keinen Song schreiben, den ich nicht sehe."

Trotzdem beharrt er darauf: „Ich habe heutzutage nicht viel Zeit für übermäßig erzählende Songs. Eine Zeitlang hat es sich sehr einschränkend angefühlt. Die Vorstellung, dass wir unser Leben in einer geraden Linie leben, wie eine Geschichte, erscheint mir immer absurder und mehr denn je eine Art intellektueller Bequemlichkeit. Ich habe das Gefühl, als seien die Ereignisse in unserem Leben wie eine Reihe von Glocken, die geschlagen werden, und die Vibrationen setzen sich nach außen hin fort, berühren alles, natürlich unsere Gegenwart und unsere Zukunft, aber auch unsere Vergangenheit. Alles verändert sich und vibriert und ist im Fluss.

Um das auf das Songwriting zu übertragen: In einem Song wie ‚I Need You' vom Album *Skeleton Tree* scheinen Zeit und Raum in einem großen Knall aus Verzweiflung aufeinander zuzusteuern und zu kollidieren. Das Herz ist rein, doch darum herum herrscht nur Chaos."

Zufällig ist Newcastle meine Heimatstadt, in der ich auch die gehypten Birthday Party zum ersten Mal sah, die sich vor nicht allzu langer Zeit erst umbenannt hatten und Ende 1980 aus England zurückgekehrt waren. Ich hasste sie, vor allem Nick, der für mich ein Poser war und jemand, der sein Publikum verachtete. Es war offensichtlich, dass niemand aus der Band an dem Abend in Newcastle bei einem Veteranenverein in einem halbleeren Raum spielen wollte. Musikalisch befanden sie sich zwischen dem Power-Pop von *Door, Door*, dem Jarry-artigen Experimentalismus von *Hee Haw* und den Anklängen von Primitivismus, die auf *Prayers On Fire* zutage treten sollten. Wahrscheinlich war Newcastle nur ein Aufwärmkonzert, ein Test von Altem und Neuem, nach dem sie entscheiden würden, was sie als Nächstes tun wollten.

Aus Wut schrieb ich einen meiner ersten veröffentlichten Artikel als Rockjournalist für eine großartige neue Untergrund-Kunstzeitschrift namens *The Virgin Press.* Ich stand sehr unter dem sarkastischen Einfluss von *NME*-Autoren wie Julie Burchill und Tony Parsons und der Punk-Haltung „mach etwas kaputt, um etwas zu erschaffen". Meine Besprechung enthielt einen hämischen Satz, der als Überschrift verwendet wurde: „Der schreiende Tom Waits und die Kakophonie-Kids". Ich erzählte Nick bei unserer ersten Begegnung nichts von der Rezension, und ich fürchtete immer, er würde eines Tages bei irgendeiner Google-Suche darauf stoßen. So etwas erzählte man einfach nicht jemandem, dessen Biografie man schreiben wollte.

Nur ein gutes Jahr später, Anfang 1982, sah ich The Birthday Party in voller Blüte in einer Location namens San Miguel Inn in Sydney, und die Spannung im Raum jagte mir Angst ein. Knisternde Gewalt lag in der Luft, ganz real und auch künstlerisch. So gut wie möglich mied ich alle Blicke, während ich mir eine sichere Ecke suchte und dort blieb. Eine junge Band namens Hunters & Collectors war die Vorgruppe und spielte Epic Rock, der von klirrenden Schlägen auf Gasflaschen durchbrochen wurde. Wie Schwergewichtsboxer schickten sie uns mit metallischen Haken zu Boden, die aus einem weiten Raum auf uns herabregneten. In den Medien hatte Nick alle gewarnt: „Hunters & Collectors werden uns von der Bühne wehen." Nach dem Auftritt gab man ihm recht. Doch dann kamen The Birthday Party.

An dem Abend waren sie schlicht „dämonisch", man kann es nicht anders sagen. Als ich das San Miguel Inn verließ, stellte ich das Existenzrecht der Band infrage, aber nicht ihre Kraft. Und sie waren erst bei der Hälfte ihrer Reinkarnation angelangt. Bleddyn Butcher sagt mir, dass der Herausgeber des *NME* etwa zu dem Zeitpunkt keine Publicity mehr für die Band machen wollte, weil sie „böse" war.[1] Es gibt ein lustiges Interview mit Bobby Gillespie von Primal Scream, in dem er sich erinnert, wie er The Birthday Party gesehen hat. „Ich möchte nicht sagen, ‚furchteinflößend'", sagt er lachend, „aber …" Den Rest kann man sich selbst ausmalen.[2]

Ich hatte wirklich das Gefühl, als wäre es Musik aus der Hölle. Eine bösartige Hitze waberte bei ihrer Performance von der Bühne und drang in mich ein. So etwas hatte ich noch nie zuvor erlebt. Wenn ich an diesen Abend zurückdenke, scheint der Kommentar des Regisseurs Paul Goldmann, The Boys Next Door würden alles um sie herum verschlingen, um zu The Birthday Party zu werden, und sich dann selbst in doppelt so großer und wilder Geschwindigkeit verschlingen, besonders passend.

Lange Zeit danach saß ich in Wangaratta im Park unter dem riesigen Baum, auf den Nick und Bryan Wellington und Eddie Baumgarten geklettert waren. Der Baum, unter dem Nick gesessen und mit Anne Baumgarten darüber geredet hatte, was ihn inspirierte. Der Wind zerrte an dem mächtigen Baumstamm; ich blieb lange dort und spürte sein Beben in mir. Es war, als hätte mich etwas dorthin gerufen.

Ich lernte Wangaratta gut kennen. Es erinnerte mich an meine eigene Kindheit in Newcastle, eine Randwelt, in der Wohngebiete in eine halbindustrielle Umgebung übergingen. Ich kannte Nicks Traum von sich selbst, wie ich meinen eigenen Traum kannte.

Es gab noch andere Zufälle, Dinge, denen ich gerechtfertigt oder nicht mystische Bedeutung zuschrieb. Wie Nick mich nach einem Besuch in Melbourne, um ihn zu interviewen, zum Flughafen fuhr und spürte, wie schlecht es mir ging und wie sehr mich das Buch niederdrückte. „Du musst aufpassen, was du schreibst", warnte er mich. Er hob seine Augenbrauen ein wenig, doch er meinte es ernst. „Manchmal kann das, was man erschafft, Dinge wahr werden lassen. Ich habe das bei Menschen gesehen. Ich habe es auch in meiner eigenen Arbeit gesehen.“ Dann diese wiederkehrende Szene, wie wir in einem Fahrzeug sitzen und überall und nirgends hinfahren, einen Schwebezustand nach dem anderen durchqueren, normalerweise vor oder nach einem Konzert. Wie wir eine oder zwei Stunden die Ewigkeit miteinander teilen. Bis zu dieser gemeinsamen Fahrt nach Newcastle, bei der ich an dem Punkt angelangt war, dass ich mich selbst atomisiert und jegliche Kontrolle über die Biografie und mein Leben verloren hatte – auch wenn alles, was ich durchlitten habe, angesichts von Nicks Verlusten unwichtig erscheint.

Das Aufwachsen in Wangaratta, die rasante Entwicklung von The Boys Next Door: Das war alles erst der Anfang. Nick hatte eine lange Reise vor sich. Direkt durch das Herz der Finsternis hindurch auf die andere Seite. Auf ihn warteten London, Berlin und São Paulo, dann wieder Großbritannien. Auf ihn wartete eine ausgewachsene Heroinsucht und eine große künstlerische Karriere.

Wenn ich mir meine Biografie über Nick Cave vorstellte, sah ich jeden Abschnitt in seinen eigenen Farben und seiner eigenen Struktur. Die Birthday-Party-Phase in London ähnelte einem fotokopierten Flyer oder einer alten Ausgabe des *NME*, körnig und pixelig, ein Rorschachtest aus Blutspritzern auf einer Leinwand. Berlin und Nick Caves Solokarriere waren ein tieferes Rot und intensiveres Blau, expressionistisches Cabaret, ein David-Lynch-(Alb)Traum. Brasilien war verkatertes Gelb im gleißenden Sonnenlicht, nächtliche Schweißausbrüche, kühles Dunkel in einer Kirche. Und so weiter.

Während ich mit der Vollendung der Biografie kämpfte, war man um mich herum nicht überrascht von meinem Ringen: *Er lebt noch. Er macht so viel. Wie kannst du da zum Ende kommen?* Doch das größte Problem war nicht, mit Nicks Veröffentlichungen mitzuhalten, auch wenn es sicherlich eine Herausforderung war. Das Problem war die Tiefe und wie weit man in Nicks Werk eintauchen kann. Man verirrt sich in Kaninchenlöchern, ist künstlerischen Einflüssen auf der Spur, geheimen Verbindungen und Querverweisen, die kein Ende zu nehmen scheinen. Wie ich Mick Harvey einmal gesagt habe, sind Nicks

Songs wie russische Puppen, aus denen ständig etwas Neues zum Vorschein kommt. Mick antwortete in einem Ton, der nicht nur die Tiefe implizierte, sondern auch eine fast unheimliche Fähigkeit der Worte, über ihren Entstehungsmoment hinaus zu reichen: „O ja", sagte er. „So ist es mir mit Nicks Songs im Lauf der Jahre sehr oft gegangen."[3]

Auf der Fahrt nach Newcastle sagt Nick mir, dass „mir die Vorstellung einer Idee in einem Song sehr wichtig ist. Dass ein Song über den Sinn seiner Bestandteile hinausreicht – seiner Worte, der Melodie. Doch die Vorstellung ist schwer zu fassen, da sie zurückweicht, wenn man sich ihr nähert. Heutzutage tendiere ich daher dazu, Worte um eine Vorstellung herumzuschreiben, sie quasi mit Worten zu umzäunen, denn die Vorstellung verschwindet, wenn man sie anspricht. Für mich ist es sehr wichtig, auf die Vorstellung zugreifen zu können, wenn ich live spiele – tief in den Song fallen zu können. Ich habe lange gebraucht, um zu verstehen, dass der tiefere Sinn eines Songs nicht die Worte an sich sind, sondern er sich hinter oder in den Worten verbirgt. Ich glaube, mein Publikum hat mir geholfen, das zu verstehen."

Die Vorstellung, dass etwas zurückweicht, wenn man sich ihm nähert und versucht, es zu definieren, scheint mir sehr sinnvoll zu sein. Irritiert antwortete ich Leuten, die mich nach dem Ende meiner Biografie fragten, dass ich sie wie *2001: Odyssee im Weltraum* beenden würde – mit einem hundert Seiten langem halluzinogenen Trip über Nick, der wiedergeboren wird, als er durch ein schwarzes Loch fällt und wieder in den Kosmos eintritt. Die Leute hatten keine Ahnung, wovon zum Teufel ich redete, aber ich fand das Konzept gut.

Einer der stärksten Eindrücke, die ich aus meiner Zeit mit Nick mitgenommen habe, war, wie hart er daran gearbeitet hatte, ein anständiger, wenn auch bestimmt kein durchschnittlicher Mensch zu werden. Drei oder vier Mal in den acht Jahren, in denen wir korrespondierten, schickte er mir per E-Mail Philip Larkins Gedicht „The Mower", eine Beschreibung eines kleineren Vorstadttraumas, die damit endet, dass Freundlichkeit uns helfen kann, unser tägliches Leben zu meistern. Ich dachte mir, dass Nick diese Botschaft ebenso sehr sich selbst wie mir schickte, aber es war interessant zu sehen, wie viel ihm das Gedicht bedeutete. Es war wie ein Mantra.

In der Zeit zwischen dem Wegzug aus Wangaratta und dem Verlust seines Vaters war etwas mit ihm geschehen, das ihn aus der Fassung gebracht hatte. Auf The Boys Next Door folgte intensive dunkle und brutale, aber auch unglaublich humorvolle Musik mit The Birthday Party. Darauf folgte die großangelegte Ausweitung von allem, das Nick angefangen hatte, in Form seiner nächsten großartigen Band, The Bad Seeds. Ganz sicher nicht umsonst hatte er seine Solokarriere mit Leonhard Cohens Song „Avalanche" gestartet, in dem es um einen Buckelwal geht. Doch mit verdorbener Dunkelheit und Gewalt traten wunderbare und schöne Dinge zutage, außerdem eine Vielzahl fein gezeichneter, fast schon literarischer Charaktere, die immer wieder auf Wangaratta und Melbourne und jeden Ort, an dem er gewohnt hat, zurückverweisen.

Während die Landschaft an uns vorbeizieht und wir uns am späten Nachmittag Newcastle nähern, gibt Nick mir gegenüber zu: „Ich habe meine Figuren wie eine Rüstung getragen. Sie haben mich beschützt und mir erlaubt, mit Abstand über gewisse Themen zu schreiben. Doch es steckt viel von mir in diesen erfundenen Charakteren, so moralisch verwerflich einige auch sein mögen!" Er lacht.

Vor Jahren hatte Nick zu mir gesagt: „Mir war die Form eigentlich immer wichtiger gewesen als der Inhalt." Ich frage mich jetzt, ob daraus nicht ein regelrechter Panzer geworden ist. Einer seiner Lieblingsdichter, Frederick Seidel, vermischt Form mit Brutalität. Kann sich so etwas verfestigen, wenn man nicht vorsichtig ist, und einen einsperren? So wie er mich vor ein paar Jahren vor dem gewarnt hat, was aus der eigenen Arbeit entstehen kann? Nicks Texte hatten immer schon auch sanfte Seiten gehabt, doch jetzt treten diese irgendwie stärker zutage. Durchbricht er den Panzer?

„Es ist nicht ungewöhnlich, dass man sich schützen möchte", antwortet er. „Wir haben alle unsere Persönlichkeiten, die uns von der Welt abschirmen. Bei Arthurs Tod wurde meine schützende Hülle abgerissen, plötzlich und ohne Vorwarnung, und ich war im Grunde eine zitternde Schnecke, und am Himmel kreisten viele große schwarze Vögel. So fühlt es sich immer noch jeden Tag an. Aber um deine Frage zu beantworten, Form in der Lyrik sehe ich nicht als Mangel an Mut oder Ehrlichkeit oder als etwas, hinter dem man sich versteckt oder das in irgendeiner Weise grundlegenden Wahrheiten im Weg steht. Einige der bewegendsten und zärtlichsten Gedanken stecken in stilistischer Brutalität. Schau dir Seidels Gedichte an. Schau dir *Lolita* an. Meine Arbeiten brauchen eine gewisse Brutalität, weil sie das Gegenteil ergreifender macht. Aber letztendlich geht es mir um die sanftere und zärtlichere Geste, und die Fähigkeit, in manchmal extrem brutalen Umständen zu überleben, macht sie umso heroischer und wertvoller."

Wir kommen in Newcastle an, und für tiefsinnige Gespräche ist keine Zeit mehr. Nick muss sich auf das Konzert vorbereiten, das in einem großen Amphitheater im Newcastle Entertainment Centre stattfindet, einem seelenlosen Betonkomplex. Mir fällt ein, dass hier in meiner Kindheit jedes Jahr die *Newcastle Show* stattgefunden hat, eine dieser gemischten Veranstaltungen, die zum Teil Landwirtschaftsausstellung, zum Teil Jahrmarkt, zum Teil Freak Show waren, mit Fahrgeschäften und Schaustellern im künstlichen harten Licht.

Ich will einen Spaziergang durch den Vorort machen, in dem ich aufgewachsen bin und in dem ich Abkürzungen durch die Entwässerungskanäle genommen und David Bowies „Heroes" gesungen und mir vorgestellt habe, ich wäre ein Delfin, der in eine andere Welt schwimmt. Nick und mir bleibt nicht mehr viel zu sagen, bis auf diese gewisse Form des Abschieds, die ein Wiedersehen ohne Garantie verspricht: „Wir sehen uns."

Ich spaziere also durch meine Heimatstadt. Nicks Worte hallen in meinem Kopf wider, dass die Ereignisse in unserem Leben wie eine Reihe von Glocken sind, die geschlagen werden und deren Schwingungen sich endlos nach außen ausbreiten und alles beeinflussen – unsere Gegenwart, unsere Zukunft, unsere Vergangenheit. Alles verändert sich und vibriert und ist im Fluss. Ein Gefühl überwiegt in meinem Geist, so sehr eine Frage wie ein Ruf in der Luft: Zärtlichkeit.

Danksagungen

Eine Biografie baut auf Welten auf. Der Welt der Person, von der erzählt wird – in diesem Fall Nick Cave. Doch auch auf den sich überschneidenden Welten vieler anderer, wenn sie sich auf ihrem Weg treffen und wieder trennen. Die einander beeinflussen, gemeinsam auf die Kultur, in der sie sich bewegen, einwirken und ein Erbe hinterlassen, mit Auswirkungen auf die nachfolgenden Menschen, manchmal über Generationen hinweg. Ich habe dieses Projekt immer als Biografie einer Gesellschaft gesehen, bei der Nick im Zentrum eines Kaleidoskops aus Geschichten steht. Ich hoffe, sie hat einen gewissen Wert als Bild von Nicks Jugend – und als Geschichte der Orte und Zeiten, die ihn zu dem gemacht haben, was er heute ist.

Wie ich gelernt habe, kann es auch ein nervenaufreibendes Unterfangen sein, eine Biografie zu schreiben. Besonders ironisch ist, dass einem das Leben dazwischenkommt. Doch jetzt bin ich hier und stehe in der Schuld eines Kaleidoskops aus Menschen und Geschichten. Vor allem muss ich Nick Cave selbst danken, für seine Kooperation und sein Vertrauen während unseres fast zehn Jahre dauernden Kontaktes. Und den großzügigen Zugang, den er mir zu seiner Familie gewährt hat, vor allem zu seiner Mutter Dawn, seinem älteren Bruder Tim und seiner jüngeren Schwester Julie (sein älterer Bruder Peter wollte sich nicht beteiligen).

Während ich diese Danksagung schreibe, erfahre ich aus den Morgennachrichten, dass Nick gerade auf seiner Website *The Red Hand Files* den Tod seiner Mutter im Alter von 91 Jahren verkündet hat. Das sind traurige Neuigkeiten. Ich hätte mich gefreut, wenn Dawn *Jugendfeuer: Die frühen Jahre des Nick Cave* noch gesehen hätte.

Auch wenn sie ihre berechtigte und unerschütterliche Liebe und den Stolz auf ihren jüngsten Sohn nicht rechtfertigen musste. Eine meiner schönsten Erinnerungen ist, wie ich an ihrem Küchentisch saß, nachdem Nick und ich Essen beim Thai-Imbiss geholt hatten, und ausgelassen über „den Neuen Atheismus" von Richard Dawkins und die Filme von Clint Eastwood diskutierte. Ich war übrigens der Einzige am Tisch, der auf der Seite von Gott war, wenn auch nur wegen der damit verbundenen Kunst und Architektur, der Rituale und Archetypen. Dawn verhielt sich recht neutral und verwies auf die Dichtkunst von T. S. Eliot; Nick stampfte genüsslich alles mit so hyperrationalen Argumenten in Grund und Boden, dass es unweigerlich komisch wirkte. Gott erhielt eine durchwachsene Bewertung, das Clint-Evangelium schnitt besser ab.

Wenn man eine Biografie schreibt, hinterlassen manche Menschen einen bleibenden Eindruck. Manche Momente auch. Dawn Cave gehörte auf jeden Fall dazu. Bleddyn Butcher, Mick Harvey und Phill Calvert waren ebenfalls immens hilfreich. Alle drei waren großzügig und präzise, und ich hoffe, das habe ich gewürdigt. Die Beiträge diverser Menschen waren sowohl emotional bedeutsam als auch inhaltlich hilfreich: Selbst ein paar Worte oder ein bisschen aufmunternde Freundlichkeit können kleine Schlüssel sein, die die Tür nach vorn öffnen. Fast alle Menschen, mit denen ich gesprochen habe, haben mir auf die eine oder andere Weise weitergeholfen. An Nicks Leben hat mich mit am meisten beeindruckt, mit wie vielen unglaublich talentierten, sensiblen und brillanten Leute er befreundet war.

Wenn wir uns an unseren Freunden – oder auch unseren Feinden – messen lassen, dann hat sich Nick gut geschlagen.

Da *Jugendfeuer* das Porträt des Künstlers als junger Mann ist, kann ich hier nicht allen danken, die mir bei meiner Forschung zu den späteren Stadien von Nicks Leben und Karriere geholfen haben. Vielleicht habe ich eines Tages die Möglichkeit dazu. In der Zwischenzeit danke ich für ihre einzigartigen und aufrichtigen Beiträge Edward Clayton Jones, Harry Howard, Bronwyn Bonney, Polly Borland, John

Hillcoat, Ross Waterman, Hugo Race, Genevieve McGuckin, Dave Graney, Clare Moore, Ron Rude, Ken Gormly und Caitlin Crauford. Außerdem danke ich Nicks Managementteam, vor allem Rachel Willis und Suzi Goodrich sowie Brian Message vom ATC Management. Mein Dank geht auch an Ton Maessen, den brillanten Tourmanager der Bad Seeds, sowie an alle Mitglieder der Bad Seeds. Rowland S. Howard und Tracy Pew von The Boys Next Door und The Birthday Party sollen nicht vergessen werden, deren Stimmen unter uns sind, auch wenn sie selbst es nicht mehr sind.

Die Zusammenarbeit mit HarperCollins Australia war fantastisch, vor allem mit meiner Verlegerin Catherine Milne, mit dem Senior Editor Scott Forbes und meiner Lektorin Claire de Medici. Auf jede nur erdenkliche Weise haben sie mein Projekt mit Mitgefühl und Strenge begleitet und mir mit ihrer Energie geholfen, durchzuhalten und dieses Buch besser zu machen, als ich es mir je erhofft hatte. Mein Dank gilt auch den KorrektorInnen Julian Welch, dank dem ich „Hund“ auf Latein schreiben und den Yarra River finden kann, und Madeleine James. Ein besonderer Dank geht an Gary Seeger für das Einholen von Abdruckrechten und an Mute Song für ihre Unterstützung.

Meine Biografie hatte eine lange, geradezu epische Entstehungszeit. Ich möchte den Menschen danken, die in der Anfangszeit daran beteiligt gewesen waren, darunter Jenny Darling, Fiona Hazard, Bernadette Foley und Matthew Kelly. Wir haben zusammen angefangen, dann haben sich unsere Wege getrennt. Das Buch wurde zu etwas anderem. Vielen Dank trotzdem für eure Beiträge. Der erste Teil meiner Einleitung, „Der Journalist und der Sänger“, basiert auf meinem Essay für die Literaturzeitschrift *Meanjin* mit dem Titel „Nick Cave: Man or Myth?“. Teile des Epilogs „Der Sänger und der Song“ stammen aus meinem Interview mit Nick Cave, das in anderer Form in *The Guardian* und dem *Neighbourhood Paper* erschienen ist. Ich stehe auch in der Schuld der *Sydney Review of Books*, die eine frühere Version meines Kapitels über Wangaratta, „Down By The River“, veröffentlicht hat.

2014 hatte ich das Glück, Co-Preisträger des Peter Blazey Fellowships zu sein, das jährlich AutorInnen in den Bereichen Biografie, Autobiografie und Memoir verliehen wird. Mit diesem Arbeitsstipendium konnte ich dieses Projekt voranbringen.

Mein großer Dank geht an Davina Davidson, dass ich aus ihrem Brief zitieren durfte, in dem sie ihre Beziehung mit Nick als Teenager schildert, ebenso wie an Kathleen Stewart, dass ich Material aus ihrem Memoir *The After Life* verwenden durfte, in dem sie ihre Beziehung mit Nick beschreibt. Das mir entgegengebrachte Vertrauen weiß ich sehr zu schätzen.

Unbedingt erwähnen muss ich die Schuld, in der ich bei den AutorInnen stehe, deren Pfade ich beschreiten konnte, vor allem Nicks frühere Biografen Robert Brokenmouth und Ian Johnston. Auf ihre Arbeit wird natürlich verwiesen, doch das ist eigentlich zu wenig – eure ausgezeichneten Bücher waren mein Osten und mein Westen, an denen ich mich bei meinem Versuch orientieren konnte, eine weitere Nick-Cave-Story zu finden. Clinton Walker, der große Chronist und Soziologe der australischen Gegenwartsmusik, verdient ebenfalls eine Extraerwähnung, weil er so viel von dem bewahrt, um das sich so wenige gekümmert hatten. Die essenzielle Bewahrung unseres kulturellen Erbes durch den Musikhistoriker Ian McFarlane und seine ausführlichen Interviews mit Personen wie Rowland S. Howard waren ebenso bedeutsam. Mat Snow, Jillian Burt, Barney Hoskyns und viele andere JournalistInnen, hervorragende australische Rockmagazine wie *RAM* und *Roadrunner* und engagierte Fanzine-HerausgeberInnen und besessene BloggerInnen waren für meine Arbeit ebenfalls von unschätzbarem Wert. Danijela Miletics Facebook-Seite *Nick Cave, Wanted Man*, Melynda von Waywards Website *Punk Journey* (www.punkjourney.com) sowie die herausragenden Seiten *From the Archives* (www.fromthearchives.org) und *Outta Black & Into the Ether* (rowland-s-howard.com) waren besonders nützliche Quellen und Kaninchenlöcher voller Ablenkungen.

Janine Barrand, die Direktorin der Australian Performing Arts Collection am The Arts Centre Melbourne war, ebenfalls eine große

Hilfe, indem sie mir Zugang zum Archiv von *Nick Cave: The Exhibition* ermöglicht hat. Murray Bennett, mit seiner hervorragenden Sammlung von Live-Aufnahmen von The Boys Next Door und The Birthday Party, hat mir mit seinen akustischen Raritäten in den Ohren gelegen. Andrew und Lynne Trute, hingebungsvolle Fans und Sammler von Nick-Cave-Memorabilia, haben ihr Wissen und die gute Laune gern geteilt.

Die Fotografen Ashley Mackevicius, Peter Milne und Michel Lawrence haben mir geholfen, die Geschichte auch visuell zu erzählen. Mein Dank gilt auch Manuela Furci, der Direktorin des Rennie Ellis Photographic Archive, und John Nixon, der von der Anna Schwartz Gallery vertreten wird, für ihre Bilder. Andere Fotos stammen aus verschiedenen Quellen, die nicht alle leicht aufzuspüren waren. Phill Calvert, Keith Glass, David Pepperell, Bryan Wellington, Anne Shannon und Corin Johnson haben mir freundlicherweise Fotos aus ihren Sammlungen zur Verfügung gestellt. Dank geht auch an Margaret Brickhill und Adrian Twitt, Ken Goodger, den Dekan der Holy Trinity Cathedral sowie an Felicity Williams, Kim Gregg, Kris Penney und alle früheren und gegenwärtigen MitarbeiterInnen des Centre for Continuing Education in Wangaratta. Anne Shannons und Bryan Wellingtons Erinnerungen haben maßgeblich geholfen, Wangaratta und Nicks Zeit dort zum Leben zu erwecken. Tolle Menschen und eine tolle Stadt.

Ich möchte auch John Corker danken, meinem Anwalt („Ich schätze, jetzt bin ich auch dein Agent“), weil er dieses Buch ermöglicht hat, als das ganze Projekt verloren schien – und vor allem, weil er mein Freund ist.

Außerdem möchte ich all jenen danken, die mir all die Jahre ihre Liebe, Freundschaft und Unterstützung geschenkt haben, vor allem Samantha Hutchison, Robert Miller, Michele Elliot, Dominic Lefebvre, Rika Wedlock, Beau Sevastos, Marcelle Lunam, John Stewart, Lucia Elliott, Virginia Fay, Aden Young, Lo Carmen, Beth Dyce, Russell Cheek, Jonathan Samway, Nerissa Kavanagh, Jarrad Ainsworth, Rosanna Barbero, Michael Wee, Andrea Healy, Trent

McGinn, Carolyn Constantine, Nicole Lobegeiger und Matthew da Silva. Ich hoffe wirklich, niemand vergessen zu haben. Es war ein langer Weg, und jetzt ist es Freitagabend, bitte entschuldigt.

Am Ende möchte ich noch meinem Bruder und meinen Schwestern danken, meiner Mutter und meinem Vater (RIP), die immer an mich geglaubt haben. Das Leben ist lang, wie man so schön sagt, und der Weg war nicht immer gerade oder offensichtlich. Dieses Buch widme ich meinen Kindern – und den Träumen, die wir teilen und zu denen wir alle gehören. Ich hoffe, meine Dankbarkeit wird in der Art deutlich, wie ich die mit mir geteilten Geschichten übermittelt habe. Ich danke noch einmal Nick Cave und Susie Bick und bin froh über die Schönheit und Freundlichkeit, die wir bei jedem Mal erfahren, wenn wir etwas erschaffen, für das es sich zu leben lohnt.

Editorische Notiz des Autors

Un pour tous, tous pour un.
Einer für alle, und alle für einen.

Die Zitate von Nick Cave stammen aus Interviews und Telefonaten, die ich zwischen 2010 und 2018 mit ihm geführt habe. Sie erscheinen an vielen Stellen im Text und sind nicht extra mit einer Endnote gekennzeichnet, es sei denn, es werden weiterführende Informationen benötigt.

Interviews mit ihm, die vor 2010 stattgefunden haben, sowie Veröffentlichungen von mir über ihn und sein Werk werden in den Endnoten und in der Danksagung angegeben.

Interviews, die ich mit seiner Familie, Freunden und Bekannten geführt habe und Material aus Büchern, Essays, Artikeln und Rezensionen sowie Nick Caves Tagebüchern, Notizbüchern und Briefen, die im Arts Centre Melbourne archiviert sind, werden in den Endnoten angegeben.

Bei Themen, in denen publiziertes Material und meine eigenen Interviews sich überschneiden, habe ich die sprachlich gewandtere Version vorgezogen und zwischen einem veröffentlichten Zitat und einer auf meinen eigenen Gesprächen basierenden Ausführung unterschieden. Oft erzählte Anekdoten und oft auch die wörtliche Wiedergabe gewisser Ereignisse haben die Arbeit erleichtert.

Ich habe versucht, mit einem frischen Blick an mein Thema heranzugehen und etablierte Ansichten zu vermeiden – auf inhaltlicher und emotionaler Ebene –, ebenso wie deren Gegenteil, das Ausblenden oder die Neuschreibung von Geschichte. Bestimmte Wahrheiten, sogar „Tatsachen“, bleiben eher der Gruppe als dem Einzelnen vorbehalten. Die Geschichte ist für diejenigen, die sie erlebt haben, immer noch lebendig.

Endnoten

Prolog: Der Journalist und der Sänger

1. Nick wiederholte den Ausdruck „eher ein Schriftsteller" damals in verschiedenen Interviews, ohne selbst richtig daran zu glauben. In *The Flesh Made Word*, seinem Essay aus dem Jahr 1996, blickte er auf *Und die Eselin sah den Engel* zurück und beurteilte die Mischung aus biblischer Sprache, Jargon des tiefen Südens und ungezügelter Obszönität als Manifestationen eines künstlerischen Zusammenbruchs und kreativer Blockade. Als würde es nicht schon im Buch selbst deutlich werden, spricht Nick in dem Essay von Euchrid als einer Art negativer Jesus-Figur. Auch wenn der Roman viel zu dramatisch geschrieben ist, glaubt man ihm die echte Sehnsucht nach Erlösung, während der Autor nach einer neuen Sprache sucht. Die Botschaft schien zu sein, dass Nick in sich oder in einem Schmerz gefangen ist, für den er immer noch die richtigen Worte finden muss. Einsamkeit ist das beherrschende Thema.
2. Seltsamerweise spiegelte Nicks Abscheu Rock'n'Roll gegenüber den klassischen Geschmack seines Vaters und dessen Verachtung gegenüber Pop-Musik wider. Nick rebellierte gegen diesen Einfluss und kehrte zur Musik als seinem wahren Herzschlag zurück.
3. Cave, Nick: „Lesung aus seinem in Kürze erscheinenden Roman: *Und die Eselin sah den Engel*", Mandolin Cinema, Sydney, 23. und 24. März 1988. Neben Gastkünstlern, die Nick peinlicherweise verspotten und in den Schatten stellen wollten, bot die Veranstaltung auch noch eine Sondervorstellung von John Hustons Adaption von Flannery O'Connors Roman *Die Weisheit des Blutes*. Der Film und das Buch waren damals ein großer Einfluss für Nick.
4. Mordue, Mark: „Let Love In", *Juice Magazine*, Sydney, April 1994.
5. Das hat verschiedene Bedeutungsebenen: die geheimen Botschaften, die Gemälde zu der Zeit enthielten, sowie unser späteres Verständnis des Unterbewussten und was wir aus uns selbst heraus auf andere projizieren. Die Maler zu Zeiten von da Vinci und Michelangelo waren überzeugt, dass Gottes Geheimnisse in uns wohnen und deshalb die Mysterien und die Großartigkeit der Schöpfung enthüllt werden können, wenn wir nur ehrlich und tief genug schauen und in uns unsere größere Einheit finden.
6. Neben dem Song „Red Right Hand" und der Red-Hand-Files-Website taucht der Ausdruck auch im „Song of Joy" auf, in dem der Killer auf Milton verweist, indem er „seine rechte rote Hand" mit dem Blut des Opfers an die Wände schreibt. „Mutiny In Heaven", einer der letzten Birthday-Party-Songs, nutzt *Das verlorene Paradies* als eine versteckte Metapher für die Geschichte von The Boys Next Door und The Birthday Party. Außerdem zeichnet er ein fetischistisches Bild von Heroinabhängigkeit und spielt auf Nicks Exil in Wangaratta, der Heimatstadt seiner Jugend, an.

Teil I: THE RIDER

Such Is Life

1. Nick Cave, Dawn Cave und Bleddyn Butcher wurden vom Autor unabhängig voneinander zu dem Tag der Aufnahme in die ARIA Hall of Fame und den damit einhergehenden Ereignissen interviewt.
2. Nicks beiläufiger Verweis auf den siebten Kreis der Hölle stammt aus Dantes *Göttlicher Komödie*, mit der er sehr gut vertraut ist. Dante behält den siebten Kreis der Hölle denjenigen vor, die Gewaltverbrechen verübt haben: gegenüber Menschen und Eigentum, gegenüber sich selbst und Gott.
3. AAP, „Nick Cave, reluctantly famous", *The Age*, 23. Oktober 2007. Siehe auch: „‚Arias bore me' – Nick Cave", *The Daily Telegraph*, 23. Oktober 2007. Nick erwähnte seine Gefühle auch in einem Gespräch mit dem Autor. Vor einer Preisverleihung scheint er am liebsten Kebab zu essen.
4. Harvey, Mick: Interview mit dem Autor, Melbourne, 11. Februar 2010.
5. Cave, Nick: „Notes" (Notizbuch mit festem Einband), aus den Jahren 1996–1997, Nick Cave: The Exhibition, The Arts Centre, Melbourne, Box H000653, File 2006.019.040.
6. Michael Hutchence benutzte bei der Buchung von Hotelzimmern gern das Pseudonym Murray River.
7. Cave, Nick: „Notes" (Notizbuch mit festem Einband), aus den Jahren 1996–1997, Nick Cave: The Exhibition, The Arts Centre, Melbourne, Box H000653, File 2006.019.040.
8. William Faulkner erschuf einen Ort namens Yoknapatawpha County, für den Lafayette County, Mississippi, Pate stand, in dem er aufgewachsen war. Fast alle seine Romane spielen in dieser märchenhaften Version seiner Vergangenheit, für die Faulkner eine „Karte" der Landschaft erstellen musste, die er neu schrieb, an die er sich erinnerte und die er transformierte. Sie half Nick zu erkennen, wie er seine Songs mit der Welt, die er für *Und die Eselin sah den Engel* erschuf, vereinigen konnte.
9. Butcher, Bleddyn: Interview mit dem Autor, Sydney, 5. Mai 2010.
10. Butcher, Bleddyn: Interview mit dem Autor, Sydney, 8. September 2012. 2010 pflügte Nick in Brighton durch eine Sicherheitsabsperrung und fuhr einen Blitzer der Sussex Safer Roads Partnership um. Der Zeitung *The Sun* sagte er: „Ich wurde zum Lokalhelden. Ich nietete mit meinem Jaguar den Blitzer an der Promenade um. Fünf Tage lang war ich das Hauptthema in Brighton. Kleine Gothics versammelten sich an dem Ort und beteten und schrieben: ‚Nick Cave war hier.'" www.nme.com/news/music/nick-cave-25-1252104, abgerufen am 6. September 2020. Nick übertrieb nur wenig. An dem schiefen Pfosten, auf dem das Blitzgerät montiert war, war tatsächlich ein Graffiti aufgetaucht: „Nick Cave waz ere Xmas 2010" – „Nick Cave war hier Weihnachten 2010". Um einer Anklage zu entgehen, bot man Nick ein spezielles Fahrtraining an. Auf dieses verweist er im Song „Mermaids".
11. Cave, Dawn: Interview mit dem Autor, Melbourne, 27. März 2010.
12. Nick Cave: The Exhibition, The Arts Centre Gallery, Melbourne, 10. November 2007 – 6. April 2008 (danach in Adelaide, Brisbane und schließlich 2010 in Canberra; seither im Archiv des Arts Centre). Die Ausstellung war von Janine Barrand zusammen mit Nick Cave kuratiert und bildete die Grundlage für *Stranger Than Kindness: The Nick Cave Exhibition*, entwickelt von Christina Back und Nick Cave für Det Kongelige Bibliotek in Kopenhagen. Die Ausstellung sollte ursprünglich vom 23. März bis 3. Oktober 2020 stattfinden, bevor die Eröffnung wegen Covid-19 auf den 8. Juni 2020 verschoben werden musste. Dazu ist ein Katalog erschienen:

Stranger Than Kindness (Canongate, Edinburgh, 2020; deutsche Ausgabe: Kiepenheuer & Witsch, 2021).

13. Carneiro, Viviane: Interview mit dem Autor, London, 4. Juni 2010.
14. Interview mit Nick Cave und Shane MacGowan, *MTV* Europe, 1993, www.youtube.com/watch?v=rbOxwLkXRmE
15. „Sonny's Burning". Text von Nick Cave. Veröffentlicht von Mute Song Limited. Alle Rechte vorbehalten. Abdruck mit freundlicher Genehmigung.
16. McCarthy, Cormac: *Die Straße*, 2007. T. S. Eliot, „Die hohlen Männer", 1925. Bleddyns und Nicks Gespräch über *Die Straße*, apokalyptische Zukunftsszenarien, das Wesen des Vaterseins und die Suche nach spirituellem Trost in der Kunst halfen Nick, zusammen mit Warren Ellis den Soundtrack zur Verfilmung von *Die Straße* aus dem Jahr 2010 zu komponieren. Regie führte Nicks Freund und filmischer Partner John Hillcoat. Der eindringliche Fokus der Geschichte auf das Verhältnis zwischen einem Vater und einem Sohn, von denen einer stirbt und der andere allein weiterleben muss, berührte Nick Cave natürlich.
17. Hattenstone, Simon: „Old Nick", *The Guardian*, 23. Februar 2008, www.guardian.co.uk/music/2008/feb/23/popandrock.features, abgerufen am 4. Juni 2012.
18. Cave, Dawn: Interview mit dem Autor, Melbourne, 27. März 2010.
19. Die Shakespeare-Referenzen in Nicks Songs gehen über den direkten Einfluss seines Vaters hinaus, seine eigenen literarischen Interessen oder die Konstruktion jeglicher Romantik. Der elisabethanische Schurke/Held hatte sich normalerweise ein Verbrechen von kosmischen Ausmaßen zuschulden kommen lassen und war zu großartigen, aber auch zu schrecklichen Taten fähig. Nick schien zu glauben, dass er in dem Verhältnis zu seinem Vater etwas Vorherbestimmtes erfüllte.
20. Johnny Cash war bereits schwer an Diabetes erkrankt und hatte nicht mehr lange zu leben, als er mit seiner Cover-Version von „The Mercy Seat" eine erlösende Hymne gegen die Todesstrafe aufnahm. Er nahm auch Nicks Vorschlag für ein Duett an: die alte Hank-Williams-Nummer „I'm So Lonesome I Could Cry". Sie versuchten sich ebenfalls an dem alten Folk-Song „Cindy, Cindy". Als Cash ins Studio kam, war er fast blind und konnte die Treppe nicht allein hinuntergehen. Er rief: „Bist du da, Nick? Bist du da?" Nick musste ihm die Treppe hinunterhelfen und ihm Zeit geben, bis sich seine Augen an das Licht gewöhnt hatten. „Ich dachte mir, verdammte Scheiße, wie will der Mann eigentlich singen?" Doch beim Singen setzte eine majestätische Wandlung bei Cash ein. Ironischerweise hatte Nick schreckliche Angst vor dem Duett mit seinem Helden gehabt und war unsicher gewesen, ob er sich mit seinem Gesang dieser Ehre würdig erweisen würde. Nach der ersten Aufnahme bat Produzent Rick Rubin um eine zweite. Nick fragte ihn: „Ich war zu flach, stimmt's?" Rubin lachte. „Nein, Johnny war zu flach." June Carter sagte zu Nick: „Los, geh da mit Johnny wieder rein und sing die Harmonien." Nick erzählt die Geschichte mit tiefer Ehrfurcht. „Sobald Johnny zu singen angefangen hatte, fiel die Krankheit einfach von ihm ab. Es war unglaublich. Ich weiß, dass manche Leute Rick Rubin vorwarfen, den Mann am Ende seines Lebens ausgesaugt zu haben. Doch das stimmt absolut nicht. So war es überhaupt nicht. Er hat Johnny Energie gegeben. Es war wunderschön."
21. Auf Bitten von John Hillcoat wurde eine Drehbuchzusammenfassung in die Wege geleitet. Mit ihm hatte Nick das Drehbuch für den Film *The Proposition – Tödliches Angebot* geschrieben. Die beiden recherchierten ausführlich für das Projekt und interviewten auch Handlungsreisende für Kosmetik. Hillcoat hatte ein „Spülbeckendrama" im Sinn, im Stil des Sozialrealismus des britischen Films der 1950er Jahre.

Als das Projekt scheiterte, konnte Nick die Recherche und die Zusammenfassung für seinen Roman *Der Tod des Bunny Munro* (Text Publishing, Melbourne, 2009; dt. Ausgabe: Kiepenheuer & Witsch, 2009) verwerten. Er beschrieb die Geschichte häufig als eine Mischung aus dem Markus-Evangelium und dem *SCCUM Manifesto* der radikalen Feministin Valerie Solanas. Seine Umsetzung des Materials war allerdings etwas halluzinogener. Auch nachdem der Roman erschienen war, hoffte Nick, ihn zusammen mit Ray Winstone als Miniserie fürs Fernsehen verfilmen zu können, doch das Projekt scheiterte an Fragen des Geschmacks und der Ausgestaltung. Das Video zu „Jubilee Street" vermittelt eine Vorstellung, wie die Serie ausgesehen haben könnte.

22. Sutcliffe, Phil: „Nick Cave: Raw and Uncut 2", in: Snow, Mat (Hg.): *Nick Cave: Sinner Saint: The True Confessions*, Plexus, London, 2011, S. 231. Nicks Originalnachricht ist nicht erhalten, doch er erzählte den Witz im Interview mit dem Autor.
23. Dalton, Stephen: „The Light in the Cave", *The Age*, 19. September 2004, www.theage.com.au/articles/2004/09/17/1095320941733.html#, abgerufen am 4. Juni 2012.
24. Brokenmouth, Robert: *Nick Cave: The Birthday Party and Other Epic Adventures*, Omnibus Press, London, 1996, S. 64.
25. Cave, Nick: „We Call Upon The Author To Explain", *Dig!!! Lazarus, Dig!!!*, Mute Records, 2008.
26. Mit Beau Lazenby war Nick zu Zeiten von The Boys Next Door zusammen und danach immer wieder. Als Nick Cave mit den Bad Seeds 1990 durch Australien tourte, verbrachte er in Melbourne Zeit mit Beau. Er gestand später „unendliches Bedauern" ein, dass er in Jethros Kindheit wenig Kontakt zu seinem Sohn gehabt und dass er hart daran gearbeitet hatte, das Verpasste aufzuholen. Nachdem Nick seine Heroinsucht überwunden hatte, konnte er eine Beziehung zu seinem Sohn aufbauen. Jethro war da fast schon ein Teenager. Sein ältester Sohn hatte es besonders schwer, da er in Melbourne lebte, wo Nick eine Kultfigur ist. Wie Jethro sagte: „Am Anfang war es wirklich hart, der ganze Mist mit meinem Vater, und dass ich in seinem Schatten gestanden habe." (Eyre, Hermione: „Models and Rockers: Jethro Cave and Leah Weller", *ES Magazine, London Evening Standard*, 12. November 2009, www.standard.co.uk/lifestyle/models-and-rockers-jethro-cave-and-leah-weller-6729475.html, abgerufen am 7. September 2020.)
27. PJ Harvey dokumentiert ihre Beziehung mit Nick Cave und ihre Probleme mit ihm anscheinend in dem Song „The Garden" auf dem Album *Is This Desire*. Bei genauem Hinhören verweist sie möglicherweise auf den Song „Mutiny In Heaven" von The Birthday Party und schickt Nick eine korrigierte Version der Geschichte von Adam und Eva.
28. „Verrückt, böse und eine gefährliche Bekanntschaft" – so beschrieb Lady Caroline Lamb Lord Byron, den berühmten Dichter der Romantik. Manche Literaturwissenschaftler vertreten die These, sie habe eigentlich sich selbst so genannt. Mit diesen berühmten Worten wies sie als verheiratete Frau seine ersten Avancen zurück, dann gab sie seinem zunehmenden Werben doch nach und ließ sich auf eine leidenschaftliche Affäre mit ihm ein. Liebende tauschten zu der Zeit normalerweise eine Haarlocke; Lady Caroline Lamb schickte ihm Schamhaare. Leider versuchte Byron da bereits, die Beziehung zu beenden. Sein dämonischer gesellschaftlicher Ruf und seine selbstverherrlichenden Gedichte wie *Childe Harolds Pilgerfahrt* (1812–18) wurden durch Lambs bahnbrechenden Schauerroman *Glenarvon* (1816) noch untermauert. Das Buch enthielt ein kaum verschleiertes und hochgradig negatives Porträt ihres Ex-Liebhabers, das ironischerweise zur Entstehung des Byron-Archetyps beitrug: einzelgängerisch, grüblerisch, gerissen, ausschweifend, selbstzerstörerisch und rätsel-

haft. Goethe wurde ein großer Anhänger des Romans. Nick beschäftigte sich intensiv mit Goethe und mit Byron. Ein Blick darauf lohnt, dass Byron nicht nur der große romantische Archetyp war, sondern auch ein sehr gewitzter und komischer Lyriker, der an Pointen und Wortspielen wie in *Don Juan* viel Freude hatte.

29. St John, Ed: Pressemeldung, 2007 ARIA Hall of Fame, 28. Oktober 2007.
30. Nicks Vater, Colin Cave, war einer der führenden australischen Gelehrten in Sachen Ned Kelly. Siehe Cave, Colin F.: „Introduction", *Ned Kelly: Man and Myth*, Cassell Australia, Melbourne, 1968.
31. „So ist das Leben" waren angeblich die letzten Worte des australischen Gesetzlosen Ned Kelly, bevor er am 11. November 1880 gehängt wurde. Peter Carey schrieb *Die wahre Geschichte von Ned Kelly und seiner Gang*, einen Roman über sein Leben und seine Taten, der mit dem Booker Prize ausgezeichnet wurde. Wie um eine Prophezeiung für die nächste Generation zu erfüllen, die in die Zeit der Familie in Wangaratta zurückreicht, spielte Nicks Sohn Earl Ned Kellys jüngeren Bruder Dan in der Verfilmung des Buches aus dem Jahr 2020, bei der Justin Kurzel Regie geführt hatte.
32. AAP: „Cave enters ARIA Hall of Fame on his own terms", *The Age*, 29. Oktober 2007, www.theage.com.au/entertainment/caveenters-aria-hall-of-fame-on-his-own-terms-20071029-ge65yv.html, abgerufen am 19. September 2020.
33. Wegen Konflikten zwischen Phill Calvert auf der einen und Nick und Rowland S. Howard auf der anderen Seite wurde der Schlagzeuger 1982 aus der Band geworfen, und Mick Harvey nahm seinen Platz ein. In der Presse äußerte Rowland Kritik an Phills Fähigkeit, zur Musik passende Rhythmen zu entwickeln, doch die wahren Gründe lagen in ihren unterschiedlichen Persönlichkeiten. Phill gibt zu, dass er seinen Rauswurf nur sehr schwer verkraftet hat: „Wir hatten seit Anfang der Highschool miteinander gespielt." Tracy Pew blieb weiterhin mit ihm befreundet und schickte ihm Postkarten. Phill schloss sich The Psychedelic Furs an, fühlte sich in so einer Mainstream-Band aber nicht wohl. 1984 kehrte er nach Australien zurück und gründete Blue Ruin, eine wichtige australische Band der Achtziger. In späteren Jahren arbeitete er als Produzent und rief sein eigenes Label ins Leben, Behind the Beat, mit dem er junge und unabhängige Künstler unterstützte. Außerdem arbeitete er wieder mit Mick Harvey.

King And Country

1. „Colin Francis Cave", Untersuchung, Wangaratta, Fallnr. F.360, Aktenzeichen 790809, 21. Mai 1979.
2. Brown, Mary: „Introduction – the 60s", *Centre History*, The Centre for Continuing Education, Wangaratta, ca. 2010, S. 5.
3. ebd.
4. Morris, Chris: Interview mit dem Autor, Wangaratta, 25. März 2010.
5. Brown, Mary: „Introduction – the 60s", *Centre History*, The Centre for Continuing Education, Wangaratta, ca. 2010, S. 7. Colins mit roter Tinte befleckte Hände inspirierten Nick sehr wahrscheinlich zu dem Song „Red Right Hand".
6. Nicks Erinnerungen an das Segeln mit Colin Cave auf dem Lake Mulwala geben einen Hinweis auf die tiefe Bedeutung hinter einem Album wie *The Boatman's Call*, einen offenen Verweis auf Jesus und seine Apostel sowie eine versteckte Anspielung auf den Einfluss, den Leben und Tod seines Vaters auf ihn ausgeübt haben.
7. Hinter den Kulissen hegte Colin Cave sogar noch größere Träume, darunter die Erweiterung des Zentrums in Wangaratta zur ersten regionalen Universität des Bundesstaates. Geelong kam seinem Traum 1978 mit der Gründung der Deakin Universität zuvor.

8. In seiner Referenzbiografie von Ned Kelly lobt der Autor und Historiker Ian Jones Colin Caves Symposium, es habe „Quantensprünge für meine Studien bedeutet". (Jones, Ian: „Preface to the First Edition", *Ned Kelly: A Short Life*, Hachette Australia, Sydney, 2008, S. viii.) Die Imprimatur von Manning Clark für das Ned-Kelly-Symposium ist ebenfalls interessant. Clarks poetischer Schreibstil und seine Konzentration auf tragische Einzelschicksale zum Verständnis der australischen Geschichte haben Colin Cave eindeutig beeinflusst.
9. Cave, Colin F.: „Introduction", *Ned Kelly: Man and Myth*, Cassell Australia, Melbourne, 1968, S. 8.
10. Cave, Tim: Interview mit dem Autor, Melbourne, 20. November 2010.
11. Cave, Colin F.: „Introduction", *Ned Kelly: Man and Myth*, Cassell Australia, Melbourne, 1968, S. 9–10.
12. Nick Cave erzählte wiederholt, wie sein Vater ihm verschiedene Literaturpassagen vorgelesen und wie dieser sich dabei verändert hatte, größer zu werden schien. Ziemlich sicher war Ned Kellys *Jerilderie Letter*, ein weitschweifiger, oft brüllend komischer proto-republikanischer Brief, in dem Kelly seine Taten als Gesetzloser rechtfertigt, einer der Gründe für Colin Caves Verwandlungen. Der Autor Peter Carey bemerkte dazu: „Eine ursprüngliche Stimme ist die ganze Zeit präsent – ungebildet, aber intelligent, erst lustig, dann wütend, und mit irischen Beschimpfungen, auf die Paul Keating neidisch gewesen wäre. Seine Sprache brach wild und wütend aus ihm heraus." (McCrum, Robert: „Reawakening Ned Kelly", *The Guardian/The Observer* (britische Ausgabe), 7. Januar 2001.) Sidney Nolans Gemälde waren ebenfalls von Kellys *Jerilderie Letter* beeinflusst und „der Mischung aus Dichtung und politischem Engagement", wie es der Künstler formulierte. (A New Home for Ned Kelly – The Ned Kelly Series, National Gallery of Australia, https://nga.gov.au/exhibitions/ned-kelly/)
13. Joe Byrnes Leiche taucht auch in anderen Songs von Nick Cave auf. Der wichtigste ist „Dead Joe" aus dem Jahr 1982, den er zusammen mit Anita Lane geschrieben hat und der von Weihnachten und einem Autounfall handelt – die persönliche Verbindung zu Colin Caves Unfall ist überdeutlich. Nicks spätere Entscheidung, den Text 1992 als – komisches – Gedicht zu lesen, zeigt, wie viel ihm der Song bedeutete. Die Lesung ist auf YouTube zu finden. (www.youtube.com/watch?v=ljdUNyaKsck, abgerufen am 20. September 2020). Das Foto aus dem Jahr 1880 von Joe Byrnes von Feuer und Kugeln gezeichneter Leiche, die vor einer Hauswand an Seilen aufrecht gehalten wird – angeblich Australiens erstes Pressefoto –, wurde zusammen mit einigen anderen historischen Fotos am Anfang von *The Proposition – Tödliche Antwort* verwendet.
14. „Somebody's Watching", The Boys Next Door, *Door, Door*, Mushroom Records, April 1979.
15. Diese Beschreibung blieb Nick im Gedächtnis, wie er in *20000 Days on Earth* erzählt (Regie Iain Forsyth und Jane Pollard, Pulse Films, London, 2014). Dawn Cave erinnert sich, wie ihr Mann begeistert vom Auftritt ihres Sohnes nach Hause kam. „Er sagte zu mir: ‚Nick ist ein Phänomen!!'" (Cave, Dawn: Interview mit dem Autor, Melbourne, 24. Oktober 2010.)
16. „Colin Francis Cave", Untersuchung, Wangaratta, Fallnr. F.360, Aktenzeichen 790809, 21. Mai 1979.
17. ebd.
18. ebd.
19. Twitt, Adrian: Interview mit dem Autor, Wangaratta, 25. März 2010.

Teil II: THE GOOD SON

Man In The Moon

1. *The Wimmera Mail-Times*, „News", 20. Juni 2008, S. 1.
2. Bildhauer und Steinmetze schufen Anfang bis Mitte des 20. Jahrhunderts die erste Welle dieser Denkmale und würdigten damit normalerweise die Australische Föderation, ANZAG-Soldaten (Angehörige des australischen und neuseeländischen Armeekorps des britischen Empires während des Ersten Weltkrieges), Pioniere, Entdecker und wichtige Ereignisse. Das Handwerk spiegelte oft die Einwanderungsgeschichte Australiens wider – in Rusconis Fall seinen schweizerisch-italienischen Hintergrund und sein großes Talent für Marmor und Bronze. Rusconis schrulliges Denkmal, das von „Bullocky Bill" inspiriert war, einem Gedicht aus dem Jahr 1857 über einen loyalen Hund, der die Lunchbox eines Viehzüchters bewacht, fand in vielen Gedichten und Liedern Erwähnung. Es würdigte ein australischen Volkssymbol, das Louis de Bernières in seinem kurzem Roman *Der rote Hund. Eine Geschichte aus Australien* (2001) verarbeitet hat. 2011 erschien die gleichnamige Verfilmung von Kriv Stenders. Eine unkonventionelle Leidenschaft für Denkmäler am Straßenrand in ländlichen Gegenden – zumeist spektakulär überdimensioniert – ließ diese im späten 20. Jahrhundert wie Pilze aus dem Boden schießen: The Big Banana (die große Banane in Coffs Harbour), The Big Pineapple (die große Ananas in Nambour), The Big Merino (der große Merinoschafbock in Goulburn) und so weiter. Einst Ausdruck australischen Nationalstolzes waren sie mittlerweile zu kitschiger Volkskunst verkommen, die lokale Produkte, Industrie, historische Besonderheiten und Einkaufsmöglichkeiten feierte, immer größer und immer unbedeutender. Andy Warhol wäre vielleicht begeistert gewesen, doch man darf bezweifeln, dass die Erschaffer je von ihm gehört hatten. Ein Versuch der Leyland-Brüder, den Pionieren des Abenteuerfernsehens, aus einem großen Haufen rot gestrichenen Betons als Ayers Rock/Uluru-Replik eine Touristenattraktion zu machen, scheiterte.
3. *The Wimmera Mail-Times*, „News", 23. Juni 2008, S. 2.
4. Cave, Dawn: Interview mit dem Autor, Melbourne, 27. März 2010.
5. Packer, Steve: „Story of a Nag from a Warracknabeal Wag", *The Age*, 18. Dezember 2004, S. 18.
6. In einem Fernsehinterview mit Angela Bishop im Jahr 2013 wurde Nick nach den Plänen für seine Statue gefragt, und er deutete scherzhaft an, dass diese durchaus noch verwirklicht werden könnten. Als Bishop ihm erzählte, dass man Barry Gibb von den Bee Gees in seiner alten Heimatstadt Redcliff eine Statue widmete, fragte Cave nach einer kurzen Pause: „Wie groß?" Bishop antwortete: „Oh, riesig, in Lebensgröße." Nick sagte darauf: „Meine wird überlebensgroß. So wie The Big Pineapple oder so." (Bish's Biz – Entertainment News with Angela Bishop, *Ten News*, Channel 10, 28. Februar 2013, www.youtube.com/watch?v=LQVzAAQJvss, abgerufen am 20. September 2020.)
7. Johnson, Corin: Telefoninterview mit dem Autor, 1. Juni 2011. Im Jahr 2018 starteten einige Einwohner von Warracknabeal, die sich The Cave Foundation nannten, eine Crowdfunding-Kampagne, um Corin Johnsons Statue zu finanzieren. Das Spendenziel waren 250.000 Dollar, es kamen allerdings nur 4.210 Dollar zusammen. Das Video zu der Kampagne, voll gutem Willen und den Träumen der Stadt, ist rührend. Was als Scherz begonnen hatte, war zu einer Art Rettungsleine geworden, die man nicht aufgeben wollte. Johnson unterstützte die Bemühungen und erklärte im selben Video die ungewöhnlichen Herausforderungen bei der Entstehung der Skulptur (Nick Cave Statue, Chuffed, Ende der Kampagne am 15. September 2018,

https://chuffed.org/project/nick-cave-statue, abgerufen am 17. August 2020). Bei der Besichtigung von Johnsons erstem Entwurf einer Maquette bemerkte Nick: „Du hast mich viel zu muskulös gestaltet … Ich habe einen Mädchenkörper." Johnson erzählt weiter: „Also habe ich den Oberkörper noch einmal neu modelliert, ihn schlanker und femininer gemacht." (Johnson, Corin: E-Mail-Korrespondenz mit dem Autor, 5. Juli 2011.)

8. Anonym, Interview mit dem Autor, Wangaratta, 26. März 2010.
9. Packer, Steve: „Story of a Nag from a Warracknabeal Wag", *The Age*, 18. Dezember 2004, S. 18. Mit seinen Übertreibungen knüpft Cave an eine australische Erzähltradition an, die oft schaurige Elemente enthält (und manchmal mit ganz speziellem schwarzem Humor gespickt ist). Beispiele dafür sind unter anderem Henry Lawsons berühmte Kurzgeschichte *The Drover's Wife* und die Werke von Patrick White und Peter Carey. Songs von australischen Bands wie The Triffids und The Moodists beschworen ähnlich verstörende Geisteszustände auf dem Weg ins Nirgendwo herauf, eine Art Sechszylindertraum analog zu der selbstmörderischen Melancholie der inoffiziellen Nationalhymne, „Waltzing Matilda" (unter anderem von Tom Waits und The Pogues). Ted Kotcheffs bahnbrechende Verfilmung von Kenneth Cooks Roman aus dem Jahr 1961, *Ferien in der Hölle* (1971), erzählt die archetypische australische Geschichte eines Mannes, der sich in einer albtraumhaften Landschaft verirrt. Ironischerweise ist die Hauptfigur John Grant ein Lehrer aus der Mittelklasse, der gegen seinen Willen in eine Stadt auf dem Land versetzt wird. Für Grants Arbeitssituation hatte Colin Cave vielleicht Verständnis, doch nicht für seinen Verlust an Selbstbeherrschung; sein Sohn Nick wurde sicher von der schweißtreibenden Darstellung eines Albtraums im gleißenden Sonnenlicht inspiriert. Dieses Bild floss auch in sein Drehbuch zu *The Proposition – Tödliches Angebot* ein.
10. Cave, Dawn: Interview mit dem Autor, Melbourne, 21. November 2010.
11. ebd.
12. Frank Cave wagte sich auch an frühe Mini-Dokumentationen fürs Kino, die vom Reisen in Australien handelten und mit seiner honigsüßen Stimme endeten, die aus dem Off „Alles läuft besser mit Shell" sprach.
13. Frank Landvoigt wurde am 26. November 1898 geboren. Am 8. Juli 1940 änderte er seinen Namen offiziell in Frank Jason Cave um. „Jason" hatte er seit dem Krieg als zweiten Vornamen benutzt, weil ihm der Klang gefallen hatte.
14. Cave, Dawn: Interview mit dem Autor, Melbourne, 21. November 2010.
15. Mary Jane Treadwells genaue Todesursache ist nicht bekannt.
16. Cave, Dawn: Interview mit dem Autor, Melbourne, 27. März 2010.
17. Erzählungen über den blinden Edward Treadwell hatten vielleicht zu Nicks Faszination für John Milton und sein episches Meisterwerk *Das verlorene Paradies* beigetragen, das der englische Dichter des 17. Jahrhunderts nach seiner eigenen Erblindung geschrieben hatte. Nicks Erinnerungen, wie er mit dem fast blinden Johnny Cash zusammen gesungen hat, sind ebenfalls von einer Intensität, die über das Treffen mit einem persönlichen Helden hinausgeht. Nicks textliche Besessenheit von Sternen könnte ebenfalls daher stammen: Wir sehen ihr Licht noch lange, nachdem sie schon erloschen und gestorben sind.
18. Cave, Julie und Dawn: Interview mit dem Autor, Melbourne, 23. November 2010.
19. ebd.
20. 1981 sagte Nick Cave zu der Journalistin Jessamy Calkin: „Ich will Songs schreiben, die furchtbar traurig sind, die Art von Traurigkeit, bei der man jemandes Finger an drei Stellen bricht." (Johnston, Ian: *Bad Seed: The Biography of Nick Cave*, Abacus,

London, 1995, S. 91.) Bei einem Interview am 29. Juni 2010 erzählte mir Jessamy Calkin dieselbe Geschichte. Sie erklärte, dass sie es bei einem Gespräch zwischen Nick und Lydia Lunch mitgehört hatte: „Das habe ich nie vergessen."

21. Cave, Dawn: Interview mit dem Autor, Melbourne, 23. März 2010. Nick überredete seine Mutter, bei der Cover-Version des Phil-Rosenthal-Songs „Muddy Water" Geige zu spielen, die auf seinem Album *Kicking Against the Pricks*, Mute Records, 1986, enthalten ist. 1979 hatte Johnny Cash eine bemerkenswerte Version des Songs aufgenommen, die bei Nick Erinnerungen an den Ovens River in Wangaratta und seine Kindheit weckte, in der er *The Johnny Cash Show* im Fernsehen angeschaut hatte.
22. Cave, Dawn: Interview mit dem Autor, Melbourne, 23. März 2010.
23. *Rope* wurde 1929 von dem britischen Dramatiker Patrick Hamilton verfasst und basiert auf dem Fall der beiden Studenten Leopold und Loeb, die 1924 einen Jungen umgebracht hatten. In dem Stück wird eine Leiche in einer Truhe versteckt, auf der bei einer Party das Essen serviert wird. Alfred Hitchcock verfilmte den Stoff 1948 erfolgreich mit Jimmy Stewart. Eine Version des Stücks war auch Teil der Serie *Shell Presents*, die 1959 für ABC TV produziert worden war, und konzentrierte sich auf das Motiv von zwei Freunden, die aus Spaß jemanden töten.
24. Cave, Dawn: Interview mit dem Autor, Melbourne, 27. März 2010.
25. ebd.

Down By The River

1. Brown, Mary: „Introduction – The 60s", *Centre History*, The Centre for Continuing Education, Wangaratta, ca. 2010, S. 1.
2. *Holy Trinity Cathedral Wangaratta – A Short History and Guide*, veröffentlicht von den Freunden der Holy Trinity Cathedral, Wangaratta, 2004.
3. Colin Caves satirisches Gedicht erschien im *Wangaratta Chronicle* unter der Rubrik „Ein Leser schreibt ..." Dawn Cave stellte mir eine Kopie zur Verfügung; wahrscheinlich wurde es 1967 veröffentlicht. Das Gedicht könnte man, mit dem darin beschriebenen Schlachthaus samt dazugehörigem Gestank, als einen Vorläufer von „Abbatoir Blues" sehen, Nicks Song aus dem Jahr 2004. Aus der Mischung aus Abscheu, Rache und Humor spricht ebenfalls die Stimme seines Vaters.
4. „Red Right Hand". Text von Nick Cave. Veröffentlicht von Mute Song Limited. Alle Rechte vorbehalten. Abdruck mit freundlicher Genehmigung.
5. Wellington, Bryan: Telefoninterview mit dem Autor, 16. November 2011.
6. Mrs. Baumgarten sang „Popeye The Sailor Man" auch gern bei Treffen der Mothers' Union, deren Mitglied laut Anne Baumgarten auch Dawn Cave war. „Im klassenbewussten Wangaratta hatte die Vereinigung eine besondere Stellung." (Anne Shannon, geborene Baumgarten, E-Mail-Korrespondenz mit dem Autor, 23. August 2020.)
7. Myxomatose wird durch ein Virus ausgelöst, das man in den Fünfzigerjahren bewusst in Australien verbreitet hat, um die Kaninchenplage einzudämmen. Kaninchen waren 1859 von einem wohlhabenden Viehzüchter ins Land gebracht worden, und innerhalb weniger Jahrzehnte war die Population auf mehrere Millionen angewachsen. Sie fraßen dem Vieh die Nahrung weg und zerstörten die Natur. An vielen Orten blieb kein Grashalm im Boden. Der brasilianische Virologe Henrique de Beaurepaire Aragão schlug Anfang des 20. Jahrhunderts Myxomatose als Mittel zur Kontrolle der Kaninchenpopulation vor. Skepsis und Unbehagen verzögerten die Umsetzung. In den Fünfzigerjahren war die Verzweiflung wegen der Kaninchenplage so groß, dass man das Myxomatose-Virus aussetzte, das sich über Stechmücken

und Flöhe verbreitete. Zu den Krankheitssymptomen gehören Schwellungen von Kopf und Gesicht, Sekretabsonderung, Lethargie, verlangsamte Bewegungen und sogenannte „müde Augen" und Blindheit. Im Lauf der Zeit wurden die Kaninchen immun dagegen.

8. Shannon, Anne (geborene Baumgarten): Telefoninterview mit dem Autor, 8. März 2012.
9. In dem unveröffentlichten Song „Give Us A Kiss" aus den Aufnahmen zu *Push The Sky Away* in der Dokumentation *20000 Days on Earth* zeigt Nick eine der zartesten Gesangsperformances seiner Karriere. Sie beschwört die traumhaften Orte seiner Kindheit in Wangaratta und das bittersüße Verlangen einer ersten großen Liebe herauf. Der Text enthält fast Wort für Wort den Stadtplan, den Nick in „Red Right Hand" beschreibt.
10. Leonard Cohens Album *Songs Of Love And Hate* wurde in Australien ein großer Überraschungserfolg und erreichte 1971 Platz acht der Charts. Themen wie höfische Liebe, Selbstmord und Sucht sowie Paul Buckmasters trostlose Orchestrierung und Cohens raue Erzählerstimme (die immer gewöhnungsbedürftig war) kosteten ihn in den Vereinigten Staaten beinahe seine Beliebtheit. Nick freute sich, als er herausfand, dass die Aufnahmen für das Album genau an seinem 13. Geburtstag begonnen hatten.
11. Zu „Avalanche" sagte Nick: „Dieser Song wirkte wie ein echter Bekenntnissong. Er schien einfach so offen und in gewisser Weise ehrlich. Ich weiß nicht, ob er es wirklich war. Er hatte einfach diese Wirkung auf mich und brachte mich dazu, vieles anders zu sehen." Leonard Cohen äußerte sich beeindruckt: „Man kann wohl sagen, dass Nick Cave meinen Song ‚Avalanche' geschlachtet hat, und wenn das zutrifft, sollte es mehr solche Schlachter geben." (Graf, Christof: Cohenpedia, http://blog.leonardcohen.de/?p=14090)
12. Morris, Chris: Interview mit dem Autor, Wangaratta, 25. März 2010.
13. Twitt, Adrian: Interview mit dem Autor, Wangaratta, 25. März 2010.
14. ebd.
15. Wellington, Bryan: Interview mit dem Autor, 16. November 2011.
16. „Man In The Moon". Text von Nick Cave. Veröffentlicht von Mute Song Limited. Alle Rechte vorbehalten. Abdruck mit freundlicher Genehmigung.
17. Shannon, Anne (geborene Baumgarten): E-Mail-Korrespondenz mit dem Autor, 23. August 2020.
18. Cave, Nick: „Introduction", *The Gospel According to Mark*, Pocket Canons, Canongate Books, Edinburgh, 2010. Abdruck mit freundlicher Genehmigung von Canongate Books Ltd.
19. Shannon, Anne (geborene Baumgarten): E-Mail-Korrespondenz mit dem Autor, 23. August 2020.
20. Weniger schulterzuckend erzählt „Do You Love Me? Pt 2" auf *Let Love In* davon. Der Song ist einer der traumähnlichsten und düstersten in Nicks Repertoire und gibt einem Kinderschänder eine verführerische, unheimliche Stimme. Als ich Nick gegenüber bei einem informellen Gespräch im Auto mein Unbehagen bei dem Thema erwähnte, beharrte er darauf, dass man das Problem erkunden müsse und nicht unter den Teppich kehren dürfe, nur weil es zu schwierig und düster ist, um sich damit auseinanderzusetzen.
21. Wellington, Bryan: Telefoninterview mit dem Autor, 16. November 2011. Hendrix starb am 18. September 1970, vier Tage vor Nicks Geburtstag. Während seiner Teenagerjahre trauerte Nick an diesem Tag um seinen Helden und hörte „Hey Joe", „Stone Free", „Little Wing" oder „The Wind Cries Mary".

22. Cave, Dawn: Interview mit dem Autor, Melbourne, 21. November 2010.
23. Cave, Julie und Dawn: Interview mit dem Autor, Melbourne, 21. Oktober 2010.

Teil III: SONNY'S BURNING

The Word

1. Brokenmouth, Robert: *Nick Cave: The Birthday Party and Other Epic Adventures*, Omnibus Press, London, 1996, S. 11.
2. Harvey, Mick: Interview mit dem Autor, Sydney, 17. Januar 2012.
3. Wellington, Bryan: Telefoninterview mit dem Autor, 20. Januar 2012.
4. ebd.
5. Wellington, Bryan: Telefoninterview mit dem Autor, 16. November 2011.
6. Shannon, Anne (geborene Baumgarten): E-Mail-Korrespondenz mit dem Autor, 23. August 2020.
7. Wellington, Bryan: Telefoninterview mit dem Autor, 20. Januar 2012. Bryan Wellington starb 2013. Er war mir eine riesige Hilfe in Bezug auf Nicks Kindheitsjahre und ihrer gemeinsamen Zeit in Wangaratta, gewährte mir einige Interviews und gab mir sehr einfühlsame, forschende Einblicke in Ereignisse, die diverse Songs von Nick angestoßen haben könnten. Mein Essay *Down by the River* habe ich bei seinem Erscheinen am 29. Januar 2019 in der *Sydney Review of Books* Bryan gewidmet. Vehement zurückgewiesen hat er Nicks Geschichte, wie dieser angeblich von der Eisenbahnbrücke in den Ovens River gesprungen sei. Für Bryan war das nicht nur eine Übertreibung oder ein Mythos: „Das ist eine gefährliche Lüge. Wenn jemand das nachzumachen versucht, könnte er sich dabei umbringen. Ich glaube nicht, dass Nick es getan hat, und ganz bestimmt nicht öfter als einmal."
8. Cave, Nick: „The Flesh Made Word", BBC Radio 3 Religious Services, London, 1996; auch enthalten auf: *The Secret Life of the Love Song/The Flesh Made Word: Two Lectures by Nick Cave*, King Mob Spoken Word CD, 2000.
9. Am Ende von *20000 Days on Earth* (2014) isst Nick Cave mit seinen Zwillingssöhnen Arthur und Earl Pizza, während der Soundtrack von *Scarface* aus dem Fernseher sich mit ihrem Lachen vermischt. Dieses Gespräch mit Nick fand 2010 in Brighton statt.
10. Der Kriminalroman war wahrscheinlich von dem britischen Pulp-Autor Gerald Kersh, der auch literarisch schreiben konnte. Kershs zwielichtige Moral schwingt ein wenig in Nick Caves zweitem Roman mit, *Der Tod des Bunny Munro* (Text Publishing, Melbourne, 2009; dt. Ausgabe: Kiepenheuer & Witsch, 2009).
11. Diese Faszination erreichte 1996 mit *Murder Ballads* von Nick Cave And The Bad Seeds ihren Höhepunkt. Nick ärgerte sich über Rezensionen und fand sie zu kurz gedacht, weil sie sich ausnahmslos auf die Gewalt in den Songs konzentrierten. Seiner Ansicht nach handelte das Album „in Wahrheit" von Sprache.
12. Cave, Dawn: Telefoninterview mit dem Autor, 18. Mai 2015.
13. Cave, Tim: Interview mit dem Autor, Melbourne, 20. November 2010.
14. El Grecos stürmisches und bedrohliches Gemälde *Blick auf Toledo* diente Nick wahrscheinlich als visuelles Vorbild für „Tupelo".
15. Fotosession mit The Boys Next Door in Nick Caves Zimmer, 1979. Foto von Peter Milne. Siehe S. 251.
16. Hier erinnert sich Nick falsch. Seine Zeichnung von Adolf Hitler an der Wand taucht tatsächlich auf einem früheren Foto aus dem Jahr 1976 auf, das sein Freund Ashley Mackevicius gemacht hat. Siehe S. 151.
17. 2009 widmeten Nick Cave And The Bad Seeds ihren Auftritt in Glastonbury der „verstorbenen, großartigen Farah Fawcett". Die Nachricht von ihrem Tod war von Michael Jacksons Medikamentenüberdosis verdrängt worden.

18. Der Song wurde mit dem Titel „I Love You … Nor Do I" veröffentlicht. Lane hatte die Idee gehabt, eine rein englischsprachige Version zu veröffentlichen. Mick Harvey als Produzent fand die Idee unmöglich umzusetzen und verwies auf Stellen, die sich nicht vom Französischen ins Englische übertragen ließen. Das Ergebnis war eine überraschend mitreißende Version, autobiografisch und sehr Anita Lane.
19. William „Haystacks" Calhoun galt als einer der schwersten Wrestler aller Zeiten. Angeblich wog er „über 800 Pfund bei einer Größe von einem Meter fünfundneunzig", wie Jack Little, der Kommentator von *World Championship Wrestling*, im Fernsehen lautstark verkündete. Calhouns Kampftechnik beschränkte sich normalerweise darauf, seine Gegner in eine Position zu manövrieren, in der er sich auf sie fallen lassen konnte. Nick Cave spricht enthusiastisch vom „großen Platsch". Calhoun trug Overall und Bart und sah damit wie eine Mischung aus Hinterwäldler und Riesenbaby aus. Mario Milano stammte aus Italien und hatte etwas herkömmlichere Proportionen.
20. Johnston, Ian: *Bad Seed: The Biography of Nick Cave*, Abacus, London, 1996, S. 30.
21. „Class Acts", *Good Weekend*, *Sydney Morning Herald*, 14. November 2009, S. 32.
22. Harvey, Mick: Telefoninterview mit dem Autor, 27. August 2020.
23. Harvey, Mick: Interview mit dem Autor, Melbourne, 5. April 2012.
24. Shannon, Anne (geborene Baumgarten): Telefoninterview mit dem Autor, 8. März 2012.
25. Ein Verweis auf den australischen Kinderbuchklassiker *Der Zauberpudding. Die Abenteuer des Bunyip Bluegum* von Norman Lindsay aus dem Jahr 1918. Das Buch ist eine Mischung aus Reimen in Form von Seemannsliedern, anthropomorphen Figuren und Zeichnungen. Später war Lindsay bekannt für seine ausgefallene Leidenschaft für Aktzeichnungen.
26. Harvey, Mick: E-Mail-Korrespondenz mit dem Autor, 21. August 2020.
27. West, Bruce And Laing war eine Blues-Rock-Supergroup in den frühen Siebzigerjahren, die aus der Supergroup Cream hervorgegangen war.
28. Der schwere, psychedelische Futurismus von Hawkwind ist elementar für das Verständnis von Nick Caves Vision für Grinderman im 21. Jahrhundert.
29. Cave, Julie und Dawn: Interview mit dem Autor, Melbourne, 21. Oktober 2010.
30. David Bowie, *The Ziggy Stardust Companion*, www.5years.com/quotes.htm, abgerufen am 19. August 2020.
32. In der ersten Hälfte der Siebzigerjahre wurde zur großen Freude von Nick Cave und seinen Schulkameraden einmal spätnachts ein Konzert der Sensational Alex Harvey Band live in Australien auf Channel 9 übertragen.
33. Alex Harveys Glasgower Herkunft und sein rauer, eindringlicher Gesang waren Vorbild für Generationen von räudigen australischen Sängern, unter anderem Bon Scott von AC/DC und Jimmy Barnes von Cold Chisel, beides schottische Immigranten. Mick Harvey findet, dass Skyhooks, Australiens größte Band Mitte der Siebziger, ihr ganzes Image auf SAHB aufgebaut hatten. Ab 1974 besorgte sich Nick Rockzeitschriften und verschlang Artikel über Harvey, der für seinen Ausspruch „Eine Stratocaster ist mächtiger als eine AK-47" bekannt geworden war.
34. Shannon, Anne (geborene Baumgarten): E-Mail-Korrespondenz mit dem Autor, 23. August 2020.
35. Shannon, Anne (geborene Baumgarten): Telefoninterview mit dem Autor, 8. März 2012.
36. ebd.
37. Shakespeare, William: *Romeo und Julia*, 2. Akt, 2. Szene, Zeilen 2-3.

38. Nicks Faszination für Brieffreundschaften dauert bis zum heutigen Tag an, wie man an der Online-Korrespondenz mit seinen Fans über die Website *The Red Hand Files* sieht.
39. Davidson Davina: E-Mail-Korrespondenz mit dem Autor, 6. Januar 2011.
40. Davidson, Davina: E-Mail-Korrespondenz mit dem Autor, 28. Januar 2012.
41. Davidson, Davina: E-Mail-Korrespondenz mit dem Autor, 28. Juni 2012.
42. Davidson, Davina: E-Mail-Korrespondenz mit dem Autor, 28. Januar 2012.
43. „Nicholas Edward Cave", Halbjahreszeugnis, zehnte Klasse, Caulfield Grammar School, 1974. Freundlicherweise zur Verfügung gestellt von Dawn Cave.
44. Cave, Tim: Interview mit dem Autor, Melbourne, 20. November 2010.
45. *Hair* war in Queensland und Neuseeland verboten, und Henry Bolte, der konservative Premierminister von Victoria, wurde gedrängt, die Sittenpolizei zu den Vorpremieren in den Theatern zu entsenden, um anstößige oder obszöne Ausbrüche zu unterbinden. Der Produzent Harry M. Miller und der brillante 24-jährige Regisseur Jim Sharman waren von der ganzen Aufmerksamkeit und kostenlosen Werbung sicher begeistert.
46. Davidson, Davina: E-Mail-Korrespondenz mit dem Autor, 6. Januar 2011.
47. ebd.
48. ebd.
49. ebd.

Double Trouble

1. Calvert, Phill: Korrespondenz mit dem Autor, 15. Juni 2020.
2. Nick Cave sprach auf seiner Website *The Red Hand Files* auf einzigartige Weise über Einflüsse und Plagiate; www.theredhandfiles.com/originality-hard-to-obtain, abgerufen am 21. August 2020.
3. Nick hörte „I Put A Spell On You" das erste Mal in einer kraftvollen Version von Creedence Clearwater Revival. Für ihn war der Song nie ein Witz. *The Firstborn Is Dead* könnte man als Verbindung zwischen seiner Jugend mit Creedence Clearwater Revival und The Doors sowie Nicks späteren Jahren und John Lee Hookers beängstigender Intensität interpretieren. Mit der Bezeichnung „Blues-Album" war Nick nie einverstanden, für ihn war es eine „Vorstellung von Blues", die man in die vom Kalten Krieg geprägte Grenzstadt West-Berlin verpflanzt hatte.
4. Cave, Dawn und Julie: Interview mit dem Autor, Melbourne, 21. November 2010.
5. *The Good Son*, VPRO Dutch Television, 1997, www.youtube.com/watch?v=xaJQwsLw5bg (abgerufen am 21. August 2020). Wie hier sagt Nick oft in Interviews, dass er beim Tod seines Vaters erst 19 gewesen war, nicht 21.
6. Dank seiner Rollen in den Filmen des Regisseurs Paul Cox, *Einsame Herzen* (1982) und *Der Mann, der die Blumen liebte* (1983), wurde Norman Kaye zu einem hochangesehenen Schauspieler in Australien. Er war auch ein talentierter Pianist und Organist und komponierte einige Soundtracks, die auf der CD *The Remarkable Norman Kaye* enthalten sind, die 2007 bei Move Records erschienen ist.
7. Siehe S. 144, Interview mit Nancy Pew, Melbourne, 18. November 2010.
8. Auf seiner Tour durch Australien im Juli 1974 nannte Sinatra bei einer Pressekonferenz die männlichen Journalisten „Parasiten" und die weiblichen „Weiber und Nutten". Seine Beschimpfungen führten zu einem gezielten landesweiten Streik verschiedener Gewerkschaften gegen ihn und seine Entourage, um sich mit der tobenden Gewerkschaft der Journalisten solidarisch zu zeigen. Sinatra saß in Melbourne fest und konnte nichts tun, da man ihm nicht nur den Zimmerservice verweigerte,

sondern auch ein Flugticket aus der Stadt heraus. Auch wenn sich die Angelegenheit irgendwann klärte, war es ein amüsanter Beweis dafür, dass Ol' Blue Eyes trotz seiner sonoren Stimme und seiner perfekt sitzenden Anzüge nichts von seiner Bosheit verloren hatte.

9. Zum Artwork von *Kicking Against The Pricks* sagt Mick Harvey ironisch: „Nick wollte wie Bryan Ferry auf seinen Soloalben aussehen." (Harvey, Mick: Telefoninterview mit dem Autor, 27. Juli 2020.)
10. Harvey, Mick: Interview mit dem Autor, 10. Februar 2010.
11. Sutcliffe, Phil: „Nick Cave: Raw and Uncut 2", in: Snow, Mat (Hg.): *Nick Cave – Sinner Saint: The True Confessions*, Plexus Publishing, London, 2011.
12. Jeff Duff, manchmal auch „Duffo" genannt, war der Sänger der Band Kush, die Anfang der Siebzigerjahre aktiv war, und auch als ebenso exzentrischer Solosänger erfolgreich. Mit seiner tiefen Tenorstimme konnte Duff wie Sinatra singen, kam aber rüber wie David Bowie, wenn auch wärmer, Varieté-artiger. „Ich kleide mich immer wie für die Bühne, auch wenn ich nur zum Einkaufen gehe", sagte er einmal, als er bei mir zu einem Interview in einem dreiteiligen weißen Anzug aufgetaucht war, komplett mit Gehstock und Fedora. Duff freundete sich mit Nick Cave und Anita Lane am Anfang ihrer Zeit in London an und brachte ihnen immer Croissants in ihr „schreckliches" besetztes Haus, weil er sich Sorgen um sie machte. Bis heute wirkt er alterslos und wie eine fließende Mischung aus Quentin Crisp, Graf Dracula und Peter Pan.
13. Nicks Entscheidung für Darian Leader als Psychotherapeut ist eine faszinierende Wahl. Leaders Buch *The New Black: Depression, Mourning and Melancholia* (2008) stellt die Vorstellung von Depression als etwas rein Negatives, das sofort mit Medikamenten behandelt werden muss, auf den Prüfstand. Leader untersucht, wie Trauer und Melancholie (wie er Depression lieber nennt) uns dazu bringen können, unsere Form oder unser Gefühl für die eigene Identität zu verlieren. Auch dass die Gesellschaft lange Trauerphasen als unangemessen und negativ bewertet, ist ein wichtiger Punkt. Sein Ansatz ist, dass Trauer Kreativität weckt und Kunst und Kultur die besten Möglichkeiten sind, mit dem beschädigten Selbst zu kommunizieren und sich in eine neue Form zu bringen. Ein Individuum im Gleichgewicht ist für ihn eine bloße Fantasie.
14. *20000 Days on Earth*, Regie Iain Forsyth und Jane Pollard, Pulse Films, London, 2014.
15. Ashley Mackevicius' Porträt des jugendlichen Nick Cave ist heute Teil der Sammlung der National Portrait Gallery in Canberra. Weil Tracy Pew sich damals intensiv mit Fotografie beschäftigte, begann auch Ashley damit. Über Tracy freundete er sich auch mit Nick an.
16. Calvert, Phill: Interview mit dem Autor, Sydney, 26. Juni 2012.
17. Bruce Clarke unterrichtete viele bekannte australische GitarristInnen, darunter Robert Goodge (I'm Talking), Andrew Pendlebury (The Sports) und Anne McCue. Clarke selbst war vor allem von dem Jazz-Gitarristen John Collins beeinflusst, der mit Nat King Cole gearbeitet hatte. Er konzentrierte sich auf seine Rhythmusgitarre und spielte selten Solos. Clarke übernahm diese eigenwillige Angewohnheit und gab sie an seine SchülerInnen weiter. Frank Sinatra, Dizzy Gillespie, Stan Getz und Collins selbst luden Clarke ein, sie auf ihren Australien-Tourneen zu unterstützen. In den Fünfziger- und Sechzigerjahren war Clarke ein angesehener Orchesterarrangeur und Pionier am Moog-Synthesizer.
18. Harvey, Mick: Telefoninterview mit dem Autor, 27. Juli 2020.
19. Chris Coyne hielt Wort und spielte auf *Door, Door* Saxophon. Er spielte auch live mit The Captain Matchbox Whoopee Band, arbeitete mit Paul Kelly auf dessen Album

Gossip (1986) und nahm mit Blue Rain auf, Phill Calverts Band nach The Birthday Party in Australien. Auf ihrem Debütalbum *Such Sweet Thunder* aus dem Jahr 1986 spielte er Saxophon.

20. Brokenmouth, Robert: *Nick Cave: The Birthday Party and Other Epic Adventures*, Omnibus Press, London, 1996, S. 2.
21. Der frühere Smiths-Gitarrist Johnny Marr nannte James Williamsons Spielweise „dämonisch und gleichzeitig intellektuell, fast wie man sich Darth Vader vorstellen könnte, wenn er in einer Band spielen würde". (Hodgkinson, Will und Petridis, Alex: „The World Was Not Ready for Iggy and The Stooges", *The Guardian*, 11. März 2010, www.guardian.co.uk/music/2010/mar/11/iggy-and-the-stooges-raw-power) Man sagt über Marr, er habe auf eine Fender Jaguar gewechselt, nachdem er Rowland S. Howard mit The Birthday Party gesehen hatte. Dieser Einfluss ist am Anfang von „How Soon Is Now" von The Smiths deutlich hörbar.
22. Laut Phill Calvert waren Nicks Bedenken wegen seines schlechten Rufs bei den Eltern seiner Freunde gerechtfertigt. Phills Vater konnte Nick nicht ausstehen, ebenso wie die anderen Bandmitglieder. Er sagte zu seinem Sohn: „Ich wünschte, ich hätte dich nie auf die Schule geschickt, wo du dann diese Penner getroffen hast. Das hat dein Leben ruiniert!" (Calvert, Phill: Korrespondenz mit dem Autor, 15. Juni 2020.)
23. Mick Harvey griff dieses Ereignis in seinem Song „The Ballad Of Jay Givens" auf seinem Album *Sketches From The Book Of The Dead* (2011) auf.
24. Harvey, Mick: Interview mit dem Autor, Sydney, 17. Januar 2012.
25. Hier erinnert sich Nick falsch: Phill Calverts Vater kam aus England.
26. Pew, Nancy: Interview mit dem Autor, Melbourne, 18. November 2010.
27. ebd.
28. ebd. Die Schatten über der Band sind nicht zu leugnen. Man darf sie auch nicht überbewerten, doch wir alle wissen, wovon Tolstoi am Anfang von *Anna Karenina* spricht: „Alle glücklichen Familien ähneln einander; jede unglückliche ist auf ihre Art unglücklich." Wenn man das Drama über die individuellen Hintergründe hinaus auf die Band als erweiterte Familie bezieht, verbanden Nick, Mick, Tracy und Phill persönlicher Schmerz und das wilde Verlangen nach Vergnügen und Freiheit. Rowlands Einstieg in die Band und Colin Caves Tod verstärkten diese Chemie noch, wie der Titel einer sehr viel später erscheinenden Video-Compilation von The Birthday Party verdeutlichen sollte: *Pleasure Heads Must Burn*.
29. Bowie, David und Rock, Mick: *Moonage Daydream: The Life and Times of Ziggy Stardust*, Hardie Grant Books, Sydney, 2005, S. 61.
30. Dee Dee Ramones Song „Now I Wanna Sniff Some Glue" stand Pate für eines der berühmtesten Fanzines der britischen Punk-Ära. Mark Perrys *Sniffin' Glue* erschien im Juli 1976 in einer Auflage von 50 Stück. Schon bald feierten 15.000 LeserInnen mit Druckerschwärze an den Fingern die DIY-Ästhetik.
31. 1975 besaß angeblich jeder vierte Haushalt in Australien ein Exemplar von *Hot August Night*.
32. Nick und seine Freunde nannten die künstlerisch ausgerichtete Swinburne Community School „freie Schule". Sie war Teil einer alternativen Schulbewegung in Australien in den Siebzigerjahren.
33. Laut Bronwyn Bonney (geborene Adams) haben sie und Nick intensiv an dem Manuskript gearbeitet. Sie war überhaupt nicht erfreut, dass er in Interviews ständig behauptete, dem Buch hätte in der Entstehungszeit redaktionelle Anleitung gefehlt. Später entschuldigte sich Nick persönlich dafür, ließ ihr damals aber keine Anerkennung zukommen. (Bonney, Bronwyn: Interview mit dem Autor, Sydney,

28. März 2011). Bei Nick klang es auch so, als wäre der Beitrag von Simon Pettifar, dem Verleger von Black Spring Press, minimal gewesen, dabei war es ursprünglich sein Vorschlag gewesen, dass Nick einen Roman schreiben solle.

34. Milne, Bruce: Interview mit dem Autor, Melbourne, 26. Februar 2010.
35. ebd.
36. Mick Harvey setzte Rowland S. Howard nach seinem Tod mit dem Song „October Boy" ein Denkmal.
37. Bonney, Bronwyn (geborene Adams): Interview mit dem Autor, Sydney, 28. März 2011.
38. Davidson, Davina: E-Mail-Korrespondenz mit dem Autor, 6. Januar 2011.
39. Mick Harvey erinnert sich amüsiert, wie Nick „richtig schlimm vor anderen Leuten geflucht hat, und dann extrem höflich gesagt hat: ‚Oh, Entschuldigung.' Da war er eiskalt." (Telefoninterview mit dem Autor, 27. Juli 2020.)
40. Davidson, Davina: E-Mail-Korrespondenz mit dem Autor, 6. Januar 2011.
41. Heylin, Clinton: *Babylon's Burning: From Punk to Grunge*, Penguin, London, 2008, S. 52.
42. Davidson, Davina: E-Mail-Korrespondenz mit dem Autor, 6. Januar 2011.
43. ebd.

Zoo Music Girl

1. Thomas, Deborah: Telefoninterview mit dem Autor, 8. März 2012.
2. Brown, Mary: „Introduction – the 60s", *Centre History*, The Centre for Continuing Education, Wangaratta, ca. 2010. S. 5.
3. Man könnte dies vielleicht als Fehleinschätzung oder als Zurückhalten von Liebe verstehen, was er aus Colin Caves Lektionen mitgenommen hat. Nick kritisierte die Tendenz seines Vaters, Elternschaft allein über das Unterrichten zu definieren, doch er könnte diese Sicht übernommen und deshalb Freundschaften beendet haben, sobald er genug von ihnen gelernt hatte.
4. Sansom, Gareth: E-Mail-Interview mit dem Autor, 1. Juni 2012.
5. Watson, Jenny: Interview mit dem Autor, Brisbane, 17. März 2010. Binnen eines Jahres, nachdem sie Nick Cave an der Kunstakademie kennengelernt hatte, war die junge Dozentin und Künstlerin so von der Performance der Boys Next Door in der Tiger Lounge beeindruckt, dass sie 1977 von allen Bandmitgliedern Bleistiftporträts anfertigte. Howard Arkley, ein Freund von ihr und ebenfalls Künstler, malte 1999 ein Porträt von Nick Cave. Akryl auf Leinwand.
6. Wray, John: „I Am the Real Nick Cave", *New York Times*, 1. Juli 2014.
7. Bell, Max: „What If Elvis Had Never Been Born?", *The Independent*, 4. Juli 2004, www.independent.co.uk/arts-entertainment/music/features/whatif-elvis-had-never-been-born-45975.html, abgerufen am 20. September 2020.
8. van Splunteren, Bram: *Nick Cave: Stranger in a Strange Land*, VPRO Dutch Television, 1987. Seine Hardcore-Post-Punk-Fans wären vermutlich überrascht gewesen, doch Nick überlegte, Bruce Springsteens Klassiker „Racing In The Streets" aus dem Jahr 1978 für *Kicking Against The Pricks* (1986) zu covern.
9. Brokenmouth, Robert: „A Portrait of the Artist as He Begins to Figure Things Out", in: Kinchin-Smith Sam (Hg.), *Read Write [Hand]: A Multidisciplinary Nick Cave Reader*, Silkworms Ink, East Sussex, 2011.
10. Milne, Bruce: Interview mit dem Autor, Melbourne, 26. Februar 2010.
11. Calvert, Phill: Interview mit dem Autor, Sydney, 26. Juli 2012.
12. *Spurt!* (Fanzine), No. 4, 1978, in: Nick Cave: The Exhibition, The Arts Centre Collection, Melbourne.

13. Rowland S. Howard hatte Radio Birdman auf ihrer ersten Tour auch in Melbourne gesehen. Er war so beeindruckt, dass er gleich ihrem Fanclub beitrat und fragte, warum Deniz Tek so von der Fernsehserie *Hawaii Five-O* besessen war. Bei ihrem Auftritt in Sydney verspottete Chris Bailey von The Saints das Markenzeichen von Radio Birdman, die Publikumsgesänge, als Proto-Nazi-Gejaule. Natürlich waren Radio Birdman überhaupt nicht begeistert. Wegen des Schockeffekts verwendete Nick das Hakenkreuz für das Cover-Artwork von The Birthday Party. Die ursprüngliche Sanskrit-Bedeutung als ein Glückssymbol war der stärkere, wenn auch ebenso sarkastische Bezug.
14. Heylin, Clinton: *Babylon's Burning: From Punk to Grunge*, Penguin, London, 2008, S. 55. Ed Kuepper, Gitarrist der Saints, war sich bewusst, dass seine Band von Anfang an auf Lautstärke setzte, und antwortete auf das abfällige Klischee, dass jeder Pseudo-Punk damals einfach nur höllisch laut spielte: „Für uns ist Lautstärke nicht gleich Aufregung, auch wenn wir wahrscheinlich doppelt so laut wie die meisten anderen lokalen Bands spielen. *Realismus*, darauf läuft alles hinaus. ‚Wen kümmert's, Mann', das ist nicht unsere Einstellung." (Heylin, *Babylon's Burning*, S. 51.)
15. Johnston, Ian: *Bad Seed: The Biography of Nick Cave*, Abacus, London, S. 46.
16. Faber, Michel: „Conversations with Boys Next Door", *Farrago – The Rock Edition*, 1979, S. 20.
17. Walker, Clinton: *Stranded: The Secret History of Australian Independent Music 1977–1991*, Pan Macmillan, Sydney, 1996, S. 42–43.
18. Harvey, Mick: Interview mit dem Autor, Melbourne, 23. November 2010.
19. Brokenmouth, Robert: *Nick Cave: The Birthday Party and Other Epic Adventures*, Omnibus Press, London, 1996, S. 20.
20. Faber, Michel: „A Boy Next Door", in: Snow, Mat (Hg.): *Nick Cave – Sinner Saint: The True Confessions*, Plexus, London, 2011, S. 16. Mick Harvey stellt allerdings Nicks Aussage infrage, in der Ashburton Hall seien „Holmesglen-Skins" gewesen, und Michel Fabers Versuch, diese zu definieren. Er sagt, das Publikum sei von „Sharpies" überrannt worden, die zwar ähnlich wie Skinheads aussahen, aber ganz anders waren. Sharpies waren eine Subkultur aus den australischen Vororten und vor allem in Melbourne verbreitet. Sie trugen die Haare am Kopf kurzrasiert und im Nacken länger (eine aggressive Vorstufe des Vokuhilas), enge Lee-Jeans, ultraenge Strickjacken und Pullover, die die Muskeln bedrohlich betonten, T-Shirts, auf die Gang-Namen geschrieben waren, und Stiefel mit Blockabsatz und breiter Zehenpartie. Man erkannte sie sofort, und sie waren für ihre Straßenkämpfe bekannt, bei denen auch mal Messer zum Einsatz kamen. Die Frauen wurden „Brushes" genannt und trugen oft Neckholder-Oberteile. Einige Lieblingsbands der Sharpies waren Lobby Loyde And The Coloured Balls und Billy Thorpe And The Aztecs, außerdem frühe Inkarnationen von AC/DC und Rose Tattoo. Die Sharpies hatten einen ganz speziellen Tanz, ein affenartiges Hin- und Herbewegen, das ein wenig komisch und vor allem bedrohlich wirkte. Der Kriminelle Mark „Chopper" Read und Bon Scott von AC/DC waren Idole der Sharpies. Die Gangs lösten sich auf, als sie in anderen Subkulturen aufgingen, Glam, Skinheads, Punks, deren plumpe Arbeiterklassenvorläufer sie in den Sechzigerjahren gewesen waren. Greg Macainsh von Skyhooks hat die Subkultur beim Summer-Jam-Festival 1974 in Melbourne in einer vierminütigen Dokumentation mit dem Titel *Sharpies* eingefangen. https://www.youtube.com/watch?v=JNcdUbVWH8E&t=146s
21. ebd., S. 18.
22. Cave, Julie und Dawn: Interview mit dem Autor, Melbourne, 21. Oktober 2010.

23. Brokenmouth, Robert: *Nick Cave – The Birthday Party and Other Epic Adventures*, Omnibus Press, London, 1996, S. 18.
24. Milne, Bruce: Interview mit dem Autor, Melbourne, 26. Februar 2010.
25. Harvey, Mick: Telefoninterview mit dem Autor, 27. Juli 2020.
26. „Interview with Rowland S Howard 24/11/94", *Prehistoric Sounds: Aussie Indie Music 1977–1990*, Band 1, Ausgabe 2, 1995, S. 27.
27. Glass wirkte in der australischen Inszenierung von *Hair* mit, als das Musical 1969-70 in Kings Cross, Sydney aufgeführt wurde. Er spielte Berger, den Anführer, einen freigeistigen und anarchischen Mann, der in einem Lied mit einem Hippie-Luzifer verglichen wird, der den Kapitalismus durch einen Gewissenswandel niederringen will. Glass sang auch auf der Plattenaufnahme der Produktion. Seine Zweitbesetzung, Reg Livermore, rückte für ihn nach, als das Musical Mitte 1971 in Melbourne gastierte.
28. Glass, Keith: Interview mit dem Autor, Sydney, 13. Mai 2010.
29. Thomas, Deborah: Telefoninterview mit dem Autor, 8. März 2012.
30. Watson, Jenny: Interview mit dem Autor, Brisbane, 17. März 2010.
31. Learner, Tobsha: Telefoninterview mit dem Autor, 30. November 2011. Learner macht einen interessanten Verweis auf *Gegen den Strich* (1884) von Joris-Karl Huysmans, das großen Einfluss darauf hatte, wie die Leute in St. Kilda damals sein wollten. Die Hauptfigur Jean Floressas Des Esseintes ist ein französischer Aristokrat, der sich von der Gesellschaft zurückzieht und sich der Kunst, der Literatur und der Sinnlichkeit hingibt. Im Jahr 1903 schrieb Huysmans ein neues Vorwort, nachdem sein dekadentes, handlungsarmes und unmoralisches Buch eine Kontroverse ausgelöst hatte: „Zweifellos fand eine Landverschiebung statt, als ich *Gegen den Strich* schrieb, die Erde wurde abgebaut, um Grundsteine zu legen, derer ich mir nicht bewusst war. Gott grub, um seine Lunten zu legen, und er war in der Dunkelheit der Seele zugange, in der Nacht. Nichts war zu sehen; erst Jahre später rasten die Funken die Zündschnüre entlang."
32. Angeblich gefiel Ross Wilson der Song „Big Future" des jungen Nick Cave so gut, dass Nick ihm diesen in der Tiger Lounge für einen Handschlag und ein Bier verkaufte. Wilson nahm den Song nie auf.
33. Marks, Karen: Interview mit dem Autor, 21. August 2020.
34. Borland, Polly: Interview mit dem Autor, Melbourne, 6. April 2012.
35. Borland, Polly und Hillcoat, John: Interview mit dem Autor, Brighton, 15. Juni 2010.
36. Johnston, Ian: *Bad Seed: The Biography of Nick Cave*, Abacus, London, 1996, S. 37.
37. Cave, Dawn: Telefoninterview mit dem Autor, 28. Mai 2015.
38. Johnston, Ian: *Bad Seed: The Biography of Nick Cave*, Abacus, London, 1996, S. 47.
39. Cave, Dawn und Julie: Interview mit dem Autor, Melbourne, 21. November 2010.
40. Davidson, Davina: E-Mail-Korrespondenz mit dem Autor, 6. Januar 2011.
41. Cave, Dawn und Julie: Interview mit dem Autor, Melbourne, 21. November 2010.
42. Voltaire, Pierre: Interview mit dem Autor, Melbourne, 25. März 2010.
43. Thomas, Deborah: Telefoninterview mit dem Autor, 8. März 2012.

Boy Hero

1. Thomas, Deborah: Telefoninterview mit dem Autor, 8. März 2012. Mick Harvey erinnert sich auch, dass Blondie zu ihren Konzerten kamen. „[Clem] trafen wir im Lauf der Jahre immer wieder. Super Typ. Super Schlagzeuger. Immer sehr freundlich. Bei Mick Cocks von Rose Tattoo war es genauso. Er tauchte einfach immer dort auf, wo wir auch gerade waren. Ein wirklich netter Typ, der uns immer bestärkt hat. Schon lustig, wen man alles trifft." (Harvey, Mick: Telefoninterview mit dem Autor, 28. Juli 2020.)

2. Marks, Karen: Telefoninterview mit dem Autor, 21. August 2020.
3. Gudinski, Michael: Telefoninterview mit dem Autor, 7. März 2012.
4. Jon Savage, einer der wichtigsten Musikkritiker und Kulturhistoriker der Zeit, nannte „This Perfect Day" von The Saints „die heftigste Single, die je die UK Top 40 zierte". („The Saints", *The J Files*, Triple J, 30. November 2000.)
5. Gudinski, Michael: Telefoninterview mit dem Autor, 7. März 2012.
6. Glass, Keith: Interview mit dem Autor, Sydney, 13. Mai 2010.
7. Marks, Karen: Telefoninterview mit dem Autor, 21. August 2020.
8. Macainsh, Greg: Telefoninterview mit dem Autor, 9. Mai 2011.
9. ebd.
10. Abgesehen von Michael Shipleys Weltklasse-Referenzen als Toningenieur, war er auch noch Nick Caves Cousin, erzählt Mick Harvey. Shipley unterstützte laut Harvey auch den Produzenten Les Karski bei *Door, Door.* „In der Rückschau frage ich mich, warum Nick damals im Studio so mit seinem Gesang gekämpft hat." Shipley war acht Mal für einen Grammy nominiert und arbeitete mit The Damned, The Cars, Thomas Dolby, Blondie und einer Reihe Heavy-Metal-Bands. Def Leppard verpassten ihm wegen seiner ausgeprägten klanglichen Fähigkeiten den Spitznamen „Fledermausohren". Leider beging Shipley am 25. Juli 2013 Selbstmord.
11. „Der Song ist ein Witz, aber Nick war damals besessen davon, ob er gut aussah oder nicht. Keine Ahnung, warum." (Harvey, Mick: Telefoninterview mit dem Autor, 20. Juli 2020.)
12. In späteren Versionen der Geschichte war das Alter auf 16 angehoben, und die Anweisung lautete nicht mehr „fickt", sondern „datet", um die ursprünglichen Ansagen zu entschärfen. Rowland S. Howard vergötterte Hazlewoods Fähigkeiten als Songwriter und spielte 1982 mit Lydia Lunch eine Cover-Version von „Some Velvet Morning" ein, den ursprünglich Lee und Nancy zusammen gesungen hatten. Rowland und Lydia machten aus den leicht psychedelischen, benebelten sexuellen Andeutungen ein Tribut an Co-Abhängigkeit und Sucht.
13. www.youtube.com/watch?v=zCbl5bfBw2I
14. Marks, Karen: Telefoninterview mit dem Autor, 21. August 2020.
15. 1991 spielte Anita Lane zusammen mit Barry Adamson And The Thought System eine herausragende Version von „These Boots Are Made For Walkin'" ein. Das Video dazu ist auch ziemlich cool. Es scheint einen Pfeil direkt ins Herz von etwas zu schießen, das vor Jahren angefangen worden war, und darüber hinwegzustampfen. Das Video war als Teil von Barry Adamsons Soundtrack eine Auftragsarbeit für den amerikanischen Krimi *Delusion.*
16. Clark, Tony: Interview mit dem Autor, Melbourne, 10. Februar 2010.
17. ebd.
18. Heutzutage möchte Nick Cave seine Jugendtexte nirgends verbreitet sehen, wenn er es verhindern kann. Die Zeilen, über die Anita Lane gelacht hatte, bezogen sich auf Menschen, die so wahnsinnig wurden, dass ihnen die Haare ausfielen. Es ist sehr wahrscheinlich, dass Nick sich beim Hören seines Ramones-Albums amüsierte und den Text schrieb, doch auf Papier zündete der Witz nicht.
19. Brokenmouth, Robert: *Nick Cave: The Birthday Party and Other Epic Adventures*, Omnibus Press, London, 1996, S. 23.
20. Clark, Tony: Interview mit dem Autor, Melbourne, 10. Februar 2010.
21. ebd.
22. Watson, Jenny: Interview mit dem Autor, Brisbane, 17. März 2010.
23. Clark, Tony: Interview mit dem Autor, Melbourne, 10. Februar 2010.

24. Voltaire, Pierre: Interview mit dem Autor, Melbourne, 25. März 2010.
25. Walker, Clinton: Interview mit dem Autor, Sydney, 8. April 2011.
26. Tracy Pew mochte den Soundtrack von *Der Clou* wahrscheinlich tatsächlich. Doch vor allem konterte er Überheblichkeit gern mit etwas Lächerlichem oder Uncoolem. Sicher war ihm der schlecht informierte Kultursnobismus bewusst gewesen, der Satie und Eno ernst nahm, aber auf Scott Joplins Ragtime-Musik vom Anfang des 20. Jahrhunderts und jemanden wie Marvin Hamlisch herabsah, einen brillanten Pianisten, Filmkomponisten und Dirigenten.
27. *Nuggets: Original Artyfacts From The First Psychedelic Era* ist ein Doppelalbum aus dem Jahr 1972 mit obskurem Garagenrock und Singles von rohen Psychedelic-Bands aus den Sechzigerjahren, das der damalige Plattenverkäufer und Musikverrückte Lenny Kaye für Electra Records zusammengestellt hatte. Der Sampler bot eine musikalische Vorlage für die Punk-Explosion und ließ das Interesse an Bands wie Strawberry Alarm Clock, The Kingsmen, The Electric Prunes, Count Five und anderen wiederaufleben. Lenny wurde schließlich Gitarrist der Patti Smith Group.
28. „List by Nick Cave", circa 1978, in: Cave, Nick: *Stranger Than Kindness*, Canongate Books, Edinburgh, 2020, S. 36.
29. Alan Yentobs BBC-Dokumentation *Cracked Actor: A Film About David Bowie* aus dem Jahr 1975 zeigte den Sänger auf seiner *Diamond Dogs*-Tournee durch Amerika im Jahr 1974 in einem von Drogen und einer Identitätskrise beeinflussten Zustand. Bowie entfernte sich radikal von seinem früheren Image und befand sich mitten in den Aufnahmen zu *Young Americans*. ABC TV strahlte die Dokumentation an einem Spätnachmittag in Australien aus, um einen für Popmusik vorgesehenen Programmslot zu füllen, und ermöglichte neugierigen Heranwachsenden damit eine sensationelle, unvergessliche Erfahrung.
30. Harvey, Mick: Telefoninterview mit dem Autor, 27. August 2020.
31. Burt, Jillian: „Boys Next Door", *Roadrunner*, Juni, 1978, S. 6.
32. Moore, Susanne: „New Breed of Boys Next Door", *Daily Mirror* (Sydney), 22. Mai 1978.
33. Ash Wednesday spielte als Tourmusiker von 1997 bis 2013 mit den Einstürzenden Neubauten.
34. Das für Melbourne charakteristische Subgenre, das man wegen der Verbindung zu Nick Cave sarkastisch „Caulfield-Grammar-Schuljungen-Blues" nannte – ein angeberischer Sound aus den Sümpfen der Stadt –, lässt sich mit Fug und Recht auf das bestimmende Bass-Spiel von Walsh und Pew in ihrer Zeit als Rowdies in Mount Waverley zurückführen. Walsh war grundsätzlich jemand, der seine negative Energie abreagierte, und seine Verweigerung von Barrie Earls Anweisung, wie englische Musiker mit weit gespreizten Beinen auf der Bühne zu stehen und Bass zu spielen, nährte seine angeborene Antipathie, auf der sich sein aggressives und düsteres Spiel gründete. Wenn Walsh Nick wegen der Musikindustrie in den Ohren lag, goss das Öl ins Feuer einer Belagerungsmentalität, die sie einige Zeit teilen sollten. Walsh hatte tatsächlich etwas an sich, das das Wesen von The Birthday Party erahnen ließ, einen mythischen, vernichtenden übersteigerten Männlichkeitswahn, der zum Teil Pate für die Hauptfigur in Nicks Song „Fears Of Gun" stand. Als Tracy Pew 1982 kurzzeitig wegen Alkohol am Steuer und Bagatelldiebstahl im Gefängnis saß, vertrat ihn Chris Walsh bei The Birthday Party.
35. Voltaire, Pierre: Interview mit dem Autor, Melbourne, 25. März 2010.
36. Brokenmouth, Robert: *Nick Cave: The Birthday Party and Other Epic Adventures*, Omnibus Press, London, 1996, S. 23.

37. Burt, Jillian: „Gigs: Boys Next Door", *JUKE*, 20. Mai 1978, S. 16.
38. Stapleton, John: „The Boys Next Door", *Roadrunner*, Dezember 1979, ohne Seitenangabe.
39. Burt, Jillian: „Boys Next Door", *Roadrunner*, Juni, 1978, S. 6.
40. *Autoluminescent: Rowland S Howard*, Regie Lynne-Maree Milburn und Richard Lowenstein, Ghost Pictures, 2011.
41. „Interview with Rowland S Howard 24/11/94", *Prehistoric Sounds, Aussie Indie Music 1976–1999*, Band 1, Ausgabe 2, 1995, S. 28.
42. Howard, Rowland S. und Olsen, Ollie: *Music Around Us*, ABC TV, 1977, www.youtube.com/watch?v=5HfsSWTP7J8, abgerufen am 24. September 2020.
43. Howard, Harry: Interview mit dem Autor, Melbourne, 19. November 2010.
44. *Autoluminescent: Rowland S Howard*, Regie Lynne-Maree Milburn und Richard Lowenstein, Ghost Pictures, 2011.
45. Walker, Clinton: Interview mit dem Autor, Sydney, 8. April 2011.
46. Wegener, Jeffrey: Interview mit dem Autor, Sydney, 10. März 2010.
47. Harvey, Mick: Interview mit dem Autor, Melbourne, 23. November 2010.
48. Hutchence und Olsen trafen sich das erste Mal bei der Arbeit an Richard Lowensteins *Dogs in Space*.
49. Anstaett, Tim: „The Birthday Party", *The Offense*, April 1983. Neu veröffentlicht auf *Rowland S Howard – Outta the Black:* https://rowland-s-howard.com/articles/1983-offense.php, abgerufen am 5. August 2020.
50. „Ian", „The Boys Next Door", *SPURT!*, Nr. 4, 1978.
51. The Models wurden nach ihren elektronisch geprägten Art-Pop-Anfängen eine der erfolgreichsten australischen Pop-Rock-Bands der Achtziger. Angeblich hatte ihr neuer Manager Chris Murphy (der die Karriere von INXS gesteuert hatte) sie wegen ihrer widerspenstigen und künstlerischen Exzentrizität einbestellt und gefragt, ob sie wie Michael Jackson oder wie die Talking Heads sein wollten. Duffield antwortete als einziges Bandmitglied aufgeregt „Talking Heads", worauf man ihm beinahe den Ausgang gezeigt hätte. Ironischerweise wurde Duffield mit Werbejingles reich. Sein berühmtestes Stück ist wahrscheinlich die Titelmelodie der international erfolgreichen Kinder-Fantasy-Serie *Twist total – Eine australische Familie legt los*. „Barbados" war einer der letzten Songs, an denen Duffield mit The Models arbeitete, ein eingängiges Lied mit Reggae-Einflüssen, das er zusammen mit James Freud geschrieben hatte. Hinter dem glitzernden Eighties-Pop-Sound verbergen sich Alkoholismus und sonnenbeschienene Kapitulation, die manche als Selbstmordgedanken interpretieren und die Freuds eigene Kämpfe und seinen Tod im Jahr 2010 ankündigen.
52. Scott, Stephen: „He Hears Motion", *Medium*, 12. Juni 2017, https://medium.com/the-cultural-savage/andrew-duffield-he-hears-motionby-stephen-scott-a56c0b95975, abgerufen am 5. September 2020.
53. Johnston, Ian: *Bad Seed: The Biography of Nick Cave*, Abacus, London, 1996, S. 55.
54. Austin, Janet: Telefoninterview mit dem Autor, 7. September 2011.
55. ebd.
56. *Autoluminescent: Rowland S Howard*, Regie Lynne-Maree Milburn und Richard Lowenstein, Ghost Pictures, 2011.
57. „Interview with Rowland S Howard 24/11/94", *Prehistoric Sounds, Aussie Indie Music 1976–1999*, Band 1, Ausgabe 2, 1995, S. 27.
58. Milne, Bruce: Interview mit dem Autor, Melbourne, 26. Februar 2010.
59. Harvey, Mick: Interview mit dem Autor, Sydney, 17. Januar 2012.

60. „Interview with Rowland S Howard 24/11/94“, *Prehistoric Sounds, Aussie Indie Music 1976–1999*, Band 1, Ausgabe 2, 1995, S. 28.
61. Valentish, Jenny: „Rowland S Howard: Storm Und Twang – The Prophet of St Kilda“, *Australian Guitar*, Mai 2006; neu veröffentlicht auf *Rowland S Howard – Outta the Black:* https://rowland-s-howard.com/articles/2006-australian-guitar.php
62. Calvert, Phill: Interview mit dem Autor, 26. Juli 2012.
63. Harvey, Mick: Interview mit dem Autor, Sydney, 17. Januar 2012
64. Brokenmouth, Robert: *Nick Cave: The Birthday Party and Other Epic Adventures*, Omnibus Press, London, 1996, S. 33.
65. Voltaire, Pierre: Interview mit dem Autor, Melbourne, 25. März 2010.
66. ebd.
67. Milne, Peter: Interview mit dem Autor, Brisbane, 17. März 2010.
68. Brokenmouth, Robert: *Nick Cave: The Birthday Party and Other Epic Adventures*, Omnibus Press, London, 1996, S. 36.
69. Brown, Miranda: „Oz Punk Suicides“, *RAM*, 6. Oktober 1978, S. 32.
70. ebd.
71. Walker, Clinton: Interview mit dem Autor, Sydney, 13. Mai 2011.
72. Cummings, Stephen: *Will It Be Funny Tomorrow, Billy?: A Kind of Music Memoir*, Hardie Grant Books, Melbourne, 2009.
73. Nick Cave, zitiert von Stephen Cummings im Post „Good Bones“ auf seiner Website *Love Town*; siehe: http://lovetown.net/discog/goodbones.html, abgerufen am 21. September 2020.
74. Voltaire, Pierre: Interview mit dem Autor, Melbourne, 25. März 2010.

Teil IV: GOD'S HOTEL

Shivers

1. Calvert, Phill: Interview mit dem Autor, Sydney, 19. Februar 2014.
2. Brokenmouth, Robert: *Nick Cave: The Birthday Party and Other Epic Adventures*, Omnibus Press, London, 1996, S. 57.
3. Perano, Greg: Interview mit dem Autor, Sydney, 6. März 2012.
4. Brokenmouth, Robert: *Nick Cave: The Birthday Party and Other Epic Adventures*, Omnibus Press, London, 1996, S. 57.
5. Voltaire, Pierre: Interview mit dem Autor, Melbourne, 25. März 2010.
6. Upton, Gillian: „Sinking“, *The George: St Kilda Life and Times*, Venus Bay Books, Melbourne, 2001, S. 93.
7. San Miguel, Dolores: Interview mit dem Autor, Melbourne, 22. März 2010.
8. ebd.
9. Harvey, Mick: Telefoninterview mit dem Autor, 27. Juli 2020.
10. ebd.
11. Watson, Jenny: Interview mit dem Autor, Brisbane, 17. März 2010.
12. Bannister stand Patin für die Hauptfigur in Luke Davies' erkennbar autobiografischem Roman *Candy* (1997). Die Liebesgeschichte unter Junkies – die auf Bannisters Beziehung mit Davies 1984 in Sydney basierte – wurde 2006 unter dem Titel *Candy – Reise der Engel* mit Abbie Cornish und Heath Ledger in den Hauptrollen verfilmt; siehe: www.abc.net.au/news/2017-05-22/real-life-candy-meganbannister-tells-her-story/8528798?nw=0.
13. Cherry, Hank: „Shivers“, *The Nervous Breakdown*, 29. Juni 2011, http://thenervousbreakdown.com/hcherry/2011/06/shivers, abgerufen am 28. August 2020.
14. Milne, Peter: Interview mit dem Autor, Brisbane, 17. März 2010.

15. McGuckin, Genevieve: Interview mit dem Autor, Sydney, 26. Oktober 2011.
16. ebd.
17. Mick Harvey und Katy Beale wurden mit 16 Jahren ein Paar. Sie sind heute noch zusammen.
18. Bonney, Bronwyn (geborene Adams): Interview mit dem Autor, Sydney, 28. März 2011.
19. Voltaire, Pierre: Interview mit dem Autor, Melbourne, 25. März 2010.
20. Cave, Dawn: Interview mit dem Autor, Melbourne, 21. Oktober 2010.
21. Durch eine Reihe gerichtsmedizinischer Untersuchungen wurde das Polizeirevier von St. Kilda als das brutalste und korrupteste des Bundesstaates bekannt. Gewiefte Einheimische wussten, dass man diesen Ort um jeden Preis meiden musste.
22. Calvert, Phill: Interview mit dem Autor, Sydney, 19. Februar 2014.
23. San Miguel, Dolores: *The Ballroom: The Melbourne Punk and Post-Punk Scene – A Tell-All Memoir*, Melbourne Books, Melbourne, 2011, S. 56-57. Im Buch gibt Dolores falsche Daten von Colin Caves Tod und der Begegnung mit Nick an, doch in einem Interview mit mir am 22. März 2010 in Melbourne erzählte sie die Geschichte noch einmal.
24. Harvey, Mick: Interview mit dem Autor, 11. Februar 2010.
25. Brokenmouth, Robert: *Nick Cave: The Birthday Party and Other Epic Adventures*, Omnibus Press, London, 1996, S. 33–34.
26. *Autoluminescent: Rowland S Howard*, Regie Lynne-Maree Milburn und Richard Lowenstein, Ghost Pictures, 2011.
27. The Boys Next Door, Storey Hall, 3RRR-Weihnachtsfeier, RMIT Live to Air, 21. Dezember 1978. Ein Live-Mitschnitt des Auftritts zeigt die junge Band in Hochform.
28. Cohen, Tony: Interview mit dem Autor, Sydney, 30. September 2010.
29. ebd.
30. Harvey, Mick: Interview mit dem Autor, 11. Februar 2010.
31. Cohen, Tony: Interview mit dem Autor, Sydney, 30. September 2010.
32. Calvert, Phill: Interview mit dem Autor, Sydney, 18. November 2010.
33. Howard, Harry: Interview mit dem Autor, Melbourne, 19. November 2010.
34. Walker, Clinton: Interview mit dem Autor, Sydney, 13. Mai 2011.
35. Das britische Comic-Magazin *Viz* war bekannt für seinen trotzig-halbstarken, satirischen Tonfall und inhaltlich eine wilde Mischung aus Fake-Boulevardschlagzeilen, Fäkalhumor, albernen Missverständnissen und einer absurden Menge an Sex und Gewalt. Strips wie „Johnny Fartpants" (Johnny Furzhose) und „Buster Gonad" (Buster Hoden) hielten sich jahrelang. Die Zeitschrift war in Australien am Zeitungskiosk erhältlich und wegen ihrer blödelnden, anrüchigen Inhalte unter Schuljungen sehr beliebt.
36. Calvert, Phill: Interview mit dem Autor, Sydney, 19. Februar 2014.
37. *Autoluminescent: Rowland S Howard*, Regie Lynne-Maree Milburn und Richard Lowenstein, Ghost Pictures, 2011.
38. *We're Livin' on Dog Food*, Regie Richard Lowenstein, Ghost Pictures, 2009.
39. Auf der zweiten Seite von *Door, Door* singt Nick deutlich emotionaler. Dass er seinen eigenen Gesang so sehr ablehnte, ist sicher auf Les Karskis Einfluss auf der ersten Albumseite zurückzuführen. Die Arbeit mit Tony Cohen und das Trauma durch den Tod seines Vaters hatten bei Titeln wie „Shivers" zweifellos Einfluss auf seinen Gesang.
40. *We're Livin' on Dog Food*, Regie Richard Lowenstein, Ghost Pictures, 2009.
41. Voltaire, Pierre: Interview mit dem Autor, Melbourne, 25. März 2010.

42. Wegener, Jeffrey: Interview mit dem Autor, Sydney, 10. März 2010.
43. Milne, Bruce: Interview mit dem Autor, Melbourne, 26. Februar 2010.
44. Harvey, Mick: Interview mit dem Autor, Wombarra, 5. April 2013.
45. Walker, Clinton: Interview mit dem Autor, Sydney, 8. April 2011. Rowland S. Howard brauchte Jahre, um sich nach seinem Ausstieg aus The Birthday Party wiederzufinden, doch sein Output war mager und unregelmäßig verglichen mit Nicks kontinuierlichem Album- und Ideenregen. Dennoch strahlen seine Band These Immortal Souls und seine zwei Soloalben *Teenage Snuff Film* und *Pop Crimes* eine mysteriöse Kraft und Traurigkeit aus. Gute zwei Jahrzehnte, nachdem er „Shivers" geschrieben hatte, fragte ihn der Moderator Clinton Walker in der ABC-Musiksendung *Studio 22,* ob der Song „ein Kreuz oder ein Viktoria-Kreuz" sei. Eine brillante Frage. Howard antwortete in seiner gewohnt amüsierten Art, es sei eher ein Kreuz, denn er wünschte, man würde ihn nach einem Song fragen, den er in den letzten 15 Jahren geschrieben hatte. Rowland sagte auch etwas noch Aufschlussreicheres: Dass sich „Shivers" anfühlte, als würde er nicht seinen eigenen Song spielen, sondern „eine Cover-Version".
46. *Autoluminescent: Rowland S Howard*, Regie Lynne-Maree Milburn und Richard Lowenstein, Ghost Pictures, 2011.
47. Laut Mick Harvey wollte keiner aus der Band sich bei Barrie Earl bedanken. Tracy Pew bestand jedoch darauf und verlangte auch, dass sie Earl ihren Mentor nannten. „Wir stritten mit Tracy, aber ihm gefiel einfach die Vorstellung, dass wir sagen konnten, wie hatten einen Mentor." (Harvey, Mick: Interview mit dem Autor, 27. August 2020.)
48. Harvey, Mick: Interview mit dem Autor, Wombarra, 5. April 2013.
49. Glass, Keith: Interview mit dem Autor, Sydney, 13. Mai 2010.
50. ebd.
51. Harvey, Mick: Interview mit dem Autor, Wombarra, 5. April 2013.
52. Glass, Keith: Interview mit dem Autor, Sydney, 13. Mai 2010.
53. Harvey, Mick: Interview mit dem Autor, Sydney, 17. Januar 2012.
54. Nick Cave über The Pop Group (1999), www.youtube.com/watch?v=BUC2GmzJpGY, abgerufen am 7. September 2020.
55. Burt, Jillian: „Suicide Survivors", *Roadrunner*, März 1979, S. 79.
56. Walker, Clinton: *Stranded: The Secret History of Australian Independent Music 1977–1991*, Pan Macmillan Australia, Sydney, 1996, S. 52.
57. Pestorius, David: Kurator, Anmerkungen zur Ausstellung Melbourne >< Brisbane: Punk, Art and After, The Ian Potter Museum of Art, Melbourne, 24. Februar – 16. Mai 2010.
58. Walker, Clinton: Interview mit dem Autor, Sydney, 13. Mai 2011.
59. *We're Livin' on Dog Food*, Regie Richard Lowenstein, Ghost Pictures, 2009.
60. Voltaire, Pierre: Interview mit dem Autor, Melbourne, 25. März 2010.
61. Brokenmouth, Robert: *Nick Cave: The Birthday Party and Other Epic Adventures*, Omnibus Press, London, 1996, S. 51.
62. Thirlwell, Jim: Telefoninterview mit dem Autor, 16. Juli 2011.
63. McFarlane, Ian: „Interview with Rowland S Howard 24/11/94", *Prehistoric Sounds, Aussie Indie Music 1976–1999*, Band 1, Ausgabe 2, 1995, S. 29.
64. Jones, Andrea: „Birthday Party Celebrate", *Rolling Stone Australia*, Sydney, Februar 1982, S. 17.
65. *The Offense* war in den Achtzigern ein Post-Punk-Fanzine aus Columbus, Ohio, das von Tim Anstaett herausgegeben wurde. Die Geschichte des Magazins findet

sich hier: https://blurtonline.com/news/80s-ohio-fanzine-the-offense-gets-bookd-in-fine-style/. Das Zitat von Nick Cave stammt aus *The Offense*, April 1983, neu veröffentlicht hier: https://rowland-s-howard.com/articles/1983-offense.php, abgerufen am 22. September 2020.
66. Cohen, Tony: Interview mit dem Autor, Sydney, 30. September 2010.
67. Hoskyns, Barney: „A Manhattan Melodrama Starring The Birthday Party", *New Musical Express*, 17. Oktober 1981.
68. McMillan, Andrew: *RAM*, Dezember 1979, ohne Seitenangabe.
69. Johnston, Ian: *Bad Seed: The Biography of Nick Cave*, Abacus, London, S. 57.

Flight From Death
1. Harvey, Mick: Interview mit dem Autor, Wombarra, 5. April 2013.
2. Watson, Jenny: Interview mit dem Autor, 17. März 2010.
3. Bonney, Bronwyn (geborene Adams): Interview mit dem Autor, Sydney, 28. März 2011.
4. ebd.
5. Crawford, Ashley: „Ballroom Mayhem (18.07.08)", *The Funeral Party*, Urban Art Strategy der City of Port Phillip, 2009.
6. Milne, Bruce: Interview mit dem Autor, Melbourne, 26. Februar 2010.
7. Voltaire, Pierre: Interview mit dem Autor, Melbourne, 25. März 2010.
8. Brokenmouth, Robert: *Nick Cave: The Birthday Party and Other Epic Adventures*, Omnibus Press, London, 1996, S. 46.
9. ebd.
10. Tsoulis, Anne: iMessage-Interview mit dem Autor, 12. Juni 2012. „Ich habe die Theorie, dass unsere Generation von traumatisierten Eltern aufgezogen wurde, bei denen der Krieg Spuren hinterlassen hatte."
11. Milne, Bruce: Interview mit dem Autor, Melbourne, 26. Februar 2010.
12. Crawford, Ashley: „Ballroom Mayhem (18.07.08)", *The Funeral Party*, Urban Art Strategy der City of Port Phillip, 2009. Crawfords Schilderung wird von Evan Englishs Erinnerungen an den Crystal Ballroom gestützt. Der Filmemacher nennt ihn „einen wunderbaren Ort, sehr prächtig und sehr heruntergekommen. Der rote Blumenteppich (soweit ich mich erinnere) war mit wunderschönen Exzessen und tiefem menschlichen Elend befleckt." (https://nickcavefixes.wordpress.com/2010/01/25/boys-next-door-melbourne-punk-pics, abgerufen am 22. September 2020).
13. Knickerbocker, Conrad: „The Art of Fiction – William Burroughs Interview", *The Paris Review*, Ausgabe 35, Herbst 1965, www.theparisreview.org/interviews/4424/the-art-of-fiction-no-36-william-s-burroughs, abgerufen am 11. September 2020.
14. Perano, Greg: Interview mit dem Autor, Sydney, 6. März 2012.
15. Bonney, Bronwyn (geborene Adams): iMessage-Korrespondenz mit dem Autor, 16. August 2020.
16. Perano, Greg: Interview mit dem Autor, Sydney, 6. März 2012.
17. McGuckin, Genevieve: Interview mit dem Autor, Sydney, 26. Oktober 2011.
18. Voltaire, Pierre: Interview mit dem Autor, Melbourne, 25. März 2010.
19. Perano, Greg: Interview mit dem Autor, Sydney, 6. März 2012.
20. Lisa Craswell starb 1985 an einer Überdosis Heroin, ein Jahr vor Tracy Pew, nachdem sie und Tracy wegen seiner Affäre mit einer anderen Frau gestritten hatten.
21. Goldman, Paul: Interview mit dem Autor, Melbourne, 9. Februar 2010.
22. Bonney, Bronwyn (geborene Adams): Interview mit dem Autor, Sydney, 28. März 2011.

23. Brokenmouth, Robert: *Nick Cave: The Birthday Party and Other Epic Adventures*, Omnibus Press, London, 1996, S. 32.
24. Dieselbe verwundete Atmosphäre herrschte, als The Birthday Party ihr letztes Album fertigstellten, sich bereits untereinander entfremdeten und Rowland vollständig aus der Band gedrängt wurde. In Heiner Mühlenbrocks Dokumentation *Mutiny! The Last Birthday Party* ist zu sehen, wie Nick Rowlands Bemühungen, ihm zu gefallen, zurückweist, während Blixa Bargeld als Nicks neuer Mitstreiter und Gitarrenheld auf der Bildfläche erscheint.
25. Goldman, Paul: Interview mit dem Autor, Melbourne, 9. Februar 2010.
26. Egon Schiele zu seinem Gemälde *Offenbarung (Figurale Komposition)* aus dem Jahr 1911. Das Bild hat ein ganz besonderes Kräfteverhältnis: „Die eine Hälfte soll also die Vision eines so großen Menschen porträtiert zeigen, dass der, der eben beeinflusst, hingerissen sich niederkniet, sich beugt vor der Größe, die schaut ohne die Augen zu öffnen." http://www.schiele-dokumentation.at/browserecord.php?-action=browse&-recid=202459&-skip=0&-max=1_
27. Jayasinghe, Laknath: „Nick Cave, Dance Performance and the Production and Consumption of Masculinity", in: Welbery, Karen und Dalziel, Tanya (Hgg.): *Cultural Seeds: Essays on the Work of Nick Cave*, Ashgate Publishing, London, 2009.
28. Bonney, Bronwyn (geborene Adams): iMessage-Korrespondenz mit dem Autor, 16. August 2020.
29. Burt, Jillian: „Suicide Survivors", *Roadrunner*, März 1979, S. 9.
30. Stapleton, John: „The Boys Next Door", *Roadrunner*, Dezember 1979, ohne Seitenangabe.
31. Voltaire, Pierre: Interview mit dem Autor, Melbourne, 25. März 2010.
32. Calvert, Phill: Telefoninterview mit dem Autor, 2. September 2020.
33. „Boys Next Door; Melbourne Punk; Pics", https://nickcavefixes.wordpress.com/2010/01/25/boys-next-door-melbourne-punk-pics, abgerufen am 11. September 2020.
34. Calvert, Phill: Interview mit dem Autor, Melbourne, 20. Februar 2010.
35. Artikel, *Sunday Mail*, Adelaide, 14. Mai 1979, in: Nick Cave: The Exhibition, Zeitungsausschnitte 1978-79 H0000582.
36. Voltaire, Pierre: Interview mit dem Autor, Melbourne, 25. März 2010. Julie Cave erinnert sich, wie am selben Abend ein junger Freund zu ihnen kam, Nick und Rowland musterte und sagte: „Tut mir leid, ich wusste nicht, dass das eine Kostümparty ist." „Er meinte es völlig ernst, und es tat ihm wirklich leid", erzählt Julie. „Nick und Rowland waren so sauer." (Cave, Dawn und Julie: Interview mit dem Autor, Melbourne, 21. November 2010.)
37. Voltaire, Pierre: Interview mit dem Autor, Melbourne, 25. März 2010.
38. Perano, Greg: Interview mit dem Autor, Melbourne, 6. März 2012.
39. Glass, Keith: Interview mit dem Autor, Sydney, 13. Mai 2010.
40. ebd.
41. Harvey, Mick: Interview mit dem Autor, Wombarra, 5. April 2013.
42. Rude, Ron: E-Mail-Korrespondenz mit dem Autor, 19. Juni 2012.
43. Auf Landwirtschaftsfesten in den USA werden Wettwerbe im „Hog Calling" oder Schweinerufen ausgetragen. Der Ruf „suey" könnte sich vom Wort „sow" (Sau) ableiten, doch das ist unklar. Niemand weiß, warum Schweine auf das Rufen reagieren, aber manche Leute haben ein Händchen dafür.
44. Rude, Ron: E-Mail-Korrespondenz mit dem Autor, 19. Juni 2012.
45. Nachdem EON FM 1979 als erster kommerzieller FM-Radiosender Australiens gestartet war, änderte er 1988 seinen Namen zu Triple M. Anfangs gab es keine

Playlist und keine vorgegebene Musikrichtung. Später verfolgte EON FM ein engeres Konzept und konzentrierte sich nicht wie die anderen UKW-Sender auf Alben, sondern auf die Top 40. Der erste Song, der auf EON FM gesendet wurde, war „New Kids In Town" von The Eagles.

46. Calvert, Phill: Korrespondenz mit dem Autor, 15. Juni 2020.
47. Ron Rude tritt immer noch mit seiner Band Ron Rude's Renaissance auf und arbeitet an einem Roman: „Man hat mir gesagt, ich solle meine Memoiren schreiben, aber dafür muss ich für meinen Geschmack zu viel aus der Vergangenheit wiederaufleben lassen. Mein Buch ist ein Roman über eine Weltregierung, und der Plot dient als Rahmen, um einige Ideen zu politischer Ideologie und persönliche Übungen zu Wachstum und Durchführbarkeit zu präsentieren. Es ist als Gespräch zwischen zwei Männern angelegt und folgt dem Beispiel der Bhagavad Gita. Es ist eine Bhagavad Gita für das Covid-19-Zeitalter." (Rude, Ron: Korrespondenz mit dem Autor, 12. August 2020.)
48. Calvert, Phill: Interview mit dem Autor, Melbourne, 20. Februar 2010.
49. Mick Harvey ist ebenso unnachgiebig bei dieser Seite von Tracy: „In so vielen Berichten und von so vielen Leuten, die ihn nicht kannten, wird er völlig falsch gesehen. Er wird als bedrohlich und düster dargestellt. Sein Bühnenimage wirkt vielleicht so, [und auch] ein paar Dinge, die Rowland in Interviews gesagt hat, aber das ist eben Rowland. Wenn ich an Tracy denke, fällt mir immer wieder ein, wie lustig er war. Er war eher unanständig als düster. Bis heute ist er immer noch der lustigste Mensch, den ich in meinem Leben gekannt habe. Und ich glaube, dass alle, die ihn wirklich gekannt haben, dasselbe sagen werden." (Harvey, Mick: Telefoninterview mit dem Autor, 27. Juli 2020.)
50. Negro, Fred: Telefongespräch mit dem Autor, 14. September 2020. Freds Cartoon erschien zuerst unter dem Titel „One Nite After the Ballroom" auf der Innenseite des Umschlags von Dolores San Miguels Buch *The Ballroom: The Melbourne Punk and Post-Punk Scene – A Tell-All Memoir*, Melbourne Books, Melbourne, 2011.
51. Faber, Michel: „Conversation with Boys Next Door", *Farrago – The Rock Edition*, University of Melbourne, Melbourne, 1979, S. 20-21.
52. Stapleton, John: „The Boys Next Door", *Roadrunner*, Dezember 1979, ohne Seitenangabe.
53. *Autoluminescent: Rowland S Howard*, Regie Lynne-Maree Milburn und Richard Lowenstein, Ghost Pictures, 2011.
54. Becker, Ernest: *Dynamik des Todes. Überwindung der Todesfurcht*, Goldmann, München, 1987.
55. Cohen, Tony: Interview mit dem Autor, Sydney, 30. September 2010.
56. ebd.
57. Das letzte Album, das Nick Cave And The Bad Seeds komplett mit Tonbändern aufgenommen haben, war *Abattoir Blues/The Lyre Of Orpheus* (2004). *Dig!!! Lazarus Dig!!!* (2008) nahmen sie bereits digital auf.
58. Cohen, Tony: Interview mit dem Autor, Sydney, 30. September 2010.
59. „The Red Clock" ist eine leise Anspielung auf *Uhrwerk Orange* (1971). Stanley Kubricks filmische Darstellung einer futuristischen kriminellen Bande „Droogs" hatte nicht ganz die moralische Wirkung, die er sich erhofft hatte. Rowland und Nick erkannten die Anziehungskraft von Boshaftigkeit und – als Folge von Punkrock – wie sie sie künstlerisch einsetzen konnten, auf der Bühne und für ihr Image, das stilvoll unheimliche Untertöne annahm. Rowland durfte bei „The Red Clock" den Gesang übernehmen und schöpfte neue Hoffnung, in Zukunft seine eigenen Sachen singen zu

dürfen. Dass Nick „Shivers" gesungen hatte, war schwer zu verdauen gewesen. Der Text von „The Red Clock" suggeriert noch einen anderen verstörenden Aspekt des Abends, als sie den roten Stuhl stahlen und Nick sich die Hand am eingeschlagenen Fenster verletzte. Als ob Nicks Kriminalität sich in Rowlands Träume einschleichen würde.

60. Calvert, Phill: Telefoninterview mit dem Autor, 19. Februar 2014.
61. Glass, Keith: Interview mit dem Autor, Sydney, 13. Mai 2010.
62. Harvey, Mick: Interview mit dem Autor, Sydney, 17. Januar 2012.
63. McFarlane, Ian: „Interview with Rowland S Howard 24/11/94", *Prehistoric Sounds, Aussie Indie Music 1976–1999*, Band 1, Ausgabe 2, 1995, S. 28.
64. ebd.
65. Ironischerweise kam Philip Brophy, die führende Persönlichkeit des Clifton Hill Community Music Centre, aus Reservoir in Melbourne und war vermutlich mehr Arbeiterklasse als alle aus der kommunistisch beeinflussten Enklave um die Primitive Calculators. Wobei diese bereits in Amphetamin- und Heroinsucht abrutschten, die der Band zusammen mit ihrer nihilistischen Einstellung den Garaus machte. Primitive Calculators wussten, wie man angriff, hatten aber anscheinend nichts zu verteidigen.
66. Valentish, Jenny: „Rowland S Howard: Storm Und Twang – The Prophet of St Kilda", *Australian Guitar*, May 2006; neu veröffentlicht auf *Rowland S Howard – Outta the Black*, https://rowland-s-howard.com/articles/2006-australian-guitar.php
67. Brokenmouth, Robert: *Nick Cave: The Birthday Party and Other Epic Adventures*, Omnibus Press, London, 1996, S. 34.
68. Harvey, Mick: Interview mit dem Autor, Wombarra, 5. April 2013.
69. Walker, Clinton: „Last Hee Haw from The Boys Next Door", *Inner City Sound*, Verse Chorus Press, Melbourne, 2005, S. 77.
70. ebd.
71. ebd.

Crime And Punishment

1. Stapleton, John: „The Boys Next Door", *Roadrunner*, Dezember 1979, ohne Seitenangabe.
2. Hoskyns, Barney: „A Manhattan Melodrama Starring The Birthday Party", *New Musical Express*, 17. Oktober 1981; neu veröffentlicht auf *Rowland S Howard – Outta the Black*, https://rowland-s-howard.com/articles/1981-nme-2.php, abgerufen am 22. September 2020.
3. ebd.
4. Anstaett, Tim: „The Birthday Party", *The Offense*, April 1983; neu veröffentlicht auf *Rowland S Howard – Outta the Black*, https://rowland-s-howard.com/articles/1983-offense.php, abgerufen am 5. August 2020.
5. McFarlane, Ian: „Interview with Rowland S Howard 24/11/94", *Prehistoric Sounds, Aussie Indie Music 1976–1999*, Band 1, Ausgabe 2, 1995, S. 30.
6. Calvert, Phill: Interview mit dem Autor, Melbourne, 20. Februar 2010.
7. Harvey, Mick: Interview mit dem Autor, Sydney, 17. Januar 2012.
8. Nach ihrem Abschluss etablierten sich Goldman und English unter dem Namen The Rich Kids als innovatives junges Produzentenduo. Sie drehten Videos für The Birthday Party und für Nick zu Beginn seiner Solokarriere. Außerdem waren sie die entscheidenden kreativen Köpfe des Gefängnisdramas *Ghosts … of the Civil Dead* (1986), bei dem John Hillcoat Regie führte, Nick das Drehbuch schrieb und selbst

eine der Hauptrollen übernahm. *Ghosts* brachte alle an ihre Grenzen, woraufhin sich das Verhältnis von English und Goldman zu Hillcoat und Cave deutlich verschlechterte.

9. Borland, Polly und Hillcoat, John: Interview mit dem Autor, Melbourne, 6. April 2012.
10. *We're Livin' on Dog Food*, Regie Richard Lowenstein, Ghost Pictures, 2009.
11. Calvert, Phill: Interview mit dem Autor, Sydney, 19. Februar 2014.
12. Watson, Jenny: Interview mit dem Autor, Melbourne, 17. März 2010.
13. Clark, Tony: Interview mit dem Autor, Melbourne, 10. Februar 2010.
14. Bonney, Bronwyn (geborene Adams): Interview mit dem Autor, Sydney, 28. März 2011.
15. McFarlane, Ian: „Interview with Rowland S Howard 24/11/94", *Prehistoric Sounds, Aussie Indie Music 1976–1999,* Band 1, Ausgabe 2, 1995, S. 30.
16. Howard, Harry: Interview mit dem Autor, Melbourne, 19. November 2010.
17. Rude, Ron: E-Mail-Korrespondenz mit dem Autor, 19. Juni 2012.
18. ebd.
19. Goldman, Paul: Interview mit dem Autor, Melbourne, 9. Februar 2010.
20. Rude, Ron: E-Mail-Korrespondenz mit dem Autor, 19. Juni 2012.
21. Stewart, Kathleen: E-Mail-Korrespondenz mit dem Autor, 3. September 2020.
22. Stewart, Kathleen: *The After Life*, Random House, 2008, S. 175.
23. Calvert, Phill: Interview mit dem Autor, Sydney, 20. Februar 2010.
24. Stewart, Kathleen: *The After Life*, Random House, 2008, S. 261.
25. Stewart, Kathleen: E-Mail-Korrespondenz mit dem Autor, 3. September 2020.
26. Calvert, Phill: Interview mit dem Autor, Melbourne, 20. Februar 2010.
27. Rowland S. Howard spielte seine Gitarre bis zu seinem Tod am 30. Dezember 2009. Sie bestimmte seinen Sound so sehr, dass Fan-Seiten und Tribute-Events von ihm als dem „Kronprinzen der weinenden Jag" sprachen.
28. Glass, Keith: Interview mit dem Autor, Sydney, 13. Mai 2010.
29. ebd.
30. Gillman, Helen: „Boys Next Door: Monument in the Making", *Rolling Stone Australia*, Januar 1980, ohne Seitenangabe.
31. Simon, Jane: „The Birthday Party", *Roadrunner*, Juni 1990, S. 19.
32. „Michael Hutchence of INXS Chooses His Top Ten Songs": number 2 is ‚Anything by The Boys Next Door', Ausschnitt aus unbekannter Publikation.
33. San Miguel, Dolores: Interview mit dem Autor, Melbourne, 22. März 2010.
34. McFarlane, Ian: „Interview with Rowland S Howard 24/11/94", *Prehistoric Sounds, Aussie Indie Music 1976–1999*, Band 1, Ausgabe 2, 1995, S. 29.
35. Glass, Keith: Interview mit dem Autor, Sydney, 13. Mai 2010.
36. Harvey, Mick: Interview mit dem Autor, Wombarra, 5. April 2013.
37. Brokenmouth, Robert: „Portrait of the Artist as He Begins to Figure Things Out", in: Kinchin-Smith, Sam (Hg.): *Read Write [Hand]: A Multi-Disciplinary Nick Cave Reader*, Silkworm Ink, London, 2011, http://silkwormsink.com/nick/home.html
38. Milne, Bruce: Interview mit dem Autor, Melbourne, 26. Februar 2010.
39. *Autoluminescent: Rowland S Howard*, Regie Lynne-Maree Milburn and Richard Lowenstein, Ghost Pictures, 2011.
40. Walker, Clinton: „Back Home for the Birthday Party", *RAM*, Sydney, 24. November 1980, ohne Seitenangabe.
41. *Autoluminescent: Rowland S Howard*, Regie Lynne-Maree Milburn und Richard Lowenstein, Ghost Pictures, 2011.

42. „Loverman“. Text von Nick Cave. Veröffentlicht von Mute Song Limited. Alle Rechte vorbehalten. Abdruck mit freundlicher Genehmigung.
43. „Manche behaupten anscheinend, wir wären verschwenderisch gewesen. Wir haben nie Zeit vergeudet. Wir hatten sehr genau das Geld im Blick, das ausgegeben wurde. Wir arbeiteten hart im Studio. Dafür ist unser Output der beste Beweis.“ (Harvey, Mick: Telefoninterview mit dem Autor, 27. August 2020.)
44. Calvert, Phill: E-Mail-Korrespondenz mit dem Autor, 15. Juni 2020.
45. Dave Graney kam 1980 hochmotiviert nach Melbourne. Die Abreise von The Boys Next Door hatte ein großes Vakuum hinterlassen: Nach dem Suicide-Debakel war die Szene deprimiert und zynisch. Graney hatte in Adelaide zusammen mit seiner Freundin, der Schlagzeugerin Clare Moore, The Moodists gegründet. In Melbourne suchten sie nach einem Bassisten, der „White Light/White Heat“ von The Velvet Underground summen konnte, das die Auswirkungen von Amphetaminen beschreibt. Sie arbeiteten mit ein paar Bassisten, bevor Chris Walsh sich in die Band summte. Sein Anteil an der Entwicklung ihres sich windenden, pumpenden Sounds machte The Moodists schon bald zur perfekten Vorgruppe von The Birthday Party: „Chris war ein sehr alter Freund von Tracy, und die beiden waren in vielerlei Hinsicht Spiegelbilder. Cowboyhüte, Tattoos und dieser Basssound … Wir mochten alle diesen Post-Punk-Sound mit dem zentralen Bass und den leichten, dürren Gitarren. Wie bei PIL und Ubu und The Pop Group.“ (Graney, Dave: iMessage-Interview mit dem Autor, 9. August 2020.)
46. Calvert, Phill: Korrespondenz mit dem Autor, Melbourne, 20. Februar 2010.
47. Harvey, Mick: Interview mit dem Autor, Wombarra, 5. April 2013.
48. ebd.
49. ebd.
50. Dostojewskij, Fjodor: *Verbrechen und Strafe* (Werkausgabe), Fischer, 2021, übersetzt von Swetlana Geier, Teil 1, Kapitel 1.
51. Anstaett, Tim: „The Birthday Party“, *The Offense*, April 1983. Neu veröffentlicht auf *Rowland S Howard – Outta the Black*, https://rowland-s-howard.com/articles/1983-offense.php, abgerufen am 5. August 2020.

Epilog: Der Sänger und der Song

1. Butcher, Bleddyn: iMessage-Interview mit dem Autor, 15. September 2020.
2. *Autoluminescent: Rowland S Howard*, Regie Lynne-Maree Milburn und Richard Lowenstein, Ghost Pictures, 2011.
3. Harvey, Mick: Telefoninterview mit dem Autor, 27. Juli 2020.

Ausgewählte Bibliografie

Bücher und Essays

Barker, John (Hg.): *The Art of Nick Cave: New Critical Essays*, Intellect, Bristol, 2013

Barrand, Janine und Fox, James – *Nick Cave Stories*, Nick Cave: The Exhibition, Victorian Arts Trust, Melbourne, 2007

Brokenmouth, Robert: *Nick Cave: The Birthday Party and Other Epic Adventures*, Omnibus Press, London, 1996

Cave, Colin F.: „Introduction", *Ned Kelly: Man and Myth*, Cassell Australia, Sydney, 1968

Cave, Nick: *Und die Eselin sah den Engel*, Blackspring Press, London, 1989 (dt. Ausgabe Piper, München, 1993)

Cave, Nick: *The Complete Lyrics 1978–2013*, Penguin Books, Melbourne, 2013

Cave, Nick: „Introduction", *The Gospel According to Mark*, Pocket Canon/Canongate, Edinburgh, 1998

Cave, Nick: *The Secret Life of the Love Song/The Flesh Made Word: Two Lectures by Nick Cave*, King Mob, London, 1999

Cave, Nick und Back, Christina: *Stranger Than Kindness*, Canongate, Edinburgh, 2020

Dax, Maximilian und Beck, Johannes: *The Life and Music of Nick Cave: An Illustrated Biography*, Die Gestalten Verlag, Berlin, 1999

Hanson, Amy: *Kicking Against the Pricks: An Armchair Guide to Nick Cave*, Helter Skelter Publishing, London, 2005

Johnston, Ian: *Bad Seed: The Biography of Nick Cave*, Abacus, London, 1996

Kinchin-Smith, Sam (Hg.) – *Read Write [Hand]: A Multi-Disciplinary Nick Cave Reader*, Silkworm Ink, London, 2011

Milne, Peter: *Juvenilia*, M.33/Perimeter Books, Melbourne, 2020

San Miguel, Dolores: *The Ballroom. The Melbourne Punk and Post-Punk Scene: A Tell-All Memoir*, Melbourne Books, Melbourne, 2011

Snow, Mat (Hg.): *Nick Cave – Sinner Saint: The True Confessions*, Plexus Books, London, 2011

Stewart, Kathleen: *The After Life: A Memoir*, Vintage, Sydney, 2008

Upton, Gillian: *The George: St Kilda Life and Times*, Venus Bay Books, Melbourne, 2001

Walker, Clinton (Hg.): *Inner City Sound: Punk and Post-Punk in Australia, 1976–1985*, Verse Chorus Press, Melbourne, 2005

Walker, Clinton: *Stranded: The Secret History of Australian Independent Music 1977–1991*, Pan Macmillan Australia, Sydney, 1996

Welberry, Karen und Dalziel, Tanya (Hgg.): *Cultural Seeds: Essays on the Work of Nick Cave*, Ashgate Publishing, Surrey, 2009

Dokumentationen

20000 Days on Earth, Regie Ian Forsyth und Jane Pollard, Pulse Films, London, 2014

Autoluminescent: Rowland S Howard, Regie Lynn-Maree Milburn und Richard Lowenstein, Ghost Pictures, Melbourne, 2011

The Good Son, VPRO Dutch Television, 1997 (abrufbar auf YouTube)

We're Livin' on Dog Food, Regie Richard Lowenstein, Ghost Pictures, 2009

The Boys Next Door – Diskografie

Lethal Weapons (Suicide, 1978) – Sampler, drei Tracks: „These Boots Are Made For Walking", „Masturbation Generation", „Boy Hero"

Door, Door (Mushroom, 1979) – Debütalbum

Hee-Haw (Missing Link, 1979) – EP

„Scatterbrain" – Single, die im Crystal Ballroom verschenkt wurde. Auf der zweiten Seite befindet sich eine Cover-Version von „Early Morning Brain" von The Models – selten

„Happy Birthday" / „Riddle House" (Missing Link, 1980) – Single

The Birthday Party von The Boys Next Door (Missing Link, 1980) – Compilation von *Hee-Haw*-Material mit unveröffentlichten Aufnahmen von The Boys Next Door und frühen Singles von The Birthday Party